W0324456

Kohlhammer

Waltraud Weegmann
Carola Kammerlander (Hrsg.)

Die Jüngsten in der Kita

Ein Handbuch zur Krippenpädagogik

Verlag W. Kohlhammer

Gesamtherstellung:
W. Kohlhammer Druckerei GmbH + Co. KG, Stuttgart
Printed in Germany

ISBN: 978-3-17-020957-2

Inhalt

4 Die Jüngsten in der Kita – Themen der pädagogischen Praxis

5 Qualität sichern

Vorwort

Liebe Leserinnen und Leser,

entweder jetzt oder nie! Der Auf- und Ausbau der Betreuungsinfrastruktur für Kinder unter drei Jahren eilt. Die Nachfrage ist groß und das Kinderförderungsgesetz (KiföG) schreibt den schrittweisen Ausbau bis 2013 vor.

Dafür sind passende Räume, qualifiziertes Personal und nicht zuletzt geeignete pädagogische Konzepte nötig. Denn Babys und Kleinkinder im ersten, zweiten und dritten Lebensjahr haben andere Bedürfnisse als ältere Kinder. Gerade jetzt haben wir in Deutschland die Chance, die Erkenntnisse frühpädagogischer Forschung speziell für die Jüngsten in neuen Kinderhäusern umzusetzen und unsere Bildungslandschaft nachhaltig zu bereichern. Wir haben die Chance, Orte zu schaffen, an denen sich Kinder wohl und geborgen fühlen, Orte, die mit vielfältigen Anregungen ihre Entwicklung und ihr Lernen fördern.

Unser Buch, für dessen Texte wir viele renommierte Wissenschaftler/-innen und Praktiker/-innen als Autor/-innen gewinnen konnten, soll dafür Impulse geben. Es bietet einen Überblick über die zentralen pädagogischen Aspekte bei der Betreuung, Bildung und Erziehung der unter dreijährigen Kinder. Die Beiträge dazu gliedern sich in eher theoretische Erkenntnisse zu diesem Thema und solche mit höherem Praxisbezug. Doch unser „Krippenhandbuch“ ist kein reines Pädagogikbuch. Es ist uns wichtig, zugleich den Blick auf die gesellschaftlichen und historischen Zusammenhänge zu richten, unter denen sich die Entwicklung vollzieht.

Dieser vielfältige Ansatz soll allen an früher Kinderbetreuung Interessierten und Fachleuten bei Kommunen und Trägern das Feld beschreiben, in dem sie sich mit eigenen Angeboten positionieren können. Die Handreichung kann ihnen auch Argumentationshilfen liefern, um eigene Standpunkte in der Diskussion zu untermauern. Studierenden bietet das Buch einen breiten Einstieg in das Krippen-Thema und erlaubt es ihnen, die Aspekte zu ermitteln, die sie weiterverfolgen und vertiefen möchten. Die Literaturhinweise unserer Autor/-innen geben ihnen Wegweiser dafür.

Es liegt uns am Herzen, dass sich theoretische Erkenntnisse, wie sie dieses Buch hauptsächlich vermitteln will, und Erfahrungen aus der pädagogischen Praxis gegenseitig ergänzen. Dass dies ein permanenter Prozess ist, wissen wir aus der praktischen Erfahrung mit derzeit 22 Kinderhäusern für Kinder ab sechs Monaten. Unser innovatives pädagogisches Konzept „element-i", das wir Ihnen in diesem Buch ebenfalls vorstellen, entwickeln wir anhand neuer wissenschaftlicher Erkenntnisse und Praxiserfahrungen aus unseren Kinderhäusern ständig weiter.

Wie spannend es sein kann, diesen Weg der fortlaufenden Auseinandersetzung zwischen Theorie und Praxis gemeinsam zu gehen, zeigt unser jährlicher interdisziplinärer Betreuungs- und Bildungskongress „Invest in Future".

Auch mit diesem Buch möchten wir der Diskussion um gute Rahmenbedingungen für das Aufwachsen von Kindern in Deutschland neue Impulse geben. Wir freuen uns, über Ihr Feedback zu den Beiträgen in diesem Band und stellen uns eine spätere Neuauflage vor, die diese Diskussion mit einbezieht.

Es grüßen Sie

Waltraud Weegmann
Geschäftsführerin Konzept-e für Kindertagesstätten gGmbH

Carola Kammerlander
Pädagogische Geschäftsführerin Konzept-e für Kindertagesstätten gGmbH

P. S.: Bei der Wahl des Buchtitels haben wir uns bewusst dafür entschieden, die Bezeichnung „Krippenpädagogik" zu verwenden, wohl wissend, dass der Begriff „Krippe", der vor allem nährende und schützende Assoziationen weckt, nicht unumstritten ist. Er ist jedoch eingeführt, allgemein gebräuchlich und der einzige, der unmissverständlich und in einem Wort zusammenfasst, um welchen Bereich der Pädagogik es geht.

1

Gesellschaftliche Aspekte

Anke König

Kindheiten heute

Dieser Beitrag richtet seine Perspektive auf die Lebensphase Kindheit. Dabei bilden die internationale theoretische Auseinandersetzung mit der Lebensphase Kindheit sowie die Datenlage zu den unter Dreijährigen in Deutschland die Ausgangspunkte, um sich den gegenwärtigen Aufwachsbedingungen von jungen Kindern zu nähern. In der Theoriediskussion zeichnet sich derzeit ein Paradigmenwechsel bei der Wahrnehmung von Kindern ab, welcher insbesondere durch den gesellschaftlichen Wandel in postindustriellen Gesellschaften und durch neuere Befunde aus der Entwicklungstheorie beeinflusst wird. Dieser neue Blick auf die Kindheit fordert eine Reflexion des pädagogischen Handelns und setzt auf ein gutes Resonanzverhältnis zwischen Kindern und Erwachsenen.

Kind und Kindheit

Kind und Kindheit sind alltagssprachliche Begriffe, die im Kontext der fachwissenschaftlichen Diskussion einer klaren Charakterisierung bedürfen. Mit dem Begriff Kind wird insbesondere auf ein Generationenverhältnis verwiesen. Als Kindheit wird die Lebensphase zusammengefasst, die mit der Geburt beginnt und bis zur Geschlechtsreife andauert. Kindheit wird in fachwissenschaftlicher Perspektive als gesellschaftliches Konstrukt gesehen (Reich, 2005, 250), welches sich aus der Abhängigkeit des jungen Kindes von seiner sozialen Umwelt ergibt. Dabei spielt heute unter ethnografischen, interaktionistischen und sozialkonstruktivistischen Theorien zunehmend die Betrachtung der kindlichen Eigenwelten eine Rolle, die aufzeigt, in welcher Art Kinder auf Kindheit Einflüsse nehmen oder aktiv an deren Konstruktion beteiligt sind (Zeiher 2001, 169). Am deutlichsten wird dieser sich in den letzten Jahren vollziehende Paradigmenwechsel anhand der Bezeichnung der Forschungsrichtung: Während die Kindheitsforschung das Phänomen Kindheit als die soziale Konstruktion der Erwachsenen in den Blick nimmt, wird mit Kinderforschung die Forschungsrichtung beschrieben, die die Kinder als aktive Konstrukteure ihrer Kindheit einbezieht (Liegle, 2008, 24).

Gegenwärtige Perspektiven

Der gegenwärtige Blick auf die Kindheit zeigt, dass Kindheit nicht immer gleich und auch nicht universal ist. Kindheit verläuft vielmehr „divergent" und „dynamisch" (Waller, 2005), d.h., wie Kindheit erlebt wird, ist abhängig von dem sozio-kulturellen Kontext, in dem Kinder aufwachsen. Demnach durchlaufen Kinder ganz unterschiedliche Kindheiten. Kindheit hat keine global einheitliche Ausprägung und unterliegt durch Krisen im Lebenslauf auch individuellen Wandlungsprozessen. Wie Kindheit durchlebt wird, ist abhängig von unterschiedlichen Parametern wie dem Kontinent, der Kultur, dem ökonomischen Status, der Hautfarbe etc. und ebenso von physischen und psychischen Fähigkeiten und Kompetenzen des Individuums. Die UNICEF-Studie (Bertram, 2006, 3) weist darauf hin, dass Migration und kulturelle Wandlungsprozesse in den Industriestaaten zur Ausprägung unterschiedlicher familiärer Lebensformen beitragen. Diese unterschiedlichen Erfahrungswelten führen zu individuellen Kindheiten. Gesellschaftliche Veränderungen nehmen großen Einfluss auf deren Verlauf (Qvortrup, 2005, 30). Die gesellschaftliche Herausforderung liegt darin, diese Heterogenität bewusst wahrzunehmen und sich von homogenen Vorstellungen über Familie und Kindheit zu lösen. Kinder werden in ihren Familien mit diversen kulturellen Hintergründen konfrontiert, die nicht alle adaptiv zu den formalen Erfordernissen der Gesellschaft, z.B. im Kontext Schule, passen. Diese formalen Erfordernisse basieren auf der Annahme homogener Ausgangslagen.

Aufgabe der frühkindlichen Bildung, Betreuung und Erziehung (FBBE) muss es sein, mit dieser Vielfalt offen und sensitiv umzugehen. Damit wird nicht nur auf die unterschiedlichen Erfahrungswelten der Kinder Bezug genommen, sondern auch darauf, dass Kindheit heute das Aufwachsen zwischen differenten Lebenswelten bedeutet. Dies heißt auch, dass Kinder früh lernen müssen, nicht durch Abgrenzung und Segregation, sondern vielmehr durch Aushandlungsprozesse und inklusives Handeln zur Partizipation zu kommen. Für den frühkindlichen institutionellen Kontext gilt eine Beziehung, die sich durch eine gute sozial-emotionale Atmosphäre auszeichnet und geprägt ist durch Sensibilität und Sensitivität gegenüber dem Kind als Ausgangsbasis. Diese Ausgangsbedingungen in der außerfamiliären Betreuung ermöglichen es den Kindern, mit ihren Erfahrungen an neue Herausforderungen anzuknüpfen und sich aktiv zu involvieren. Dadurch kann es gelingen, den Kindern im Laufe ihrer Kindheit ganz unterschiedliche Erfahrungswelten zu eröffnen, mit denen sie sich gleichermaßen vertraut fühlen. Diese Erfahrungen bieten vielfältige Anknüpfungspunkte, sich in einer heterogenen Gesellschaft zu orientieren und Bildungschancen wahrzunehmen.

Damit soll verdeutlicht werden, was Dahlberg (2004) als Paradigmenwechsel von der Moderne, die durch Linearität und Fortschritt gekennzeichnet ist, hin zur Postmoderne, deren Paradigmen Heterogenität und Komplexität beinhalten, beschreibt. Postmoderne Gesellschaftstheorien haben heute großen Einfluss auf die Theorien in der Frühpädagogik und eröffnen neue Perspektiven in Bezug auf unsere Wahrnehmung von Kind und Kindheiten.

Im Folgenden sollen zunächst die historischen Bezüge des Konzept „Kindheit“ kurz umrissen werden, um darauf aufbauend über die statistische Datenlage und die Beschreibung der Aufwachsbedingungen der Kinder unter drei Jahren auf aktuelle Theorien zur Kindheit heute Bezug zu nehmen.

Historische Bezüge

Insbesondere die Auseinandersetzung mit Philippe Ariès' Untersuchungen zu Familienleben und Schule, in Deutschland 1975 erschienen unter dem Titel „Die Geschichte der Kindheit“, beeinflusst die Kindheitsforschung bis heute maßgeblich. Mit den Begriffen „Entdeckung“ oder auch „Erfindung“ der Kindheit wird Bezug genommen auf die Herausbildung einer Lebensphase Kindheit und ihre Institutionalisierung in speziellen Einrichtungen wie Schule und vorschulischer Betreuung (Honig 1999, 18). Bis zum Ende des Mittelalters gab es, nach Ariès' sozialhistorischen Studien, keine pädagogische Trennung von Kinder- und Erwachsenenwelt (Kinder in Deutschland

2007, 37). Die „Entdeckung der Kindheit“ sieht er in der Phase der Neuzeit. Kindheit wird damit zu einer Konstruktion der soziologischen Wahrnehmung. Ariès stellt im Allgemeinen Kindheit als Entfremdung vom Erwachsenenleben dar und im Besonderen die exklusive Eltern/Mutter-Kind-Beziehung sowie die Pädagogisierung der Kindheit als Kriterien dafür voran.

In Folge der Pädagogisierung der Gesellschaft und damit des Ausformulierens verschiedener Erziehungskonzepte ab dem 18. Jahrhundert wird Kindsein auf diverse Weise beeinflusst. Mit den unterschiedlichen Theorien wird das Wesen des Kindes oder auch die „Natur“ des Kindes vorneweg gestellt, Kindsein anhand dieser Wesensausprägungen beschrieben und das pädagogische Handeln darauf ausgerichtet. So macht es einen großen Unterschied, ob das Kind als göttliches Wesen, wie in der Zeit der Romantik (Baader, 1996), gesehen wird und Erziehung die Funktion hat, das Kind vor negativen Einflüssen der Gesellschaft zu bewahren, oder ob Kinder als sündige Wesen betrachtet werden und die Vollkommenheit durch Erziehung befördert werden soll. In beiden Extremen wird die Bedeutung des erzieherischen Handelns für die Entwicklung der Kinder betont. Insbesondere sei hier auf Rousseau verwiesen, da er philosophische Ansätze bietet, die Kindsein nicht nur als Transitionalstadium ins Erwachsenleben versteht, sondern mit dem Kindsein eine eigene Lebensphase verbindet, die für die Persönlichkeitsentwicklung wesentlich ist. Rousseau beschreibt mit seinem Konzept der „negativen Erziehung“, wie der ideale Erziehungsraum gestaltet werden soll und damit wie idealerweise die Kindheit verlaufen sollte. In späteren Erziehungskonzeptionen werden grundlegende Annahmen über das Kindsein konstruiert, und anhand daraus resultierter Erziehungsmaßnahmen wird auf die Lebensphase Kindheit Einfluss genommen. Seit dem Beginn des 20. Jahrhunderts mit dem Aufkommen der Psychologie wird die vermeintliche „Natur“ des Kindes systematisch erfasst. Theorien der Entwicklungspsychologie versuchen, für die kindliche Entwicklung universell gültige Kriterien zu finden, die zum Maßstab für Entwicklungsunterschiede werden. Diese Annahmen nehmen Einfluss auf Erziehungskonzeptionen.

Kindheit wird konstruiert im Kontext von gesellschaftlichen und individuellen Bezügen (Entwicklungstheorien). Informelle und formelle Erziehungspraktiken gestalten die Aufwachsbedingungen und eröffnen Möglichkeiten, den Verlauf der Entwicklung bewusst zu beeinflussen. Bemängelt wird bis heute, dass das Kind innerhalb des Erziehungsparadigmas als Objekt gesehen (vgl. Rathmeyer, 2007, 399) und Kindheit damit mehr oder weniger aus Erwachsenenperspektive konstruiert wird. Daran hat weder Rousseaus „negative Erziehung“ noch Montessoris Pädagogik „vom Kinde aus“ etwas geändert, ebenso wenig wie die Bewegung der antiautoritären Erziehung in den 1960er Jahren. Erziehungskonzeptionen werden von den Vorstellungen Erwachsener dominiert.

Der gegenwärtige Paradigmenwechsel von der Kindheitsforschung zur Kinderforschung ist ein bedeutender Schritt in der Wissenschaft, den Theorien der Frühpädagogik entsprechend Kinder als aktive Konstrukteure ihrer Kindheiten wahrzunehmen. Mit der UN-Kinderrechtskonvention wird die Beziehung zwischen Erwachsenen und Kind auf eine neue Ebene gestellt; u. a. wird dort die „Partizipation" von Kindern als zentrale Aufgabe einer Demokratie gefordert. Durch die Betonung der Rechte der Kinder wird in Europa ein neuer Trend in der Familienpolitik deutlich, der das Kind zunehmend aus den familiären Bezügen löst und Kinder in ihrer Autonomie stärkt (Ostner, 2009, 46). Auch die sozialkonstruktivistischen Vorstellungen über Erziehung zielen mittels dialogisch entwickelnder Interaktionsprozesse auf Gleichheit und Ernstnehmen aller Beteiligten ab (König, 2009, 138). Welche Konsequenzen diese Erziehungsvorstellungen auf die Gestaltung von Kindheiten heute haben, soll nachfolgend diskutiert werden. Zunächst wird anhand der statistischen Datenlage ein Zugang zu gegenwärtigen Aufwachsbedingungen von jungen Kindern geschaffen.

Empirische Datenlage

2006 lebten in Deutschland 14,1 Mio. minderjährige Kinder. Davon waren 29 % in den alten Bundesländern und 32 % in den neuen Bundesländern im Vorschulalter (unter sechs Jahren). Die Kinderzahl pro Frau lag im Jahr 2007 bei 1,37 Kindern. Die Geburtenziffer hat sich seit den 1980er Jahren in den westlichen Bundesländern kaum verändert. In der DDR lagen die Geburtenquoten wesentlich höher. In den 1990er Jahren sank die Geburtenrate in den neuen Bundesländern rapide; sie pendelt sich aber seit 2000 auf dem Niveau der alten Bundesländer ein und liegt derzeit leicht darüber. Aus den statistischen Daten lässt sich ableiten, dass die meisten Kinder (47 %) zusammen mit mindestens einer Schwester oder einem Bruder aufwachsen. 27 % der Kinder haben zwei und mehr Geschwister und 26 % der Kinder wachsen als Einzelkinder auf; nur 9 % der Kinder ohne Migrationshintergrund und 16 % der Kinder mit Migrationshintergrund wachsen in kinderreichen Familien auf. Obwohl es einen zunehmenden Trend hin zu alternativen Familienformen gibt, in den westlichen und östlichen Bundesländern, gilt noch immer die Ehe als prägende Familienform. So lebten 2007 71 % der Kinder ohne Migrationshintergrund und 82 % der Kinder mit Migrationshintergrund in einer Familie mit verheirateten Eltern zusammen. Der größte Teil der Kinder erlebt demnach auf den ersten Blick noch ein klassisches Familienmuster; allerdings zeichnet sich auch im Hinblick auf die Vereinbarung von Familie und Beruf ab, dass zunehmend beide Elternteile arbeiten und die Kinder über weite Strecken des Tages nicht von ihren Eltern betreut werden. 2007 waren 50 % der Eltern mit Kindern unter drei Jahren berufstätig, in 35 % der Familien war nur der Vater und in 5 % der Familien allein die Mutter berufstätig. Die Erwerbstätigkeit der Mütter ist jedoch nach wie vor vom Alter der Kinder abhängig. So waren 2006 lediglich 28 % der Mütter mit jüngstem Kind im Krippenalter von unter drei Jahren berufstätig; im Alter des jüngsten Kindes von drei bis fünf Jahren dagegen bereits 55 %. Die Erwerbstätigkeit der Väter ist derzeit nicht an das Alter der Kinder gekoppelt; das könnte sich aber mit der zunehmenden Beteiligung der Väter am Elterngeld ändern. 2007 haben 12 % der Väter das Elterngeld genutzt, um ihre Kinder zu betreuen. Damit wächst die frühkindliche familiäre Betreuungssituation zunehmend aus der sozial konstruierten Mutterdomäne heraus und eröffnet den Kindern von Anfang an unterschiedliche Erfahrungen mit unterschiedlichen Bezugspersonen (vgl. Statistisches Bundesamt 2007; Datenreport 2008).

Im 13. Kinder- und Jugendbericht (BMFSFJ, 2009) wird herausgestellt, dass der Lebensphase des Säuglings- und Kleinkindalters besondere Beachtung zukommen muss. Säuglinge und Kleinkinder sind im Vergleich zu älteren Kindern deutlich stärker vulnerabel, also in dieser hoch sensiblen Lebensphase auf die Befriedigung der physischen und psychischen Grundbedürfnisse existenziell angewiesen. Statistisch wird die Gefahr von Vernachlässigung und Kindeswohlgefährdung in den ersten fünf Lebensjahren bedeutend höher eingeschätzt als in der späteren Kindheit. Eine liebevolle und verlässliche soziale Umwelt ist für ein gesundes Aufwachsen unerlässlich. Nicht wenige Kindheiten sind heute durch Armut geprägt. Armut gilt als struktureller Faktor, der ein gesundes Aufwachsen im Zusammenspiel mit diversen Stressfaktoren zusätzlich belasten kann. Insbesondere junge Kinder alleinerziehender Eltern sowie Kinder, die in sogenannten kinderreichen Familien aufwachsen, sind in Deutschland von Armut betroffen.

Institutionelle Förderung von unter Dreijährigen

Der Ausbau der Kindertagesbetreuung für die unter Dreijährigen in Gesamtdeutschland wurde durch das Tagesbetreuungsausbaugesetz (TAG) und das Kinderförderungsgesetz (KiföG) auf den Weg gebracht. Ab 2013 haben auch Kinder im Alter von ein und zwei Jahren einen Rechtsanspruch auf ein Betreuungsangebot. Mit dem am 16. Dezember 2008 in Kraft getretenen Kinderförderungsgesetz (KiföG) wurde der Anstoß gegeben, intensiv am Ausbau der institutionellen Betreuungsformen für unter Dreijährige zu arbeiten. Bis zum Jahr 2013 sollen für 35 % der unter Dreijährigen Plätze in Tagespflege oder Kindertagesbetreuung zur Verfügung stehen.

Im März 2008 wurden ca. 364 190 der unter dreijährigen Kinder in Kindertagesbetreuung oder Tagespflege betreut (KOMDAT Jugendhilfe, 2009, 14). Die Inanspruchnahme im Bereich der Kindertagesbetreuung hat sich dabei in Westdeutschland von 8,0 % (2006) auf 12,2 % (2008) erhöht. Im Bereich der Tagespflege erhöhte sich die Quote in den alten Bundesländern von 15,5 % (2007) auf 17,7 % (2008). Regional gibt es dabei erhebliche Unterschiede in der Inanspruchnahme, und das nicht nur zwischen den alten und neuen Bundesländern. Am stärksten wurde nach der Statistik 2008 der Ausbau in Rheinland-Pfalz vorangetrieben. Dort erhöhte sich das Angebot für unter Dreijährige von 2006 bis 2008 von 9,4 % auf 15,1 %. Ein differenzierter Blick auf die Inanspruchnahme zeigt, dass das Angebot vor allem von Kindern im Alter von zwei Jahren (25,2 %) genutzt wird. Bei den unter einjährigen Kindern lag die Quote in Westdeutschland bei 1,7 % und in Ostdeutschland bei 5,7 %, bei den Einjährigen bei 9,5 % in Westdeutschland und bei 47,5 % in Ostdeutschland. Werden diese Zahlen in Ostdeutschland als Prognose für die Inanspruchnahme in Westdeutschland gesehen, steht der U3-Ausbau noch am Anfang. Es wäre zu hoffen, dass dieses Feld der FBBE in den nächsten Jahren eine zusätzliche Dynamik erfährt.

Der Ausbau der FBBE für unter Dreijährige wird in den Bundesländern ganz unterschiedlich verwirklicht, weshalb junge Kinder unterschiedliche Erfahrungen mit institutioneller FBBE machen. Es zeigt sich, dass in den westlichen Bundesländern der Bedarf an Plätzen für unter Dreijährige insbesondere durch die Erweiterung der Regelgruppen (Drei- bis Sechsjährige) gedeckt wird. In dieser Betreuungsform werden vor allem die zweijährigen Kinder aufgenommen. In den östlichen Bundesländern wird dagegen die Krippenstruktur der DDR reaktiviert (Lange, 2009).

Der rechtliche Ausbau der FBBE steht im Zusammenhang mit den Empfehlungen der OECD und EU (Scheiwe, 2009; Ostner, 2009). Vom Europäischen Rat wurde 2002 in Barcelona eine Zielvorgabe in Richtung Kindertagesbetreuung entwickelt. Demnach sollen bis 2010 90 % der Drei- bis Sechsjährigen und 33 % der unter Dreijährigen einen Zugang zur Förderung in Kindertageseinrichtungen haben (Europäischer Rat 2002, 12). Damit zeichnet sich ein Wandel in der Familienpolitik ab, der auf die Vereinbarkeit von Familie und Beruf setzt. Eine stärkere Einbeziehung der Väter in die Betreuung der jungen Kinder könnte zu einem Verschwinden der traditionellen Mutterrolle führen (Ostner, 2009). Tendenzen in diese Richtungen zeigen sich bereits im zwölften Kinder- und Jugendbericht (BMFSFJ, 2005), der auf die „primären Bezugspersonen" setzt und nicht exklusiv die Mutter-Kind-Beziehung voranstellt:

„Die frühkindlichen Bildungsprozesse sind maßgeblich davon beeinflusst, ob und wie der Aufbau einer sicheren Bindung zwischen Kind und seinen primären Bezugspersonen gelingt" (BMFSFJ 2005, 146).

Das Kind als Akteur

In der Entwicklungspsychologie wird heute das Kind als Akteur betont. Kinder werden demnach als aktiv Mitgestaltende ihrer Entwicklung gesehen, d. h., ihnen wird ein aktiver Einfluss auf ihren Entwicklungsprozess zugeschrieben. Damit wird herausgestellt, dass Kinder auch auf ihre soziale Umwelt großen Einfluss nehmen. Den wechselseitigen Interaktionsprozessen kommt dabei von Anfang an eine Schlüsselrolle zu. Für ein gesundes Aufwachsen in den ersten drei Lebensjahren ist insbesondere der Aufbau einer guten sozial-emotionalen Beziehung zu den primären Bezugspersonen notwendig. Diese sogenannte Bindebeziehung wird durch ein sensitives und responsives Verhalten der Erwachsenen gegenüber dem jungen Kind gefördert (Grossmann, 2008). Das frühe Interaktionsverhalten wurde von Papoušek als intuitives Elternverhalten beschrieben (Lohaus; Ball; Lißmann, 2008). Dieses Verhalten hat didaktische Funktion und ist optimal auf die Reaktionen des Kindes abgestimmt. Heute werden diese Theorien insbesondere aus der Neurowissenschaft unterstützt, die diesem Resonanzverhalten, welches auch in späteren Lebensphasen nicht an Bedeutung verliert, existenzielle Bedeutung für einen gesunden Organismus zuschreiben (Rizzolatti, 2008). Das Kind erfährt damit ein hohes Maß an Bestätigung und Selbstwirksamkeit. Durch ein positives Bindeverhalten wird das psychologische Grundbedürfnis nach Sicherheit und Nähe erfüllt. Auf dieser positiven Vertrauensbasis kann das Kind seine Neugierde entfalten und Neuem mit Zuversicht begegnen. Diese Ausgangsbasis ermöglicht es, vielfältige Erfahrungen mit der sozialen Umwelt zu sammeln. Eine gute sozial-emotionale Beziehung zu den primären Bezugspersonen gilt als Resilienzfaktor, der das Kind bei schwierigen Lebensumständen zu unterstützen vermag. Neurobiologische Befunde verstärken heute die Bedeutung dessen, dass das Kind von Anfang an mit einer anregungsreichen Umwelt versorgt wird. Vielfältige Erfahrungen unterstützen den Aufbau unterschiedlicher Gehirnregionen. Fortlaufende Unterstützungen führen zum Aufbau von Verbindungen zwischen den Synapsen und fördern die Vernetzung der einzelnen Regionen. Anregungsarme Umgebungen mit wenig sozialen Kontakten und sensorischen Stimulationen haben dagegen negativen Einfluss auf die Entwicklung der Kinder (BMFSFJ, 2009, 82).

Fazit

Die Auseinandersetzung mit dem Themenfeld „Kindheit heute" heißt, den Fokus auf individuelle Kindheiten zu legen. Kindheiten werden von diversen Aufwachsbedingungen moderiert und durch individuelle Akteure bestimmt. Die Beschreibung von Kindheiten wird bis heute aus der Perspektive von Erwachsenen vorgenommen. Insbesondere mit dem Begriff „inszenierte Kindheiten" wird deutlich, dass Kindheit bis heute, wie Bernfeld bereits 1925 treffend formuliert hat, überwiegend in einer Erwachsenengesellschaft verläuft (Liegle, 2008, 23). Am deutlichsten wird dies derzeit mit der staatlichen Verantwortung für das Aufwachsen der unter Dreijährigen in der FBBE. Das heutige Wissen über das Aufwachsen und die unterschiedlichen Verläufe von Kindheiten muss dazu führen, den Paradigmenwechsel, welcher sich mit der Kinderforschung manifestiert hat, auch im praktischen Handeln zu reflektieren, d. h. Kinder sind von Anfang an als Akteure wahrzunehmen und ihren Gedanken und Gefühlen ist nachzuspüren. Kindern müssen in der Erwachsenengesellschaft genügend „Freiräume" zur Verfügung stehen, um im Sinne von Humboldt ihr Selbstbildungspotenzial im Spannungsverhältnis zwischen „Eigenem" und „Fremdem" zu entfalten. Der derzeitige Anspruch an inklusive Erziehung überfordert jedoch den Ansatz der „Pädagogik der Vielfalt" (Prengel, 2006). Es wird zu schnell übersehen, welche Verantwortung dem institutionellen pädagogischen Handeln zukommt. Kinder müssen hier mit ihren Entwicklungsbedürfnissen wahrgenommen werden. Heterogenität ist nicht per se die Chance individueller Kindheiten. Ausgangspunkt für Bildungschancen der Individuen ist die Befriedigung primärer Bedürfnisse. Autonomes Handeln braucht eine vitale Basis. Insbesondere in den frühen Kindheiten gilt es, die psychischen Grundbedürfnisse im Auge zu behalten, um Kindern ein gesundes Aufwachsen zu ermöglichen. Die Erfahrung von Sicherheit und Vertrauen gilt als Resilienzfaktor, um sich auf heterogene Lebenswelten einzulassen. Heterogenität bezieht sich auf Kontextfaktoren und Entwicklungsverläufe, die das Aufwachsen bestimmen. Heterogenität ist dann als Chance zu begreifen, wenn Individuen die Möglichkeit eröffnet wird, ihre eigene Persönlichkeit zu entfalten. Kindheiten zu begleiten heißt demnach, in dem Spannungsverhältnis von Autonomie und Verbundenheit zu balancieren. Heute dominieren Kindheitsmuster, „welche die Kinder nicht nur früher und intensiver in die Individualisation drängen, sondern stärker als bisher vielfältigen sozialen Substrukturen aussetzen, die durch Kontraste und Übergänge gekennzeichnet sind“ (Ahnert 2009, 32).

Diese Herausforderungen in den individuellen Kindheiten können Kinder dann gut meistern, wenn sie über entsprechende Schutzfaktoren verfügen, die es ihnen ermöglichen, mit schweren Lebensphasen kompetent umzugehen. Ein sensibles Resonanzverhältnis zwischen Kindern und Erwachsenen gilt als Chance, dass Kinder mit Neugierde und Interesse am Leben in der Gesellschaft partizipieren.

Literatur

Ahnert, L. (2009): Familien heute: Die Perspektive des Kindes. Erwachsenenbildung, 4, 31–38

Ahnert, L.; Hardwardt, E. (2008): Die Beziehungserfahrungen der Vorschulzeit und ihre Bedeutung für den Schuleintritt. Empirische Pädagogik, 22/2, 145–159

Baader, M.S. (1996): Die romantische Idee des Kindes und der Kindheit. Auf der Suche nach der verlorenen Unschuld. Neuwied

Bertram, H. (2006): Zur Lage der Kinder in Deutschland. In: Politik für Kinder als Zukunftsgestaltung, Innocenti Working Paper No. 2006-02 Florence, UNICEF Innocenti Research Centre

BMFSFJ (2005): Zwölfter Kinder- und Jugendbericht. Berlin

BMFSFJ (2009): Dreizehnter Kinder- und Jugendbericht. Berlin

Dahlberg, G. (2004): Kinder und Pädagogen als Co-Konstrukteure von Wissen und Kultur: Frühpädagogik in postmoderner Perspektive. In: Fthenakis, W.E.; Oberhuemer, P. (Hrsg.): Frühpädagogik international. Wiesbaden

Datenreport 2008 (2008): Kapitel 2 Familie, Lebensformen und Kinder. Statistisches Bundesamt (Hrsg.). Wiesbaden

DJI/akjSTAT (2008): Kindertagesbetreuung in Deutschland. Arbeitsstelle Kinder- und Jugendhilfestatistik. Dortmund

Europäischer Rat (2002): SN 100/1/02 REV 1. Internetquelle: http://www.consilium.europa.eu/ueDocs/cms_Data/docs/pressData/de/ec/71067.pdf letzter Abruf: 16.09.2009

Grossmann, K.E. (2008): Theoretische und historische Perspektiven der Bindungsforschung. In: Frühe Bindung. 2. Aufl., München, 21–41

Honig, M.-S. (1999): Entwurf einer Theorie der Kindheit. Frankfurt a.M.

Kinder in Deutschland 2007 (2007): 1. World Vision Studie. World Vision Deutschland (Hrsg.). Bonn

König, A. (2009): Interaktionsprozesse zwischen ErzieherInnen und Kindern. Eine Videostudie aus dem Kindergartenalltag. Wiesbaden

KOMDAT Jugendhilfe (2009): Arbeitsstelle Kinder- und Jugendhilfestatistik (Hrsg.) Heft 12/1. AKJStat. Dortmund

Lange, J. (2009): Bundeskongress Soziale Arbeit. Arbeitsgruppe Bildungschancen in Kindertageseinrichtungen zwischen Anspruch und Wirklichkeit. Unveröff. Paper

Liegle, L. (2008): Hat sich Kindheit verändert oder ist sie gar im Begriff zu verschwinden? In: Hartinger, A.; Hitzler, R.; Bauer, R. (Hrsg.): Veränderte Kindheit: Konsequenzen für die Lehrerbildung. Bad Heilbrunn, 23–31

Lohaus, A.; Ball, J.; Lißmann, I. (2008): Frühe-Eltern-Interaktion. In: Frühe Bindung. 2. Aufl., München, 147–161

Neumann, K. (1993): Zum Wandel der Kindheit vom Ausgang des Mittelalters bis an die Schwelle des 20. Jahrhunderts. In: Handbuch für Kindheitsforschung. Markefka, M.; Nauck, B. (Hrsg.) Neuwied, 191–205

Ostner, I. (2009): Auf den Anfang kommt es an – Anmerkungen zur „Europäisierung" des Aufwachsens kleiner Kinder. Recht der Jugend und des Bildungswesens, 1, 44–62

Penn, H. (2005): Remembering childhood. In: Understanding Early Childhood. Penn, H. (Ed.) Open University Press, 1–19

Prengel, A. (2006): Pädagogik der Vielfalt. Wiesbaden

Qvortrup, J. (2005): Kinder und Kindheit in der Sozialstruktur. In: Hengst H.; Zeiher, H. (Hrsg.): Kindheit soziologisch. Wiesbaden, 27–47

Rathmayr, B. (2007): Kindheit. In: Beltz Lexikon Pädagogik. Tenorth, H.-E.; Tippelt, R. (Hrsg.): Weinheim, 398–401

Reich, K. (2005): Kindheit als Konstrukt oder die Konstruktion der Kindheit. In: Voß, R. (Hrsg.): Unterricht aus konstruktivistischer Sicht. 2. Aufl., Weinheim, 249–260

Rizzolatti, G.; Sinigaglia, C. (2008): Empathie und Spiegelneurone. Frankfurt

Scheiwe, K. (2009): Bildung und Betreuung in Kindertageseinrichtungen und Vorschulen in Europa. Recht der Jugend und des Bildungswesens, 1, 63–77

Statistisches Bundesamt (Hrsg.): Bevölkerung. Ergebnisse des Mikrozensus 2007. Wiesbaden

Waller, T. (2005): Modern childhood: contemporary theories and children's lives. In: Waller, T. (Ed.): An introduction to early childhood. London, 55–69

Zeiher, H. (2001). Kindheit. In: Grundbegriffe der Soziologie. Bernhard Schäfers (Hrsg.), 7. Aufl., Opladen, 166–169

Iris Nentwig-Gesemann

Zur Geschichte der außerfamiliären Betreuung von Kindern unter drei Jahren in Kindertageseinrichtungen

Die Betreuung, Erziehung und Bildung von Kindern bis zu drei Jahren in Tageseinrichtungen ist derzeit ein sowohl öffentlich als auch fachwissenschaftlich viel und kontrovers diskutiertes Thema. Unumstritten ist dabei, dass dem quantitativen Ausbau der Krippenplätze nun eine Qualitätsoffensive folgen muss: Ohne eine deutliche Verbesserung der Strukturqualität, z. B. der Fachkraft-Kind-Relation, ohne eine spezialisierende Qualifizierung von pädagogischen Fachkräften für die Arbeit mit den Null- bis Dreijährigen und ihren Familien, ohne eine Berücksichtigung von entwicklungspsychologischen Erkenntnissen, vor allem aus der Bindungsforschung, und ohne eine intensive Begleit- und Wirkungsforschung in Bezug auf die Entwicklungs- und Bildungsprozesse, die sich im Rahmen der außerfamiliären Betreuung vollziehen, droht die in Gang gesetzte Reform in neue ideologische Kämpfe über die Verantwortbarkeit der frühen außerfamiliären Betreuung zu münden. Nicht zuletzt erscheinen für die zukünftigen Reformen ein Blick in die

Geschichte und eine Aufarbeitung der unterschiedlichen pädagogischen Kulturen im Osten und Westen Deutschlands notwendig, um Herausforderungen und Chancen realistisch einzuschätzen und in Aus- und Weiterbildung darauf reagieren zu können.

Vor zwei Jahrzehnten prallten nicht nur gegensätzliche pädagogische Konzeptionen und strukturell-organisatorische Systeme der institutionellen Früherziehung sowie der Ausbildung der darin tätigen Fachkräfte aufeinander, sondern auch die über viele Jahre gewachsenen „Ideologien" bezüglich der Erwünschtheit und Einschätzung außerfamiliärer Betreuung von Kindern unter drei Jahren. Während in der DDR die berufstätige Mutter idealisiert wurde und das Angebot der außerfamiliären Betreuung absicherte, dass z. B. 1987 91 % der Frauen unter 60 Jahren erwerbstätig oder in Ausbildung waren (Ahnert, 1998), wurde in der Bundesrepublik das traditionelle Frauen- und Muttermodell gepflegt und jede nicht-mütterliche „Fremdbetreuung" als prekäre und das Wohl des Kindes gefährdende „Notlösung" gewertet. Wo man auf der einen Seite die Risiken und Herausforderungen der Krippenerziehung nicht sehen wollte, hat man auf der anderen Seite die darin steckenden Chancen und Bildungspotenziale nicht gesehen (Maywald, 2008) und die Bindungsfähigkeit von Kindern in den ersten drei Lebensjahren unterschätzt.

Der Prozess des Zusammenwachsens hat sich als schwieriger und langwieriger erwiesen als vermutet; noch immer – besonders deutlich wird dies im wiedervereinigten Berlin – haben wir es in den Einrichtungen mit zwei Systemen zu tun, die von unterschiedlichen pädagogischen Grundlagen und Traditionen gespeist werden, mit einer großen Zahl von Erzieher/-innen, die auf eine vollkommen unterschiedliche ausbildungs- und berufsbiografische Entwicklung zurückblicken. Auch wenn es inzwischen in den alten und neuen Bundesländern zumindest in vielen Punkten vergleichbare Bildungsprogramme für die Bildung und Erziehung in Kindertageseinrichtungen gibt, sind wir dennoch noch immer mit Unterschieden in pädagogischer Kultur und Habitus konfrontiert, die auch die weitere Qualitätsentwicklung in den Krippen beeinflussen werden.

Entwicklungen im geteilten und wiedervereinigten Deutschland

2007 werden in Deutschland insgesamt 278 642 Kinder im Alter von unter drei Jahren in Kindertageseinrichtungen betreut, davon 109 619 in Ostdeutschland, 137 660 in Westdeutschland und 31 363 in Berlin (Bock-Famulla, 2008).

Durch die Betreuung von unter Dreijährigen in öffentlich geförderter Kindertagespflege kommen in Westdeutschland noch einmal 28 932 Kinder hinzu, in Ostdeutschland 10 577 Kinder. Die Quote der Inanspruchnahme von Kindertagesbetreuung (Tageseinrichtungen und Kindertagespflege) liegt bei den Kindern unter drei Jahren damit in Westdeutschland (ohne Berlin) bei insgesamt 9,9 % und in Ostdeutschland (ohne Berlin) bei 41 %. In Berlin wird Kindertagesbetreuung von insgesamt 39,8 % der Kinder im Alter von unter drei Jahren in Anspruch genommen – eine höhere Quote findet sich ausschließlich in einigen neuen Bundesländern: in Brandenburg (43,4 %), Mecklenburg-Vorpommern (44,1 %) und Sachsen-Anhalt (51,8 %) (Bock-Famulla, 2008). Diese deutlichen Ost-West-Unterschiede sind in einer mehr als 40-jährigen Teilungsgeschichte begründet, in der sich kontrastierende Systeme der außerfamiliären Betreuung von (Kleinst-)Kindern etablierten.

In der Bundesrepublik, die einzige Ausnahme bildete West-Berlin, blieb die Krippenerziehung in den Jahren zwischen Kriegsende und Wiedervereinigung eine marginale Erscheinung. Mitte der 1970er Jahren galten Krippen offiziell noch als Notangebot der Jugendhilfe, das nur dann in Anspruch genommen werden sollte, wenn die Familien nicht in der Lage waren, ihre Kinder angemessen zu betreuen. In einer Studie von 1988 konnte Tietze (1998) aufzeigen, dass die Betreuung von Kindern unter drei Jahren in der Bundesrepublik eine „kernfamiliale Angelegenheit“ war und „Betreuung im sozialen Netzwerk (…) im Wesentlichen Großelternbetreuung“. Im Hinblick auf den Betreuungsmarkt bezahlter Einzelpersonen ergab sich, dass es eine deutliche Präferenz für die Betreuung im Haushalt des Kindes durch Kinderfrauen und Babysitter gab: 5,3 % gegenüber der Betreuung durch eine Tagesmutter (1,7 %). Nur 2,4 % der unter dreijährigen Kinder seiner Studie wurden in Institutionen, d. h. Krippen betreut.

Dem stand allerdings eine zunehmende Berufstätigkeit von Frauen gegenüber, sodass vor allem in Großstädten ein eklatanter Mangel an Plätzen herrschte und die Familien mit der Organisation von Betreuungsarrangements weitgehend allein gelassen wurden. Über das Modellprojekt „Tagesmütter“ des Deutschen Jugendinstituts (DJI, 1980) und die damit initiierte Ausbreitung dieser Betreuungsform sowie durch die Gründung von Eltern-Initiativ-Einrichtungen ergab sich dann in den späten 1970er Jahren eine gewisse Entlastung. Von zentraler Bedeutung war dieses Projekt, weil es nicht nur den Aufbau von Betreuungsplätzen für Kinder unter drei Jahren förderte, sondern in einer Begleitstudie auch belegen konnte, dass Kinder, die in qualifizierter Kindertagespflege betreut wurden, keine Entwicklungsdefizite gegenüber den Kindern aufwiesen, die in der Familie aufwuchsen. Im Hinblick auf personale und soziale Kompetenzen wurden sogar Vorteile festgestellt (DJI, 1980; Schneider, 2010). Seit Mitte der 1970er Jahre veränderten sich allmählich die Bedingungen in den westdeutschen Krippen, die vor allem Krippen in Berlin und Hamburg waren: Die Sauberkeitserziehung wurde gelockert, pflegerische Tätigkeiten traten hinter Spielangebote zurück, Eingewöhnungsmodelle etablierten sich (Schneider, 2010). Dennoch spielte die Betreuung von Kindern unter drei Jahren in Krippen in der Bundesrepublik bis zur Wende eine marginale Rolle: Die Versorgungsquote lag 1990 bei 1,8 %, in West-Berlin immerhin bei 17,8 %, gefolgt von Hamburg mit 9,8 % – in allen anderen Bundesländern lag die Quote hingegen bei unter 2 % (DJI, 1993).

In der DDR galt die Krippe als wichtige erste Stufe des „einheitlichen sozialistischen Bildungssystems", auch wenn sie dem Ministerium für Gesundheitswesen unterstellt war. In der Bundesrepublik bildungspolitisch im Abseits und gesellschaftlich überwiegend negativ stigmatisiert, setzte in der DDR der Ausbau des Krippenwesens bereits 1948 unmittelbar mit den Wirtschaftszielen des ersten Fünfjahresplans und dem damit notwendigerweise angestrebten Anwachsen der Frauenerwerbstätigkeit ein. Nicht nur der Ausbau von Tageskrippen, sondern auch von Wochen- oder Saisonkrippen, z. B. für Erntezeiten, wurde vorangetrieben (Nentwig-Gesemann, 1999). Von 1957 bis 1960 wurde eine erste Untersuchung über die Auswirkungen der Krippenerziehung durchgeführt. Ein wesentliches Ergebnis war, dass die Krippenkinder im Durchschnitt am Ende des dritten Lebensjahres fünf Monate Entwicklungsrückstand gegenüber den in der Familie aufwachsenden Kindern aufwiesen (Waterkamp, 1987). Fortan wurden pädagogische Gesichtspunkte stärker berücksichtigt und die Wochen- und Saisonkrippen wurden abgebaut. 1968 wurde dem Krippenpersonal das erste Erziehungsprogramm „Pädagogische Aufgaben und Arbeitsweisen der Krippen" zur Verfügung gestellt (Schmidt-Kolmer, 1976), das zwar als „Diskussionsgrundlage" galt, aber fast 20 Jahre lang die Krippenpädagogik entscheidend prägte. Das „Programm für die Erziehungsarbeit in Kinderkrippen" (1986), das dann als Arbeitsgrundlage für alle Einrichtungen verbindlich vorgeschrieben war, sollte dem Ziel dienen, „allseitig entwickelte sozialistische Persönlichkeiten" zu formen. Die Aufmerksamkeit, die der Krippenpädagogik von politischer Seite geschenkt wurde, ergab sich aus der Überzeugung, dass „nur dann tatkräftige, schöpferische und allseitig gebildete Sozialisten herangebildet werden können, wenn der komplizierte Prozess der Erziehung und Bildung vom ersten Tag bis weit hinein ins Erwachsenenalter einheitlich und kontinuierlich gestaltet wird" (Schmidt-Kolmer, 1976). 1989 lag die Versorgungsquote für Kinder im Alter von null bis drei Jahren bei 56,4 % (DJI, 1993), 80,2 % der Zwei- bis Dreijährigen besuchte eine Krippe (Fischer, 1992).

Die Entwicklung nach der Wiedervereinigung und der aktuelle Ausbau von Krippenplätzen

Nach 1989 änderten sich die gesellschaftlichen Verhältnisse dramatisch, die Geburtenraten sanken und die Arbeitslosigkeit stieg. Am Beispiel Berlins kann deutlich gemacht werden, wie sich dies auf die Kinderbetreuungssituation auswirkte: „In den Jahren 1990–1997 wurden 37000 ungenutzte Betreuungsplätze in Ostberlin gestrichen und 14000 in Westberlin eröffnet, die zumeist von Ostberliner Erziehern besetzt wurden" (Ahnert, 2003). Während man in den östlichen Bundesländern von einer weitgehenden Bedarfsdeckung ausgeht, ist man davon in den westlichen Ländern lange noch weit entfernt – dies wird sich in den kommenden Jahren mit dem Ausbau der Krippenplätze fundamental verändern. Mit dem Kinderbetreuungsfinanzierungsgesetz 2007 und dem Kinderförderungsgesetz (KiföG) 2008 hat die Bundesregierung das finanzielle und gesetzliche Fundament für den Ausbau der Betreuungsplätze für Kinder unter drei Jahren gelegt. Das erklärte Ziel ist, bis zum Jahre 2013 jedes dritte Kind unter drei Jahren mit einem Betreuungsplatz zu versorgen und damit einen Rechtsanspruch auf Betreuung zu gewährleisten. Damit müssen bis 2013 zusätzlich etwa 300000 Plätze geschaffen und die Zahl der Betreuungsplätze in Kinderkrippen oder bei Tagesmüttern auf rund 750000 verdreifacht werden. Darüber hinaus ist eine Bedarfslücke von ca. 24000 pädagogischen Fachkräften zu schließen (Riedel, 2009).

Qualifizierung von Fachkräften für die pädagogische Arbeit mit Krippenkindern

Ende der 1980er Jahre verfügten in der DDR 80% der in Krippen und Kindergärten arbeitenden Personen über eine Erzieher/-innenausbildung, in der Bundesrepublik hingegen nur 50% (Ahnert, 2003). In den wenigen Krippen, die es in Westdeutschland gab, dominierten lange Zeit Krankenschwestern und Kinderpflegerinnen: erst in den 1980er Jahren kamen zunehmend auch Erzieherinnen hinzu, die jedoch keine spezielle Ausbildung für die Arbeit mit den Kleinsten hatten. In der DDR stiegen die Qualifikationsanforderungen an das Krippenpersonal hingegen kontinuierlich. Während zu Beginn des Krippenausbaus vor allem unausgebildete Frauen und Kinderkrankenschwestern in diesem Bereich arbeiteten, wurde ab 1961 ein neues Ausbildungsprogramm in den Fachschulen eingeführt und 1969 die Berufsbezeichnung „Krippenerzieherin" geschaffen. Seit 1974 wurden diese nach Absolvierung der Oberschule in einem dreijährigen Fachschulstudium an medizinischen Fachschulen ausgebildet. 1989 hatten 80 % der in den Krippen arbeitenden Frauen eine Fachschulausbildung, 10 % waren Kinderpflegerinnen und 10 % hatten keine pädagogische Ausbildung (Bundesministerium, 1994). Während es also in der DDR eine spezialisierende Ausbildung zur Fachkraft für die Erziehungsarbeit mit den unter Dreijährigen gab – verbunden mit einer vergleichsweise hohen gesellschaftlichen Anerkennung und mit Aufstiegsmöglichkeiten durch ein anschließendes Hochschulstudium –, eine ausdifferenzierte programmatische Vorgabe die pädagogische Arbeit in den Krippen anleitete und auch die Forschung in diesem Bereich gefördert wurde, ging in der Bundesrepublik die Entwicklung nur langsam voran: Erst seit Mitte der 1980er Jahre gab es nennenswerte Forschungsarbeiten zur frühkindlichen Erziehung (Beller, 1985), eine pädagogische Ausbildung mit Spezialisierungsmöglichkeit für die Null- bis Dreijährigen gab es nicht und von Programmen und Bildungsplänen für die Arbeit mit (Krippen-)Kindern war man weit entfernt.

In der aktuellen Situation des Ausbaus von Krippenplätzen und der Professionalisierung bzw. Akademisierung der Erzieher/-innen-Ausbildung gibt es erste Versuche, die – bislang sowohl an Fachschulen als auch an Hochschulen vollkommen vernachlässigte – Qualifizierung für die Arbeit mit Kindern im Alter von null bis drei Jahren und ihren Familien systematisch in die Ausbildung zu integrieren und entsprechende curriculare Schwerpunktbildungen zu konzipieren (Harms; Schwarz in diesem Band; Ebert, 2008).

Bildungsprogramme für die Arbeit in Krippen zwischen Normierung und Qualifizierung der pädagogischen Arbeit

Bildungsprogramme, Leitbilder von Trägern und Konzeptionen von Tageseinrichtungen beeinflussen selbstverständlich den pädagogischen Alltag in Krippen – dies ist aber nur eine Hälfte dessen, was die Prozessqualität in den Einrichtungen generiert. Letztlich sind es immer die handlungsleitenden Orientierungen von Erzieher/-innen, die im Laufe ihrer Ausbildungs- und Berufsbiografie zu ihrem habituellen Erfahrungswissen geworden sind, die die Prozessqualität im Alltag maßgeblich beeinflussen. Während sich Bildungsprogramme auch kurzfristig einführen oder austauschen lassen, bleibt die Frage offen, inwiefern sie nachhaltig in den pädagogischen Alltag eingehen und in die grundlegenden pädagogischen Haltungen der Fachkräfte hinein wirken.

Im Erziehungsprogramm, das ab 1985 für alle Krippen in der DDR als verbindliche Arbeitsgrundlage eingeführt war, ging es nicht nur um die systematische und altersspezifische Förderung von Kindern in den verschiedenen „Sachbereichen“, sondern auch um die Entwicklung einer gefestigten sozialistischen Weltanschauung und Moral. Der Entfaltung von Individualität und dem emotional betonten Eingehen der Erzieherin auf jedes Kind wurde in diesem Programm zweifelsfrei eine größere Bedeutung beigemessen, als dies jemals zuvor der Fall war. Das Spannungsfeld, das so entstand zwischen einer altersnormierten, normativ-leistungsorientierten, „zielgerichtet organisierten“ (Schmidt-Kolmer, 1986), auf Lenkung und Führung beruhenden Beschäftigungspädagogik einerseits und der zaghaften Betonung einer Arbeit vom Kind aus andererseits, wurde durch die Negation jeglichen Widerspruchs zwischen den Interessen und Bedürfnissen des sozialistischen Kollektivs und des Individuums „gelöst“. Dieser verdrängte, unbearbeitete Widerspruch lastete letztlich auf den Schultern der Erzieher/-innen, die im Alltag Lösungen finden mussten zwischen einer Hinwendung zum Kind, einer umfangreichen, altersnormierten, programmatisch vorgegebenen Planungs- und Dokumentationsarbeit und den Kontrollen, denen sie selbst ausgesetzt waren.

Ergebnisse aus einer umfangreichen Analyse des Erziehungsprogramms im Hinblick auf das zugrunde liegende Selbstverständnis und Menschenbild sollen hier kurz zusammengefasst werden (Nentwig-Gesemann 1999; 2009): Die Angebote und Anforderungen an die Kinder, wie sie im Programm und in davon abgeleiteten Arbeitsanweisungen formuliert wurden, hatten einen spezifischen normativen Charakter. Ein altersspezifisch detailliert ausformuliertes Kompetenz- und Eigenschaftsprofil implizierte die Vorstellung, dass es sich – unter der Bedingung einer „richtig gestalteten“ und „zielgerichteten pädagogischen Einflussnahme“ durch die Erzieherinnen (Erziehungsprogramm 1986) – um für alle Kinder verbindliche, sich automatisch ergebende Entwicklungsverläufe handelte. Tatsächlich ging es darum, möglichst alle Kinder entsprechend normativer Vorgaben in den verschiedensten Entwicklungsbereichen zu formen, deren Gültigkeit und Legitimität nicht zur Diskussion standen. Die Spielräume für die konkrete Gestaltung der pädagogischen Arbeit waren durch die genauen Anleitungen zum Erreichen festgelegter Erziehungsziele äußerst eng. Nicht nur die Partizipationsmöglichkeiten der Kinder, sondern auch die der Erzieherinnen waren durch den Anspruch auf inhaltliche Vollständigkeit des Erziehungsprogramms und eine umfangreiche, detailgenaue Didaktisierung erheblich eingeschränkt. Die Erzieherinnen sollten ihre immer wieder hervorgehobene „führende Rolle“ zur Lenkung und Förderung der Kinder nutzen, was mit einem kontrollierenden, auf Ursache-Wirkung bezogenen Erziehungsstil und einer Festschreibung des Kindes als Objekt pädagogischer Bemühungen verbunden war. Selbst das kindliche Spiel wurde zweckrational verortet und auf eine zielgerichtete und geführte Tätigkeit reduziert, mit der die Entwicklung des Kindes gesteuert werden sollte. Auch im Rahmen der sogenannten „Beschäftigungen", deren zeitlicher Rahmen genau festgelegt war und an denen alle Kinder teilnehmen mussten, war plangemäßes und ziel- bzw. produktorientiertes Handeln nach den Vorgaben der Erzieherin gefordert. Bei dem immer wieder hervorgehobenen Erziehungsziel „Selbstständigkeit" ging es nicht um Eigenverantwortung und Selbstbestimmung, sondern in erster Linie um „funktionale Selbstständigkeit": Die Kinder sollten durch gezieltes Training möglichst früh in die Lage versetzt werden, alltägliche Verrichtungen ohne die Hilfe der Erwachsenen auszuführen. Dieser Anspruch dokumentiert sich besonders eindrücklich in den Ausführungen zur Sauberkeitserziehung, in deren Rahmen die Kinder ab dem Alter von sechs Monaten zur Anpassung an und Internalisierung von extern formulierten Erwartungen geführt werden sollten (Nentwig-Gesemann 1999). Wenngleich die Bedeutung der kollektiven „Topfzeiten", auf die die Kinder tatsächlich noch vor Ende des ersten Lebensjahres eingestellt werden sollten, in der öffentlichen Auseinandersetzung um die Krippenpädagogik in der DDR sicherlich überstrapaziert wurde, dokumentiert sich gerade auch in diesen Details der normativen Vorgaben eine autoritäre Grundstruktur des Erziehungskonzepts, das – in unterschiedlicher Intensität und durch die individuelle Umsetzung der Erzieherinnen gebrochen – die pädagogische Alltagspraxis prägte.

Im Sinne derart verstandener Normen, sowohl die Entwicklung der Kinder als auch das erzieherische Handeln betreffend, wurden Diskrepanzen und Inkongruenzen zwischen Programmatik, der Entwicklungsrealität von Kindern und dem pädagogischen Alltag ausgeklammert oder von vornherein negativ stigmatisiert. Normabweichungen wurden entweder den Kindern als Entwicklungsrückstände zugerechnet oder als Ausdruck fachlicher Defizite oder mangelnder Überzeugung der Erzieherinnen gewertet. Mit der Einführung des neuen Erziehungsprogramms forderte man bspw. von den Erzieherinnen, nicht nur ihr fachliches Wissen und Können zu erweitern, sondern „eine der Aufgabe entsprechende innere Einstellung in der täglichen pädagogischen Arbeit zu dokumentieren" (Weber, 1985). In dem Maße, wie man programmkonformes Verhalten voraussetzte und eine eigenständige professionelle Positionsbestimmung der Erzieherinnen durch Überregulation verhinderte, mussten divergente Orientierungen und Widersprüche zwischen normativen Vorgaben und persönlichen oder auch teambezogenen pädagogischen Orientierungen auf der „Hinterbühne" des Persönlichen und Nicht-Öffentlichen gelöst bzw. ausgehalten werden.

Dennoch gab es eine große Spannbreite des praktizierten Umgangs mit den programmatischen Vorgaben und Vorschriften, d. h. unterschiedliche Grade an ideologisch-überzeugtem, angepasstem, aber auch kritisch-reflexivem, eigensinnigem und widerständigem Verhalten (Nentwig-Gesemann, 1999). Trotz einer im Kern autoritären Erziehungskonzeption, in der individuelle Entfaltungs- und Mitwirkungsmöglichkeiten von Kindern der Einordnung ins Kollektiv und der Anpassung an vorgegebene Normen untergeordnet wurden, entwickelten sich nicht nur Verständnislosigkeit und innere Opposition, sondern zum Teil auch Verweigerungsstrategien, Versuche, Spielräume aktiv auszugestalten und Ansprüche, einen offenen, kritischen Diskurs Hierarchie übergreifend zu führen. An diese Potenziale hätte im Zuge des Transformationsprozesses stärker angeknüpft werden müssen.

Die Programme für die Erziehungs- und Bildungsarbeit, die in der DDR die Arbeit in Krippen und Kindergärten bestimmten, und die aktuellen länderspezifischen Bildungsprogramme sind in vielerlei Hinsicht nicht zu vergleichen. Die allgemeine Überzeugung, dass Bildung im Wesentlichen als Selbstbildung zu verstehen ist, eingebettet in ko-konstruktivistische Interaktionsprozesse des Kindes mit Erwachsenen und anderen Kindern, das Bild vom Kind, das dieses als aktives und kompetentes Individuum betrachtet, das in seiner Individualität ernst genommen und wertgeschätzt werden muss, ist nicht mit den Vorstellungen vom Führen, Lenken und Leiten der Kinder (und ihrer Familien) in den DDR-Programmen, mit normativen und altersnormierten Leistungsvorstellungen zu vereinbaren.

Als Gemeinsamkeit kann dennoch gesehen werden, dass die alten und die neuen Bildungsprogramme eher den Charakter von Lehrplänen und Curricula haben als den von pädagogischen Theorien und Konzepten. Die Pädagoginnen werden primär als „Vermittler von (messbaren) Kompetenzen in den einzelnen Bildungsbereichen angesprochen. (...) Die Bewertung (Evaluation) der pädagogischen Arbeit konzentriert sich dementsprechend darauf, die Entwicklung von Kompetenzen der Kinder in den einzelnen Bildungsbereichen festzustellen" (Liegle, 2007). Liegle plädiert aktuell nicht dafür, auf diese Bildungspläne zu verzichten, wohl aber für eine nachdenkliche, reflektierende, vergleichende Auseinandersetzung mit pädagogischen Leitideen. Während die Pläne darauf abzielen, die Aufgaben der Erzieherin zu formulieren, die pädagogische Arbeit zu systematisieren, die Lernprozesse der Kinder in den einzelnen Bildungsbereichen zielgerichtet anzuregen und zu begleiten, bestimmte Kompetenzentwicklungsprozesse (auch didaktisch) in Gang zu setzen und Qualitätsstandards festzulegen, haben pädagogische Theorien und Konzepte, die nicht für die unmittelbare Umsetzung in die Handlungspraxis taugen, eine andere Zielrichtung. Sie regen dazu an, eine professionelle, (selbst-)reflexive Haltung zu entwickeln: pädagogisch zu sehen im Sinne einer offenen, fragenden und forschenden Haltung dem Kind und dem pädagogischen Geschehen gegenüber – und dies ist etwas grundlegend anderes als das „Abarbeiten" von Beobachtungs- und Dokumentationsaufgaben, wie sie in allen Bildungsplänen gefordert werden. Sie fundieren das pädagogische Denken, indem sie das für eigenständiges Nachdenken notwendige, historische, theoretisch-wissenschaftlich fundierte Wissen bereitzustellen vermögen, ohne dies sofort in spontanes pädagogisches Reagieren umsetzen zu müssen. Sie sind Ausgangspunkt für kompetentes pädagogisches Handeln, das nicht (nur) auf der Umsetzung von Plänen und Programmen beruht, sondern auf der Fähigkeit zur Befremdung der eigenen professionellen Kultur, zur Transformation von einer fraglos gegebenen Praxis in eine reflexive Praxis.

Ausblick

Der bedarfsgerechte quantitative Ausbau von Krippenplätzen sichert langfristig und nachhaltig die Vereinbarkeit von Beruf und Familie und kann auch zur Förderung von Chancengleichheit und Bildungsgerechtigkeit beitragen. Um dies zu gewährleisten, hätte allerdings von Beginn an die Frage nach guter Krippenqualität deutlicher formuliert werden müssen. Vor allem (zum großen Teil) als langzeitarbeitslos gemeldete Erzieherinnen für die Deckung des Personalbedarfs heranzuziehen, wie dies die Bundesregierung vorschlägt (Bundestagsdrucksache 16/5407, 2007), erscheint hier in keiner Weise zielführend. Eine Professionalisierung des Arbeitsfeldes Krippe ist ohne Verbesserung der Aus- und Weiterbildungsqualität ebenso wenig möglich wie ohne Verbesserung von Strukturqualität, also der Rahmenbedingungen von pädagogischer Arbeit in Kindertageseinrichtungen. Viernickel (2008) bezeichnet die Fachkraft-Kind-Relation, die Gruppengröße und die Qualifikation des Personals als die drei Eckpunkte des „Eisernen Dreiecks" der Strukturqualität. Zu einer „guten" Krippenqualität gehören allerdings auch die Prozess- und die Orientierungsqualität. Mit der Prozessqualität ist der „modus operandi" des pädagogischen Alltagshandelns umschrieben, die immer wieder neu zu leistende Herstellung von Qualität, die Eigensinnigkeit und -Dynamik der Praxis. Zentral und dieser Praxis vorgelagert, sie gleichsam generierend, ist allerdings eine spezifische Facette der Orientierungsqualität: die handlungsleitenden Orientierungen der Fachkräfte, ihre Werthaltungen und normativen Vorstellungen, ihre pädagogischen Leitbilder und -ziele. Diese oft sehr implizit die Handlungspraxis leitenden Wissensbestände sind (berufs-)

biografisch fundiert und in milieuspezifischen Erfahrungsräumen verwurzelt (Nentwig-Gesemann, 1999). Handlungsleitende Orientierungen sind zwar veränderbar – dies erfordert aber einen Prozess der (berufs-)biografischen Reflexion, des „Sich-in-Beziehung-Setzens" zur eigenen Geschichte und Handlungspraxis. Dieser Prozess ist nach der Wiedervereinigung nicht hinreichend geleistet worden und in keiner Weise durch verbindliche Bildungspläne, Curricula und externe Evaluationen zu ersetzen. Hier liegt eine der zentralen Herausforderungen für die notwendige Qualitätssicherung und -entwicklung in Krippen und damit auch für die Aus- und Weiterbildung sowie für zukünftige Evaluations- und Qualitätsstudien im Bereich einer gesamtdeutschen Krippenpädagogik.

Literatur

Ahnert, L. (1998): Die Betreuungssituation von Kleinkindern im Osten Deutschlands vor und nach der Wende. In: Ahnert, L. (Hrsg.): Tagesbetreuung für Kinder unter drei Jahren. Theorien und Tatsachen. Bern, Göttingen, Toronto, Seattle, 29–44

Ahnert, L. (2003): Bindungsbeziehungen in der frühen Kindheit. In: Kirchhöfer, D.; Neuner, G.; Steiner, I.; Uhlig, C. (Hrsg.): Kindheit in der DDR. Die gegenwärtige Vergangenheit. Frankfurt a. M. et al., 177–188

Beller, K. E. (1985): Untersuchungen zur familialen und familienergänzenden Erziehung von Kleinkindern. In: Zimmer, J. (Hrsg.): Erziehung in der frühen Kindheit. Enzyklopädie der Erziehungswissenschaft. Stuttgart, 207–234

Bock-Famulla, K. (2008): Länderreport Frühkindliche Bildungssysteme 2008. Transparenz schaffen – Governance stärken. Gütersloh

Bundesministerium für Familie, Senioren, Frauen und Jugend (Hrsg.): 9. Jugendbericht. Bericht über die Situation der Kinder und Jugendlichen und die Entwicklung der Jugendhilfe in den neuen Bundesländern. Bonn

Bundestagsdrucksache 16/5407 vom 23. 5. 2007

Deutsches Jugendinstitut (1980): Das Modellprojekt „Tagesmütter", Band 85 der Schriftenreihe des Bundesministeriums für Jugend, Familie und Gesundheit. München

Deutsches Jugendinstitut (1993): Tageseinrichtungen für Kinder. Informationen, Erfahrungen, Analysen. Zahlenspiegel. München

Fischer, A. (1992): Das Bildungssystem der DDR. Entwicklung, Umbruch und Neugestaltung seit 1989. Darmstadt

Liegle, L. (2007): Pädagogische Konzepte und Bildungspläne. In: kindergarten heute spezial: Pädagogische Handlungskonzepte von Fröbel bis zum Situationsansatz. Freiburg, 2–6

Maywald, J. (2008): Krippenerziehung in Deutschland – eine Bestandsaufnahme. In: Maywald, J., Schön, B. (Hrsg.): Krippen – Wie frühe Betreuung gelingt. Weinheim und Basel, 10–47

Nentwig-Gesemann, I. (1999): Krippenerziehung in der DDR. Alltagspraxis und Orientierungen von Erzieherinnen im Wandel. Opladen

Nentwig-Gesemann, I. (2009): Unter Dreijährige in Kindertageseinrichtungen – eine wechselvolle Geschichte im geteilten und wiedervereinigten Deutschland. In: Bethke, C., Schreiner, S. A. (Hrsg): Die Jüngsten kommen. Kinder unter drei in Kindertageseinrichtungen. Weimar, Berlin, 28–40

Programm für die Erziehungsarbeit in Kinderkrippen (1986). Hrsg. vom Ministerrat der Dt. Demokratischen Republik; Ministerium für Gesundheitswesen. 2. Aufl., Berlin

Riedel, B. (2009): Kindertagesbetreuung für unter Dreijährige: Ausbauziele und Ausbaurealitäten. In: Bethke, C.; Schreiner, S. A. (Hrsg.): Die Jüngsten kommen. Kinder unter drei in Kindertageseinrichtungen. Weimar, Berlin, 41–54

Schmidt-Kolmer, E. (1976): Pädagogische Aufgaben und Arbeitsweisen der Krippen. Diskussionsunterlagen zum Programm der pflegerisch-erzieherischen Arbeit, zu den Sachgebieten der Erziehung, den Aufgabenfolgen und methodischen Anleitungen. 6. unveränd. Aufl., Berlin

Schmidt-Kolmer, E. (1986): Frühe Kindheit. In: Forst, W. et al. (Hrsg.): Beiträge zur Psychologie. Berlin

Schneider, K. (2010): Tagesbetreuung von Säuglingen und Klein(st)kindern in Gruppeneinrichtungen: Ein Rückblick auf drei Jahrzehnte westdeutscher Geschichte zur Entwicklung von Qualität in der Praxis. In: Leu, H. R.; Behr, A. von (Hrsg.): Forschung und Praxis der Frühpädagogik. Profiwissen für die Arbeit mit Kindern von 0–3 Jahren. München

Tietze, W. (1998): Betreuung von Kindern unter drei Jahren in den westlichen Bundesländern Deutschlands. In: Ahnert, L. (Hrsg.): Tagesbetreuung für Kinder unter drei Jahren. Theorien und Tatsachen. Bern, Göttingen, Toronto, Seattle, 45–57

Viernickel, S. (2008): Was ist gute Krippenqualität und wie ist sie zu messen? In: Maywald, J.; Schön, B. (Hg.): Krippen: Wie frühe Betreuung gelingt. Weinheim und Basel, 198–207

Waterkamp, D. (1987): Handbuch zum Bildungswesen der DDR. Berlin

Weber, C. (1985): Struktur und Inhalt des neuen Programms für die Erziehungsarbeit in Kinderkrippen. In: Neue Erziehung, 5, 108–111

Waltraud Weegmann

Ausbau der Krippenbetreuung – politische, wirtschaftliche und rechtliche Rahmenbedingungen

Der Ausbau der Kinderbetreuung hat eine Dynamik erhalten, die noch vor wenigen Jahren unvorstellbar gewesen wäre. Der Ausgangspunkt für die nachhaltige Verbesserung der Situation liegt in der Entscheidung des Bundesverfassungsgerichts von 1993 zur rechtlichen Regelung des § 218 des Strafgesetzbuches. Mit einer Ablehnung der Fristenregelung für einen Schwangerschaftsabbruch wurde gleichzeitig darauf hingewiesen, dass der Staat verpflichtet sei, „Grundlagen dafür zu schaffen, dass Familientätigkeit und Erwerbstätigkeit aufeinander abgestimmt werden können und die Wahrnehmung der familiären Betreuungsaufgabe nicht zu beruflichen Nachteilen führt“ (BVerfGE 88, 203). Dies wirkt letztendlich soweit, dass darunter sogar die Verpflichtung für die Kommunen, auch für Pendlerkinder Krippenplätze bereitzustellen, subsumiert werden kann. Umso mehr erstaunt es, wie lange es gebraucht hat, diesem Aspekt des Urteils des höchsten Gerichtshofs zum Durchbruch zu verhelfen.

So fanden Forderungen, die aufgrund der veränderten gesellschaftlichen Vorstellungen in den Jahren nach 1968 erfolgten, eine höchstrichterliche Grundlage, in deren Folge u. a. die Regelungen zur Elternzeit, das Recht auf einen Kindergartenplatz und nun zum Ausbau der Krippenbetreuung fallen. Gleichzeitig hat sich die Lebensplanung von Frauen maßgeblich verändert. Der weibliche Anteil ist bei Abiturienten von 1965 bis 2005 von 36,5 % auf 56,8 % und bei Akademikern von 33,8 % auf 49,5 % gestiegen (Tivig; Hetze, 2007). Mit der besseren Qualifikation wurden die Frauen, insbesondere bei Fachkräftemangel, begehrtes „Humankapital" in den Unternehmen und hatten jetzt auch tatsächlich die Möglichkeit, zumindest in die unteren und mittleren Führungsebenen vorzustoßen. Interessant wurden Frauen für die Unternehmen auch deshalb, weil die gesellschaftlichen Veränderungen zugleich zu Veränderungen der Führungskultur führten. Die geforderten „neuen" Führungskompetenzen (Soft Skills) werden vor allem Frauen zugesprochen. Dennoch werden Spitzenpositionen nach wie vor selten mit Frauen besetzt. Die Gründe für diese Tatsache können an dieser Stelle nicht weiter erläutert werden.

Der demografische Wandel (beispielsweise die sinkende Geburtenquote) hat in den letzten Jahren dazu geführt, dass sich Fachleute mit den Risiken einer veränderten Altersstruktur und den Möglichkeiten einer Gegensteuerung beschäftigen. Die Auswirkungen der Verschiebung betreffen die deutsche Gesellschaft mit allen ihren Dimensionen. Für die deutsche Wirtschaft wird deutlich, dass eine ausreichende Zahl qualifizierter Fachkräfte immer mehr zum entscheidenden Faktor wird. Aber auch die Märkte erfahren Veränderungen: Das Alter der interessanten Käufergruppen verändert sich, Städte und Wohnungsbauträger müssen mit sinkender Nachfrage und kleineren Familien rechnen und vieles mehr. Für den Wohlstand der Bundesrepublik Deutschland werden die Qualität ihrer aktiv beschäftigten Bevölkerung und die Qualität ihrer Leistung noch mehr an Bedeutung gewinnen. Den Luxus der Ausgliederung ganzer Gruppen aus dem Arbeitsprozess oder die frühe Selektion in Leistungsträger, die lange ausgebildet werden, wird sich eine Gesellschaft wohl nicht mehr lange leisten können. Dies erfordert Rahmenbedingungen, die die Vereinbarkeit von Beruf und Familie für Männer und Frauen ermöglichen und gleichzeitig ein Bildungssystem, das Kinder aus allen Schichten integriert und bereits früh deren Potenziale aufgreift und unterstützt.

Aktuelle Situation und Entwicklung für die Krippenbetreuung

Kinderförderungsgesetz (KiföG)

Ein „Meilenstein" in der Gesetzgebung zur Betreuung für Kinder unter drei Jahren ist das Kinderförderungsgesetz (KiföG), das am 16. Dezember 2008 in Kraft getreten ist. Bis zum Jahr 2013 soll bundesweit im Durchschnitt für jedes dritte Kind unter drei Jahren ein Betreuungsplatz zur Verfügung stehen. Rund ein Drittel dieser Plätze ist in der Kindertagespflege geplant. Ebenfalls ab 2013 wird jedes Kind mit Vollendung des ersten Lebensjahres einen Rechtsanspruch auf Förderung in einer Kindertageseinrichtung oder in der Tagespflege haben (KiföG, 2008; BMFSFJ, 2009).

Die Realisierung dieser Vorgaben bedingt einerseits hohe Investitionskosten, die von der Bundesregierung gefördert werden, und andererseits ausreichend qualifizierte Fachkräfte. Bereits heute zeichnet sich in verschiedenen Regionen ein Engpass ab. Es wird von einem zusätzlichen Personalbedarf von 63 000 Fachkräften ausgegangen (DJI Online, 2007). Im Nachgang zum KiföG haben die Bundesländer ihrerseits mit landesspezifischen Anpassungen der bestehenden Kindergartengesetze reagiert und Regelungen zum Ausbau der Krippenbetreuung und deren Finanzierung geschaffen.

Einführung des Bundeselterngeldes

Das am 1. Januar 2007 eingeführte Elterngeld hat zum Ziel, das Haushaltseinkommen in der Familiengründungsphase zu stabilisieren und den Wiedereinstieg in das Erwerbsleben zu erleichtern. Aus Sicht der vorangegangenen Bundesregierung ist dies zu einem großen Teil bereits gelungen (BMFSFJ, 2009). Als positive Effekte werden vor allem die Verbesserung der Vater-Kind-Beziehung durch die Einführung der Vätermonate sowie der leichtere Wiedereinstieg der Mütter ins Erwerbsleben angeführt. Letzteres scheint vor dem Hintergrund der fehlenden Betreuungsplätze für Kinder unter drei Jahren zumindest heute fraglich. Nur durch die konsequente Umsetzung des geplanten massiven Ausbaus der Betreuungsmöglichkeiten für die unter Dreijährigen können längere berufliche Auszeiten tatsächlich vermieden werden. Ein weiterer Effekt könnte die höhere Akzeptanz der Gesellschaft und vor allem der Unternehmen gegenüber Familienphasen von Männern sein und damit verbunden gegebenenfalls ein Ausgleich in der Verteilung der Elternzeiten.

Steuervergünstigungen bei Betreuungskosten

Parallel zum Ausbau der Krippenplätze und des Bundeselterngeldes wurde die Steuervergünstigung für die Betreuungskosten ausgeweitet. Erwerbstätige Alleinerziehende und beiderseits erwerbstätige Paare können nun für ihre Kinder zwischen null und vierzehn Jahren zwei Drittel der Betreuungskosten, maximal 4000 Euro pro Kind und Jahr, als Betriebsausgaben bzw. Werbungskosten von ihren steuerpflichtigen Einkünften abziehen.

Dies mindert die finanzielle Belastung junger Familien und macht die Berufstätigkeit von Müttern verbunden mit einer Kinderbetreuung attraktiver. Allerdings umso mehr, je höher das Familieneinkommen und wohl auch die Qualifikation sind.

Vereinbarte Änderungen aus dem Koalitionsvertrag der neuen Bundesregierung (2009–2013)

Betreuungsgeld

Die Regierung plant, ab 2013 ein Betreuungsgeld von 150 Euro für jedes Kind unter drei Jahren einzuführen. Die Einschätzungen dazu reichen von einer „notwendigen Ergänzung zum Ausbau, die ganz im Dienste der Wahlfreiheit für die Familien stehe" (CDU-Generalsekretär Dobrinth laut Spiegel Online, 2009), bis hin zu der Wertung der SPD als einer „Fehlinvestition" und einer „Zuhausebleibprämie" (SPD-Abgeordnete Marks laut Spiegel Online, 2009).

Das Betreuungsgeld ist so angelegt, dass es Frauen auch möglich sein soll, sich „nur" für eine Familientätigkeit zu entscheiden. Die Frage ist, inwieweit eine solche Entscheidung in Anbetracht der Änderungen des Unterhaltsrechtes (s. u.) für Frauen „vernünftig" wäre und staatlich subventioniert werden soll – gerade auch unter dem Gesichtspunkt einer für die Gesellschaft der BRD aufgrund des demografischen Wandels nötigen höheren Frauenerwerbsquote.

Neben den wirtschaftlichen Auswirkungen muss auch bedacht werden, dass die Bildungschancen, insbesondere für Kinder aus Zuwanderfamilien oder von Eltern mit höchstens einem Hauptschulabschluss, deutlich steigen (Bertelsmann Stiftung, 2008).

Die Einführung des Betreuungsgeldes mit geschätzten Kosten von 1,4 bis 1,9 Mrd. Euro (ZEW, 2009) widerspricht der bisherigen Zielsetzung, Rahmenbedingungen für eine moderne Gesellschaft im Sinne einer chancengleichen Teilhabe an allen gesellschaftlichen Bereichen zu schaffen. Die quantitative und qualitative Entwicklung einer nötigen Infrastruktur zur Unterstützung berufstätiger Eltern müsste – auch aufgrund des hohen Nachholbedarfs – eine höhere Priorität haben.

Kindergelderhöhung
Das Kindergeld und der Kinderfreibetrag sollen nach der Absicht der Bundesregierung ebenfalls erhöht werden. Auch dies sind Maßnahmen, die zwar das verfügbare Familieneinkommen erhöhen, gleichzeitig aber den finanziellen Spielraum für den nötigen Ausbau in der Kinderbetreuung einschränken.

Kindheit als Armutsrisiko

Kinder aus kinderreichen Familien und aus Familien mit einem Elternteil
In der BRD sind vor allem Kinder von Alleinerziehenden sowie Kinder, die in Mehrkinderhaushalten leben, von Armut betroffen. Studien belegen, dass eine Erwerbstätigkeit der Mütter die beste Armutsprävention ist (Friedrich-Ebert-Stiftung, 2007; DJI, 2007). Dem steht gegenüber, dass insbesondere Mütter mit niedrigen Einkommenschancen (z. B. aufgrund von geringem Ausbildungsstatus) heute geradezu entmutigt werden, eine Berufstätigkeit aufzunehmen, da dies einem „Nullsummenspiel" gleichkäme (DJI, 2007). Gerade alleinerziehende Mütter sind deshalb auf eine kostengünstige institutionelle Betreuungsform angewiesen, um am Erwerbsleben teilnehmen zu können.

Zudem ist die Lebenswelt „Kinderkrippe" eine Sozialisationsinstanz, die auch bildungsbenachteiligte Kinder früh fördert und damit die Teilhabe am gesellschaftlichen Leben möglich macht.

Teilzeitbeschäftigung bei Müttern
Mit der Geburt des ersten Kindes kommt es in der BRD häufig zu einer Retraditionalisierung der Rollenverhältnisse, die sich auch beim Wiedereinstieg ins Berufsleben fortsetzt. So wird in den meisten Familien ein Erwerbsmodell bevorzugt, das von einer Vollzeitbeschäftigung des Mannes und einer Teilzeitbeschäftigung der Mutter ausgeht (Statistisches Landesamt BW, 2009). Letzteres ist unter anderem der Tatsache geschuldet, dass Männer nach wie vor höhere Gehälter erhalten als Frauen. Eine gleichmäßige Beschäftigung ist darüber hinaus aufgrund der nach wie vor bestehenden „Mittagslücke" in der Kinderbetreuung (Heitkötter, 2007) nicht möglich. Viele Arbeitgeber zeigen sich in Bezug auf reduzierte Arbeitszeiten weder bei Männern noch bei Frauen flexibel – auch nicht bei besonders qualifizierten Aufgaben.

Kinderbetreuungsangebote müssen deshalb so gestaltet werden, dass sie Müttern eine Vollzeitberufstätigkeit ermöglichen, sofern sie dies wünschen. Eine hohe Müttererwerbstätigkeit bietet sowohl unter betriebswirtschaftlichen Aspekten (höhere Mitarbeitermotivation und -produktivität, s. u.) als auch unter volkswirtschaftlichen Aspekten (steigende Steuereinnahmen und Beitragsaufkommen der Sozialversicherungen) enorme Vorteile. Außerdem führt die Erwerbstätigkeit beider Eltern zu einer Reduzierung des individuellen Armutsrisikos aufgrund eines Arbeitsplatzverlustes oder einer möglichen Trennung der Eltern.

Veränderte rechtliche Rahmenbedingungen – das neue Unterhaltsrecht

Unterhaltsrechtsreform

Mit Beginn des Jahres 2008 ist das neue Unterhaltsrecht in Kraft getreten, das bedeutende Änderungen für die Lebenssituation geschiedener Frauen und Männer mit sich bringt. Die Reform war in erster Linie eine Reaktion auf veränderte gesellschaftliche Rahmenbedingungen wie ein kontinuierlicher Anstieg der Scheidungszahlen sowie eine Zunahme von sogenannten Patchworkfamilien und nicht-ehelicher Lebensgemeinschaften. Durch die neuen Regelungen wird das Kindeswohl in den Mittelpunkt gerückt, und damit haben eheliche und nicht-eheliche Kinder denselben Anspruch auf Unterhalt. In Zukunft dürfen auch die Zweitfamilien nicht weiter benachteiligt werden.

Die gesetzlichen Änderungen bedeuten einen Abschied von der klassischen „Versorger-Ehe“, da sie den Grundsatz der Eigenverantwortung betonen. Der nacheheliche Unterhalt ist nicht mehr der Regelfall, sondern stellt die Ausnahme dar. Ein Unterhaltsanspruch besteht nur bei Pflege und Erziehung eines Kindes bis zum Alter von drei Jahren. Im Anschluss daran haben die Geschiedenen eine angemessene Erwerbstätigkeit auszuüben.

Die vorangegangene Bundesregierung sah im neuen Unterhaltsrecht einen Vorstoß im Sinne einer modernen Familienpolitik. Gleichzeitig macht dies für Frauen eine auf Dauer angelegte Erwerbstätigkeit ohne lange familienbedingte Pausen unabdingbar. Nur so können sie sich langfristig eine eigene materielle Sicherheit aufbauen. Um dies flächendeckend gewährleisten zu können, ist ein Ausbau der qualifizierten kontinuierlichen Kinderbetreuung schon für Kinder unter drei Jahren nötig.

Betriebswirtschaftliche Effekte familienbewusster Personalpolitik

Mit zunehmendem Facharbeitermangel und steigender Qualifikation von Frauen ist die Gruppe der Wiedereinsteigerinnen zum Thema in den Unternehmen geworden. Es ist volks- und betriebswirtschaftlich unsinnig, gut qualifizierte und eingearbeitete Frauen familienbedingt aus dem Erwerbsleben zu katapultieren. Neben der gesellschaftlichen Diskussion um die Notwendigkeit des Ausbaus der institutionellen Kinderbetreuung hat auch in den Unternehmen eine familienbewusste Personalpolitik Einzug gehalten. Aktuelle Untersuchungen belegen, dass diese mittlerweile als „betriebswirtschaftlicher Entscheidungsparameter“ (FFP, 2008) angesehen wird:

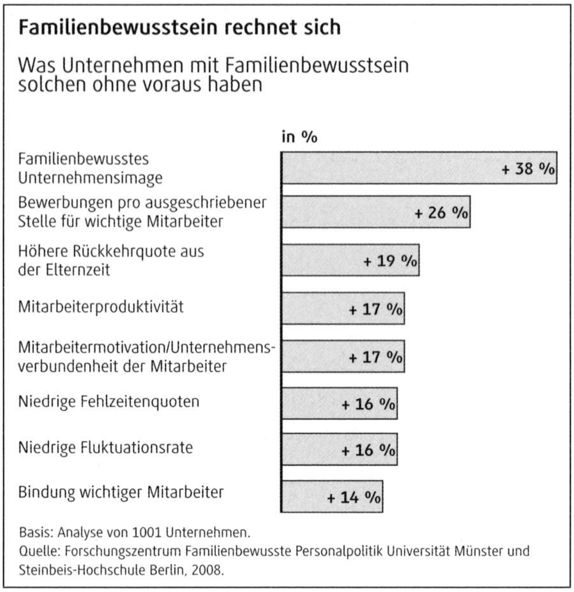

Abb. 1: Familienbewusstsein rechnet sich

Damit sind die betriebswirtschaftlichen Effekte einer familienbewussten Personalpolitik (wie beispielsweise eine höhere Mitarbeitermotivation und -produktivität) empirisch belegt. Darüber hinaus spricht es für die unternehmerische Verantwortung eines Betriebes, wenn er Angebote zur Vereinbarkeit von Familie und Beruf – wie beispielsweise betriebseigene Kindertagesstätten – bereithält. Dieser nicht so leicht in Euro und Cent darlegbare Nutzen macht sich insbesondere als Imagefaktor bemerkbar, der dann doch häufig den Ausschlag für die Gewinnung neuer Mitarbeiter und Kunden oder für die Standortentscheidung gibt.

Die Erkenntnis der betrieblichen Notwendigkeit einer familienorientierten Unternehmenspolitik findet Eingang auf allen Ebenen. Auch Bundespräsident Horst Köhler äußert sich zur unternehmerischen Verantwortung und zu den betriebswirtschaftlichen Effekten einer entsprechenden Personalpolitik: „Ein vorausschauender Unternehmer organisiert Arbeit so, dass sie optimal erledigt wird – für ihn selbst wie für seine Mitarbeiter. Ich wünsche mir mehr Unternehmen, die erkennen: Investitionen in die bessere Vereinbarkeit von Familien- und Berufsarbeit zahlen sich aus. Von 25% Rendite spricht eine viel zitierte Studie. Nicht jedes Unternehmen kann sich einen Betriebskindergarten leisten, aber es gibt auch andere Formen der Unterstützung für Eltern: Eltern-Kind-Büros für Notfälle, Telearbeit, Kindergartenplätze, die Betriebe für ihre Angestellten organisieren. Besonders wichtig sind neue Arbeitszeitmodelle, die Eltern Zeit für ihre Kinder geben" (Köhler, 2006).

Weiterentwicklung der Fachkräfte in Kindertageseinrichtungen

Der Ausbau der Kinderbetreuung für die unter Dreijährigen bis zum Jahr 2013 bringt eine erhöhte Nachfrage nach qualifiziertem Personal mit sich (DJI Online, 2007). So sollen Kindertagesstätten keine „Parkplätze" für den Nachwuchs mehr sein, sondern „wichtige Stationen sozial-emotionaler Entwicklung und frühkindlicher Bildungsprozesse" (DJI Online, 2007).

Gut ausgebildete Fachkräfte gewinnen damit gerade im Hinblick auf frühkindliche Bildungsprozesse immer mehr an Bedeutung. In der Folge bedarf es eines neuen Ausbildungskonzepts für das Berufsbild der Krippenerzieher/-in, denn: Krippen sind keine Kindergärten für die „Kleinsten", sondern eigenständige Lebens- und Lernorte, die eine spezielle pädagogische Konzeption benötigen.

Das Deutsche Jugendinstitut kritisiert, dass für die Bundesrepublik nach wie vor gilt: „Je jünger die Kinder, desto geringer die Qualifikation des Personals"; es fordert ein Rahmencurriculum für Fachkräfte in Kindertageseinrichtungen (DJI Online, 2007).

Die Erzieher/-innenausbildung muss in Bezug auf Inhalte und Anschlussfähigkeit weiterentwickelt werden, d.h. den Schwerpunkten Bildung und Kleinstkindpädagogik muss deutlich mehr Gewicht eingeräumt werden. Eine besondere Herausforderung ist es, auch den Erzieher/-innen eine forschende und neugierige Herangehensweise an und in ihrer Arbeit nahe zu bringen.

In Bezug auf die häufig geforderte Akademisierung der Erzieher/-innen und deren berufliche Weiterentwicklungsmöglichkeit ist die Anschlussfähigkeit der Ausbildung ein wesentlicher Aspekt. Es muss ein durchgängiges Konzept, inhaltlich und bezüglich des Übergangs entstehen, das es Erzieher/-innen ermöglicht, akademische Aufbaustudiengänge zu ergreifen.

Dennoch berücksichtigt die Forderung nach einer Akademisierung vor allem im Vergleich mit anderen europäischen Ländern die qualifizierte Ausbildung der Erzieher/-innen häufig ungenügend, obwohl vor allem eine stärkere Fähigkeit zur Reflexion, zur Abstraktion und zum Transfer von Theorie und Praxis Eingang in die Ausbildung finden müssen.

Ausbau der Krippenbetreuung: Stand

Mit dem Ausbau der Krippenbetreuung und durch die PISA-Studie hat sich die Diskussion um unser Bildungssystem in drei Richtungen intensiviert. Es geht (und ging bereits seit langem s. o.) zum einen um die Vereinbarkeit von Beruf und Familie und, ganz intensiv seit der PISA-Studie, zum Zweiten um eine Bildungsdebatte und zuletzt um die Problematik der Disparität unseres Bildungssystems.

Vereinbarkeitsdebatte
In der Vergangenheit ging es vor allem darum, Müttern die Aufnahme einer Berufstätigkeit zu erleichtern. Heute ist es vorrangiges Ziel, „gut qualifizierten und beruflich hoch identifizierten und engagierten Frauen" Beruf und Familie als Lebensmodell näher zu bringen (DJI, 2007). Mit der Diskussion der demografischen Entwicklung haben sowohl die Sorge um die Höhe der Geburtenrate und damit verbundene Anreizsysteme als auch die Reduzierung einer familienbedingten Fluktuation an Bedeutung gewonnen.

Bildungsdebatte
Mit dem Interesse breiter Bevölkerungsschichten an der Kinderbetreuung wurde neben dem quantitativen Ausbau der Einrichtungen auch die Frage nach der Qualität der Betreuung und im Gefolge die Frage nach der Qualität der Bildungsarbeit aufgeworfen. Bislang wurden die Entwicklungschancen des ersten Lern- und Lebensabschnitts weder in Bezug auf der sozialen noch auf der kognitiven Ebene in ausreichendem Maße erkannt und gefördert. Bildung als „lebenslanger Prozess, der mit der Geburt beginnt" (DJI, 2007), rückt immer mehr ins Zentrum der Auseinandersetzungen.

Disparitätendebatte
Nach PISA gewann die Frage der gerechten sozialen Teilhabe an Bedeutung. Das Deutsche Jugendinstitut stellt fest, dass in Deutschland wie in keinem anderen europäischen Land Bildungs- und Lebenschancen von der sozialen und ethnischen Herkunft abhängen. („Startchancengleichheit als Fiktion"; DJI, 2007). Ein besonderer Fokus wird deshalb in der Disparitätendebatte auf Kinder aus Migrantenfamilien und auf die unter schwierigen ökonomischen Bedingungen aufwachsenden Kinder gelegt. Mit der Diskussion um Kinder

aus bildungsfernen Familien wird der Erkenntnis, dass in Kindertagesstätten vieles noch möglich ist, wogegen die „Weichen beim Schuleintritt bereits gestellt sind“ (DJI, 2007), Rechnung getragen.

Aber wird von den Kindertageseinrichtungen nicht zu viel erwartet? Trotz der großen Veränderungen und Diskussionen liegt der Schwerpunkt noch beim nötigen quantitativen Ausbau der Plätze für Kinder unter drei Jahren. Eine Verbesserung der Qualität, deren Grundvoraussetzung die personelle Ausstattung ist, ist wohl aus finanziellen Gründen erst mal in den Hintergrund getreten.

Wichtige empirische Befunde hat dabei die vom DJI durchgeführte Kinderbetreuungsstudie 2004/2005 geliefert (DJI, 2007). Dazu gehört insbesondere die Tatsache, dass Kinder in Deutschland erst spät mit dem öffentlichen Bildungssystem in Kontakt kommen und dass so bei Kindern aus bildungsfernen Familien wichtiges Lernpotenzial erst spät genutzt werden kann. Die Ergebnisse der Befragung unterstützen die These, dass es insbesondere an flexiblen Betreuungsplätzen mangelt und dass die ländlichen Regionen davon besonders betroffen sind.

Resümee

Die 1993 vom Bundesverfassungsgericht festgestellte Verpflichtung des Staates, Grundlagen für die Vereinbarkeit von Beruf und Familie zu schaffen, hat bei der Umsetzung nach anfänglich zögernden Maßnahmen an Geschwindigkeit zugenommen. Die Zeit scheint reif gewesen zu sein, um sowohl auf rechtlicher und wirtschaftlicher als auch auf sozialer Ebene Rahmenbedingungen zu schaffen, die eine Berufstätigkeit beider Elternteile möglich machen. Dies erlaubt es nun Müttern und Vätern, erstmals faktisch selbst zu entscheiden, wie sie ihre familiäre Existenz sichern und in welchem Maße sie ihr Arbeitsleben gestalten wollen.

Parallel zum quantitativen Ausbau und zur Flexibilität der Rahmenbedingungen stellt sich aufgrund der Bedeutung des Themas die Frage, welche Qualität denn dann dieses neue breite Angebot an öffentlicher Betreuung haben muss und soll. Die Zeit scheint auch hier reif gewesen zu sein, Forschungen zur frühkindlichen Bildung ernst zu nehmen und deren Konsequenzen auf die Ausgestaltung der Betreuung von Kindern unter drei Jahren sowie auf die der Ausbildung von Pädagogen Raum zu geben.

Aufgrund des im KiföG geforderten Ausbaus der Krippenplätze und des ab 2013 geltenden Rechtsanspruchs auf einen Betreuungsplatz für Kinder nach dem ersten Lebensjahr sind die Rahmenbedingungen für den quantitativen Ausbau der benötigten Plätze so gut, wie sie noch nie waren. Durch den Stellenwert, den die Krippenpädagogik dadurch gewonnen hat, ist auch die Diskussion um deren Qualität in den Vordergrund gerückt. Dennoch wird gerade dies die Nachfrage weiter steigern und eine ausreichende Zahl gut qualifizierter und motivierter Pädagogen der Schlüsselfaktor für den Erfolg sein.

Literatur

Bertelsmann Stiftung (Hrsg.) (2008): Volkswirtschaftlicher Nutzen von frühkindlicher Bildung in Deutschland: Eine ökonomische Bewertung langfristiger Bildungseffekte bei Krippenkindern. Gütersloh

BMFSFJ (Bundesministerium für Familie, Senioren, Frauen und Jugend) (Hrsg.): Pressemitteilung 03/2009: http://www.bmfsfj.de/bmfsfj/generator/BMFSFJ/Kinder-und-Jugend/kinderbetreuung,did=97458.html

BMFSFJ (Hrsg.): Evaluationsbericht Bundeselterngeld- und Elternzeitgesetz 2009

Bien, W.; Rauschenbach, T.; Riedel, B. (Hrsg.) (2007): Wer betreut Deutschlands Kinder? DJI-Kinderbetreuungsstudie. Berlin

DJI Online (Hrsg.): Thema 2007/06: Gut genug ausgebildet für unsere Kleinsten? Betreuungsqualität in Kinderkrippen und Tagespflege. http://www.dji.de/cgi-bin/projekte/output.php?projekt=706&Jump1=LINKS&Jump2=15

FFP (Forschungszentrum Familienbewusste Personalpolitik) (Hrsg.) (2008): Factsheet: Betriebswirtschaftliche Effekte einer familienbewussten Personalpolitik. Ergebnisse einer repräsentativen Unternehmensbefragung. Münster

Friedrich-Ebert-Stiftung (Hrsg.) (2007): Familienpolitik aus der Gleichstellungsperspektive. Bonn

Heitkötter, M. (2007): Von Zeitlücken und Zeitbrücken in der institutionellen Kinderbetreuung. Wo erwerbstätige und erwerbssuchende Eltern der Schuh drückt. In: Bien, W.; Rauschenbach, T.; Riedel, B. (Hrsg.) (2007): Wer betreut Deutschlands Kinder? DJI-Kinderbetreuungsstudie. Berlin, 216

Kinderförderungsgesetz: Gesetzesentwurf vom 2. Mai 2008

Kinderförderungsgesetz: Gesetzestext vom 10. Dezember 2008

Köhler, Horst (2006): Rede beim Jahresempfang der Evangelischen Akademie Tutzing am 18. Januar 2006: „Kinder selbstverständlich! Von der Freiheit, Kinder zu haben." http://www.bundespraesident.de/Reden-und-Interviews-,11057.628288/Kinder-selbstverstaendlich-Von.htm?global.back=/-%2c11057%2c0/Reden-und-Interviews.htm%3flink%3dbpr_liste%26link.sTitel%3dBetriebskindergarten

Peltner, S.; Züchner, I. (2007): Alleinerziehende – allein erziehend? Zur Betreuungs- und Erziehungssituation von Kindern alleinerziehender Eltern. Bien, W.; Rauschenbach, T.;

Riedel, B. (Hrsg.) (2007): Wer betreut Deutschlands Kinder? DJI-Kinderbetreuungsstudie. Berlin, 191

Spiegel Online (12/2009): Betreuungsgeld bringt laut Studie wenig

Statistisches Landesamt Baden-Württemberg (Hrsg.): Statistisches Monatsheft 8/2009

Strafgesetzbuch § 218: http://bundesrecht.juris.de/stgb/BJNR001270871.html#BJNR001270871BJNG005302307

Tivig, T.; Hetze, P. (Hrsg. 2007): Deutschland im Demografischen Wandel, Rostocker Zentrum zur Erforschung des Demografischen Wandels. Rostock

ZEW (Zentrum für Europäische Wirtschaftsforschung GmbH) (2009): Fiskalische Auswirkungen sowie arbeitsmarkt- und verteilungspolitische Effekte einer Einführung eines Betreuungsgeldes für Kinder unter 3 Jahren. Eine Studie im Auftrag des Bundesministeriums der Finanzen. Mannheim

Stefan Sell

Die Bedeutung der Krippenbetreuung für Gesellschaft, Familie und Kinder

Notwendige Vorbemerkungen

Wir bewegen uns mit dem Thema auf einem *mehrfach verminten Gelände*. Es geht eben *nicht primär* um eine möglichst wissenschaftsbasierte Abwägung der Vor- und Nachteile, mithin der potenziellen und tatsächlichen Wirkungen einer frühen außerfamilialen Betreuung und Bildung von Kleinkindern, obgleich die hier relevanten neueren Forschungsbefunde sehr wohl zu rezipieren sind, können sie doch den gesellschaftlichen Diskurs graduell beeinflussen. Obgleich man auch offen sagen muss, dass die speziell auf den Krippenbereich bezogene Forschung nach dem „klassischen" Wissenschaftsverständnis, also auf der Basis der gegebenen Standards und Methoden der empirischen Forschung, vor einem doppelten Problem steht: Zum einen wurde diese Richtung in der Vergangenheit dominiert von der (oftmals psychoanalytisch fundierten) Kinder- und Jugendmedizin, die teilweise sehr rigorose Vorstellungen mit Blick auf die Mutter-Kind-Beziehung prolongiert hat, zum anderen aber fehlen gerade im deutschsprachigen Raum Experimental- und Longitudinalstudien.

Es geht in Deutschland (und generell im deutschsprachigen Umfeld, denn die im Folgenden beschriebenen Kontroversen dominieren auch die Debattenlage in Österreich und der Schweiz, dort teilweise noch radikaler als *mittlerweile* in Deutschland) in der breiten Öffentlichkeit um eine ideologisch aufgeladene Diskussion. So kann man derzeit eine aufgeheizte Diskussion in Österreich über die Frage, ob man das gegebene durchschnittliche Kindergarteneintrittsalter von vier Jahren auf drei Jahre vorziehen soll, beobachten. Diese – in Deutschland bereits seit längerem abgeschlossene Debatte – wird in Österreich in voller Schärfe geführt mit den altbekannten Argumenten der Gegner, die vor allem auf die besondere Rolle der Mutter in den ersten Lebensjahren des Kindes abstellen.

Es muss daran erinnert werden, dass es eben nicht ausreicht, eine möglichst rationale Argumentation aufzubauen und zu entfalten, sondern wir sind bei diesem Thema konfrontiert mit einer gleichsam *tiefenpsychologisch eingegrabenen Grammatik des Selbstverständnis familialer und personaler Zuschreibungen einer „guten Ordnung“*, die sich über lange Zeiträume tradiert hat und die man nicht einfach ausschalten kann, so wie man einen Schalter umlegt. Es kann an dieser Stelle nicht geleistet werden, die Auseinandersetzungen über den deutschen „Mutter-Mythos“ umfassend nachzuzeichnen. An dieser Stelle sei aber der Hinweis auf eine offensichtliche Paradoxie erlaubt: Die Ideal- oder Normvorstellung der Mutter-Kind-Beziehung, so meine These, basiert auf dem Familienbild der 1950er und 1960er Jahre, das aber historisch gesehen auch in Deutschland lediglich als eine Ausnahmephase zu werten ist, denn davor und seitdem sind wir mit regelhaft anderen Familienkonstellationen konfrontiert. Allerdings sollte man die weiterlaufende Prägekraft dieser Phase nicht unterschätzen, wenngleich sie an Energie und Bindungskraft verliert (und angesichts der gesellschaftlichen Veränderungen auch verlieren muss).

Vor diesem spannungsgeladenen Hintergrund, der angereichert wird durch eine erhebliche grundsätzliche Emotionalisierung des Themas und einer Verknüpfung mit spezifischen Rollenmustern, die immer auch ihre gesellschaftliche Legitimierung suchen, muss die Argumentation für einen *vernünftigen* Umgang mit dem Thema frühkindliche Bildung und Betreuung besonderen Wert legen auf die den damit verbundenen Ängsten, Vorurteilen wie aber auch – angesichts der tatsächlichen Praxis nicht unberechtigten – Kritiken möglichst produktiv begegnenden Aspekten der Ausgestaltung der tatsächlichen Krippenbetreuung, also den dafür erforderlichen Rahmenbedingungen und den professionellen Standards.

Warum schon am Anfang so defensiv, mag der eine oder andere fragen? Kann man nicht auch ganz radikal auf dem Boden der tatsächlichen gesellschaftlichen Entwicklung den zaudernden, blockierenden Kräften hinsichtlich eines Ausbaus der Krippenbetreuung zurufen: „Ihr seid von gestern"? Die überall zu beobachtende und von den Sozialwissenschaftlern dokumentierte gesellschaftliche Veränderung lässt uns doch gar keine andere Wahl, als die Stützsysteme – zu denen eben auch die Krippenbetreuung gehört – auszubauen, die doch faktisch nichts anderes tun als mittlerweile auslaufende familiale Betreuungsarrangements zu substituieren. Und dies wird durch die Ökonomisierung und Beschleunigung der Gesellschaft weiter vorangetrieben und aus der Notwendigkeit wird schon bald eine Selbstverständlichkeit. Diese Argumentation, deren eigene Kritikwürdigkeit hier nicht entfaltet werden kann, setzt auf den Mechanismus der *„normativen Kraft des Faktischen"*, die über den säkularen Modernisierungsprozess der bislang abgelehnten bzw. kritisierten Expansion der frühkindlichen Bildung und Betreuung außerhalb der Familie zum Durchbruch verhelfen muss und wird. Und wenn man berücksichtigt, wie umstritten noch vor wenigen Jahren beispielsweise die Ganztagsbetreuung im Kindergartenbereich, also bei den drei- bis sechsjährigen Kindern, war, dann spricht vieles für die Vertreter dieser These, wenn man sich die heutige Situation anschaut. Der ideologisch aufgeladene „Kampf um das Kind" hat sich zwischenzeitlich in den „U3-Bereich" verschoben, aber auch hier können die Modernisierungsvertreter Geländegewinne verzeichnen.

Dennoch – diese sich selbst immunisierende Argumentation übersieht die *„faktische Kraft des Normativen"* bzw. blendet deren Manifestationen als zu vernachlässigende Störgröße aus, aber – das zeigt nicht nur die alltägliche „anekdotische Evidenz" des „Krippenkampfes" in Deutschland – die Durchschlagskraft des Normativen sollte derzeit nicht unterschätzt werden. Auch in der neueren Forschung (z. B. Dreyer 2010) schimmert der Stellenwert des Normativen durch: So in einer neuen international vergleichend angelegten Studie von Ina Berninger, die sich mit der Frage auseinandersetzt, welche familienpolitischen Maßnahmen (Kinderbetreuung, Elternzeit und Transferleistungen) die Arbeitsmarktpartizipation von Müttern fördern (Berninger 2009). Der interessante Befund: Einzig ein *hohes Betreuungsangebot für die unter dreijährigen Kinder* fördert die Arbeitsmarktpartizipation, vor allem der Mütter jüngerer Kinder, alle anderen Maßnahmen erweisen sich als statistisch nicht signifikant. Die Kinderbetreuung weist allerdings einen engen Zusammenhang mit der jeweiligen nationalen Kultur auf. Die Kultur hat auch unter Kontrolle der individuellen Präferenzen einen Einfluss auf die Arbeitsmarktbeteiligung einer Mutter. In einer traditionellen Kultur bieten die

Mütter signifikant seltener ihre Arbeit auf dem Arbeitsmarkt an und die Betreuungsquoten für die unter dreijährigen Kinder sind auch niedriger. Aber – auch das zeigt die zitierte Studie: Es ist *nicht* geklärt, ob das Betreuungsangebot die Wertvorstellungen oder diese das Betreuungsangebot moderieren, das heißt, wir können derzeit *keine* Aussagen zur Kausalität machen. Ebenfalls *unklar* ist die Ursächlichkeit zwischen dem Betreuungsangebot und der Arbeitsmarktpartizipation. Es ist zum einen denkbar, dass die Möglichkeit, Kinder in außerfamiliale Betreuung zu geben, Mütter dazu veranlasst, am Arbeitsmarkt zu partizipieren. Auf der anderen Seite kann ebenso eine zunehmende Zahl an erwerbstätigen Müttern die Nachfrage nach Betreuung und insofern das Angebot erhöhen. Die internationalen Befunde können allerdings einen für den derzeitigen Ausbau der „U3-Angebote" in Deutschland wichtigen quantitativen Hinweis geben: In Staaten, in denen für *über 50 %* der unter Dreijährigen ein Betreuungsplatz zur Verfügung steht, beträgt die Wahrscheinlichkeit der Arbeitsmarktpartizipation einer Mutter unabhängig vom Alter des Kindes über 90 %. In diesen Ländern ist der negative Effekt des Alters der Kinder quasi nicht mehr existent. Allerdings bilanziert auch Berninger: „Aufgrund der engen Beziehung zwischen Kultur und Betreuungsangebot erscheint es jedoch wenig sinnvoll, Betreuungsplätze ohne Rücksicht auf Wertvorstellungen zu schaffen. Eine stufenweise Ausweitung der Betreuung sollte jedoch ihren Zweck erfüllen" (Berninger 2009, 382).

Nach diesem Verständnis könnte man der jüngeren deutschen Ausbaugeschichte durchaus ein angemessenes Vorgehen bescheinigen – hatte man seitens des Bundes doch in der ersten Ausbauphase nach 2005 noch als quantitative Zielgröße 20 % vorgegeben, wurde dieser Wert im Sinne einer damit verbundenen „Bedarfsdeckung" im Kontext des Kinderförderungsgesetzes auf 35 % erhöht und zugleich wurde aber im Gesetz kein konkreter Prozentwert fixiert, sondern ein individueller Rechtsanspruch auf Betreuung ab dem vollendeten ersten Lebensjahr, der ab dem Jahr 2013 scharf gestellt wird. Das bedeutet dann aber auch, dass die faktische Inanspruchnahme aufgrund des Rechtsanspruchs höher, eventuell sogar deutlich höher liegen kann als die als „bedarfsdeckend" unterstellten durchschnittlich 35 % (Sell 2009a).

Die Begriffe (und Erwartungen) klären

Von was sprechen wir eigentlich – von Betreuung? Bildung? Erziehung? Oder – wie das deutsche Kinder- und Jugendhilfegesetz (SGB VIII) nahelegt – von einer *nicht auflösbaren Trias* der drei Begriffe? Hierbei geht es keineswegs um eine semantisch-verspielte Begriffshuberei, denn wenn man beispielsweise nur oder überwiegend auf Betreuung abstellt, dann resultieren daraus andere Konsequenzen, als wenn man den Bildungsaspekt stärker in den Mittelpunkt stellt. Für die deutsche Frühpädagogik konstitutiv (und in der Vergangenheit Grund für die Tatsache, dass der deutsche Kindergarten mal ein „Exportschlager" war) ist die nicht auflösbare Verbindung des Spannungsdreiecks aus Betreuung, Bildung und Erziehung und dieser ganzheitliche Ansatz stellt ein besonderes Qualitätsmerkmal dar, auf das man keinesfalls verzichten sollte. Allerdings zeigen gerade die neueren Entwicklungen in der Finanzierungslandschaft in den einzelnen Bundesländern einen bedenklichen Trend, dass trotz der zunehmenden Hervorhebung der Bildungsfunktionalität der Kindertagesbetreuung die Finanzierung im Wesentlichen *reduziert* wird auf eine *Abbildung der Betreuungsleistungen* der Einrichtungen, was im Extremfall der Pro-Kopf-Finanzierung in Anspruch genommener Betreuungsstunden zur einer Reduktion der Einrichtungen auf „Stundeneinrichtungen" führen könnte (Sell 2009b). Parallel dazu müssen wir auf der Ebene der Anspruchsdiskussion eine *„bildungspolitische Aufladung"* der Kindertagesbetreuung beobachten, die auf der einen Seite hinsichtlich der Erwartungshaltung zumindest teilweise überkomplex erscheint, während die praktischen Konsequenzen hinsichtlich der dafür erforderlichen Rahmenbedingungen als unterkomplex bewertet werden müssen.

Insofern soll an dieser Stelle der Hinweis genügen, dass gerade mit Blick auf die Kinder unter drei Jahre zum einen akzeptiert werden muss, dass bereits die reine Betreuungsfunktionalität *teilweise erheblich abweichende Anforderungen vor allem an das Personal* stellt (und angesichts der besonderen Verletzlichkeit dieser Kinder auch *besondere Qualitätsstandards* definiert und eingehalten werden müssen). Zum anderen sollte darüber hinaus die gerade auf diese Altersgruppe bezogene *Ausblendung oder doch Minimierung des Bildungsaspekts* scharf kritisiert werden und stattdessen wären die enormen Chancen für Bildung in den ersten Lebensjahren im Anschluss an die neueren Forschungserkenntnisse herauszustellen.

Letztendlich manifestiert sich in der gegebene Bildungsunterbewertung des U3-Bereichs eine grundsätzlich gegebene, in Deutschland aber bis hinein in Vergütungs- und Statusaspekte auskristallisierte Perspektive auf Bildung, die deren Wertigkeit (und des das damit verbundene gesellschaftliche Anerkennungsverhältnisses) hierarchisiert nach dem Alter der Kinder und Jugendlichen nach der Relation: Je älter, desto werthaltiger. Dies ist zwar kontrafaktisch zu den Erkenntnissen der neueren Bildungsforschung, aber relativ stabil in den Köpfen der meisten Menschen verankert.

Die angesprochenen Besonderheiten dieses immer noch weit verbreiteten Blicks auf die Kleinsten unter den Kindern hat höchst problematische Konsequenzen für die weitere Entwicklung des Handlungsfeldes, so die Sichtweise, dass es primär pflegerische Kompetenzen sein müssen, die eine „Fachkraft" mitzubringen habe, die in diesem Bereich tätig sein will. Letztendlich droht die Gefahr einer Regression der Qualifikations- und Professionsdiskussion *in diesem Teilbereich* auf die Aussage, dass „das" ja jede „gute Mutter" können sollte, was dort verlangt wird. Man sollte nicht unterschätzen, bei wie vielen Entscheidungsträgern derartige Gedanken vorhanden sind (*noch immer* oder vielleicht angesichts der Not eines zunehmenden Fachkräftemangels im System der Kindertagesbetreuung, der sich bereits heute am Horizont anzuzeichnen beginnt, *schon wieder* mit Blick auf die erforderliche Personaldeckung auch über Nicht-Fachkräfte). Zu dem überaus komplexen Problem eines „Fachkräftemangels" sei hier auf eine umfangreiche empirische Studie am Beispiel des Landes Rheinland-Pfalz verwiesen, die Anfang 2010 veröffentlicht wurde (Sell/Kersting 2010).

Es wird eine zentrale Aufgabe der vor uns liegenden Jahre sein, die ganzheitlich ausgerichtete Einheit von Betreuung, Bildung und Erziehung als nicht verhandelbares konstituierendes Element der Frühpädagogik zu profilieren und zugleich in der bildungspolitisch aufgeheizten Debatte den Elementarbereich einerseits vor einer letztendlich kontraproduktiven „Verschulung" zu bewahren und zum anderen aber auch aufzuzeigen, dass aufgrund der Plastizität der Kinder in diesem Alter die höchsten pädagogischen Effektstärken erreicht werden könnten. Man kann und muss die Bedeutung auch des Krippenbereichs als wichtiger Teil des Bildungssystems konturieren und strategisch in den Mittelpunkt stellen, sollte sich aber zugleich bewusst sein darüber, dass es eine weitverbreitete Tendenz zur Reduktion von Bildung auf Bildungshäppchen, neudeutsch auch gerne als Module bezeichnet, gibt.

Die bedenkliche „schulische" Modularisierung auch des Elementarbereichs kann man derzeit z. B. an der Inflationierung von Sprachstandserhebungen und daran gekoppelt dann Sprachförderung auf Stundenbasis studieren, für die viel Geld ausgegeben wird und die sich bei den sprachfixierten Erwachsenen als „konkrete Bildungsarbeit" (mit Blick auf den Übergang in die „richtige" Bildungsinstitution Grundschule) darstellen und verkaufen lässt. Dabei weiß man mittlerweile sehr genau, wie viel effektiver eine durchgehende und in den Alltag der Einrichtungen eingebundene Sprachförderung en passant ist.

Wenn im Folgenden die Bedeutung der Krippenbetreuung für Gesellschaft, Familien und Kinder plakativ illustriert wird, sei an dieser Stelle darauf hingewiesen, dass es nicht um Krippenbetreuung per se geht, sondern diese ein bestimmtes Qualitätsniveau *auf keinen Fall* unterschreiten darf, da ansonsten die Effekte durchaus negativ werden (können). Letztendlich ist hier die besondere Vulnerabilität, also Verletzlichkeit der Kleinsten angesprochen. Insofern besteht die besonders relevante Gefahr, dass schlechte Rahmenbedingungen zu Schäden an und bei den Kindern führen. Zu den hier relevanten Schwellenwerten wurde jüngst eine Studie von Viernickel/Schwarz (2009) vorgelegt.

Darüber hinaus muss natürlich gesehen werden, dass eine Betreuung der unter dreijährigen Kinder nicht nur in Krippen stattfinden kann, sondern auch in der Kindertagespflege, in Eltern-Kind-Spielgruppen oder durch Au-Pairs zu Hause. Die Krippe ist eine besondere Form der Kleinkindbetreuung und sie ist ganz offensichtlich die teuerste Form, was sie zugleich anfällig werden lässt für „Verdrängungsstrategien" seitens der Kostenträger, die auf „billigere" Substitute zielen. Zugleich ist sie in Deutschland bei den Eltern mit deutlich höheren Präferenzwerten versehen als z. B. die Kleinkindbetreuung über eine Tagespflegeperson, was hingegen in Frankreich zumindest für Kinder unter zwei Jahren nicht der Fall ist – hier dominiert in dieser Altersgruppe die Betreuung über Tagespflegepersonen (ausführlicher Dreyer 2010, 154 ff.). Das ist durchaus ein Problem für die Umsetzung der Ausbauziele in Westdeutschland bis 2013, denn bei der Finanzplanung ging man davon aus, dass 30 % der neuen Betreuungsplätze in der Kindertagespflege entstehen, was aber derzeit bei weitem nicht der Fall ist. Die Präferenz der Unterbringung in einer Krippe wird dann (möglicherweise) noch weiter steigen, wenn es ab 2013 einen individuellen Rechtsanspruch gibt, der aber nicht die Form der Inanspruchnahme vorschreibt. Wenn man dann nicht die Ressourcenplanung entsprechend anpasst, besteht – hier nur als „Gedankenspiel" formuliert – durchaus die Gefahr, dass man der Präferenz der Eltern durch eine schlechte Ausgestaltung des Angebots Krippe entgegenzuwirken versucht.

Die Bedeutung(szunahme) der Krippenbetreuung für Gesellschaft, Familien und Kinder

Die Bedeutung der Krippenbetreuung für Gesellschaft und Familien lässt sich nur äußerst künstlich trennen, deshalb soll sie hier zusammenfassend behandelt werden.

Ausgangspunkt einer „formalen", der beobachtbaren Entwicklungsrichtung unserer Gesellschaft folgenden Argumentation ist das Zusammenspiel mehrerer die Inanspruchnahme frühkindlicher Bildung und Betreuung begünstigenden *Instrumentalisierungen*: bildungspolitisch, arbeitsmarktpolitisch, sozialpolitisch, frauen- und familienpolitisch und gleichsam etwas versteckt immer mitlaufend auch bevölkerungspolitisch. Die wichtigste und sicherlich offensichtlichste Bedeutungszunahme dieses Bereichs generiert sich aus dem Wandel der Familienformen und der Arbeitswelt.

- Der *Wandel der Arbeitswelt* ist charakterisiert durch eine steigende Erwerbsbeteiligung der Frauen (und hierbei vor allem der Mütter mit jüngeren Kindern), steigende Mobilitätsanforderungen, die zu einem zunehmenden Zerreißen familialer Bande am Wohnort führen, sowie einer Ausweitung der Arbeitszeiten, die sich beispielhaft an der Expansion der Ladenöffnungszeiten an den Abenden und an den Samstagen im Einzelhandel aufzeigen lässt. Dies alles führt für sich genommen zu einem steigenden Bedarf an außerfamilialer Kinderbetreuung generell wie auch einem zunehmenden Bedarf an flexiblen Betreuungsangeboten. Daraus resultiert dann die Doppel-Aufgabe einer quantitativen Ausweitung der Betreuungsangebote *und* einer zeitlichen Ausdehnung dieser Angebote über den gewachsenen „Kita-Tag" hinaus. *Nicht nur mehr, sondern auch länger*, wobei sich das „länger" ausprägt zum einen in steigenden Bedarfen nach Ganztägigkeit wie aber auch nach längeren Betreuungszeitfenstern, *innerhalb* derer man dann bestimmte Zeiteinheiten möglichst flexibel für das jeweilige Kind nutzen kann. Das bedeutet – gerade mit Blick auf die unter dreijährigen Kinder – dann eben nicht, dass die Kinder mehr als zehn Stunden in einer Betreuung verbringen müssen. Hier wird in der Diskussion oftmals die Öffnungszeit der Einrichtung mit der konkreten Betreuungszeit des Kindes verwechselt bzw. gleichgesetzt. Auf alle Fälle bedeutet aber ein zunehmendes Auseinanderfallen von Öffnungs- und Betreuungszeiten ein betriebswirtschaftliches Problem für die Einrichtung im Sinne deutlich höhere Vorhalte- und auch partieller Leerkosten, die bei einer Synchronizität von Öffnungszeit und Betreuungszeit so nicht anfallen. Das muss zum einen im Finanzierungssystem abgebildet werden, zum anderen aber verteuert das die Angebotslandschaft erheblich. Man kann es auch zugespitzt formulieren: Wenn die Arbeitskräfte immer intensiver und zeitlich immer expansiver und dann nicht selten auch noch an Orten genutzt werden, wo die Betroffenen umzugsbedingt keine familialen Auffangstrukturen mehr haben, dann muss die Gesellschaft *Stützsysteme für die Familien* schaffen, die es ihnen überhaupt ermöglichen, den immerwährenden Spagat zwischen Erwerbsarbeit und Familien ohne größere Verletzungen bewältigen zu können. Übrigens gehören dazu eben nicht nur außerfamiliale Betreuungsangebote, sondern auch Angebote für Familien wie die immer mehr an Bedeutung gewinnende Erziehungsberatung (vgl. hierzu ausführlich im Kontext des Wandels der Familienformen den Beitrag von Menne 2009).

- Der *Wandel der Familien* ist eine höchst komplexe, vielgestaltige Entwicklung, die sich sicherlich nicht auf einen Nenner bringen lässt – und die sich keineswegs auf eine Zunahme der Trennungen/Scheidungen und einen Anstieg der Zahl der Alleinerziehenden reduzieren lässt (für einen umfassenden Blick auf die Situation der Eltern siehe beispielsweise die Studie von Tanja Merkle und Carsten Wippermann in Henry-Huthmacher/Borchard 2008). Aber offensichtlich ist doch der nach einer Trennung einhergehende intensive Betreuungsbedarf in bestimmten Lebenslagen, der bei Nicht-Erfüllung dazu führt, dass es zu einer Verfestigung dieser Lebenslagen kommen kann, bei der hohe Kosten für die Gesellschaft (wie auch für die Betroffenen) anfallen. Von besonderer Relevanz ist hierbei die Verfestigung des Transferleistungsbezugs bei Alleinerziehenden, nicht selten dadurch bedingt, dass arbeitswillige Alleinerziehende keine ausreichende Kinderbetreuung vorfinden bzw. angeboten bekommen. So auch in der Bilanzierung von fünf Jahren „Hartz IV", die das Forschungsinstitut der Bundesagentur für Arbeit vorgelegt hat: „Besonders kritisch ist weiterhin die Situation von Alleinerziehenden, die – obwohl häufig gut qualifiziert und motiviert – von allen Bedarfsgemeinschaftstypen die längste Verweildauer im Leistungsbezug haben. Vor allem Kinderbetreuungsprobleme verhindern die Aufnahme einer bedarfsdeckenden Erwerbstätigkeit. Gelingt es in einer frühen Phase des Leistungsbezugs nicht, die Kinderbetreuung sicherzustellen, verfestigt sich der ALG-II-Bezug häufig" (Möller et al. 2009, 7). Mit Blick auf die Scheidungshäufigkeit (die mittlerweile in einer ehedauerspezifischen Berechnung eine Wahrscheinlichkeit von 47 % erreicht hat) wird auch die immer mitlaufende Verbindung zur bevölkerungspolitischen Instrumentalisierung erkennbar, denn zumindest ein Teil der Kinderlosigkeit resultiert aus der Angst vieler betroffener Frauen, im Falle einer Trennung keine eigene Erwerbstätigkeit aufgrund von Kinderbetreuungspflichten aufnehmen zu können, weil es keine ausreichende Kinderbetreuung gibt. Zumindest die aktuellen Daten geben dieser Überlegung ein durchaus rationales Fundament.

Gerade im Zusammenspiel von Arbeitsmarkt- und Familienentwicklung entfalten sich die Bedarfe nach einem massiven Ausbau der Bildungs- und Betreuungseinrichtungen. Die (weiter zunehmende) Erwerbsbeteiligung der Frauen speist sich auch aus der Tatsache, dass es selbst unabhängig von der persönlichen Präferenz immer weniger realistisch wird, dass eine Familie mit einem Erwerbseinkommen über die Runden kommt. Immer mehr sind (wieder) darauf angewiesen, dass beide Elternteile einer Erwerbsarbeit nachgehen (müssen). Hinzu kommt seit Mitte der 1990er Jahre eine dramatische Zunahme des Anteils der Niedriglohnempfänger, der sich mittlerweile auf 22 % der Erwerbstätigen beläuft. Angereichert wird das dann durch eine Rentenpolitik, die ein längeres Ausscheiden aus dem Erwerbsleben mit Renten bestraft, die unterhalb des Niveaus der Grundsicherung liegen.

Die bildungspolitische Dimension, die gerade in den vergangenen Jahren an Bedeutung gewonnen hat, lässt sich ebenfalls auf der Basis volkswirtschaftlicher Kosten-Nutzen-Analysen in harten Euro-Beiträgen ausdrücken. Die Bertelsmann-Stiftung hat jüngst eine Studie vorgelegt, in der es um den volkswirtschaftlichen Nutzen (vgl. für eine frühzeitige Thematisierung dieses Aspekts in der deutschen Diskussion Sell 2004a) der frühkindlichen Bildung in Deutschland speziell bezogen auf den Krippenbesuch von Kindern geht. Fritschi und Oetsch haben untersucht, wie sich der Krippenbesuch von Kindern der Geburtsjahrgänge 1990 bis 1995 auf den späteren Schulbesuch dieser Kinder und auf die längerfristig erwartbaren Lebenseinkommen ausgewirkt hat (Fritschi/Oetsch 2009). Der Untersuchungsschwerpunkt war der Effekt des Krippenbesuchs auf die Einstufung in einen der drei Schultypen der Sekundarstufe I verglichen mit Kindern, die keine Krippe besucht haben. Gerade angesichts der in Deutschland stark ausgeprägten Bedeutung der sozialen Selektivität für die Chance von Kindern, z. B. ein Gymnasium besuchen zu können, ist die Fragestellung hoch relevant. Ein Ergebnis der Studie lautet z. B.: Für den Durchschnitt aller Kinder erhöht sich die Wahrscheinlichkeit, ein Gymnasium zu besuchen, mit Krippenbesuch (im Durchschnitt 1,36 Jahre) von 36 auf 50 %. Die Verbesserung der Bildungschancen durch einen Krippenbesuch fällt bei den benachteiligten Kindern höher aus als im Durchschnitt. Von diesen Kindern gehen rund zwei Drittel mehr auf ein Gymnasium als bei den benachteiligten Kindern ohne Krippenbesuch. Der langfristige volkswirtschaftliche Nutzen wurde in der Studie modelliert anhand des höheren Lebenseinkommens durch einen Gymnasialabschluss, das auf der Basis der heutigen Einkommensverteilung berechnet und fortgeschrieben werden kann. Abzüglich der durchschnittlichen Kosten des Krippenbesuchs kommt die Studie zu einem Kosten-Nutzen-Verhältnis von 1 zu 2,7 – nur gemessen am erwartbaren zusätzlichen Lebenseinkommen der Krippenkinder.

Allerdings verdeutlicht diese Studie – wie viele andere Berechnungen auch – ein *Grunddilemma der Nutzenargumentation*, das aber allen bildungspolitischen Entscheidungen zugrundeliegt: das zeitliche Auseinanderfallen von Kosten und Nutzen, also ein teilweise erheblicher time-lag, der Entscheidungsträger voraussetzt, die heute *Investitionen* tätigen, die sich in einem nicht geringem Umfang erst Jahre später amortisieren werden. Erschwerend kommt hinzu, dass die Verteilung der Kosten und Nutzen zwischen den föderalen Ebenen Bund-Länder-Kommunen äußerst ungleich ist: Während die Kosten überwiegend auf der Ebene der Kommunen (und der Eltern durch die Beitragsbelastung) anfallen, können die Nutzen durch zusätzliche Steuer- und Beitragseinnahmen auf der Ebene der Länder, vor allem aber beim Bund und den Sozialversicherungsträgern verbucht werden, die aber nur unterproportional bzw. gar nicht an der Regelfinanzierung beteiligt sind. Es geht hier um das grundsätzliche und leider immer noch nicht ansatzweise gelöste zentrale Problem der „föderalen Finanzierungsverflechtungsfalle" (Sell 2004b).

Während es aus Sicht der Gesellschaft und der Eltern zahlreiche gute Gründe gibt für einen Ausbau der frühkindlichen Bildung und Betreuung, ist die *Perspektive der Kinder* schwieriger zu fassen. Zum einen weil wir natürlich nur versuchen können, uns in die Sichtweise der Kinder hineinzuversetzen, zum anderen aber muss man zur Kenntnis nehmen, dass die Interessen der Kinder eben *nicht* durchgängig kompatibel sind zu den Interessen der Volkswirtschaft oder der Eltern. Man muss sogar davon ausgehen, dass es hier schwerwiegende *Konflikte* geben kann und wird.

- Wir bewegen uns hier in einem komplexen Spannungsfeld unterschiedlicher Interessen und Bedarfe, die zugleich eingebettet sind in einem sehr asymmetrischen Bedingungsgefüge. Es wurde bereits darauf hingewiesen, dass sich die Arbeitswelt dahingehend verändert, dass zunehmend die Lage der Arbeitszeiten entsprechend der Ausweitung der Öffnungszeiten im Einzelhandel expandiert. Wenn nun die Mütter in immer stärkeren Umfang auch zu Zeiten arbeiten müssen, an denen eine normale Kindertageseinrichtung nicht (mehr) geöffnet hat, z. B. in den Abendstunden oder an den Samstagen, dann entsteht zunehmend ein Bedarf an Betreuung zu diesen Zeiten. Aber ist eine stundenweise Betreuung in den Abendstunden oder an Samstagen wirklich auch im Interesse der kleinen Kinder? Was passiert, wenn die Kinder unter dieser Flexibilität der Betreuung leiden? Es geht also um nichts Geringeres als um die Passungsfähigkeit flexibilisierter Betreuung zu den Kindern. Wobei man den Eindruck bekommen kann, es geht primär um die eindimensionale Passungsfähigkeit der Eltern als Arbeitskräfte und *davon abgeleitet* der Kinder in die eigensinnigen Zeitstrukturen der sich beschleunigenden Arbeitswelt. Wenn es da zu Stockungen kommt, dann wurde und wird das letztendlich privatisiert, bislang in den Binnenraum der Familie und nunmehr zunehmend in außerfamiliale Betreuungsarrangements, die aber nicht nur mit hohen Transaktionskosten verbunden sind, sondern die manchmal auch einfach kinderseitig nicht funktionieren, selbst wenn es dieses knappe Gut für die Eltern überhaupt gibt. Je jünger diese sind, desto schwieriger, zumindest desto komplikationsanfälliger wird die Einpassung der Kinder in diese Strukturen und nicht selten wird dies auch nicht gelingen. Damit hier kein Missverständnis aufkommt: Bei vielen Kindern wird das kein Problem sein, aber gerade bei den sehr kleinen Kindern muss man behutsam vorgehen und auch erhebliche Abweichungen erwarten. Viele gute Krippen reagieren auf diese ambivalente Grundkonstellation mit entsprechenden konzeptionellen und einrichtungsbezogenen Vorkehrungen, die allerdings mit einem entsprechenden Aufwand verbunden sind und ressourcenseitig abgedeckt werden müssen. Sowohl die mittlerweile professionell ausdifferenzierten schrittweisen Eingewöhnungskonzepte wie auch die aus der Bindungstheorie abgeleiteten Bezugserzieherinnen-Konzepte sind beispielhafte Antworten auf die besondere „Fallschwere", die mit den unter dreijährigen Kindern verbunden ist. Aber dieses richtige und wichtige Vorgehen muss auch durch eine entsprechende Ausstattung abgesichert werden und die Finanzierungssysteme in den einzelnen Bundesländern sind dahingehend zu überprüfen und zu bewerten, ob sie diese Anforderungen auch abbilden.

Die Frage der Rahmenbedingungen ist in mehrfacher Hinsicht von Bedeutung. Zum einen müssen gerade die Krippen als Einrichtung für die ganz kleinen Kinder angesichts der Vulnerabilität dieser Kinder mit hohen Standards versehen werden, im Sinne einer Schutzfunktion für die Kinder. Zum anderen aber sind beispielsweise kleine Gruppen und ein guter Personalschlüssel vor dem Hintergrund der besonderen Tätigkeitsanforderungen an das Personal hier von noch größerer Bedeutung als in späteren Altersphasen. Und schlussendlich kann die nachgewiesenermaßen vorhandene Bildungsfunktion der Krippen nur auf der Basis einer sehr dichten Erzieher-Kind-Beziehung entfaltet werden. Es stellt sich natürlich immer die Frage, wie denn diese Standards konkret auszusehen haben. Beschränken wir uns an dieser Stelle auf die Frage der Personalausstattung. Es geht hier um das so genannte „eiserne Dreieck der Strukturqualität", bestehend aus dem Erzieher-Kind-Schlüssel, der Gruppengröße und der Qualifikation des Personals. Unbeschadet der Tatsache, dass die Skala des Wünschenswerten nach oben hin unbegrenzt ist, kann die Studie von Viernickel und Schwarze so genannte „kritische Schwellenwerte" aufzeigen. Hierbei handelt es sich um Werte, ab denen *negative* Auswirkungen auf pädagogische Qualität und Wohlbefinden der Kinder zu erwarten sind. In ihrer Expertise zu den wissenschaftlichen Parametern für die Fachkraft-Kind-Relation kommen sie mit Blick auf die Gruppen mit unter dreijährigen Kinder zu einer Fachkraft-Kind-Relation von 1:3 bzw. 1:4 maximal. Hierbei handelt es sich um die erwähnten kritischen Schwellenwerte, bei deren Überschreitung man nach Auffassung der beiden Autorinnen der Studie von einer *Gefahr* für die Kinder sprechen kann (Viernickel/Schwarze 2009).

- Die Deutsche Liga für das Kind hat Qualitätsstandards für Krippen und Tagespflege veröffentlicht, die Folgendes aussagen: Der Erzieher(innen)-Kind-Schlüssel wird in Abhängigkeit vom Alter der Kinder festgelegt: Kinder im ersten Lebensjahr: 1:2; Kinder im Alter von ein bis zwei Jahren: 1:3; Kinder im Alter von zwei bis drei Jahren: 1:5 (Deutsche Liga für das Kind 2009)
- Die Bertelsmann Stiftung empfiehlt generell 1:3 für Kinder bis zu drei Jahren.

Und hierbei handelt es sich um ein *rein quantitatives* Verhältnis. In der praktischen Umsetzung als Personalschlüssel muss man berücksichtigen, dass es *Ausfallzeiten* beim Personal gibt oder den Fachkräften eine angemessene *Vor- und Nachbereitungszeit* (mittlerweile als „mittelbare pädagogische Arbeitszeit“ bezeichnet) zugestanden werden sollte, ohne die die steigenden qualitativen Anforderungen vor allem im Bildungsbereich nicht realisiert werden können. Ausreichend Zeit für nicht direkt am und mit dem Kind verbrachte pädagogische Arbeitszeit ist auch deshalb so wichtig, weil gerade im Krippenbereich eine gute „Erziehungspartnerschaft“ zwischen der Einrichtung und den Eltern von besonderer Bedeutung auch und gerade für das Kind ist, um dessen Stressreaktionen zu reduzieren oder diese zu vermeiden.

Wenn die absehbare zunehmende Bedeutung der Krippen nicht zu Dumping-Bedingungen ausgefüllt werden soll, dann sind diese Standards unbedingt einzuhalten. Darüber hinaus brauchen wir einen tiefgreifenden Mentalitätswandel in der Gesellschaft, die erkennen sollte, welche ungenutzten Potenziale im frühkindlichen Bereich noch verborgen sind. Es lohnt sich im wahrsten Sinne des Wortes, sie zu heben.

Literatur

Berninger, I. (2009): Welche familienpolitischen Maßnahmen fördern die Arbeitsmarktpartizipation von Müttern, in: Kölner Zeitschrift für Soziologie und Sozialpsychologie, 355–385

Deutsche Liga für das Kind (2009): Gute Qualität in Krippe und Kindertagespflege. Positionspapier. Berlin

Dreyer, R. (2010): Frühkindliche Bildung, Betreuung und Erziehung in Deutschland und Frankreich. Hamburg

Fritschi, T.; Oetsch, T. (2009): Volkswirtschaftlicher Nutzen von frühkindlicher Bildung in Deutschland. Eine ökonomische Bewertung langfristiger Bildungseffekte des Besuchs von Kindertageseinrichtungen. Bern

Henry-Huthmacher, C.; Borchard, M. (Hrsg.) (2008): Eltern unter Druck. Selbstverständnisse, Befindlichkeiten und Bedürfnisse von Eltern in verschiedenen Lebenswelten. Stuttgart

Menne, K. (2009): Der stumme Skandal der Erziehungsberatung. In: Das Jugendamt, Heft 11/2009, 531–540

Möller, J. et al. (2009): Der Arbeitsmarkt hat profitiert. Fünf Jahre SGB II: Eine IAB-Bilanz, IAB-Kurzbericht Nr. 29/2009. Nürnberg

Sell, S. (2009a): Aktuelle Entwicklungen auf der Länderebene beim Ausbau der Kindertagesbetreuung – zur Ambivalenz des Bildungs- und Betreuungsföderalismus. In: Münch, M.-T. und Textor, M. R. (Hrsg.): Kindertagesbetreuung für unter Dreijährige zwischen Ausbau und Bildungsauftrag. Berlin, 64–81

Sell, S. (2009b): Finanzierungssysteme für Kindertageseinrichtungen aus ökonomischer Sicht, in: Recht der Jugend und des Bildungswesens, Heft 1/2009, 114–130

Sell, S. (2004a): Der volkswirtschaftliche Nutzen der Kinderbetreuung. In: Henry-Huthmacher, C. (Hrsg.): Jedes Kind zählt. Neue Wege der frühkindlichen Bildung, Erziehung und Betreuung (= Konrad-Adenauer-Stiftung: Zukunftsforum Politik Nr. 58). St. Augustin, 52–73

Sell, S. (2004b): Gegenwärtige und zukünftige Finanzierung von Kindertageseinrichtungen aus volkswirtschaftlicher und sozialbetriebswirtschaftlicher Sicht. In: Wehrmann, I. (Hrsg.): Kindergärten und ihre Zukunft. Weinheim, 379–395

Sell, S.; Kersting, A. (2010): Gibt es einen (drohenden) Fachkräftemangel im System der Kindertagesbetreuung? Eine empirische Untersuchung zum Personalbedarf in Kindertageseinrichtungen und Kindertagespflege. Remagen

Viernickel, S.; Schwarz, S. (2009): Schlüssel zu guter Bildung, Erziehung und Betreuung – Wissenschaftliche Parameter zur Bestimmung der pädagogischen Fachkraft-Kind-Relation. Expertise für Gewerkschaft Erziehung und Wissenschaft, Der Paritätische Gesamtverband und Diakonisches Werk der EKD. Berlin

2

Frühkindliche Bildung und Entwicklung

Manfred Spitzer

Wie lernen Kinder? Gehirn- und Denkentwicklung

Historische Vorbemerkung

Bereits vor etwa 100 Jahren machten sich Wissenschaftler Gedanken zur Entwicklung des Fühlens und Denkens einerseits und des Gehirns andererseits. Gegenwärtig lernt jeder Schüler die von Sigmund Freud unterschiedenen Phasen der sexuellen Entwicklung (anal – oral – ödipal) des psychischen Apparats und jeder Student (Ingenieure, Juristen und Naturwissenschaftler ausgenommen) die Stadien der kognitiven Entwicklung nach Jean Piaget und die Stufen der Entwicklung des moralischen Urteils nach Lawrence Kohlberg. Hinzu kommen die – oft nur behaupteten – kritischen Perioden, sensiblen Phasen, Lernfenster etc., sodass es für den Anfänger keineswegs leicht ist, sich ein eigenes kritisches Urteil zu bilden im Hinblick auf die wissenschaftliche Durchdringung der für jedermann offensichtlichen Tatsache, dass der Mensch ziemlich unfertig auf die Welt kommt und gut zwei Jahrzehnte braucht, um erwachsen zu werden.

Parallel zu dem, was an psychologischen Theorien des vorletzten und letzten Jahrhunderts gelehrt und gelernt wird, gibt es Befunde zur Entwicklung des Gehirns, die etwa ebenso weit zurückreichen: Vor mehr als einhundert Jahren begann der Neurologe und Psychiater Paul Flechsig damit, detaillierte Karten des Gehirns zu erstellen, auf denen verzeichnet war, wann bzw. in welcher Reihenfolge die zu einzelnen Bereichen der Gehirnrinde ziehenden Fasern zur Ausreifung kommen.

Der Hintergrund dieser neuroanatomischen Forschung ist der Folgende. Zum Zeitpunkt der Geburt ist das Gehirn des Menschen noch nicht voll entwickelt. Beim Neugeborenen wiegt es etwa 350 g, beim Erwachsenen hingegen 1300 g (Frau) bis 1400 g (Mann). Das Gehirn des Neugeborenen hat also nur etwa ein Viertel des Gewichts und der Größe des Gehirns eines erwachsenen Menschen, obwohl sowohl die Neuronen als auch deren Verbindungsfasern bereits vorhanden sind und nach der Geburt zahlenmäßig kaum zunehmen. Dennoch entwickelt sich das Gehirn nach der Geburt noch deutlich weiter und vervierfacht sein Gewicht. Es ist vor allem Fett, das im Laufe der Entwicklung des Gehirns nach der Geburt das Gehirn so groß werden lässt. Dabei handelt es sich um eine ganze besondere Art von Fett, Myelin genannt, mit dem bestimmte Zellen (die Schwann'schen Zellen), die Nervenfasern ummanteln. Man nennt diesen Vorgang Myelinisierung. Myelin wirkt als Isolationsschicht und sorgt dafür, dass elektrische Impulse, die von den Nervenfasern weitergeleitet werden, entlang einer Nervenfaser nicht mehr langsam laufen, sondern schnell springen. Dadurch steigt die Geschwindigkeit der Impulse entlang der Nervenfasern von etwa drei Metern pro Sekunde auf bis zu 115 Meter in der Sekunde. Karten des Gehirns, auf denen verzeichnet ist, wann und in welcher Reihenfolge die zu einzelnen kortikalen Arealen ziehenden Fasern zur Ausreifung kommen, gibt es seit etwa einhundert Jahren (Flechsig, 1920).

Freud (1856–1939) und Flechsig (1847–1929) waren Zeitgenossen. Sie wussten voneinander, konnten sich jedoch ganz offensichtlich nicht verständigen: Zu weit lagen die seelenlose Gehirnforschung (die im Wesentlichen aus anatomischen Studien toter Gehirne bestand) und die gehirnlose Psychologie (die im Wesentlichen noch auf der Innenschau seelischer Phänomene beruhte) auseinander. Heute, einhundert Jahre später, ist dies anders: Auch die persönlichsten inneren Regungen sind den Methoden der modernen Gehirnforschung zugänglich, und die Psychologie verlässt sich längst nicht mehr auf die bloße Introspektion. Hinzu kommt, dass gerade die Säuglings- und Kleinkindforschung in den letzten Jahrzehnten wesentliche methodische Fortschritte gemacht hat (hier ist vor allem die Habituierungsmethode zu nennen) und dass man das Zusammenspiel von Neuronen durch

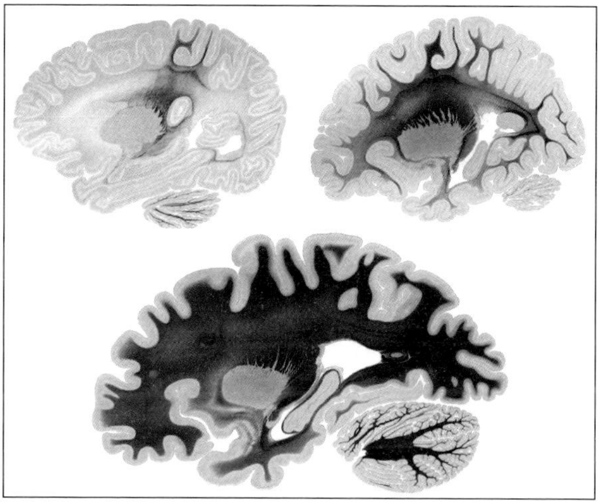

Abb. 1

Drei Gehirnschnitte zur Darstellung (mittels Anfärbung von Fett durch einen schwarzen Farbstoff) der Myelinisierung der Faserverbindungen kortikaler Areale (Flechsig, 1920). Links oben im Bild ist ein Schnitt durch das Gehirn eines Neugeborenen, rechts der Gehirnschnitt eines Kindes im Kindergartenalter und unten ist der Schnitt durch das Gehirn eines Erwachsenen dargestellt. Man sieht deutlich, wie beim Säugling nur wenige Areale mit schnell leitenden Fasern verbunden sind.

die Theorie der neuronalen Netzwerke seit den 1980er Jahren des letzten Jahrhunderts mathematisch grundlegend besser zu verstehen gelernt hat.

Neuroplastizität und Lernen

Lernen ist in neurobiologischer Hinsicht ein Vorgang, der mit der Veränderung der Stärke von Verbindungen zwischen Nervenzellen einhergeht. Man spricht von Neuroplastizität. Diese Veränderungen der Stärke neuronaler Verknüpfungen lassen sich mittlerweile nicht nur biochemisch, sondern auch strukturell nachweisen. So zeigt Abbildung 2 die Vergrößerung der synaptischen Kontaktfläche durch das Wachstum des Endknopfs und der gegenüberliegenden Auftreibung (dendritischer Dorn).

Die Tatsache der Neuroplastizität hat eine bedeutende Konsequenz: Das Gehirn lernt immer. Das Gehirn ist die biologische Hardware, die sich beständig an die auf ihr laufende Software, d. h. an die vom Gehirn hervorgebrachten geistigen Leistungen wie Erleben, Denken oder Handeln anpasst. Elektrische Impulse werden vom Gehirn aufgenommen, weitergeleitet und verarbeitet, wobei sie über Verbindungsstellen zwischen Nervenzellen laufen

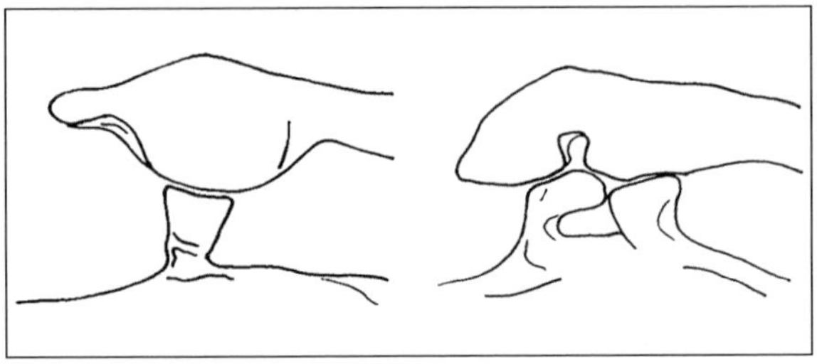

Abb. 2

zeigt die Veränderung der Struktur einer Synapse aufgrund von Lernvorgängen. Rechts ist durch Wachstum des Endknopfs (oben) sowie eines zusätzlichen Dorns (unten) die Kontaktfläche größer und damit auch der Kontakt besser (Spitzer, 2004).

(die Synapsen). Deren Benutzung führt zur Verstärkung, der Nicht-Gebrauch zu einer Abschwächung bzw. zum Wegfall der entsprechenden Verbindungen. Die Gesamtheit dieser Veränderung nennen wir Lernen.

Seit über hundert Jahren spricht man in der wissenschaftlichen Psychologie von Gedächtnisspuren, aber erst seit wenigen Jahren ist klar, wie genial dieser Ausdruck gewählt ist: Unser Gedächtnis ist nichts anderes als die Summe der Spuren vergangener Erlebnisse, durch die Synapsen in ihrer Stärke verändert wurden. Wiederholung ist gut für das Lernen, weil dann Impulse immer wieder über die entsprechenden Synapsen laufen und sich diese durch den wiederholten Gebrauch eben auch nachhaltig ändern.

Die Idee, dass Lernen etwas mit „Spuren legen" zu tun hat, ist übrigens noch viel älter als nur gut 100 Jahre: Das Wort „Lernen" geht auf die indogermanische Wurzel „lais" zurück, und dieses alte Wort hat die Bedeutung „Spur". „Lais" hieß im Gotischen „ich weiß", verweist also auf das Ergebnis von Lernen. Im Deutschen erkennt man die Bedeutung der Wurzel „lais" am Wort „Gleis" noch gut.

Die Konsequenzen dieses recht einfachen Funktionierens sind angesichts der ungeheuren Zahl von Synapsen im menschlichen Gehirn – etwa eine Million Milliarden (10^{15}) – kaum überzubewerten: Wann immer das Gehirn gebraucht wird, ändert es sich, jeweils nur ein ganz klein wenig, aber eben doch. Es entstehen Spuren dieses Gebrauchs, so wie Spuren im Schnee oder auf einer Wiese entstehen, wenn die Leute immer wieder den gleichen Weg nehmen.

Das Bild der Spuren im Schnee (siehe Abbildung 3) trägt noch weiter: Stellen Sie sich vor, dass am einen Ende der Wiese ein Getränkekiosk und am anderen Ende eine Toilette gelegen ist. Dann laufen die Leute von der Bude, obwohl sie niemand zwingt, mehr oder weniger gerade zur Toilette und es entsteht eine Spur. Wenn am nächsten Tag der Pächter des Kiosks keine Lust hat, jedoch sein Nachbar, der ebenfalls Getränke verkauft, dies

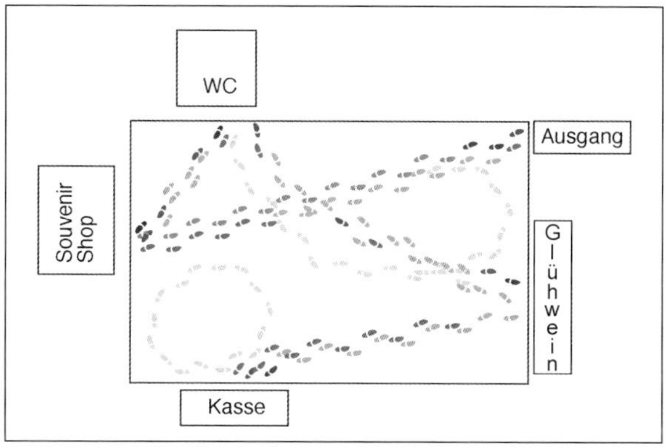

Abb. 3

Stellen Sie sich einen frisch verschneiten Park vor. Die Leute laufen in 30 cm Pulverschnee herum und ein wechselnder Wind sorgt dafür, dass ihre Spuren wieder verwehen. Stellen Sie sich weiter vor, dass es an einer Ecke im Park eine Glühweinbude gibt und an einer anderen Ecke eine Toilette. Mancher Mensch hat Durst und mancher hat danach ein Bedürfnis. Stellen Sie sich jetzt noch vor, dass Sie am späten Nachmittag des Tages auf einer Anhöhe am Rande des Parks stehen. Was fällt Ihnen auf? – Sie werden einen Trampelpfad von der Bude zur Toilette sehen, eine gebrauchsabhängig entstandene Spur. Solche gebrauchsabhängigen Spuren gibt es nicht nur in verschneiten Parks, sondern auch im Gehirn. Dort laufen nicht Leute durch den Schnee, sondern elektrische Impulse über Verbindungen zwischen Nervenzellen, die sogenannten Synapsen. Je mehr Impulse über eine Synapse laufen, desto besser funktioniert sie. Dies führt langfristig dazu, dass im Gehirn gebrauchsabhängig Spuren entstehen, über die diese Impulse besser laufen.

tut, dann werden die Leute den schon vorhandenen Trampelpfad nutzen, denn trotz des kleinen Umwegs ist es viel leichter, in ausgetretenen Spuren den tiefen Schnee zu überqueren als eine neue Spur zu treten. Eine Spur wird also benutzt, einfach nur deshalb, weil sie da ist.

Nicht anders geht es im Gehirn zu, wie wir seit einigen Jahren wissen (Chang; Merzenich, 2003). Einmal angelegte Spuren werden weiter benutzt, selbst dann, wenn sie nicht mehr optimal zum Erlebnis passen. Sie sind nun einmal schon da, und die Impulse treten sich (wie die Menschen) nicht so schnell einen ganz neuen Pfad. Erfahrungsabhängig entstandene Gedächtnisspuren sorgen damit automatisch für ihre eigene Verfestigung. Daraus folgt unmittelbar die besondere Bedeutung der frühen Erfahrungen im Leben eines Menschen, die unter anderen auch mitbedingen, wie viel Verarbeitungskapazität wofür angelegt wird.

Weiterhin folgt, dass es in neurobiologischer Hinsicht keinen Unterschied zwischen Erziehung und Bildung gibt. Das Kind lernt: Laufen und Sprechen; Rücksichtnahme und Fairness; „Bitte" und „Danke"; Teilhabe an seiner Gruppe und Selbstbestimmung; Singen im Chor und ein Solo; Lesen; Schreiben; Rechnen; Latein und die binomischen Formeln; Flora und Fauna; die chemischen Elemente; das archimedische Prinzip; die gewalttätige Geschichte und die Gewaltenteilung.

Im Gehirn geschieht dabei immer wieder das Gleiche: Anhand einzelner Erlebnisse werden nicht Einzelheiten gespeichert, sondern allgemeine Regeln und Zusammenhänge, Fertigkeiten, Fähigkeiten, Einstellungen und Haltungen. Im Vorschulalter wird viel gespielt, und sehr vieles (nicht nur Laufen und Sprechen) wird genau durch und im Spiel allgemein gelernt. Dass dieses Spiel in biologischer Hinsicht zur Ausschüttung von Wachstumsfaktoren für Nervenzellen führt, wundert aus dieser Sicht kaum.

Aus dieser Diskussion ergibt sich: Das Gehirn lernt nicht nur in der Schule oder wenn es gelegentlich einmal sein muss. Vielmehr ist das Gehirn ein Organ, dessen Funktion es ist, permanent zu lernen. Es kann eines nicht: Nicht lernen! Was dies bedeutet, lässt sich sehr einfach am Beispiel von Säuglingen demonstrieren, die innerhalb weniger Monate Laufen und innerhalb weniger Jahre Sprechen lernen. Zweijährige versuchen aktiv ihre Umgebung zu begreifen, führen kleine Tests durch und prüfen – ganz ähnlich wie Wissenschaftler – Hypothesen (Gopnik et al., 1999). Dreijährige lernen alle 90 Minuten ein neues Wort, und mit fünf Jahren beherrschen Kinder nicht nur Tausende von Wörtern, sondern vor allem auch deren Gebrauch, d.h. die komplizierte Grammatik der Muttersprache. Mit dem Spracherwerb wird die Welt gelernt sowie die Stellung in ihr – durch den Umgang mit Dingen und mit anderen Menschen.

Vernetzte Module

Aufgrund der Veränderung der Stärke neuronaler Verbindungen durch deren Benutzung entstehen im Gehirn neuronale Repräsentationen, d.h. Neuronen, die immer dann aktiv werden („feuern", wie Neurobiologen sagen), wenn für das jeweilige Neuron ein bestimmtes Muster als Input vorliegt. Diese Repräsentationen liegen nicht völlig ungeordnet im Gehirn vor, sondern sind nach Modulen geordnet, d.h. nach inhaltlichen und vor allem formalen Gesichtspunkten gruppiert. Auf der Ebene der Gehirnrinde sind die Repräsentationen in den Modulen in Form von Karten angeordnet, wobei die Häufigkeit und die Ähnlichkeit der Inhalte die Ordnungsgesichtspunkte der Karten darstellen. Diese Karten entstehen erfahrungsabhängig und sind zeitlebens – wenn auch mit zunehmendem Alter in immer geringerem Maße – veränderbar (vergleiche Abbildung 4).

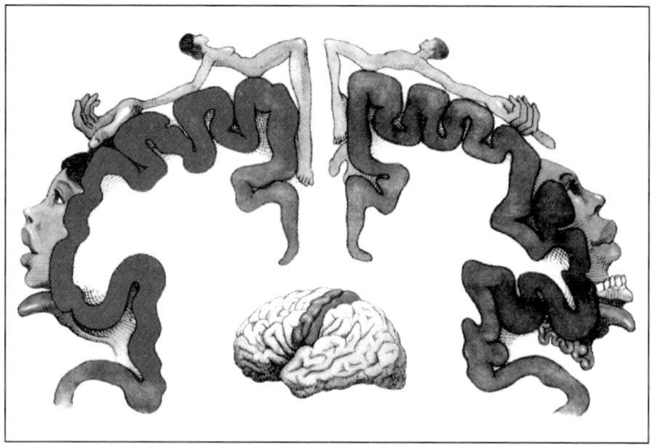

Abb. 4

zeigt die wohl bekannteste kortikale Karte. Die Zeichnung gibt an, wo im Gehirn das Gefühl für welche Stelle der Körperoberfläche sitzt (Spitzer, 2002).

Diese Module haben jeweils eine bestimmte Funktion. Sie sind dadurch abgrenzbar und andererseits stark untereinander vernetzt (siehe Abbildung 5). Insbesondere mithilfe der funktionellen Bildgebung gelingt heute die Charakterisierung der Funktion einzelner neuronaler Module (für Wort- und Gesichtererkennung, das Farbensehen, die Vorstellung von numerischer Größe oder für die Handlungsplanung gemäß sozialer Werte) sowie deren genaue Lokalisierung und Vermessung (in Quadratmillimetern). Die Vernetzung der Module hat zur Folge, dass Informationen sehr rasch zwischen ihnen in beide Richtungen ausgetauscht werden können und auch werden.

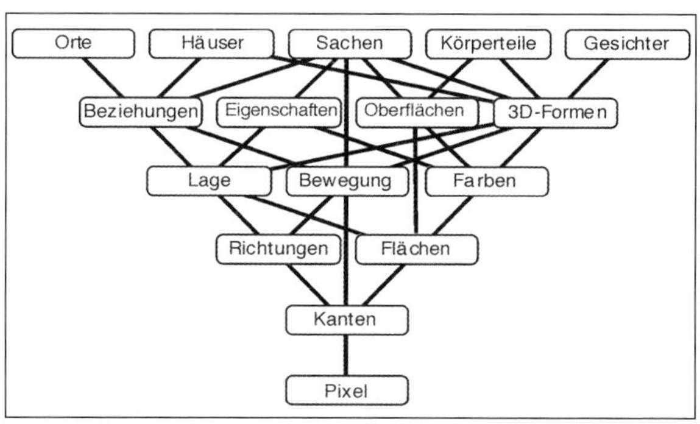

Abb. 5

Schematische und vereinfachte Darstellung vernetzter Module des visuellen Systems. Informationen fließen meist in beide Richtungen, also nicht nur von unten nach oben (von einfachen visuellen Zentren zu höheren Zentren), sondern auch zurück! Manche Module lassen sich mittlerweile beim einzelnen Menschen genau lokalisieren und in mm^2 vermessen.

Gehirn-Entwicklung

Zum Zeitpunkt der Geburt sind die primären sensorischen und motorischen Areale myelinisiert, also Hirnrindenbezirke, die für die anfängliche Verarbeitung von Signalen aus Sinnesorganen wie Auge und Ohr zuständig sind sowie zum Ausführen einfacher Bewegungen gebraucht werden. Damit kann der Säugling erste Erfahrungen machen, die Information jedoch noch nicht sehr tief verarbeiten (Abbildung 6, links). Danach werden sekundäre Areale (in diesen werden Signale aus den primären Arealen weiter verarbeitet) myelinisiert, und erst gegen Ende der Entwicklung des Gehirns um die Zeit der Pubertät herum (oder noch danach!) werden die Verbindungen zu den höchsten kortikalen Arealen im Frontalhirn mit Myelinscheiden versehen. Teile des Frontallappens des Menschen sind aufgrund dieser Entwicklung erst zur Zeit der Pubertät funktionell voll mit dem Rest des Gehirns verbunden (Fuster, 1995).

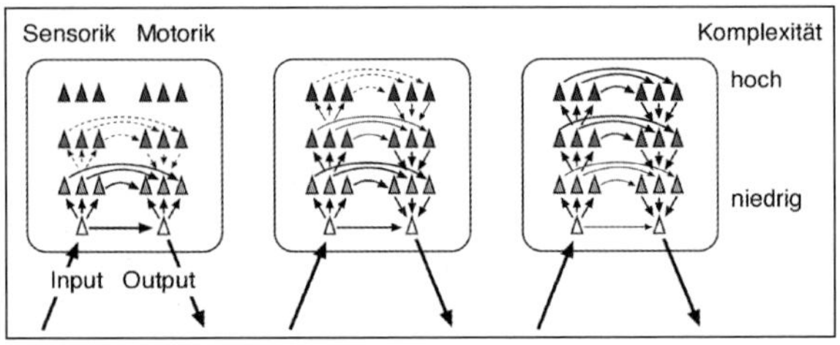

Abb. 6

Schema zur Gehirnentwicklung des Menschen vom Säugling (links) zum Erwachsenen (rechts). Die Neuronen in den verschiedenen Arealen des Gehirns – in der Zeichnung von einfach bis komplex geordnet – sind bereits vorhanden. Nur die Neuronen in „niedrigen" bzw. „einfachen" Arealen sind jedoch bereits bei der Geburt mit schnellen Fasern verbunden und damit „online".

Wie wichtig die Myelinisierung für die Gehirnfunktion ist, kann man ahnen, wenn man bedenkt, dass das Gehirn Informationen vor allem dadurch verarbeitet, dass diese zwischen verschiedenen Modulen hin und her fließen. Hieraus erklärt sich die enorme Bedeutung der Myelinisierung für die Gehirnfunktion. Die Zeit, die Impulse von einem kortikalen Areal zu einem anderen, sagen wir zehn Zentimeter entfernten Areal benötigen, beträgt bei einer Nervenleitgeschwindigkeit von drei Metern pro Sekunde etwa 30 Millisekunden. Dies mag kurz erscheinen, ist jedoch für eine Informationsverarbeitung, die letztlich darin besteht, dass Impulse beständig zwischen unterschiedlichen Arealen hin und her fließen, sehr lang. Der rasche Austausch zwischen kortikalen Arealen setzt die schnelle Leitung der Impulse voraus, woraus sich wiederum ergibt, dass ein Areal, dessen Verbindungsfasern noch nicht myelinisiert sind, nur wenig zur Informationsverarbeitung beitragen kann. Damit ist eine nicht-myelinisierte Nervenfaserverbindung im Kortex so etwas wie eine tote Telefonleitung; die Verbindung ist physikalisch zwar vorhanden, sie ist jedoch zu langsam, um eine Funktion gut zu erfüllen.

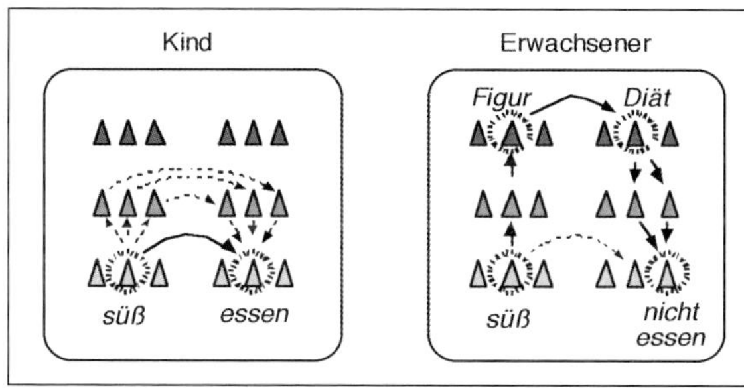

Abb. 7

Unterschied der Reaktion auf Süßes zwischen Kindern und Erwachsenen. Das Kind reagiert reflexartig (links): Die Empfindung süß aktiviert ohne große Umwege die Aktion „essen". Übergeordnete Ziele und Pläne, höherstufige komplizierte Ideen wie Figur und Diät gibt es in seinem Gehirn noch nicht; es lebt im Hier und Jetzt. Anders der Erwachsene (rechts): Der Input süß aktiviert nicht nur reflexartig die Aktion „essen", sondern auch die Ideen „Figur und Diät", die ihrerseits für den Output „nicht essen" sorgen. Man muss einräumen, dass dies auch bei Erwachsenen nicht immer so einfach funktioniert, wie jeder übergewichtige Leser aus eigener Erfahrung wissen dürfte. Aber wenigstens im Prinzip kann es beim Erwachsenen so funktionieren.

Betrachten wir zur Verdeutlichung ein Beispiel (vergleiche Abbildung 7): Wenn Kinder ein Eis sehen, möchten sie auch Eis essen. Diese Reaktion erfolgt reflexartig und ist durch gute Worte („Aber du hast doch schon drei Eis gegessen", „Du kriegst einen ganz kalten/dicken Bauch" etc.) nicht zu bremsen. Anders hingegen reagiert der Erwachsene: Auch er sieht das Eis und stellt sich vor, wie süß und gut es schmeckt. Aber in ihm steckt auch die (hochstufige, komplexe) Idee einer guten Figur mit all ihren Begleitgedanken wie Gesundheit, Schönheit etc. Diese Idee wiederum ist eng mit der von Diät verbunden, also mit der willentlichen Beschränkung auf bestimmte, dem Körper zuträgliche Nahrungsmittel. Die Diät-Idee wiederum wird die Handlung „ruhig bleiben und nicht essen" aktivieren und damit die Handlung „essen" aktiv unterdrücken. Der wesentliche Punkt ist: Das kleine Kind kann dies gar nicht! Wir können reden und reden: Es will Eis. Der Grund ist aus Abbildung 7 sofort ersichtlich: Dem Kleinkind fehlt die „Hardware", um die Ideen von Figur und Diät zu repräsentieren. Es mag die Wörter plappern können, die entsprechenden komplexen Gedanken sind jedoch ganz einfach noch nicht möglich! Daher kann es diese Gedanken auch nicht nutzen, um sein Verhalten zu steuern.

Wie in Abbildung 7 dargestellt, funktioniert das kleine Kind anders als der Erwachsene. Es hält sich nicht an Regeln oder Pläne, verfolgt keine langfristigen Ziele, die Zukunft ist ihm letztlich egal. Dies ist nicht deswegen der Fall, weil sie zeitlich so weit entfernt liegt, sondern vor allem, weil sie im Gehirn kleiner Kinder noch nicht vorkommt. Nach neueren Studien sind im Gehirn – vor allem im Schläfenlappen – letztlich die gleichen Bereiche sowohl für die Vergangenheit als auch für die Zukunft zuständig. Und da Kinder kaum eine Vergangenheit haben, haben sie auch kaum eine Zukunft. Hinzu kommt, dass das planende Überbrücken von Zeit eine Funktion des Frontalhirns darstellt (Abbildung 8), das im Laufe der Gehirnentwicklung am spätesten ausreift.

Kleine Kinder leben im Jetzt, etwas ältere können Minuten oder Stunden in ihre Planungen einbeziehen; „nächste Woche" ist für sie jedoch eine Ewigkeit entfernt, „nächstes Jahr" im Grunde gar nicht denkbar. Je älter ein Mensch wird, desto mehr schrumpft die Zeit: „Wann sehen wir uns wieder?" – „Na jedes Jahr!" – „So oft, also schon bald wieder!" – Ein solcher Dialog spielt sich nicht zwischen Kindern ab! Weil Kinder noch wenige Erfahrungen – wenig Vergangenheit – gespeichert haben und Zukunft im wahrsten Sinne des Wortes noch gar nicht denken können, leben sie im Hier und Jetzt. Was sie unmittelbar umgibt, bestimmt ihre Gedanken und ihre Handlungen. Man braucht ihnen nur im Sandkasten zuzuschauen: Sie sind vollkommen bei der Sache, bei den Burgen, Kuchen oder den kleinen Kugeln, die man mit den Händen formen kann – einfach weil es Spaß macht. Kommt ein anderes Kind hinzu, können beide nach zwei Minuten die dicksten Freunde sein, unbelastet durch Vorerfahrungen und Vorurteile, einfach so. Erwachsene hingegen nutzen ihre Erfahrungen mit der Welt, um sich in ihr besser zu Recht zu finden. Wer sich auskennt, überlebt. Wer nicht gelernt hat, welche Früchte und Wurzeln genießbar sind und welche nicht, der stirbt ebenso wie derjenige, der jedem Fremden blind vertraut und auch sozial die genießbaren von den ungenießbaren Genossen nicht zu unterscheiden gelernt hat. Kinder müssen also schnell lernen, sich in der Welt zurechtzufinden. Sie lernen dementsprechend sprichwörtlich schnell und kinderleicht. Sie lernen laufen, sprechen, sich zu benehmen und noch vieles mehr.

Wenn Kinder jedoch irgendetwas Bestimmtes lernen sollen, tun sie sich schwer: Ihr Frontalhirn ist noch nicht so weit ausgereift wie das der Erwachsenen, weswegen es mit besonnenem, zielgerichtetem, planvollen Lernen nicht gut bestellt ist. Die Kindheit und Jugend ist daher charakterisiert durch einen langsamen Übergang zwischen unterschiedlichen Formen des Lernens. Zunächst geschieht es ausschließlich nebenbei, aber dafür sehr rasch. Später geschieht es zunehmend auch planvoll, selbst gesteuert und von Neugierde bestimmt.

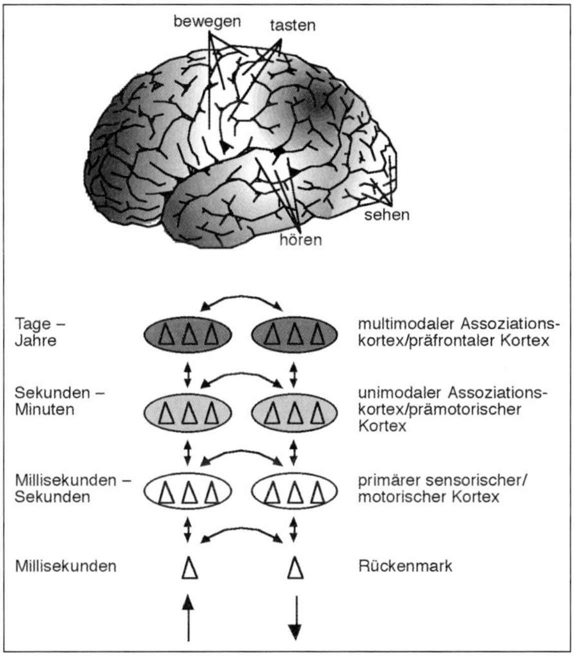

Abb. 8

Je höher die Areale des Gehirns, desto mehr Zeit (d. h. desto größere Zeitspannen) können sie überbrücken. In Anlehnung an Abbildung 8 sind Gehirnareale schematisch dargestellt, je „höher", desto dunkler. Ihre ungefähre Lage (sowie die Lage der primären sensorischen Areale für das Sehen, Hören und Tasten und der primären motorischen Gehirnrinde) ist auf der Ansicht der Gehirnrinde von links (oben) dargestellt. Einfache Reflexe laufen innerhalb von Millisekunden über das Rückenmark. Die für einfache Eindrücke und einfache Bewegungen nötige Informationsverarbeitung läuft ebenfalls sehr schnell – im Bereich von mehreren Hundert Millisekunden bis zu wenigen Sekunden – in den entsprechenden einfachen (primären) Arealen ab (aber bereits in Abstimmung mit den höheren Arealen; daher die Doppelpfeile). In den sogenannten Assoziationsarealen (also in zunehmend „höheren" Zwischenschichten) ist Wissen gespeichert, das die Zeit zunehmend weiter übergreift. Frontal haben erwachsene Menschen Pläne gespeichert, die Jahre und Jahrzehnte überspannen können.

Reifung und Regeln

Die verglichen mit anderen Primaten sehr stark verzögerte Gehirnreifung beim Menschen wurde lange als Nachteil interpretiert und der Mensch beispielsweise als Mängelwesen (Gehlen, 1978) oder als Nesthocker charakterisiert, jeweils mit Blick auf den unausgereiften Säugling. Kern dieser Unausgereiftheit ist das unausgereifte Gehirn, und Kern dieser Unausgereiftheit bei der Geburt ist die noch nicht erfolgte sogenannte „funktionelle Verdrahtung“ kortikaler Areale, insbesondere des Frontallappens.

Computersimulationen neuronaler Netzwerke, die sich eigens mit den Wechselwirkungen von Gehirnreifung und Lernen beschäftigten, warfen ein ganz neues Licht auf den Sachverhalt der Gehirnreifung nach der Geburt. Man konnte zeigen, dass die Reifung des Gehirns letztlich den Lehrer ersetzt. Der Gedanke ist im Grunde ganz einfach: Wenn wir in der Schule oder an der Universität ein kompliziertes Stoffgebiet lernen (sagen wir Latein oder Mathematik), dann sorgt der Lehrer oder Professor dafür, dass wir mit einfachen Beispielen beginnen und uns daraus zunächst einfache Strukturen erschließen. Sind diese erst einmal gefestigt, kommen im nächsten Schritt etwas kompliziertere Strukturen „oben drauf“, die man nur dann richtig verstehen kann, wenn man zunächst die einfachen gelernt hat. Und so geht es weiter, Schritt für Schritt, bis wir ausgehend vom Einfachen hin zum Komplizierten einen insgesamt komplexen Stoff beherrschen.

So lernen wir in der Schule und im Studium. Zuvor jedoch ist die Sache anders: Wir kommen auf die Welt und sind verschiedensten Reizen ausgesetzt, deren Struktur und Statistik („innere Logik“) von ganz einfach bis ganz kompliziert reicht. Die Tatsache, dass sich das Gehirn entwickelt und zunächst nur einfache Strukturen überhaupt verarbeiten kann, stellt sicher, dass es zunächst auch nur Einfaches lernt. (Erinnern wir uns: Verarbeiten ist immer auch Lernen). Am Beispiel der Sprachentwicklung sei dieser Gedanke etwas genauer ausgeführt.

Untersuchungen dazu, wie Erwachsene mit Babys und Kleinkindern sprechen, konnten zwar zeigen, dass wir uns einerseits auf den kleinen „Gesprächspartner“ etwas einstellen, dass dies jedoch nicht sehr weit geht. Wenn wir mit Babys reden, verwenden wir Lautmalerei und eine übertriebene Sprachmelodie (wir sprechen modulierter und höher; vergleiche Spitzer, 2002), aber schon mit Kleinkindern reden wir fast wie mit Erwachsenen. Wir gehen keinesfalls wie ein Lehrer im Sprachunterricht systematisch vor. Während des Spracherwerbs ist ein Kind damit einer sprachlichen Umgebung ausgesetzt, die wenig oder gar keine Rücksicht auf seine jeweiligen Lernbedürfnisse nimmt. Wären Kinder auf eine lerngerechte Reihenfolge sprachlicher Erfahrungen angewiesen, so hätte wahrscheinlich keiner von uns je Sprechen gelernt. Warum haben wir dann trotzdem das Sprechen gelernt, ganz ohne einen den Stoff systematisch darbietenden Lehrer?

Die Antwort auf diese Frage besteht darin, dass der Lehrer durch die Gehirnreifung ersetzt wird. Noch einmal: Das Problem beim Erlernen komplizierter Strukturen wie beispielsweise der Grammatik besteht darin, dass man sicherstellen muss, dass zunächst einfache Strukturen gelernt werden, dann etwas komplexere und dann noch komplexere. Andernfalls würde gar nichts gelernt, wie man nicht nur aus der Schule weiß, sondern auch durch Simulationen lernender Netzwerke nachweisen konnte (vergleiche die ausführliche Darstellung in: Spitzer, 1996). Kleine, einfache neuronale Netzwerke können nur einfache Strukturen in sich repräsentieren; große, komplexe Netzwerke dagegen auch komplizierte. Ist ein kleines Netzwerk mit einer komplizierten Struktur konfrontiert, dann geht es ihm wie einem mit Integralrechnung konfrontierten Erstklässler: Es wird einfach gar nichts gelernt.

Stellen wir uns nun vor, der Erstklässler erhielte im Wechsel jeweils eine Stunde Integralrechnung und dann wieder eine Stunde das kleine Einmaleins. Dann würde er eben das kleine Einmaleins lernen, wahrscheinlich langsamer (denn in jeder zweiten Stunde ist alles so durcheinander), aber eben doch. Ganz allgemein gilt: Wird ein einfaches System mit komplexem Input konfrontiert, so bemerkt es diese Komplexität gar nicht, sondern behandelt den Input, als wäre er völlig zufällig. Gelernt wird unter solchen Umständen – nichts.

Wenn wir mit einem Kind sprechen, dann liefern wir ihm letztlich eine Spracherfahrung, die etwa so aussieht wie der oben dargestellte, etwas eigenartige Mathematikunterricht aus Integralrechnung und Einmaleins. Wir benutzen Zweiwortsätze und Zehnwortsätze, Aussagesätze von „Subjekt-Prädikat-Objekt"-Struktur und Schachtelsätze beliebig komplexer Struktur, kurz: Einfaches und Kompliziertes. Das Kleinkind bekommt davon genau dasjenige mit, was es verarbeiten kann. Alles andere rauscht an ihm vorbei (was man sehr wörtlich nehmen kann: Im statistischen Sinne ist hohe Komplexität für ein kleines System nichts als strukturloses Rauschen). Da gelernt wird, was verarbeitet wird, lernt das Kleinkind zunächst einfache sprachliche Strukturen. Noch einmal: Dies geschieht nicht, weil ihm zuerst einfache Strukturen beigebracht werden, sondern weil es zunächst nur einfache Strukturen verarbeiten kann. Es sucht sich dadurch automatisch aus dem variantenreichen Input heraus, was es lernen kann.

Hat es erst einmal einfache Strukturen gelernt und reift es danach zu etwas mehr Verarbeitungskapazität heran, dann wird es neben diesen einfachen Strukturen zusätzlich etwas komplexere Strukturen als solche auch erkennen, verarbeiten und daher auch lernen. Da nach wie vor auch einfache Strukturen im Input vorhanden sind, verarbeitet und weiter gelernt werden, kommt es nicht zu deren Vergessen. Es wird vielmehr das Komplexere hinzugelernt und das Einfache gerade nicht vergessen, sondern behalten. So lernt ein Kind zunächst die Frequenzen des akustischen Inputs, bildet Frequenzkarten aus, dann Karten von zeitlich wechselnden Frequenzmustern (Lauten), dann Zusammenfassungen von Lauten (Silben und Wörter), und dann werden Strukturen, die in diesen Lautmustern stecken, bemerkt und gelernt – auf jeweils höheren Schichten.

Die Tatsache der Reifung während des Lernens ist damit nicht hinderlich, sondern überaus sinnvoll: Gerade weil das Gehirn reift und gleichzeitig lernt, ist gewährleistet, dass es in der richtigen Reihenfolge lernt. Dies wiederum gewährleistet, dass es überhaupt komplexe Zusammenhänge lernen kann und auch lernt. Hieraus wiederum ergibt sich, dass nur dann, wenn das Gehirn lernt, während es sich entwickelt, überhaupt komplexe Informationsverarbeitung gelernt werden kann. Mit anderen Worten: Hätten Sie das Gehirn, das Sie jetzt haben, bereits bei Ihrer Geburt gehabt, hätten Sie wahrscheinlich nie sprechen gelernt! Die Tatsache, dass unser Gehirn bei der Geburt noch wenig entwickelt ist, erscheint damit aus informationstheoretischer Sicht in einem völlig neuen Licht. Die Gehirnentwicklung nach der Geburt ist kein Mangel, sondern eine notwendige Bedingung höherer geistiger Leistungen. „It's not a bug, it's a feature", wie die Ingenieure sagen würden.

Fassen wir zunächst zusammen: Das Gehirn des Säuglings ist noch sehr unausgereift. Die beim Menschen im Gegensatz zu anderen Arten daher so auffällige Nachreifung des Gehirns nach der Geburt betrifft insbesondere den frontalen Kortex, in dem bekanntermaßen die höchsten geistigen Fähigkeiten des Menschen (komplexe Strukturen, abstrakte Regeln) repräsentiert sind. Der frontale Kortex ist in die Informationsverarbeitung anderer Hirnteile auf ganz bestimmte Weise eingebunden. Er hat deren Output zum Input und bildet auf diese Weise interne Regelhaftigkeiten der neuronalen Aktivität einfacherer Areale noch einmal im Gehirn ab. Zugleich bildet er das Arbeitsgedächtnis. In ihm ist Information repräsentiert, die unmittelbar relevant ist für das, was jetzt und hier geschieht. Er kann sehr rasch auf Veränderungen reagieren, indem er von Augenblick zu Augenblick neue Erwartungen bildet und diese mit dem, was geschieht, vergleicht.

Erst im Schulalter werden die verbindenden Fasern vollständig myelinisiert und damit wird dieser Hirnteil vollständig in die zerebrale Informationsverarbeitung integriert. Hierdurch wird verständlich, warum es den sogenannten Wolfskindern, die ihre Kindheit ohne Sprache verbringen und von denen es leider bis heute immer wieder Beispiele gibt, zeitlebens nicht gelingt, richtig sprechen zu lernen. Es scheint somit im Hinblick auf die Sprachentwicklung eine kritische Periode zu geben, während der sie durch Auseinandersetzung mit und Verarbeitung von Sprachinput erfolgen muss. Geschieht dies bis zum etwa zwölften oder dreizehnten Lebensjahr nicht, kann Sprache nie mehr vollends gelernt werden.

Die beschriebenen Zusammenhänge zwischen Gehirnreifung und Lernen gelten keineswegs nur für den Bereich der Sprachentwicklung. Vielmehr ist der Erwerb jeder komplexen Fähigkeit mit großer Wahrscheinlichkeit abhängig vom Wechselspiel von Entwicklung (Gehirnreifung) und Lernen. Wir hatten bereits darauf hingewiesen, dass Sprache nicht isoliert von der alltäglichen Lebenswelt gelernt wird, sondern vielmehr in und mit ihr. Andere komplexe Strukturen in dieser Welt, wie beispielsweise soziale Beziehungen, Verhältnisse in der Welt selbst (die Bereiche der uns umgebenden belebten und unbelebten Natur) oder komplexe Zusammenhänge in den Bereichen Kunst und Musik werden, wie die Sprache, von Kindern-in-Entwicklung gelernt. Ganz besonders wichtig werden diese Zusammenhänge bei der moralischen Entwicklung der Persönlichkeit. Werte lernen wir nicht durch Predigen, sondern durch Leben in einer Wertegemeinschaft! Daher müssen Kinder und Jugendliche die Gelegenheit erhalten, zu bewerten, zu entscheiden und zu handeln – im Rahmen vorgegebener Strukturen, nicht anders als bei der Sprachentwicklung. Sie brauchen hierzu Vorbilder und Möglichkeiten des Auslebens. Daher gilt das oben für das Spiel von Kindern Gesagte auch für Jugendliche: Sie lernen Werte und Tugenden durch Handeln, und nur so. Hierzu müssen sie aber die Gelegenheit haben, müssen also Grenzen gesetzt bekommen und Konflikten ausgesetzt sein und die Chance haben, richtig zu handeln, oder die Konsequenzen falschen Handelns erfahren.

Schlüsse

Man braucht nicht viel Fantasie, um sich die Konsequenzen der hier diskutierten Sachverhalte zu vergegenwärtigen:

1. Kinder sind verschieden. Das einzelne Individuum in seiner jeweiligen Besonderheit hat je seine eigene bestimmte Entwicklung und Lerngeschichte. Dies bedeutet, dass nicht alles für alle gleich gut ist. Gewiss, sich entwickelnde Gehirne sorgen in gewisser Weise selbst für geeigneten Input, aber durch Synchronisation von Reifung und angebotener Lernerfahrung ist im Einzelfall sicherlich noch viel zu verbessern, von Menschen mit spezifischen Behinderungen einmal gar nicht zu reden.
2. Aus dem Zusammenspiel von Reifung und Lernen lassen sich die sogenannten kritischen oder sensitiven Perioden mühelos ableiten. Mit diesem in der Entwicklungsneurobiologie sehr wichtigen Begriff werden Zeitabschnitte bezeichnet, in denen bestimmte Erfahrungen gemacht werden müssen, damit bestimmte Fertigkeiten bzw. Fähigkeiten erworben werden. Kommt es nicht dazu, werden diese Fertigkeiten bzw. Fähigkeiten

zeitlebens nicht mehr gelernt. Für die Persönlichkeitsentwicklung jedes Menschen ist es daher wichtig, dass er in einer Wertegemeinschaft aufwächst, die klare Spielregeln vorgibt (ebenso wie sie Sprachgemeinschaft eine klare Grammatik hat).

3. Die Wissenschaft der kognitiven Entwicklungsneurobiologie ist noch sehr jung. Bis vor wenigen Jahrzehnten herrschten Spekulation und Ideologie, wenn es darum ging, was Kinder sind, wozu sie in der Lage sind, und wie man mit ihnen umgehen sollte. Soweit diese Spekulationen und Ideologien in unser Erziehungssystem Eingang fanden, wirkten sie sich keineswegs immer günstig auf die Kinder aus. Dass die meisten Menschen dennoch ihre Kindheit mitsamt Erziehung und Schule halbwegs überstanden haben, liegt daran, dass Kinder erstaunlich robust sind. Sie suchen sich einfach selbst, was sie gerade am besten lernen können. Ihr sich entwickelndes Gehirn stellt einen eingebauten Lehrer dar.
4. Was Hänschen nicht lernt, lernt Hans nimmermehr. In neurobiologischer Hinsicht ist diese Volksweisheit längst eingeholt und auf vielfache Weise bestätigt!

Literatur

Chang, E. F; Merzenich, M. M. (2003): Environmental noise retards auditory cortical development. Science 300, 498–502

Flechsig, P. (1920): Anatomie des menschlichen Gehirns und Rückenmarks auf myelogenetischer Grundlage. Leipzig

Fuster, J. M. (1995): Memory in the cerebral cortex. Cambridge, MA

Gehlen, A. (1978): Der Mensch. Seine Natur und seine Stellung in der Welt. 12. Auflage. Wiesbaden

Gopnik A.; Melzoff, A. N.; Kuhl, P. K. (1999): The Scientist in the Crib: What Early Learning Tells Us About the Mind http://www.amazon.de/Scientist-Crib-Early-Learning-Tells/dp/0688177883/ref=sr_1_12?ie=UTF8&s=books-intl-de&qid=1258896845&sr=8-12. New York, NY

Spitzer, M. (1996): Geist im Netz. Heidelberg

Spitzer, M. (2002): Lernen. Gehirnforschung und die Schule des Lebens. Heidelberg

Spitzer, M. (2004): Vorsicht Bildschirm. Stuttgart

Sabina Pauen
Janna Pahnke

Entwicklungspsychologische Grundlagen für die Krippenerziehung

Vorgeburtliche Entwicklung

Wenn wir sagen, bestimmte Eigenschaften seien „angeboren", dann machen wir uns viel zu selten klar, dass „angeboren" nicht „genetisch festgelegt" bedeutet. Denn jedes Baby, das zum ersten Mal das Licht der Welt erblickt, hat in den neun Monaten, die es zuvor im Bauch seiner Mutter verbrachte, bereits vielfältige Erfahrungen gemacht. Schon mit der Verschmelzung von Samen und Eizelle hat dieser Prozess begonnen. So ist das befruchtete Ei – die Zygote – auf eine bestimmte Umgebung angewiesen, um sich überhaupt weiterentwickeln zu können. Hat die Mutter gerade einen Infekt, dann verhindert dies möglicherweise, dass sich das Ei in der Gebärmutter einnisten kann. Kommt es jedoch zur Einnistung, dann ist das Schicksal des sich nun entwickelnden Embryos auf Gedeih und Verderb mit dem der Schwangeren verknüpft. Wie es ihr geht, was sie zu sich nimmt, was ihr passiert – all das wird automatisch mit dem Kind geteilt. Weil dieses Teilen sich vornehmlich auf den Austausch von Hormonen und anderen chemischen Körperstoffen bezieht, ist uns oft nicht bewusst, dass es Umwelteinflüsse sind, die neben den Genen das Wachstum und die Reifung des Kindes prägen.

Gerade in den ersten Wochen der Schwangerschaft ist die embryonale Entwicklung besonders störanfällig. Oft weiß die Frau noch gar nicht, dass sie ein Baby erwartet, und schädigt den Embryo aus Unwissenheit. So ist heute allgemein bekannt, dass Alkohol und Drogenmissbrauch gerade in der Frühschwangerschaft zu körperlichen und psychischen Fehlentwicklungen führen, die sich später nicht rückgängig machen lassen.

Drogen sind aber nicht das Einzige, was einem Embryo schaden kann. Möglicherweise steht die Mutter unter großem Stress, weil sie verunsichert ist. Sie fragt sich: Welche Auswirkungen hat das Kind auf meine Partnerschaft und meinen beruflichen Weg? Sieht sie ihr Leben durch die Schwangerschaft massiv eingeschränkt oder muss sie sich zu große Sorgen um ihre Zukunft machen, und halten die Stresszustände, die daraus resultieren, über längere Zeit an, dann sind dies keine günstigen Rahmenbedingungen für die Entwicklung ihres Kindes. Die Perspektive guter Kinderbetreuungsmöglichkeiten nach der Entbindung kann die Sorgen der werdenden Mütter deutlich reduzieren und auf diesem Weg schon vor der Geburt des Kindes positive Auswirkungen auf dessen Entwicklung haben.

Tab. 1: Übersicht über die körperliche Entwicklung bis zum Fötus in der 9. Woche

Zeit	Wichtige körperliche Veränderung
Bis 4. Tag	Verschiedene Zellschichten bilden sich.
Bis 3. Woche	Herz, Adern und Blutzellen werden angelegt; Gehirnbildung beginnt.
Bis 4. Woche	Arme und Beine entstehen, das Verdauungssystem nimmt Form an; die Hauptschlagadern sind gebildet und die Nerven erkennbar.
Bis 5. Woche	Die Nabelschnur nimmt Gestalt an; die Bronchien entstehen; erste Muskelzellen bilden sich; die Hände beginnen zu wachsen; das Gesicht gewinnt an Struktur.
Bis 7. Woche	Der Kopf wächst besonders rasch; Augen und Nasenflügel und Außenohren werden sichtbar. Im Gehirn sind die drei Hauptbereiche (Stammhirn, Mittelhirn und Endhirn) unterscheidbar.
Bis 9. Woche	Das Geschlecht ist erkennbar.

Die Tabelle 1 gibt eine knappe Übersicht über die körperliche Entwicklung der ersten neun Wochen. In dieser Zeit werden sämtliche äußeren und inneren Körperteile anatomisch angelegt. Der Embryo reift zum Fötus. Wenn in dieser Phase etwas schiefläuft, sind die Auswirkungen schädigender Umwelteinflüsse besonders leicht äußerlich erkennbar. In der Zeit danach werden sämtliche bis dahin angelegten Strukturen weiterausdifferenziert. Auch wenn es jetzt nur noch unter Extrembedingungen zu äußerlich erkennbaren Anomalien kommen kann, bleibt die Reifung vieler wichtiger Funktionen (vor allem des Zentralnervensystems) weiterhin störanfällig.

Mit der zunehmenden Ausdifferenzierung körperlicher Strukturen werden die Handlungsmöglichkeiten des Fötus immer größer. Vor allem ab der 9. Woche nimmt das Hirnwachstum rasant zu, und es beginnt eine Phase, in der das werdende Kind motorisch sehr aktiv wird. Erste Spontanbewegungen sind nun beobachtbar. Damit ist gemeint, dass der Fötus von sich aus Bewegungen initiieren kann. Berührungen an den Händen und Füßen lösen komplexe Greifreaktionen aus. Schon bald turnt das Kind munter im Bauch, schlägt Purzelbäume und übt seine Körperkontrolle. Auch Selbststimulierung (z. B. Daumenlutschen) oder Schluck- und Atembewegungen gehören zu seinem Verhaltensrepertoire. Bis zum sechsten Monat kann die werdende Mutter diese vielfältigen Bewegungen regelmäßig wahrnehmen. Danach wird es allmählich enger für das Kind und die Spontanbewegungen lassen nach. Weil sich nun die höheren Gehirnregionen entwickeln, übernehmen diese zunehmend die Kontrolle. Diese Umorganisation sorgt dafür, dass sich das Kind allgemein ruhiger verhält.

Die Reifung der Großhirnrinde ist auch für die Entwicklung der Sinneswahrnehmungen mit entscheidend. Es genügt nämlich nicht, dass Augen, Ohren oder Nase gut gestaltet sind. Vielmehr müssen auch die Neurone, die die Informationen von den Sinnesorganen zum Gehirn leiten und die Gehirnzonen, die für deren Verarbeitung verantwortlich sind, ausgereift sein, damit die Wahrnehmung effektiv funktionieren kann.

Bis zum fünften Schwangerschaftsmonat besitzt der Fötus Berührungsempfindlichkeit am ganzen Körper. Er hat ein Gleichgewichtsgefühl entwickelt und kann hören. Auch Schmecken und Riechen sind bereits möglich. Nur der Sehsinn ist noch kaum entwickelt. Das Kind kann zwar schon Schwarz und Weiß unterscheiden, aber es erkennt vermutlich noch keine Farben oder Formen. Das Sehen bleibt bis zur Geburt unterentwickelt – ganz einfach deshalb, weil es im Mutterleib wenig zu sehen gibt. Zudem schließt das Kind ab dem siebten Monat seine Augenlider für die meiste Zeit, um die Hornhaut des Auges vor dem Fruchtwasser zu schützen. Ohne passenden Input aus der Wahrnehmung kann das visuelle System aber nicht reifen.

Ab dem sechsten Schwangerschaftsmonat kann man feststellen, dass der Fötus lernfähig ist. Löst ein vibrierender, brummender Reiz über der Bauchdecke zunächst eine Beschleunigung des Herzschlags und ein Zusammenzucken aus, so lässt diese Reaktion bei wiederholter Darbietung allmählich nach. Hat sich der Fötus einmal an das Vibrieren und Brummen gewöhnt, wird dieser Reiz auch am nächsten Tag keinen Schreck mehr auslösen – das Kind hat gelernt, dass von diesem Geräusch keine Gefahr droht. An diesem Beispiel kann man erkennen, dass bereits der Fötus Reize in seiner Umgebung wahrnimmt, auf sie reagiert und etwas über sie lernen kann. Vor diesem Hintergrund wird verständlich, weshalb „angeboren" nicht gleich „genetisch vorbestimmt" ist. Wenn das Kind geboren wird, hatte es bereits lange Zeit, etwas über die Welt zu lernen …

Motorisches Repertoire des Säuglings

Kommt das Kind nach neun Monaten zur Welt, ändert sich vieles auf einmal. Es spürt die Schwerkraft und die Weite des Raumes in völlig neuer Weise. Seine bis dahin bereits geübten motorischen Programme müssen an diese neue Umgebung angepasst werden. Eine Reihe von Reflexen hilft dabei.

Neben Reflexen, die es sein ganzes Leben lang begleiten werden, wie etwa der Schluck-, der Atem- und der Lidschlagreflex, gibt es eine ganze Reihe anderer Reflexe, die den aktiven Austausch mit der Umwelt in den ersten Lebenswochen bestimmen. So etwa der Greifreflex, der es dem Baby erlaubt, Dinge, die seine Handinnenflächen berühren, fest zu umschließen und nicht wieder loszulassen. Selbst die Füße machen eine ähnliche Greifbewegung, wenn die Fußsohlen berührt werden (Babinsky-Reflex). Diese Reflexe stammen noch aus unserer evolutionären Vergangenheit als „Tragling" und sollen sicherstellen, dass wir Körperkontakt halten können. Das gilt auch für den Moro-Reflex, einer Art Umarmungsbewegung, die das Neugeborene automatisch ausführt, wenn es plötzlich im Rücken den Halt verliert.

Andere Reflexe dienen der Sicherung der Nahrungsaufnahme, wie etwa der Wangensuchreflex, der immer dann ausgelöst wird, wenn etwas die Backe berührt. Diese Berührung führt dazu, dass das Kind den Mund öffnet und in die entsprechende Richtung dreht. Gelangt anschließend etwas in den Mund des Kindes, so sorgt der Saugreflex dafür, dass die Lippen sich darum schließen und das Baby an dem Gegenstand saugt. Das Saugen ist aber nicht nur für die Nahrungsaufnahme wichtig, sondern auch für die frühe Exploration von Objekten. Indem das Kind versucht, an allem zu saugen, das in seinen Mund gelangt, untersucht es die betreffenden Gegenstände auch mit der Zunge.

Weitere Reflexe, wie etwa der tonische Nackenreflex, der Schwimmreflex oder der Schreitreflex, bereiten spätere komplexe Bewegungsmuster vor. Sie verlieren sich nach einigen Monaten und werden dann durch andere Motorprogramme ersetzt, die vom Großhirn gesteuert sind und die sich erfahrungsabhängig entwickeln.

So wird zum Beispiel der Greifreflex im Alter von ca. drei Monaten allmählich vom willentlich gesteuerten Greifen abgelöst. Erst lernt das Kind, Objekte gezielt mit der ganzen Hand zu greifen und wieder loszulassen (Grapschgriff), dann lernt es, den Daumen und die restlichen vier Finger einer Hand getrennt zu bewegen (Zangengriff), bis es schließlich auch in der Lage ist, die Finger einzeln zu bewegen und z. B. kleine Gegenstände wie Haare oder Perlen zwischen Daumen und Zeigefinger zu nehmen (Pinzettengriff). Mit sechs bis sieben Monaten, wenn die visuelle Wahrnehmung bereits gut ausgebildet ist, beginnt das Kind, Objekte gezielt von einer in die andere Hand zu geben, zu drehen und zu wenden und in ihren Details mit den Fingern zu inspizieren. Jetzt verliert sich allmählich die Bedeutung des Mundes für die Erkundung von Objekten.

Auch die Grobmotorik entwickelt sich im ersten Lebensjahr: Zunächst lernt das Kind, seinen Kopf zu halten und zu heben, dann seinen Oberkörper auf dem Bauch liegend von der Auflage abzuheben, sich vom Bauch auf den Rücken zu rollen und umgekehrt, auf alle viere zu kommen, evtl. zu krabbeln, mit ca. sieben bis acht Monaten frei zu sitzen, sich irgendwann an Möbeln hochzuziehen, dann frei zu stehen und gegen Ende des ersten Lebensjahres schließlich die ersten eigenen Schritte zu gehen. Mit der Erweiterung dieser Fortbewegungsmöglichkeiten erweitert sich auch sein Erfahrungsspielraum und das Kind gewinnt zunehmend Kontrolle darüber, welchen Reizen es sich annähern will und welche es lieber vermeiden möchte.

Sinnesrepertoire des Säuglings

Wie die Ausführungen zur pränatalen Entwicklung nahelegen, kommen Babys mit einem gut funktionierenden Sinnessystem zur Welt. Wie genau sie die Welt erleben, können wir nicht wissen, aber auf der Basis zahlreicher Studien lässt sich vermuten, dass sie bei der Geburt in vollem Umfang schmerz- und berührungsempfindlich sind. Zwei weitere Sinne: Das Riechen und das Schmecken sind auch schon recht weit entwickelt – so weit, dass Säuglinge nach wenigen Tagen den Brustgeruch und die Milch ihrer leiblichen Mutter und den Geschmack ihrer Milch von dem anderer Frauen unterscheiden können. In den ersten Lebenswochen befinden sich sogar mehr Geschmacksrezeptoren im Mundraum als zu jedem späteren Zeitpunkt. Ein Teil von ihnen wird schon bald abgebaut. Das muss allerdings nicht bedeuten, dass die Geschmacks- und Geruchswahrnehmung im Verlaufe des ersten Lebensjahres schlechter wird, denn auch die Erfahrung spielt bei der Schulung der Sinne eine wesentliche Rolle. Diese Erfahrung nimmt mit dem Alter zu. So wird das Kind im Verlauf des ersten Lebensjahres allmählich mit einer Vielfalt von Gerüchen und Geschmäcken konfrontiert, die es ihm zunehmend besser erlauben, einzelne Komponenten in Mischungen wiederzuerkennen und viele Duftnoten sowie Geschmacksqualitäten zu unterscheiden.

Das Hören ist ab dem fünften Schwangerschaftsmonat möglich und differenziert sich ganz wesentlich in den verbleibenden Wochen aus. So kommt es, dass Föten schon sehr viel über die Stimme ihrer Mutter und ihre Muttersprache lernen, bevor sie geboren sind. Man weiß das aus Studien, die belegen, dass Neugeborene ihre Muttersprache gegenüber anderen Sprachen bevorzugen und sich sogar an Musikstücke und an den Wortlaut von Geschichten, die ihnen ihre Mütter während der Schwangerschaft regelmäßig vorgelesen haben, erinnern können. Natürlich verstehen sie nicht, was die Geschichte bedeutet, aber sie erkennen das Klangbild wieder. Ganz generell können sie auf- von absteigenden Tonfolgen unterscheiden und zwei- von dreisilbigen Worten unterscheiden. Sie achten bevorzugt auf komplexe Geräusche und mögen es sehr, wenn man sie mit einer stark betonten, melodiösen Stimme anspricht. Man nennt diese Form der Ansprache „Ammensprache". Die Stimme ihrer Mutter wirkt beruhigend auf sie. Interessanterweise kann das Neugeborene in mancher Hinsicht sogar mehr als wir: Es kann lauter beliebige Sprachen vom Hören her unterscheiden. Diese Sensibilität lässt im Verlauf des ersten halben Jahres nach und bleibt dann nur noch für die bevorzugt gehörten Sprachen erhalten.

Ab drei bis vier Monaten können Geräusche nach nur kurzer Darbietungszeit wiedererkannt werden. Das heißt nichts anderes, als dass das Kind nun in der Lage ist, vielfältige Geräusche zu unterscheiden und sich zu merken. Ab fünf Monaten können Kinder Emotionen in der Stimme vertrauter Personen erkennen. Zu dieser Beobachtung passt es, dass Kinder ab sieben Monaten sprachliche Äußerungen mit natürlichen Sprechpausen bevorzugen. Nun beginnen sie damit, den Wortfluss in unserem Sprechen zu unterteilen und einzelne Wörter darin zu unterscheiden. Ab neun Monaten hören sie Worte, die mit natürlicher Betonung ausgesprochen werden, lieber als Worte, die mit unnatürlicher Betonung ausgesprochen werden. Man kann also sagen, dass Neugeborene bereits ein fein differenziertes Gehör haben und biologisch besonders gut darauf vorbereitet sind, der menschlichen Stimme zu lauschen – und zwar einer Stimme, die sich direkt an sie wendet, die melodiös, liebevoll und nicht zu schnell spricht, damit das Kind lernen kann, Wörter und Satzteile im Sprachfluss zu unterscheiden.

Das Hören von Sprache findet gerade zu Beginn des Lebens in Interaktionen von Angesicht zu Angesicht statt. Folglich hört das Kind nicht nur etwas, sondern es kann dabei auch sehen, wer mit ihm spricht. Obwohl Neugeborene noch sehr unscharf sehen und sowohl Kontraste als auch Farben nicht besonders gut erkennen können, zeigen sie dennoch eine angeborene Bevorzugung für Gesichter. Bewegt sich dieses Gesicht synchron zu der Stimme, die das Kind hört, ist sein Anblick besonders interessant. Schon früh erkennt das Kind den Zusammenhang zwischen Hören und Sehen, wenn Bewegung im Spiel ist. Dinge machen Geräusche synchron zu ihrem Bewegungsmuster. Auch das Erkennen von Gefühlen in der Stimme wird durch den Anblick der Mimik eines Gegenübers erleichtert. Folglich können Babys bereits von ganz klein an Eindrücke aus unterschiedlichen Sinnesmodalitäten verknüpfen.

Neben Gesichtern interessieren das Neugeborene vor allem Kanten mit deutlichen Helligkeitskontrasten (z. B. einfache Schwarz-Weiß-Muster oder starke Farbkontraste). Anfangs klebt der Blick von Babys dabei förmlich an bestimmten Reizen und kann sich nicht leicht wieder lösen. Dieses Phänomen nennt man obligatorische Aufmerksamkeit. Dabei konzentriert sich das wenige Wochen alte Kind zunächst auf die Außenkonturen von Gegenständen und noch nicht auf interne Merkmale. Mit ca. zwei Monaten lernt der Säugling, auch interne Merkmale genau zu betrachten. Ab ca. drei bis vier Monaten tastet das Baby komplexe Gegenstände ganz systematisch mit den Augen ab. Dafür muss es in der Lage sein, beide Augen zu koordinieren und Dinge sicher zu fixieren.

Schielt ein Baby im ersten Lebensjahr länger als sechs Wochen, ohne dass dieses Problem behandelt wird, so kann seine räumliche Wahrnehmungsentwicklung dadurch langfristig gestört werden. Das liegt ganz einfach daran, dass das Gehirn in dieser frühen Phase der Entwicklung überhaupt erst lernt, die Informationen beider Augen zu koordinieren. Dabei handelt es sich um eine sogenannte „sensible Phase". Gelingt die Koordination beider Augen nicht (z. B. weil das Kind schielt oder ein Auge einen Sehfehler hat), dann können sich die Strukturen im Gehirn, die für die Verarbeitung räumlicher Information aus beiden Augen verantwortlich sind, nicht normal entwickeln und dieses Manko lässt sich später nicht mehr beheben. Es ist daher von größter Bedeutung, Schielprobleme bei Säuglingen – sofern sie länger als einen Monat erkennbar sind – behandeln zu lassen!

Neben zweiäugigen Hinweisreizen auf räumliche Tiefe gibt es noch eine ganze Reihe weiterer räumlicher Hinweisreize (z. B. die lineare Perspektive), die mit nur einem Auge wahrgenommen werden können. Diese Reize lernen Säuglinge ebenfalls im ersten halben Jahr zu nutzen, sodass ihre visuelle räumliche Wahrnehmungsentwicklung mit etwa sieben bis acht Monaten weitgehend abgeschlossen ist. Dass sie vorher noch Probleme haben, Entfernungen richtig abzuschätzen, merkt man zum Beispiel daran, dass das Greifen von Gegenständen noch nicht richtig gelingt. Das hat vor allem Gründe, die in der noch fehlenden motorischen Reife liegen, hängt aber auch mit von der Sehwahrnehmung ab. Ferner gilt es zu bedenken, dass das Wissen über räumliche Strukturen und die Abschätzung von Entfernungen außerhalb der eigenen Reichweite sich noch deutlich verbessern, wenn das Kind beginnt, sich selbstständig im Raum zu bewegen.

Ein weiterer interessanter Aspekt, der eng mit der räumlichen Wahrnehmung zusammenhängt, ist die Bewegungswahrnehmung. Von Geburt an reagieren Kinder mit besonderem Interesse auf bewegte Reize. Vor allem, wenn sich diese am Rande des Sehfeldes befinden. Die Wahrnehmung solcher Reize wird zunächst vom Stammhirn gesteuert. Automatische Reaktionsprogramme sorgen dafür, dass das Kind die Augen und den Kopf in Richtung der bewegten Reize orientiert. Beim Verfolgen von bewegten Gegenständen mit den Augen fällt zunächst auf, dass der Blick des Kindes der Bewegung etwas hinterher hinkt und ihr ruckartig folgt. Ab dem zweiten Lebensmonat wird diese Blickfolgebewegung kontinuierlicher und ab dem dritten Lebensmonat findet sich verstärkt auch das sogenannte antizipatorische Schauen. Damit ist gemeint, dass das Kind vorhersagen kann, in welche Richtung und mit welcher Geschwindigkeit sich ein Objekt bewegt und unter Umständen schon mit dem Blick vorauseilt.

Ganz allgemein wird das Kind zunehmend sicherer in der Fixierung, dem Abtasten und dem Verfolgen von Objekten mit beiden Augen. Es lernt dabei immer besser, Ähnlichkeiten und Unterschiede zwischen Gegenständen und Ereignissen zu erkennen. Ab ca. sieben bis acht Monaten ist die visuelle Wahrnehmung des Kindes weitgehend ausgereift, und es nimmt seine Umwelt in ähnlicher Weise wahr wie ein Erwachsener. In jedem Moment, in dem ein Säugling mit offenen Augen und Ohren die Welt wahrnimmt, lernt er etwas über die Struktur von Objekten und Ereignissen. Er verarbeitet, was er sieht und hört, und er ordnet seine Erfahrungen. Das Denken beginnt lange vor der Sprache …

Das Denken des Säuglings

Es wurde bereits erwähnt, dass Föten ab dem fünften Schwangerschaftsmonat nachweisbar lernfähig sind. Unmittelbar nach der Geburt sind die

Möglichkeiten, mit der Umwelt gezielt in Kontakt zu treten, jedoch noch begrenzt. Aus diesem Grund hat man lange gedacht, der Säugling könne noch gar nicht denken. Das hängt unter anderem damit zusammen, dass Piaget, ein bedeutender Entwicklungspsychologe der dreißiger Jahre, dessen Theorie bis heute sehr einflussreich ist, die Vorstellung vertrat, das Denken sei „verinnerlichtes Handeln". Das würde bedeuten, dass das Kind nur denken kann, was es zuvor handelnd begriffen hat. Weil es aber motorisch noch recht unbeholfen ist, kann man leicht den Fehlschluss ziehen, dass sein Denkvermögen zunächst sehr beschränkt sein muss. Heute wissen wir es besser. Das liegt vor allem daran, dass es inzwischen neue Methoden gibt, das vorsprachliche Denken zu untersuchen. Der vorliegende Beitrag ist zu kurz, um genauer zu erklären, wie Entwicklungspsychologen zu bestimmten Schlüssen kommen. Wer sich für die Methoden der Säuglingsforschung interessiert, kann mehr darüber im Buch „Was Babys denken" (Pauen, 2004) erfahren. Die folgende Darstellung beschränkt sich auf eine Zusammenfassung der wichtigsten Erkenntnisse der letzten vierzig Jahre: So spricht einiges dafür, dass Kinder nicht nur mit angeborenen Motorikprogrammen zur Welt kommen, sondern auch schon über Kernwissen in bestimmten Wissensdomänen verfügen. Dazu zählt man unter anderem die Physik, die Psychologie und die Mathematik.

Im Bereich der Mathematik bezieht sich dieses Kernwissen auf ganz simple Einsichten wie etwa diese: Wenn man von einem Stoff etwas zu einer Menge dazutut, wird die Menge größer, und wenn man etwas wegnimmt, wird sie kleiner. Ferner scheinen Babys (wie übrigens auch Affen) Mengen, die aus bis zu vier unterscheidbaren Elementen bestehen, ohne Abzählen auf einen Blick erfassen zu können. Sie erkennen, wenn ein Element entfernt oder dazugefügt wurde. Sie können sogar erkennen, dass vier getrennte Töne einer Menge von vier abgebildeten Punkten entsprechen und umgekehrt. Dieses rudimentäre mathematische Wissen dient dem Menschen vermutlich als Ausgangspunkt für die spätere Entwicklung der Fähigkeit, zu zählen, zu messen und Mengen in eine Rangordnung zu bringen.

Physikalisches Kernwissen bezieht sich auf grundlegende Annahmen wie etwa folgende: Unbelebte Gegenstände bewegen sich nur dann, wenn sie durch eine Kraft in Bewegung versetzt werden. Oder auf das Wissen darum, dass ein bestimmter Gegenstand niemals den Raum einnehmen kann, den schon ein anderer Gegenstand einnimmt. Auch die Einsicht, dass unbelebte Objekte, die keinen Kontakt zu einem anderen Objekt haben, zu Boden fallen, könnte laut neuerer Forschungsbefunde angeboren sein.

Anders als physikalisches Kernwissen bezieht sich das psychologische Kernwissen auf Lebewesen. Im Unterschied zu anderen Objekten sind Lebewesen durchaus in der Lage, sich von alleine (ohne Einwirken fremder Kräfte) zu bewegen. Darüber hinaus ist ihr Verhalten normalerweise zielgerichtet und sie sind in der Lage, mit anderen Lebewesen zu kommunizieren. Diese Eigenschaften des Verhaltens von Lebewesen scheinen tief in unserem Denken verankert zu sein und können bereits bei Säuglingen, die erst ein halbes Jahr alt sind, nachgewiesen werden.

Die oben stehende Liste von Beispielen für Kernwissen im Säuglingsalter ist nicht vollständig, sie macht aber bereits deutlich, dass Babys Informationen aus ihrer Umwelt schon im ersten Lebensjahr auf komplexe Weise verarbeiten. Besondere Bedeutung kommt in diesem Zusammenhang der Unterscheidung zwischen Lebewesen und unbelebten Objekten zu, die sehr früh nachweisbar ist. Babys lernen nicht nur durch eigenes Handeln, sondern auch durch Beobachtung und Imitation. Überraschenderweise scheinen sie bereits im zarten Alter von sieben Monaten (oder sogar früher) über die Ursache von Bewegung und Verhalten von Objekten nachzudenken und bemerken rasch, dass sie für die Erklärung unbelebter Gegenstände andere Erklärungsmuster brauchen als für die Erklärung des Verhaltens von Lebewesen. Dass sie überhaupt über Kausalität nachdenken, belegt, dass Babys neue Erfahrungen nicht einfach blind sammeln, sondern von Anfang an bemüht sind, sie zu sortieren und einander zuzuordnen – immer mit dem Ziel, zu erkennen, wo die Ordnung in der Welt liegt: Was ist ähnlich und was ist verschieden? Wie kann ich vorhersagen, was als Nächstes passiert? Dieses Wissen schafft die Voraussetzung dafür, sich erfolgreich einzumischen, sobald dies motorisch möglich ist. Die treibende Kraft ist dabei das Motiv, die Umwelt (ob die physikalische oder die psychologische) so zu beeinflussen, dass die eigenen Interessen gewahrt bleiben.

Fazit

Am Ende des ersten Lebensjahres hat das normal entwickelte Kind gelernt, mit seinen Händen Objekte zu manipulieren, seine Aufmerksamkeit gezielt auf bestimmte Dinge zu lenken, seine Umwelt differenziert mit allen Sinnen wahrzunehmen, sich selbstständig im Raum zu bewegen und dabei Regelhaftigkeiten in seiner Umwelt zu entdecken. Es beginnt, sich sprachlich mit anderen zu verständigen, und erweitert sein Wissen in raschem Tempo. Alle diese großartigen Entwicklungsschritte haben in nur wenigen Monaten stattgefunden. Sie sind das Produkt von Reifung und Erfahrung. Die wichtigste Aufgabe von Erwachsenen, die mit der Betreuung eines Kindes im betreffenden Alter zu tun haben, besteht darin, den Blick für dieses Wunder zu schärfen und im Einzelfall genau zu verfolgen, was gerade dran ist. Wem dies gelingt, der wird auch Wege finden, eine Umgebung zu schaffen, die dem Kind hilft, seinen nächsten Entwicklungsschritt erfolgreich zu meistern.

Literatur

Pauen, S. (2006): Was Babys denken. Eine Geschichte des ersten Lebensjahres. München

Nathanielsz, P. W. (1996): Life before birth. The challenges of fetal development. New York

Bremner, G., Slater, A., & Butterworth, G. (1997): Infant Development. Recent Advances. Hove

Mehler, J. & Dupoux, E. (1994): What infants know. Cambridge, MA

Muir, D. & Slater, A. (2000): Infant Development. The essential readings. Oxford, UK

Fogel, A. (1997). Infancy: Infant, Family, and Society. Minneapolis

Hellgard Rauh

Entwicklungspsychologische Grundlagen II: Das Kleinstkind

Das Alter zwischen etwa einem Jahr und drei Jahren, das eigentliche „Krippenalter", ist entwicklungspsychologisch eine besonders spannende Zeit: Das Kind wird seiner selbst bewusst; es interessiert sich zunehmend für andere Kinder; es will lernen und dazugehören. Ansätze persönlicher Besonderheiten machen sich zunehmend bemerkbar, etwa Temperamentsmerkmale oder auch geschlechtsspezifische Besonderheiten. Die Erwachsenen greifen stärker erziehend in die Entwicklung des Kindes ein und das Kind wird zu einem aktiven Mitglied seiner sozialen und kulturellen Gruppe.

Dennoch ist dieser Altersabschnitt noch nicht besonders intensiv erforscht. Er scheint für viele Entwicklungspsychologen eine Art Übergangszeit zu sein: Das Kind ist nicht mehr Säugling, aber auch noch nicht das doch schon einigermaßen sprachmächtige Kindergartenkind. Vor allem die Sprachentwicklungsforscher haben sich mit dieser Altersgruppe befasst, aber auch sie meist in zwar intensiven, aber doch zahlenmäßig sehr kleinen Fallstudien. Erst allmählich wird erkannt, wie bedeutsam und spannend dieser Lebensabschnitt ist. Dazu trägt auch der Umstand bei, dass man dank des Krippenausbaus etwas leichter als früher eine größere Anzahl von Kindern dieses Alters an einem Ort finden und beobachten kann. Außerdem steigt das gesellschaftliche Interesse an dieser Altersgruppe.

Die sozial-kognitive Revolution nach acht bis neun Monaten

Das zweite Lebensjahr wird durch eine Reihe auffallender Entwicklungsmeilensteine eingeleitet: Das Kind kann nun aufrecht gehen (etwa mit 14–15 Monaten); es spricht seine ersten Wörter (mit etwa zwölf Monaten) und zeigt mit dem Finger auf Dinge, die es benannt haben, auf die es die Aufmerksamkeit der Erwachsenen lenken möchte; es zeigt ein ausgeprägtes Bindungsverhalten an seine Hauptbezugsperson(en) und intensiven Kummer bei Trennungen. Diese neuen Verhaltensweisen sind so markant, dass sie auch unter den Eltern ausgetauscht und verglichen werden oder dem Kinderarzt erste Hinweise geben, ob das Kind sich im Großen und Ganzen im erwarteten Tempo entwickelt.

Für Entwicklungspsychologen findet die großartige Veränderung, die das Kleinstkindalter vorbereitet, schon einige Monate vorher statt, und zwar irgendwann zwischen dem sechsten und siebten und dem achten und neunten Monat; manche nennen es sogar eine Revolution. Das Kind scheint erste „Bedeutungen" zu erfassen. Während es sich vorher entweder mit einem Gegenstand befasst oder mit einem Menschen interagiert hat, bezieht es nun den Gegenstand in die Interaktion ein. Es übt sich darin, herauszufinden, auf was die Aufmerksamkeit des Partners gerichtet ist, es folgt aktiv dessen Blickrichtung. Bald beginnt es auch, aktiv die Aufmerksamkeit des anderen zu lenken, etwa auf einen Gegenstand, den es erlangen möchte, aber auch – und das im Unterschied zu den Primaten – auf einen Gegenstand, den es einfach nur interessant findet, oder, etwa mit einem Jahr, auf eine eigene Tätigkeit, über die es stolz ist oder die es lustig findet. Dies wird als „deklaratives", also beschreibendes oder kommentierendes Verhalten bezeichnet, als ein Vorläufer für das spätere Erzählen. Manche Forscher sagen, dass diese Deutung nur möglich sei, wenn man annehme, dass das Kind in diesem Alter bereits ein rudimentäres und intuitives „Verständnis" davon hat, dass der andere anders ist als es selbst, also ein anderes Wissen und einen anderen Aufmerksamkeitsfokus hat. Dieses „Verständnis" ist aber, wenn überhaupt vorhanden, wirklich nur rudimentär.

Die Kinder scheinen zunehmend eine physikalisch organisierte Welt von einer psychologisch organisierten zu unterscheiden, also zu erkennen, ob etwas nach den Regeln der Physik passiert oder ob eine Handlung mit einer Absicht und einem Handlungsziel erfolgt. Sie können nicht nur im Gesichtsausdruck der Eltern die wichtigsten Gefühle unterscheiden, sondern schauen rückversichernd in das Gesicht der Eltern, wenn sie wissen wollen, ob die Handlung, die sie ausführen wollen, sicher und in Ordnung oder etwa gefährlich ist (zum Beispiel beim Erklettern einer Treppe). Um die Mitte des zweiten Lebensjahres können sie diese Fähigkeit spielerisch zu herausfordernden „Nein-Spielen" ausgestalten.

Das Alter um acht Monate ist auch bekannt durch die „Acht-Monats-Angst" oder das Fremdeln, das die meisten Kinder in diesem Alter mehr oder minder ausgeprägt zeigen, d. h. eine deutliche Furchtreaktion, wenn eine fremde Person sich ihnen rasch und möglicherweise eingreifend nähert. Die wahrscheinlichsten Erklärungen für dieses Phänomen besagen, dass die Kinder nun schon ihre soziale Welt in vertraute und nicht vertraute Personen ordnen; mit vertrauten können sie schon recht differenziert umgehen, aber bei nicht vertrauten sind sie in ihrem Verhaltensrepertoire blockiert. Überlässt man bei der Annäherung dem Kind die Initiative, so kann man das Fremdeln gut vermeiden.

Schließlich, etwa mit zehn Monaten, beginnen die Kinder zu ahnen oder zu begreifen, dass auch sie selbst ein „Objekt" in einem Raum sind, und dass es auch hinter ihrem Rücken noch „Raum" gibt. Ihre Krabbelerfahrungen sichern diese Erkenntnisse ab. Andererseits kann man sich die möglichen Gefühle von Kindern vorstellen, die jünger als zehn oder zwölf Monate sind und im Kinderwagen in Fahrtrichtung – also ohne „Rückblick" auf die Sicherheit gebenden Eltern – durch für sie unkontrollierbaren Verkehr geschoben werden.

Sich selbst als Objekt im Raum zu erkennen, hilft auch, sich in den Aufmerksamkeitsfokus des Erwachsenen zu bringen. Die Kinder reagieren nun deutlich darauf, wenn sie beachtet – oder gar nachgeahmt – werden, und es macht ihnen bald auch Freude, mit dieser Beachtung zu spielen. Aber erst im Alter um etwa 18 Monaten begreifen sie, dass die Person, die ihnen im Spiegel gegenübersteht, sie selbst sind, wenn auch nur als Abbild. Nun können sie auch auf sich selbst schauen, sich selbst bewerten und „positive" Bewertungen der eigenen Person bei den anderen herausfordern.

Um die zehn Monate herum funktionieren auch die ersten kleinen Versteck- und Findespiele: Das Kind deckt den Gegenstand auf, den man vor seinen Augen mit einem Tuch o.ä. verborgen hat, findet diesen mit Begeisterung und übt diesen Vorgang immer wieder („Objektpermanenz"). Aber erst nach Ende des ersten Lebensjahres funktioniert der „Trick" nicht mehr, dass man ein Kind von einem begehrten, aber nicht erlaubten Gegenstand einfach abwendet, um das „Problem“ zu lösen. Die „Objektpermanenz“ wird von Piaget auch als ein wichtiger Einstieg in das Erfassen von Bedeutungen und von objektbezogenen Vorstellungen angesehen: Der Gegenstand ist nun für das Kind immer noch „da“ (weil ja in seiner Vorstellung), obgleich es ihn nicht mehr sieht.

Die Entwicklung des sozial-emotionalen Bindungsverhaltens wird u.a. auch mit dieser Fähigkeit zur Objektpermanenz in Beziehung gebracht: Eine überdauernde Beziehung erfordert, dass man sich die Beziehungsperson innerlich vorstellt, und zwar nicht nur als Person, sondern als eine besondere Person, die einen schützt, umsorgt etc. Wenn diese Person das Kind an einem für es selbst nicht überschaubaren Ort verlässt, wird seine Vorstellung von dieser Person und ihrer Verlässlichkeit stark strapaziert. Das Kind ist nicht nur traurig oder enttäuscht, sondern entwickelt Trennungsangst. Mit ihr kann es nur umgehen, wenn es diese Person in seiner Vorstellung als ganz besonders vertrauenswürdig und verlässlich verinnerlicht hat, also eine sichere Bindung entwickelt hat. Die Entwicklung nicht nur einer engen Beziehung, sondern auch einer inneren Vorstellung von der Bezugsperson als verlässlich hat ihren Höhepunkt nach etwa zwölf bis 15 Monaten. Daher kann es für alle Beteiligten ganz besonders schmerzlich sein, wenn der Krippeneintritt in diese sensible Zeit fällt. Dann muss die Eingewöhnung ganz besonders feinfühlig gestaltet werden. Bindungsverhalten ist offensichtlich evolutionär gestützt und bewahrt das noch unreife, aber schon erkundende und lokomotorisch aktive (krabbelnde, laufende) Kind davor, sich zu weit zu entfernen („psychisches Gummiband“). Aber nicht nur das Kind ist an seine Eltern gebunden; es hat meist auch umgekehrt ein recht differenziertes Repertoire an Verhaltensweisen, um die ihm wichtigsten Erwachsenen an sich zu binden. Aus seinen Vorstellungen von seinen Bezugspersonen und dann auch von weiteren Personen entwickelt das Kind mit der Zeit sein soziales Weltbild. Dieses kann dann, beeinflusst und verändert durch die weiteren Lebenserfahrungen, sein Verhalten bei neuen Kontaktaufnahmen wesentlich beeinflussen.

Entwicklung einer Vorstellungswelt

Der eigentliche Schritt zur Entwicklung einer Vorstellungswelt – oder von Vorstellungswelten – geschieht im Laufe des zweiten Lebensjahres. Mit den ersten Wörtern und beschreibenden Gesten beginnen die Kinder, reale Objekte und Handlungen durch Symbole auszudrücken. Besonders deutlich zeigt sich das im beginnenden Symbolspiel, wenn das Kind aus einer Puppentasse trinkt, als sei Kakao darin, wenn es in Puppen und Teddybären u.ä. Lebewesen sieht oder „quasi“ Menschen, die es füttert, kämmt, zu Bett bringt. Auch Kritzeleien können ein Objekt repräsentieren. Solche Symbole stehen noch zwischen dem realen Gegenstand und der Vorstellung. Die reine Vorstellung braucht meist nicht mehr den Anker in einem realen Gegenstand. Im dritten Lebensjahr hören die Kinder daher bei Geschichten zu, auch ohne sie bis ins Detail im Bild zu sehen. Diese inneren Vorstellungen eröffnen dem Kind eine ganz neue Welt, eine Welt mit viel mehr Freiheitsgraden, als die reale Welt sie hat: In der Vorstellung kann man an den Ausgangspunkt einer bereits vollzogenen Handlung zurückkehren und sie neu ablaufen lassen (etwa eine Vase, die vom Tisch gefallen ist und kaputt ging, kann wieder heil auf dem Tisch stehen). Für das Kind ist es zunächst schwierig, diese Vorstellungswelt von der realen Welt genau zu unterscheiden. Im Spiel hat es sie weitgehend unter seiner Kontrolle, aber z.B. nicht beim Träumen. Daher können Kinder nun vermehrt von ihren Träumen erschreckt aufwachen. „Schlafen-geh“-Rituale helfen auch hier dem Kind, mehr Sicherheit zu gewinnen. Im Kinderspiel und in der Sprache kann das Kind seine neue Vorstellungswelt, teils rein vorstellend, teils mit realen Repräsentationen, ausleben.

Diese neuen Möglichkeiten sind aber, wie beim Träumen, mit Gefahren und Ängsten verbunden. Das Kind benötigt daher für diese neue Welt Ordnungen und Regeln. Diese bieten ihm zum einen die Sprache mit ihren Begriffen und Kategorien und, im weiteren Verlauf der Entwicklung bis in das Jugendalter, die Regeln des logischen Denkens. Das Kind bringt zwar die Bereitschaft und Grundfähigkeit mit, solche Regelhaftigkeiten und Regeln zu entwickeln; eine wesentliche Hilfe ist ihm dabei aber die Kommunikation und das gemeinsame Handeln und Spielen mit den Erwachsenen. Die begriffliche Welt des Kindes ist, im Sinne der Theorie von Vygotsky, auch eine „Ko-Konstruktion“, eine stark durch die jeweilige Kultur geprägte gemeinsame Erarbeitung einer miteinander geteilten Vorstellungswelt. Beim Kleinstkind sind hier sicherlich die Erwachsenen und die großen Kinder die besten Interaktionspartner. Bei den größeren Kindern kann auch das gemeinsame Entdecken und Ordnen unter Gleichaltrigen nicht nur Freude, sondern darüber hinaus Sicherheit und Freundschaft bringen.

Auf der nun neuen Vorstellungsebene wird aber nicht nur die dingliche also gegenständliche Welt repräsentiert, sondern ganz besonders auch die soziale Welt mit ihren Beziehungen und Gefühlen. Die Erkundung dieser neuen Möglichkeiten lebt das Kind ab etwa zwei Jahren im Rollenspiel direkt aus: Es spielt die Rollen selbst oder mit Repräsentanten (z.B. Puppen) oder mit realen Spielkameraden oder sogar mit einem eingebildeten Spielkameraden. Auch hier ist seine Rollenidentifikation mitunter so lebhaft, dass sie von der Realität wenig zu unterscheiden ist. Schon mit Beginn des zweiten Lebensjahres nimmt die Nachahmungsaktivität des Kindes zu. Vorher verwendet es eher einfache Nachahmungshandlungen und unmittelbare Nachahmungen, um anzuzeigen, dass es jemanden wiedererkennt. Nachahmung hilft ihm, Handlungen zu verstehen. Im zweiten Lebensjahr ahmen Kinder nicht nur die Tätigkeiten Erwachsener nach, sondern auch die anderer Kinder. Durch „gleiches Tun" signalisieren sie mit einem „ich wie du" oder „du wie ich" ihren Wunsch, dazuzugehören. Es ist eher Dabeisein und Mitmachen als wirklich differenziertes gemeinsames Spiel, was die Spielhandlungen des Kleinstkindes charakterisiert. Lange Zeit hat man Kindern unter drei Jahren unterstellt, dass sie nur über das Interesse am gleichen Spielzeug und durch Auseinandersetzungen über begrenzte Spielzeugressourcen quasi zufällig oder notgedrungen zu sozialem Verhalten mit Gleichaltrigen kämen (Eckerman; Peterman, 2001). Inzwischen gibt es aber sehr viele Hinweise darauf, dass Babys schon ab mindestens sechs Monaten ein erhebliches Interesse an anderen Kindern haben und dass ihre Art der Kommunikation und der spielerischen Interaktion genau dieses ist: Gleiches tun, paralleles Handeln oder Nachahmen. Aus diesen einfachen Formen entwickeln sich dann abwechselnde Handlungen, Kooperationen auf ein gemeinsames Ziel hin oder gar komplexe soziale Skripte. Gemeinsames Spiel bis hin zu gemeinsamen Ko-Konstruktionen in der Vorstellungswelt wird dann später zur wichtigen Grundlage für Kinderfreundschaften.

Im Spiel und in der Vorstellung kann aber die soziale Welt auch ins Chaos fallen. Auch hier bedarf es eines Ordnungsgefüges, das vom Kind dann nicht als starr und bedrohlich erlebt wird, wenn es auch hier an dem Gefüge aktiv mitkonstruiert. Das Regelsystem sind dabei die Abläufe des sozialen Miteinanders, oft ritualisiert in sozialen Skripten (wie empfängt man einen Besuch, wie reagiert man auf ein Geschenk, wie funktioniert ein Kindergeburtstag, wie geht man einkaufen etc.). Es gibt aber auch moralische Regeln einschließlich der Bewertung der eigenen Handlungen oder der eigenen Person (oder anderer) als „gut" oder „böse" sowie der eigenen Leistungen als „gut" oder „schlecht". Gegen Ende des dritten Lebensjahres sind die Grundlinien dieser Regeln schon bei vielen Kindern gelegt, aber es fällt ihnen noch sehr schwer, zugunsten des Einhaltens der Regeln auf verlockende Versuchungen zu verzichten, etwa auf das Essen eines Schokoladenkuchens, der „strikt" verboten wurde.

Sozialisationsbereitschaft

Lange Zeit herrschte die Meinung vor, dass dem Kind sozial angemessenes Verhalten nur schmerzlich und als Verzicht auf unmittelbare egoistische Bedürfnisbefriedigung vermittelt werden kann, und zwar über Bestrafung und Belohnung. Als sehr körpernahes „moralisches" Trainingsfeld und erste wirkliche Sozialisationserfahrung galt die Sauberkeitserziehung. Auch hier hat u.a. auch die Erfahrung mit Kindern verschiedener Geburtsjahrgänge in der Schweiz (vor und nach Einführung der „Pampers", vergleiche Largo, 1999) gezeigt, dass es für alle Beteiligten viel weniger aufwendig ist, wenn man auf die Bereitschaftszeichen des Kindes und günstige Bedingungen (z.B. einen heißen Sommer) wartet, ansonsten das Kind durch „Vormachen" und „Dabeisein" vorbereitet, um das Verhaltensziel schnell und sicher zu erreichen. Die Fähigkeit des Kindes nach acht bis neun Monaten, sich mit seiner Aufmerksamkeit auf ein Ziel einzustellen („exekutive Funktionen"), das Entstehen einer sicheren Bindungsbeziehung mit zwölf Monaten und die danach an seine Möglichkeiten angepassten Mitmach-Angebote (beim Essenmachen, beim Aufräumen etc.) unterstützen am Ende des zweiten Lebensjahres das kindliche Interesse, wie „die Großen" zu sein, dazuzugehören, dabei zu sein. Sie entwickeln auch ein Gespür dafür, wann ihr Spiel des „Grenzen-Testens" die Beziehung zu gefährden droht, und sie lernen, auf anderen Wegen als durch verlängertes Trotzverhalten ihre Ziele auszuhandeln.

Dabei sei angemerkt, dass „Trotzanfälle", die typischerweise um die 15 Monate auftreten, nicht etwa der Ausdruck eines besonders starken Willens oder egoistischer Bedürfnisse oder gar eine Kampfansage gegenüber den Erwachsenen sind. Um 15 Monate sind die meisten Kinder in der Lage, sich ihr Handlungsziel vorzustellen (auch wenn es momentan außer Sicht ist). Haben sie aber ihr Handlungsziel ins Auge gefasst oder in ihrer Vorstellung verankert, dann können sie sich nicht mehr davon lösen, wenn sie ihre Handlung schon eingeleitet haben. Handlungsintention, Handlungsziel und Handlungsausführung sind noch eng verknüpft. Wird ihnen die Ausführung verweigert oder unterbrochen, bricht ihr System zusammen. Der Trotzanfall ist ein psychischer Systemzusammenbruch: Das Kind weiß nicht ein noch aus – eine auch für das Kind unangenehme Situation. Ältere Kinder können dagegen erfolgreich erfahren haben, dass eine laute emotionale Demonstration die Erwachsenen zum Einlenken zwingen kann. Dieser Trotz hat dann eine andere Qualität.

Wichtig ist, festzuhalten, dass das eigentliche Krippenalter eine besonders sensible Zeit für die Grundlegung nicht nur des sozial verträglichen Verhaltens, sondern auch des moralischen Verständnisses ist. Moral ist nach neueren Studien (besonders denen von G. Kochanska) offenbar nicht etwas dem Kind von außen, von der Kultur Aufgezwungenes, sondern das Kind braucht eine Struktur der Ordnung und Bewertung sozialen Verhaltens, so wie es auch eine Struktur der Logik seines Denkens braucht. Vielleicht handelt es sich hier auch um ein „Modul" mit einer in der Evolution erworbenen Basis. Da es aber vermutlich eine späte Entwicklung in der Menschheitsgeschichte ist, ist dieses Modul gefährdeter als z.B. das Bindungsmodul. Entsprechend größer ist die Aufgabe der Erwachsenen als Unterstützer, Brückenbauer, Gerüstbauer, Steigbügelhalter, Mitgestalter und Lehrer, wie auch immer die vielfältigen Bilder für Erziehen aussehen mögen.

Literatur

Eckerman, C.O.; Peterman, K. (2001): Peers and infant social/communicative development. In: Bremner, G.; Fogel, A. (Hrsg.): Blackwell Handbook of Infant Development. Oxford UK, 326–350

Kochanska, G.; Murray, K.T. (2000): Mother-child mutually responsive orientation and conscience development: From toddler to early school age. Child Development, 71, 417–431

Kochanska, G.; Barry, R.A.; Stellern, S.A.; O'Bleness, J.J. (2009): Early attachment organization moderates the parent-child mutually coercive pathway to children's antisocial conduct. Child Development, 80, 1288–1300

Largo, R. (1999): Kinderjahre. München

Pauen, S.; Rauh, H. (2008): Frühe Kindheit: Das Säuglingsalter. In: Hasselhorn, M.; Silbereisen, R.K. (Hrsg.): Enzyklopädie der Psychologie, Serie V (Entwicklung), Band 4: Entwicklungspsychologie des Säuglings- und Kindesalters. Göttingen, 67–126

Rauh, H. (2008): Vorgeburtliche Entwicklung und Frühe Kindheit. In: Oerter, R.; Montada, L. (Hrsg.): Lehrbuch Entwicklungspsychologie, 6. überarbeitete Auflage. Weinheim

Rochat, P. (2001): Origins of Self-Concept. In: Bremner, G.; Fogel, A. (Hrsg.): Blackwell Handbook of Infant Development. Oxford UK, 191–212

Rüdiger Posth

Die Bedeutung der Bindungstheorie in der Frühpädagogik

Einleitung

Jeder Mensch braucht, um sich seelisch gesund zu entwickeln und geistig zu bilden, ein menschliches Vorbild als Bezugsperson. Solche Vorbilder oder Bezugspersonen hat ihm die Natur von Geburt an durch seine Eltern mit auf den Weg gegeben. Die Eltern sind aber nicht allein als Erzeuger des Kindes zugleich seine Bezugspersonen, sondern sie werden es erst durch die emotionale und psychosoziale Bindung, die das Kind von Geburt an zu ihnen aufbaut und im Normalfall zeitlebens zu ihnen aufrecht erhält. Es ist also weniger die biologische Abstammung, welche das Kind befähigt, eine Beziehung aufzubauen, sich bilden zu lassen und eine hohe geistige Entwicklung zu nehmen. Entscheidend sind vielmehr das Gelingen seiner sozialen Eingliederung in das familiäre Gefüge, in dem es aufwächst, und die daraus resultierenden Bindungsvoraussetzungen.

J. Bowlby und M. Ainsworth sind in den 1950er und 1960er Jahren des vergangenen Jahrhunderts aus der klassischen Psychoanalyse ausgeschieden, die bis dahin so etwas wie einen Alleinanspruch für die Erklärung menschlicher Beziehungsstrukturen und Bindungsverhältnissen erhoben hatte. Alternativ haben sie anhand von Beobachtungen des Gruppenverhaltens von Tieren und Menschen die sozio-biologische Schule gegründet. Die aktuellen Untersuchungen und Analysen der Verhaltensforschung in dieser Zeit (Harlow, 1962 u. a.) kamen ihnen bei ihrem Unternehmen zu Hilfe. Aus den Entdeckungen über das Prägungsgeschehen zwischen adulten und jungen Tieren, insbesondere der evolutorisch dem Menschen nahe stehenden Primaten, leiteten sie einen vergleichbaren Vorgang beim Menschen selbst ab und bezeichneten diese mensch-spezifische, psycho-soziale Organisationsstruktur als Bindung. Was wir in der Tierwelt überall als Prägung vorfinden, vollzieht sich demnach in der menschlichen Gesellschaft vorzugsweise als intrafamiliär stattfindende Beziehung durch Bindung (Bowlby, 1953/2001).

In dieser zuletzt gemachten Schlussfolgerung kommt eine artspezifische Gruppenkonstellation ins Spiel, die sozio-biologisch als Familie definiert wird. In der Tierwelt gibt es bei Säugern eine vergleichbare Erscheinung kleinster Gruppen nur in der Phase der Aufzucht der Jungen. Lediglich bei den Primaten existieren überdauernde familiäre Strukturen in größeren Verbänden und verwandtschaftlichen Verhältnissen, da es bei den Menschenaffen eine dem Menschen ähnlich lange Kindheit gibt. Beim Menschen bekommt die Gruppenform Familie aber ein ungleich größeres Gewicht dadurch, dass sie über die Zeit des Heranwachsens hinweg andauert und lebenslange Beziehungen unter ihren einzelnen Mitgliedern herstellt. Wir finden an diesem Punkt einen Übertritt von an sich biologischen Grundformen des Existierens hin zu soziologischen Konditionen spezifisch menschlicher Existenz. Ähnlich wie sich ein Übergang von der Biologie zur Psychologie in der individuellen Emotionalität und Kognition des Menschen vollzieht, ergibt sich analog in der Familienstruktur ein Übergang von der Biologie zur Soziologie.

Wir müssen uns diese Fragen stellen, weil wir, wie es derzeitiger Trend ist, dem Aufziehen der Kinder in der Familie eine alternative Erziehungsform an die Seite stellen wollen. Ich spreche von der frühen Fremdbetreuung in der „Krippe", der Kindertagesstätte oder bei einer Tagesmutter. Hier werden die Kleinkinder also nicht mehr allein im Familiensystem sozialisiert, sondern von früh an bereits in der etwa altersgleichen Gruppe. Eine Parallele ergibt sich in diesem Punkt zur kinderreichen Familie von früher, in der ebenfalls eine Gruppe von Kindern gleichzeitig großgezogen wurde. Allerdings ergeben sich auch wichtige Unterschiede:

- In der Fremdbetreuung müssen vom Kind neue Bindungsverhältnisse zu den erwachsenen Bezugspersonen entwickelt werden, bevor es sich in vollem Vertrauen an sie wendet, um in emotionalen Konfliktsituationen den nötigen Trost und die volle Zuwendung zu erhalten. Erst dann ist das Kind auch bereit, deren erzieherische Anweisungen zu akzeptieren. In der natürlichen Familie sind diese Bindungsvoraussetzungen von Anfang an gegeben, wenn es sich um eine intakte und psychosozial funktionierende Familie handelt.
- In der Fremdbetreuung wechseln die altersgleichen Gruppenmitglieder turnusmäßig. Das heißt, einige verlassen plötzlich die Gruppe, neue kommen hinzu. Die Gruppenkonstellation verändert sich viel schneller als in der natürlichen Familie. Gelegentlich wechselt auch die Erzieherin, und es kommt eine neue Bezugsperson. Das ist in der natürlichen Familie nur ausnahmsweise der Fall, wenn wir einmal von den Scheidungsfamilien absehen.
- In der Fremdbetreuung sind die Dynamiken zwischen Erzieherinnen und Kindern, wie auch zwischen den Kindern selbst sehr viel höher, da weit weniger Rituale und Gewohnheiten das Miteinander regeln helfen. Die Kinder stammen z. T. aus sehr unterschiedlichen Familien, was ihre Verhaltensmerkmale stark differenziert. Es gibt Erzieherinnen, die noch unerfahren im Aufbau von Bindung zu Kindern unterschiedlicher Herkunft sind und zu viel Zuneigung und Abneigung gegenüber einzelnen Kindern entwickeln. Eine natürliche Identifikation, wie sie in einer Familie zwischen Eltern und Kindern herrscht, ist nicht vorhanden.

Die Grundfrage der frühen Fremdbetreuung unter Bindungsvoraussetzungen ergibt sich aus der Prämisse, dass die Familie die soziologisch sicherste und entwicklungspsychologisch beste gruppendynamische Konstellation zur gesunden Persönlichkeitsentwicklung des Menschen darstellt. Hätte es evolutionsbiologisch einen Grund gegeben, diese Grundkonstellation zu ändern, wäre es längst geschehen. Diese Aussage zur Familie behält auch ihre Gültigkeit bei den Versuchen verschiedener Ethnien, die überaus anstrengende und oft kräftezehrende Aufgabe der Kindererziehung auf erweiterte Gruppenformen zu übertragen und damit versuchsweise zu optimieren.

Gegen diese Prämisse muss jedoch eingewandt werden, dass das Aufziehen von Kindern in kleinen Gruppen durchaus eine zusätzliche Möglichkeit zum Erziehungskonzept Familie darstellt. Das haben sozio-demografische Veränderungen in der Menschheitsgeschichte längst bewiesen, als die Menschen in ihrer Zahl immer größer wurden und begannen, sich in wachsenden Gemeinschaften zusammenzuschließen. Die Arbeitsteilung, die hierdurch auf wirtschaftlichem Gebiet möglich wurde, erschuf zugleich die Möglichkeit einer Arbeitsteilung beim Aufziehen des Nachwuchses. Sobald die Kleinkinder gruppenfähig wurden, fügte man sie zur weiteren Erziehung und Bildung in altersgleiche Gruppen zusammen und übertrug die damit verbundenen Erziehungsaufgaben eigens dafür abgestellten Arbeitskräften. Der zentrale Hort für die Kinder war seinerzeit der Kindergarten ab 4 Jahren. Heutzutage kommt noch ein neuer Aspekt dazu, der grundsätzlich für die frühe Verbindung der einzelnen Familien spricht und das gemeinsame Erziehungskonzept befürwortet. Ich spreche von der dramatischen Zunahme der Ein-Kind-Familie.

Drei Grundfragen sind an dieses Konzept der gemeinsamen Erziehung zu stellen, abgesehen von den unterschiedlichen Paradigmen der Familienerziehung und Fremdbetreuung, wie ich sie weiter oben definiert habe:

- Ab welchem Alter ist ein Kind (durchschnittlich) überhaupt gruppenfähig?
- Wie müssen Organisation und Struktur der Gruppe beschaffen sein, damit das Kindeswohl nicht gefährdet ist (incl. eines unschädlichen Übergangs)?
- In welcher Weise sind psychische Resilienz und Immunität in der Gruppenbetreuung abzusichern und auf Dauer zu erhöhen?

Um jedem Vorwurf einer oberflächlichen Herangehensweise an die Problematik zu entgehen, ist es höchste Zeit, die psychologischen und pädagogischen Voraussetzungen für eine gelingende frühe Fremdbetreuung zu beleuchten. Dazu benötigt man neben dem Grundwissen der Frühpädagogik vor allem auch die entwicklungspsychologischen Kenntnisse über das Bindungsgeschehen in den ersten 3–4 Lebensjahren des Kindes in der Familie.

Bindung und Loslösung

Bindung heißt im tiefenpsychologischen Sprachgebrauch, dass zwei Menschen sich mit ihrer Innerlichkeit so sehr durchdringen, dass ihr Existenzgefühl als Einzelwesen ohne das Bewusstsein über die ständige Anwesenheit des Anderen nicht mehr vollständig ist. In der primären „Mutter-Kind-Bindung“ (Dyade) bedeutet das, dass der Erwachsenenteil Mutter (bisher selten der Vater) mit ihrem fertigen Selbst zwar als Einzelwesen ohne ihr Kind angstfrei und ohne mentale Irritation existieren kann, dass ihm aber emotional etwas Entscheidendes fehlt und damit Sorge und vielleicht auch Trauer auslöst. Der Kindteil hingegen, zuerst repräsentiert im Säugling, ist noch nicht losgelöst und kann als unfertiges Selbst ohne die Anwesenheit der Mutter auf längere Sicht nicht existieren. Ihr Fernbleiben löst bei ihm das Gefühl existenzieller Bedrohung aus, versetzt ihn in Angst (Urangst) und führt zu verschiedenen Formen des Suchverhaltens. In seinen ersten Lebenswochen und -monaten ist der Säugling motorisch zum Suchen aber noch nicht befähigt. Ihm fehlen zugleich alle Vorstellungen zur räumlichen Orientierung und zeitlichen Strukturierung seiner Existenz. Er lebt, wie man so sagt, allein im Hier und Jetzt. Das einzige Suchverhalten, das ihm bleibt, ist sein Schrei. Von dem macht er je nach Temperament und körperlicher Grundverfassung ausgiebig Gebrauch.

In den späteren Monaten der Säuglingszeit wird das Schreien ergänzt durch erste sprachähnliche Lautäußerungen, durch affektive Verhaltensweisen wie das Ausstrecken seiner Arme sowie durch Fortbewegung in Form von Robben und Krabbeln. Bekanntermaßen braucht der Mensch etwa ein ganzes Jahr, um das Laufen auf zwei Beinen zu lernen. Erst jetzt ist der Säugling in der Lage, seiner Mutter hinterher zu laufen und auf laute stimmliche Signalgebung zu verzichten. Das Bedürfnis, bei ängstlicher Bedrohung auf ihren Arm zurückzukehren, bleibt allerdings noch auf lange Sicht erhalten, und die ausgestreckten Arme sind das hierfür typische Signal.

Werfen wir einen Blick auf die Selbstkonstruktion des Säuglings und schließen dabei das frühe Kleinkindalter mit ein. In der Bindungstheorie wird über das Selbstbewusstsein des Säuglings keine klare Aussage gemacht. In der fortgesetzten Objektbeziehungstheorie (der Psychoanalyse) kamen zwei Modelle zur Vorstellung. Erstens dasjenige, dass der Säugling zwar anfangs von der Existenz der Mutter in seiner Selbstwahrnehmung elementar partizipiert, dass er aber frühzeitig durch Unstimmigkeiten im mütterlichen Verhalten und der intrinsischen Selbstwahrnehmung zu Rückschlüssen über ein eigenes, von der Mutter getrenntes Selbst gelangt (Stern, 1992).

Dieser Darstellung trat immer schon eine weitere Anschauung gegenüber, die ich favorisieren möchte. Das Selbst des Säuglings löst sich erst dann aus der Verstrickung mit dem mütterlichen Selbst (als sogenannte „Leih-Selbst"), wenn sich der Körper motorisch eigenmächtig von der Mutter fortbewegen (trennen) kann, wenn er authentische Handlungen in seinen Aktionen erkennen kann und wenn er seinen Willen als persönliche Wunsch- und Zielvorstellung wahrzunehmen gelernt hat (Mahler u. a., 1980). Dieser Zeitpunkt ist entwicklungspsychologisch bei 1 bis 1½ Jahren anzusiedeln. Das deckt sich mit der Entdeckung von Doris Bischof-Köhler, die durch den „Rouge-Test" bewiesen hat, dass das Kleinkind erst jetzt eine von der Mutter getrennte Selbstvorstellung besitzt (Bischof-Köhler, 1994).

Diese Schritte in der motorischen und psychosozialen Entwicklung reichen aber noch nicht aus, um aus dem abhängigen Wesen Säugling ein weitgehend unabhängiges Wesen Kleinkind zu machen. Damit dieser fundamentale Schritt zu Individualität und Unabhängigkeit (in der seelischen Grundstruktur) auf Dauer erfolgreich gelingt, hat die Natur der Phase der Bindung die Phase der Loslösung angeschlossen. Bei diesem Prozess sollte zunächst das Augenmerk darauf gerichtet werden, dass die Erfahrung des Säuglings, ein vollständig von der Mutter getrenntes Lebewesen zu sein, nicht nur Beglückung auslöst. Gleichzeitig treten auch jetzt wieder Angst und Unsicherheit auf, wie denn das Leben in der einsetzenden Selbstständigkeit zu bewältigen sei. Solche Empfindungen spielen sich im Säugling und Kleinkind nicht logisch-begrifflich ab, sondern rein emotional und zugleich affektgeladen in der Auseinandersetzung mit den Bezugspersonen (Posth, 2007).

Es wird jetzt Zeit, von weiteren Bezugspersonen zu sprechen, denn neben die Mutter tritt in der Orientierung des Kindes zum Selbst der Vater, der ein Vorbild dafür abgibt, dass ein Leben in der Unabhängigkeit von der Mutter möglich und zugleich erfolgreich ist. Der Vater wird also zur Vorbildfigur für die Phase der Loslösung, während die Mutter (wie bislang üblich) die Zentralperson für die Bindung darstellt. In der klassischen Bindungstheorie wird die Loslösung als Explorationsphase beschrieben, in der noch keine tiefenpsychologisch definierte Beziehung zum Vater hergestellt wird.

An dieser Stelle wird es Zeit, noch einmal zu betonen, dass Mutter und Vater nur idealtypische Hauptbezugspersonen darstellen. Die Natur hat vorgesehen, dass für beide Rollen Ersatzbezugspersonen (allerdings unter besonderen Konditionen) zugelassen sind. Auf diese Weise ist das seelische wie allerdings auch das körperliche Überleben des Kindes besser abgesichert. Diese Feststellung stellt einen Schnitt- oder Verknüpfungspunkt zur frühen Fremdbetreuung dar, was aus den weiteren Ausführungen ersichtlich wird.

Anhänglichkeit und Widerstand

Gehen wir zurück auf das Loslösungsgeschehen am Anfang des zweiten Lebensjahres und auf die Ängste und Bedürfnisse, die das Kleinkind dabei empfindet. Die Hauptangst richtet sich darauf, dass das Kind bei seinen Loslösungsbestrebungen die Mutter als Bezugsperson verliert. Leisten könnte sich das Kind ein solches Ergebnis auf keinen Fall, und es spürt dieses Risiko mit aller Eindrücklichkeit. Daher sucht es paradoxerweise zunächst noch stärker nach der Mutter als zuvor und versucht, sich immer wieder ihrer Gunst und Zuneigung zu versichern („social referencing“ oder „sichere Basis“, Renggli, 1999). In der Entwicklungspsychologie bezeichnet man dieses typische Verhalten als Anhänglichkeit.

Die vom Kind selbst wahrgenommene Anhänglichkeit widerspricht jedoch seinem aufkommenden Bedürfnis nach Selbstständigkeit und Autonomie. Es kommt in seiner Innenwelt zur Ambivalenz. Zwei starke, widerstrebende Kräfte kennzeichnen die momentane Gefühlssituation des Kindes und führen zu widersprüchlichen Verhaltensweisen, vor denen die Bezugspersonen oft ratlos und überrascht stehen (Ambitendenz). Die Folgen sind widerstrebende Handlungsweisen und oft geharnischter Protest gegen die normalen Verrichtungen, die von den Bezugspersonen an einem Kind dieses Alters vorgenommen werden müssen (Wickeln, Waschen, Hygiene, Essen, Schlaf anbahnen usw.). Das ruft allzu oft den Unmut der Bezugspersonen hervor. Genau dieselben Verhaltensweisen machen auch die Behandlung des Kindes in der Fremdbetreuung schwer. Man sollte also nicht glauben, dass sich der Widerstand des Kleinkindes nur gegen die Eltern richtet. Widerstand wird gegen alles und alle geübt, die die augenblicklich aufkommenden Selbstständigkeitsbedürfnisse des Kindes einschränken.

Das Widerstandsverhalten des jungen Kleinkindes gehört also, um es deutlich zu sagen, zur Loslösung und Selbstständigkeitsentwicklung des Kindes obligatorisch dazu, und es macht auch keinen Halt vor fremden Betreuern. Im Gegenteil, die Einführung einer fremden Betreuungsperson bietet einen guten Anlass, Selbstbestimmung zu reklamieren und das Nichteinverständnis mit diesem Vorgehen zum Ausdruck zu bringen. In dieser Entwicklungsphase ist das Interesse des Kindes an fremden Personen noch eher skeptisch eingeschränkt und beläuft sich mehr auf selbst initiierte und flüchtige Kontaktaufnahme als auf ein Eingehen weiterer Bindungen. So darf man also das freundlich lächelnde Umwerben des Kleinkindes einer fremden Person gegenüber nicht als sein Bedürfnis interpretieren, mit dieser Person auch gleich in innigen Kontakt zu kommen, selbst wenn es einmal ausprobiert, auf dessen Schoß zu sitzen.

In der Fremde-Situation (s. u.) wird dieses Phänomen des Protestes gegen fremde Betreuungspersonen als Maßstab für die Bindungssicherheit des Kindes zur Mutter benutzt (Ainsworth, 1978/2001; Grossmann, 2003, u. a.).

Trotz und Machtverhältnisse

Nach diesem, man darf sagen, gewaltigen emotionalen und kognitiven Entwicklungsschritt gelangt das Kleinkind in das Trotzalter. Der Trotz gleicht einem „Kampf um das Selbst" und hat damit eine wichtige psychodynamische Funktion. Gleichzeitig übt er eine große soziale Wirkung aus. Das bewusst gewordene Selbst muss mit der Wahrnehmung der eigenen Person im

„Ich“ dauerhaft und lebenslang etikettiert werden. Ich und Selbst müssen kongruent werden, wobei das Ich die eigene Persönlichkeit aus dem Inneren kennzeichnet und das Selbst dieselbe aus dem Äußeren. In dieser Phase sind „Selbst“ und „Ich“ extrem sensibel und durch machtvolles Einwirken von außen durch die Bezugspersonen hoch irritabel. Bei jeder Einschränkung des Willens empfindet das Kind je nach persönlicher Verletzlichkeit einen Angriff auf seine gesamte Person. Jede erzieherische Auseinandersetzung findet also auf einer hoch sensiblen Beziehungsebene statt. Die Sachebene spielt vorerst noch so gut wie keine Rolle.

In diesen immer unvermeidlichen Auseinandersetzungen mit dem Kind kommen zwei Dinge zum Ausdruck, die ich bisher noch nicht angesprochen habe: erstens der tatsächliche Bindungsstatus und zweitens der bis dahin erreichte Loslösungsstatus.

- Bindungsstatus: Als Ergebnis des Bindungsgeschehens im ersten Lebensjahr mit der primären Bezugsperson unterscheidet man drei, streng genommen sogar vier Bindungstypen. Erstens die sichere Bindung, zweitens die unsichere Bindung und drittens die desorganisierte Bindung. Sinnvollerweise unterteilt man die unsichere Bindung noch in die beiden gut zu unterscheidenden Formen der ambivalent-unsicheren Bindung und der vermeidend-unsicheren Bindung.
- Loslösungsstatus: Die Loslösung lässt sich jetzt schon unterscheiden in gelingende Loslösung, erschwerte Loslösung und misslingende Loslösung. Analog zum Bindungsstatus unterscheiden sich die Kinder in der erschwerten Loslösung danach, ob sie ambivalent oder vermeidend unsicher gebunden sind. Die ersteren erscheinen stärker aggressiv bis oppositionell, die anderen häufig schüchtern und regressiv bis sogar vereinzelt depressiv.

In die Frühpädagogik haben diese psychologischen Profile der Kinder, entstanden durch Bindungsvoraussetzungen und Loslösungsprozesse, noch keinen wesentlichen Einfluss gefunden. Dennoch ist ihre Typologie durch die damit verbundene, enorme Dynamik im Ablösungsgeschehen oder dem Übergang zur Fremdbetreuung von großer Bedeutung.

Daher muss uns auch noch die weitere Persönlichkeitsentwicklung des Kleinkindes beschäftigen, die nicht nur die Erziehung in der Familie, sondern ebenso in der gemeinschaftlichen, in Gruppen stattfindenden Fremdbetreuung fundamental bestimmt. Die Stärke der Trotzausbrüche des Kindes ergibt sich aus dem Grenzen setzenden Verhalten der Eltern und Erzieherinnen sowie aus den Veranlagungen des Kindes und seinem Temperament. Impulsiv und ungeduldig veranlagte Kinder explodieren schnell und heftig, wenn man ihre Wünsche und Bedürfnisse unerfüllt lässt. Langmütig und sanft veranlagte Kinder zeigen vergleichsweise sehr viel mildere Reaktionen. Hinzu kommt, dass sich in diesem Alter mehr und mehr der Aggressionstrieb im Verhalten den Weg bahnt (selten noch etwas früher) und das Ausmaß der Trotzreaktionen entscheidend mitbestimmt. So darf man annehmen, dass zerstörerische Elemente im kindlichen Verhalten sowie körperliche Angriffe auf Eltern und Erzieherinnen dem natürlichen Verhaltenselement Aggression zuzuschreiben sind.

Im Rahmen der trotzigen Selbstbehauptung als Demonstration und Durchsetzung der heranreifenden Persönlichkeit kommt ein soziales Kerngeschehen ins Spiel, das wir mit dem Begriff Macht in Verbindung bringen. Bei genauer Analyse der Konflikte zwischen kindlichem Bedürfnis und elterlichem Erziehungsanspruch zeigt sich, dass die erfolgreiche Lösungsstrategie immer mit der Egalisierung oder Verschiebung von Machtansprüchen der Beteiligten zu tun hat. So fordert das Kind Bestimmungsmacht über sein Begehren und Handeln, wohingegen die Eltern und Erzieherinnen dieselbe Bestimmungsmacht für ihre dazu erfolgenden Entscheidungen einfordern. Erziehung wird in diesem Moment zu einem Gerangel um Macht.

Vom Kind wird Unterwerfung unter die Macht des Erwachsenen gefordert, und das Kind klagt umgekehrt seine Bestimmungshoheit gegen die Erwachsenen ein, um sein Selbst zu konstituieren. Man kann sagen, dass in diesem Stadium die Erziehung ein Austarieren von Machtverhältnissen zwischen Erziehern und Zöglingen darstellt. Es bliebe zu untersuchen, ob sich Erziehung überhaupt jemals in anderen sozialen Kategorien abgespielt hat. Solange sich Erziehung explizit darstellt und Regeln und Grenzen des kindlichen Verhaltens verbal oder durch Sanktionen festlegt, darf diese theoretische Frage mit Nein beantwortet werden. Erst wenn über implizite erzieherische Funktionen gesprochen wird, wie z. B. Vorbildfunktion und Lernen am Modell, kann ein Ja angenommen werden. An die Stelle von Unterwerfung treten hier Identifikation und das Bedürfnis nach Gefallen durch Gehorsam.

An dieser Stelle ist auf eine in diesem Alter parallel laufende Entwicklung beim Kind hinzuweisen, die die Grundlagen der Einfühlsamkeit in die Empfindungswelt eines anderen Menschen legt. Ich spreche von dem Entwicklungsschritt der Empathie, die im weiteren Entwicklungsgeschehen in das Mitleid übergeht. Empathiefähigkeit erwirbt sich das Kind in der Auseinandersetzung mit seinen Bezugspersonen, wobei die Mutter und der Vater zunächst im Mittelpunkt stehen. Dazu führt es sogenannte Scheinangriffe aus, die durchaus aggressiven Charakter haben können, aber im Gegensatz zum Trotz nie dem Ablassen von Wut dienen. Auf solche Scheinangriffe sollen dann die einbezogenen Bezugspersonen mit großer (übertriebener) Betroffenheit reagieren, damit das Kind erfahren und lernen kann, was es nicht darf oder was grenzüberschreitend ist (Methode der Induktion, Posth, 2007, u. a.). Über das Trösten der Bezugsperson kann das Kind nun Macht empfinden, was ihm wiederum zur Selbstaufwertung dient.

Die Theory of Mind

Bevor aber solche Erweiterungen der Gefühlswelt des Kindes zum Tragen kommen, vollzieht sich in seiner kognitiven Entwicklung ein weiterer entscheidender Schritt. Das Kind wird fähig, sich in die Denkformen und Gefühlszustände anderer Menschen hineinzuversetzen. Das Kind versteht jetzt, dass nicht dasjenige, was es gerade selbst denkt und fühlt, das Ausschlaggebende für die Richtigkeit einer Annahme oder Auffassung über eine Sache ist, sondern dass jeder andere Mensch dazu auch einen anderen Standpunkt einnehmen kann. Dieser fundamentale Erweiterungsschritt in der geistigen Funktion des Menschen wird als die Theory of Mind zusammengefasst. Das Kind entwirft eine eigene Theorie davon, wie Denken, Fühlen und Verstehen im anderen Menschen funktionieren. Bis dahin zählte nur das Wissen der eigenen Vorstellungswelt (Sodian, 2003). Theory of Mind und Implementierung von Gewissensfunktionen auf der Basis von Stolz und Scham (Posth, 2007) sind die emotionalen und kognitiven Meilensteine in der Entwicklung des kindlichen Bewusstseins im Alter von vier und fünf Jahren.

Was heißt das alles für die frühe Fremdbetreuung?

Den Ausführungen über die Selbstentwicklung des Menschen zufolge hat es erst dann Sinn, ein Kind in Fremdbetreuung zu bringen, wenn es sein Selbst entdeckt hat. Erst jetzt ist es ausreichend gruppenfähig, und erst jetzt lernt es, den Kontakt in der Gruppe zu halten und dort kooperativ zu spielen. Davor ist es in seiner psychosozialen Entwicklung damit beschäftigt, seine Individuation voranzubringen. Bindung und erste Loslösungstendenzen müssen also stattgefunden haben. Andernfalls muss die Fremdbetreuung diese Entwicklungsparadigmen absichern, was hohe Voraussetzungen an sie stellt.

Diese Voraussetzungen beinhalten – noch über diese kritische Phase hinaus – die Vorgabe der sanften Ablösung. Das bedeutet, es muss ein langsamer Umgewöhnungsprozess beim Kind auf die neue Vertrauensperson gewährleistet sein, dessen Tempo das Kind selbst bestimmt. Ich verwende für diesen Vorgang gerne das Bild des Umsteigens auf dem Wasser von einem kleinen Boot in ein anderes. Die Fremdbetreuerin erhält erst dann den Vertrauensvorschuss des Kindes, wenn sie den Rang einer Ersatzbezugsperson erworben hat.

Die räumliche Umgebung der frühen Fremdbetreuung muss wohnlich erscheinen und entwicklungsfördernd sein, und der Tagesablauf sollte familiäre Organisationsstrukturen wiederholen. Nur wenn das Kind sich in vollem Einklang mit seiner Umgebung sieht und sich bei seinen Ersatzbezugspersonen emotional abgesichert fühlt, sind seine seelische Gesundheit und seine psychosoziale Widerstandsfähigkeit abgesichert.

Drei Verhaltensprobleme mit Störungsverhalten erwarten das Kind (und seine Familie), wenn man bei dem Übergang in die frühe Fremdbetreuung diese Grundvorgaben missachtet und ihre sozialen Rahmenbedingungen gegen das – nur aufgrund des Alters noch unerklärte – kindliche Interesse gestaltet. Das kindliche Interesse leitet sich ab aus den entwicklungspsychologischen Grundsätzen, wie im Artikel gezeigt, und aus den sozialen Rahmenbedingungen, die die Entwicklungsschritte berücksichtigen und respektieren.

Die drei Verhaltensprobleme beim Kind, die bei falscher Anwendung psychopädagogischer Grundsätze entstehen können, nehmen entweder mehr externalisierende oder mehr internalisierende Störungsformen an, je nach Charakterveranlagung des Kindes und je nach psychosozialer Vorerfahrung in der Familie: erstens regressiv-depressive Verhaltensstörung, zweitens aggressiv-oppositionelles Verhalten und drittens Trennungsängstlichkeit.

Die Gefahr solcher Entwicklungen ist immer die der Entstehung einer frühkindlichen Bindungsstörung. Die regressiven Verhaltensauffälligkeiten sind zumeist das Erste, das die Eltern bei ihren Kindern feststellen, wenn der Übergang in die frühe Fremdbetreuung misslingt oder wenn deren Gestaltung die Bedürfnisse des Kindes nicht ausreichend berücksichtigt (Entwicklungskrise mit Regression).

Kinder, die bis dahin (schon) alleine schlafen konnten, wollen auf einmal wieder bei ihren Eltern schlafen. Die Nächte sind allgemein viel unruhiger und von Angstträumen unterbrochen. Am Tage sind solche Kinder wieder anhänglich wie zu besten Zeiten des Loslösungsbeginns. Kleinkinder, die noch gar nicht ausreichend losgelöst sind, wollen wieder ständig auf den Arm, fremdeln erneut und deutlich verstärkt und weinen oder schreien bei jedem Anlass. Ihr Widerstandsverhalten macht den Umgang mit ihnen extrem schwierig.

Kinder, die bereits trocken oder sauber gewesen sind, nässen wieder ein oder setzen sogar ihren Stuhl in die Hose ab. Viele Kinder fangen an, durch Verweigerung der Nahrungsaufnahme auf ihren Zustand innerer Daueranspannung aufmerksam zu machen. Aber auch das Gegenteil kann der Fall sein und in ein Dauerquengeln, insbesondere nach Süßigkeiten (zur Selbstbelohnung), ausmünden.

Die aggressiv-oppositionellen Auffälligkeiten zeigen sich in verstärktem Trotz mit Einklagen der vermeintlich korrumpierten Selbstbehauptung. Aggressives Verhalten tritt auf gegenüber Spielsachen oder anderen Gegenständen, später auch gegen die Bezugspersonen. Hauen, Treten, Beißen und „Um-Sich-Schlagen" bei Zorn über die Missachtung der eigenen Bedürfnisse und Wünsche gelten dabei als typische Verhaltensmerkmale. Der Auslöser oder Anlass für solche Gewaltausbrüche steht meist in keinem Verhältnis zur gezeigten Reaktion.

Resümee

Womit sich die Entwicklungspsychologie des Kindes und die Frühpädagogik in der aktuellen Sozialpolitik konfrontiert sehen, ist die Propagierung einer gemeinschaftlichen Erziehung von Kleinkindern als Alternative zur traditionellen Familie. Diese Entwicklung, die in anderen europäischen Ländern teilweise schon länger besteht, ist in der Hauptsache eine aktuelle Anpassung an die Probleme der Sozialpolitik in der kapitalistisch-marktwirtschaftlichen Gesellschaftsordnung. Eine Gesellschaft, die schrumpft und mit immer weniger Kindern einer demografischen Veralterung ihrer selbst entgegen steuert, braucht sämtliche verfügbaren Arbeitskräfte auf dem nach Vollbeschäftigung strebenden Markt. Gelingt dieser Schritt nicht, drohen die Sozialkassen ohne ausreichende finanzielle Ressourcen zu bleiben, mit der Folge, dass die Alters- und Krankenversorgung der Bevölkerung jetzt und in Zukunft nicht mehr gesichert ist.

Das klingt danach, dass die traditionelle, geschlossene Familie auf dem Altar der prosperierenden Marktwirtschaft geopfert werden muss. Dem ist aber nur zum Teil so. Drei Aspekte sollen argumentativ dagegen halten:

- Erstens hat es, wie erwähnt, als Alternative zur geschlossenen Familie in der Menschheitsgeschichte schon immer auch andere Modelle gegeben. Diese waren nötig, um vor allem in Notzeiten, im Krieg oder beim Zerbrechen der Familie, z. B. durch Krankheit oder Tod der Eltern, das Überleben der Kinder zu sichern. Das angestrebte Modell hat also eine reelle Zukunftschance.
- Zweitens erhält das Konzept der frühen Fremdbetreuung durch die Einführung bindungstheoretischer Grundsätze den für die frühe Kindheit notwendigen Zuschnitt.

- Und drittens soll die Familie ja nicht abgeschafft werden. Eine reiche Industrienation wie Deutschland sieht sich finanziell in der Lage, neben einer gemeinschaftlichen Betreuung von Kindern auch die individuelle Betreuung in funktionierenden Familien zu unterstützen. Die Familienerziehung bleibt also parallel erhalten. Mit anderen Worten, es soll, darf und muss immer ein Nebeneinander von sozialen Modellen für das Großziehen von Kindern geben, die gleichermaßen unterstützt werden.

Welches von diesen Modellen das bessere ist, darf nur aus dem Blickwinkel des Kindes betrachtet werden, sofern überhaupt eine Gegenüberstellung der Modelle notwendig und nützlich ist.

Literatur

Ainsworth, M. D. S.; Blehar, M. C.; Waters, E., Wall, S. (1978): Patterns of attachment. A psychological study of the strange situation. Hillsdale, NJ

Bischof-Köhler, D. (1994): Selbstobjektivierung und fremdbezogene Emotionen. In: Zeitschrift für Psychologie, 202, 349–377

Bowlby, J.; Ainsworth, M. (2001): Frühe Bindung und kindliche Entwicklung, 4. Aufl., (Engl. Orig. 1953). München, Basel

Grossmann, K., Grossmann, K. E. (2003): Elternbindung und Entwicklung des Kindes. In: Herpertz-Dahlmann, B.; Resch, F.; Schulte-Markwort, M.; Warnke, A. (2003): Entwicklungspsychiatrie. Biopsychologische Grundlagen und die Entwicklung psychischer Störungen. Stuttgart, 115–133

Harlow, H. F.; Harlow, M. K. (1962): Social deprivation in monkeys. Science American: 207, 137–43

Mahler, M.; Pine, F.; Bergmann, A. (1980): Die psychische Geburt des Menschen. Frankfurt a. M.

Oerter, R.; Hagen, C. von; Röper, G. (1999): Klinische Entwicklungspsychologie. Ein Lehrbuch. Weinheim

Posth, R. (2007): Vom Urvertrauen zum Selbstvertrauen. Münster, New York

Renggli, F. (1999): Angst und Geborgenheit. Soziokulturelle Folgen der Mutter-Kind-Beziehung im ersten Lebensjahr. Ergebnisse aus Verhaltensforschung, Psychoanalyse und Ethnologie. Reinbek bei Hamburg

Sodian, B. (2003): Die Entwicklungspsychologie des Denkens – das Beispiel der Theory of Mind. In: Herpertz-Dahlmann, B.; Resch, F.; Schulte-Markwort, M.; Warnke, A.: Entwicklungspsychiatrie. Biopsychologische Grundlagen und die Entwicklung psychischer Störungen. Stuttgart, 85–95

Stern, D. N. (1998): Die Lebenserfahrung des Säuglings. 8. Aufl., Stuttgart

Marjan Alemzadeh

Frühkindliches Selbstempfinden

Eine Einführung in Daniel N. Sterns Entwicklungstheorie und daraus resultierende Konsequenzen für die Frühpädagogik

Das Forschungsmodell Sterns kann im begrenzten Rahmen dieses Beitrags nur zusammenfassend dargestellt werden. Auch die daraus resultierenden pädagogischen Konsequenzen können hier aufgrund der Komplexität des Themas nur angerissen werden. Für eine tiefer gehende Auseinandersetzung mit dem Thema möchte ich auf die ausführliche Buchfassung verweisen (vgl. Alemzadeh 2008).

Stern hält das Selbstempfinden für das primäre Organisationsprinzip der Entwicklung. Laut seiner Theorie existiert das Selbstempfinden schon vor der Fähigkeit, es zu reflektieren und sich seiner Inhalte bewusst zu werden, und ist somit wesentlich früher als das Selbstbewusstsein und die Sprache vorhanden. Stern hat in seinen Untersuchungen vier verschiedene Selbstempfindungen beim Säugling beobachten können, die im Folgenden zusammenfassend beschrieben werden sollen:

1. Das Empfinden eines auftauchenden Selbst (Stern 1992, 61)
2. Das Empfinden eines Kern-Selbst (Stern 1992, 104)
3. Das Empfinden eines subjektiven Selbst (Stern 1992, 179)
4. Das Empfinden eines verbalen Selbst (Stern 1992, 231).

Jede Selbstempfindung ermöglicht eine neue organisierende und subjektive Perspektive auf das Selbst und andere und definiert einen anderen Bereich des Selbsterlebens und der sozialen Bezogenheit, die qualitative Veränderungen des sozialen Erlebens zur Folge haben. Stern betont, dass die verschiedenen Bereiche keine Phasen darstellen, obwohl jeder Bereich den vorherigen voraussetzt. Da jede Form als gesonderte Form sozialen Erlebens und Selbsterlebens das ganze Leben lang erhalten bleibt, sobald es sich einmal ausgebildet hat, spricht Stern lieber von Bereichen der Bezogenheit statt von Phasen oder Stadien (vgl. Stern 1992, 54).

Das Empfinden eines auftauchenden Selbst

Sterns Forschungsergebnisse zeigen, dass der Säugling von Anfang an ein aktives, kompetentes und integrierendes Wesen ist, das schon bei seiner Geburt die Fähigkeit zum Lernen mit sich bringt. Er besitzt schon im Bereich der auftauchenden Bezogenheit differenzierte Wahrnehmungsfunktionen, die ihm das Erkennen seiner Umwelt ermöglichen und ihn dazu befähigen, aktiv in einen Dialog mit der Umwelt zu treten. Stern geht davon aus, dass der Säugling von Anfang an dazu in der Lage ist, zwischen Erfahrungen seines Selbstempfindens und Erfahrungen mit der Außenwelt zu unterscheiden. Säuglinge erleben demnach von Geburt an ein sich „herausbildendes" oder „auftauchendes" Selbst, das sich etwa bis zum zweiten Monat heranbildet (Stern 1992, 24). Der Säugling entwickelt zunächst aufgrund alltäglicher Erlebnisse – vor allem mit seinen Bezugspersonen – Wahrnehmungsschemata, anhand derer er eine erste Form der Erfahrungsstrukturierung bildet. In den ersten beiden Monaten geht es vor allem darum, Beziehungen zu gestalten, affektive sowie kognitive Erfahrungen zu machen. Das frühkindliche Erleben ist einheitlich und global. Der Säugling „nimmt Empfindungen, Wahrnehmungen, Aktionen, Kognitionen, innere motivationale und Verhaltenszustände unmittelbar wahr: als Intensität, Form, Zeitmuster, als Vitalitätsaffekte, kategoriale Affekte, Lust oder Unlust. Dies sind die Grundelemente des frühkindlichen subjektiven Erlebens. Erkenntnisse, Aktionen und Wahrnehmungen als solche gibt es nicht. Alle Erfahrungen werden zu strukturierten Konstellationen sämtlicher Grundelemente des subjektiven Erlebens umgeformt“ (Stern 1992, 102). Der Säugling beginnt mit der Zeit die Aspekte seines Erlebens systematisch zu ordnen, sodass er invariante Konstellationen des Selbst und des anderen identifizieren kann. Beim Herausbilden neuer Konstellationen erlebt er das Auftauchen von Organisation, die den grundlegenden Bereich menschlicher Subjektivität bildet: Den Erfahrungsbereich, aus dem später Gedanken, wahrgenommene Formen, identifizierbare Handlungen und verbalisierte Gefühle hervorgehen.

Pädagogische Konsequenzen für den Bereich der auftauchenden Bezogenheit

Sterns Theorie des auftauchenden Selbst zeigt deutlich, dass der Säugling über seine Sinne Kontakt zur Umwelt aufnimmt. Die Sinne werden zum Werkzeug, mit dem der Säugling sich einen Zugang zur Welt schafft. Sie helfen ihm dabei, die Welt gewissermaßen strukturiert wahrzunehmen. Deshalb braucht das Baby angemessene sinnliche Anregungen von außen, Angebote, die es herausfordern, all seine Sinne einzusetzen und zu differenzieren. Dafür braucht es zum einen Menschen, die es liebevoll stimulieren (indem sie es ansprechen, schaukeln usw.), und zum anderen braucht es eine an Anregungen reiche Umwelt, die das Interesse des Kindes weckt (z. B. unterschiedliche Lichtverhältnisse, unterschiedliche Töne und Klänge etc.).

In den ersten zwei Lebensmonaten sind es vor allem Alltagssituationen mit der Bezugsperson, also vor allem Pflegesituationen und Interaktionen, in denen sich beim Säugling das Empfinden eines auftauchenden Selbst entwickelt. Denn in diesen Situationen macht er vielfältige sinnliche Erfahrungen, die er mithilfe seiner verschiedenen Wahrnehmungsformen zu strukturieren lernt. Der erste Schritt, ein Selbstempfinden zu entwickeln, besteht darin, ein Selbst zu spüren. Dies geschieht zum Beispiel dann, wenn der Säugling eigene Bedürfnisse spürt. In Pflegesituationen macht er die Erfahrung, dass seine Bedürfnisse befriedigt werden, wenn er sie äußert, zum Beispiel indem er schreit, wenn er hungrig ist. So wird ihm bewusst, dass er selbst es ist, der dazu beitragen kann, ob sein Hunger gestillt wird oder nicht. Für Säuglinge, die in Krippen oder von Tagesmüttern betreut werden, scheinen Pflegesituationen außerdem den Vorteil zu haben, dass die Betreuerin während dieser Zeit einem einzigen Kind ihre differenzierte Aufmerksamkeit schenken kann. Da die Aufmerksamkeit die Grundlage für den Aufbau einer gegenseitigen Beziehung bildet, ist es wichtig, dass jedem Kind täglich mehrmals die volle Aufmerksamkeit geschenkt wird. Wenn die Signale des Säuglings verstanden und geachtet werden, fühlt er schon zu diesem frühen Zeitpunkt, dass er mit seinem Verhalten etwas bei anderen auslösen kann. Das Selbstempfinden entwickelt sich von Anfang an, wenn dem Baby genügend Möglichkeiten geboten werden, das Selbst aktiv zu empfinden. Man kann diese Entwicklung fördern, indem man die Bedürfnisse und Signale des Babys von Anfang an achtet und es somit darin unterstützt, seine Bedürfnisse wahrzunehmen und auszudrücken. Emmi Pickler war die Erste, die diese Erkenntnis in ein pädagogisches Konzept einbaute, indem sie Pflegesituationen in Pflegeheimen und Krippen eine besondere Bedeutung zuschrieb.

Das Empfinden eines Kern-Selbst

Stern betont die sehr frühe Herausbildung der Empfindung eines „Kern-Selbst" und eines „Kern-Anderen" zwischen dem dritten und dem siebten Lebensmonat. Er erklärt, dass dieses Kern-Selbst – wie auch das auftauchende Selbst – nicht bewusst erlebt wird, sondern eine Empfindung ist und keine Leistung im Sinne des reflexiven Ich-Bewusstseins. Die Hauptthese seiner Theorie des Kern-Selbstempfindens ist, dass es keine Verschmelzung von Selbst und Objekt gibt. Stattdessen geht Stern davon aus, dass der Säugling schon im Bereich der Kern-Bezogenheit über ein integriertes Gefühl für sich selbst und andere verfügt, da er andere Personen als von ihm selbst getrennte, eigenständige Interaktionspartner wahrnehmen kann.

Stern geht davon aus, dass der Säugling immer wiederkehrende interpersonale Interaktionen psychisch repräsentiert. Er entwickelt für die Episoden, die das Interaktionsgeschehen angehen, eine Durchschnittserwartung und eine präverbale Repräsentation, die Stern als „generalisierte Interaktionsrepräsentationen" (RIGs; Representations of interactions that have been generalized) bezeichnet. Der Säugling erlebt zum Beispiel tagtäglich mehrere Fütterungsszenen, die variieren, aber auch viele Gemeinsamkeiten aufweisen. Anhand der Gemeinsamkeiten entwickelt der Säugling nun eine Durchschnittserwartung. So entsteht in diesem Fall eine generalisierte Episode der Fütterung, die als generalisierte „Brust-Milch-Episode" (Stern 1992, 140) gespeichert wird. Diese Brust-Milch-Episode weist verschiedene Attribute auf, die immer wieder auftauchen: das Hungergefühl, das „An-die-Brust-gelegt-Werden" von der Mutter, das Suchen und Öffnen des Mundes, die Blicke der Mutter beim Stillen, das Saugen an der Brust und die dazugehörigen taktilen, olfaktorischen und visuellen Wahrnehmungen. Eine generalisierte Brust-Milch-Episode ist also „eine Abstraktion, die aus zahlreichen spezifischen, allesamt ein wenig unterschiedlichen Erinnerungen eine einzige allgemeine

Erinnerungsstruktur bildet – sozusagen die zum Prototyp erhobene, durchschnittliche Erfahrung" (Stern 1992, 140).

Bei einer Abweichung von der generalisierten Episode, z. B. durch den Fall, dass der Säugling während des Stillens keine Luft mehr bekommt, weil die Brust seine Nase verschließt, bildet der Säugling eine neue spezifische Episode, eine „Brust-Atemnot-Episode", da sich diese neue Episode für ihn erheblich von der generalisierten Brust-Milch-Episode unterscheidet. Wenn diese Brust-Atemnot-Episode einmalig vorkam, bleibt sie als spezifische Episoden-Erinnerung gespeichert, wenn sie aber ebenfalls häufiger auftritt, wird der Säugling auch eine generalisierte Brust-Atemnot-Episode bilden. Die generalisierten Interaktionsrepräsentationen enthalten immer ein Selbst, einen anderen, Empfindungen, Wahrnehmungen, Affekte, Handlungen und eine physiologische Reaktion – sie sind also sehr komplex. Generalisierte Interaktionsrepräsentationen stellen allgemeine Erinnerungsstrukturen für alltägliche Interaktionssequenzen mit einem anderen dar. Immer wiederkehrende Erfahrungen werden vom Säugling erkannt. Er entwickelt daraus erste Erwartungsstrukturen.

Pädagogische Konsequenzen für den Bereich der Kernbezogenheit

Es sind Alltagssituationen mit einem aufmerksamen anderen, die der Säugling braucht, um ein Kern-Selbst-Empfinden zu entwickeln. Dem Säugling müssen genügend Möglichkeiten geboten werden, sich selbst als eigenständige Person wahrzunehmen. Dabei spielen Interaktionen und Spielsequenzen eine wichtige Rolle, weil der Säugling da seine eigenen Fähigkeiten einsetzen kann, seinen eigenen Willen spürt und ebenfalls spürt, dass er mit seinem Verhalten etwas bei dem anderen bewirken kann. Er passt sich dem anderen an (durch Rhythmus, Intensität und Wahl des Zeitpunkts) und spürt, dass dieses Anpassen auf Gegenseitigkeit beruht. Außerdem lernt er, Erwartungen aufzubauen, wenn er dieselben Erfahrungen oft genug macht. Die Bestätigung seiner Erwartungen ist ein wichtiger Schritt, um Vertrauen zu lernen (auch wenn nicht jede Erwartung bestätigt werden kann, doch auch das ist eine wichtige Erfahrung). In Interaktionen und Spielsequenzen erkennt der Säugling, dass der andere „hinsichtlich Zeit, Raum, Intensität und Bewegung einer anderen Organisation [...]" (Stern 1992, 152) unterliegt als er selbst, somit sind die Erfahrungen wesentlich für die Entwicklung eines Kern-Selbst-Empfindens.

Babys brauchen eine Umgebung, in der ihnen Interesse geschenkt wird, in der man mit ihnen spricht, ihre Verhaltensweisen unterstützt und sie vorsichtig zu neuen Verhaltensweisen herausfordert. Sie brauchen liebevolle Bezugspersonen, die sich darum bemühen, ihre Aufmerksamkeit zu erlangen und Interaktionen aufbauen, in denen die Säuglinge aktiv werden können. Das Baby muss ein Vertrauen in seine eigenen Fähigkeiten entwickeln. Dafür braucht es einen Erwachsenen, der an die Fähigkeiten des Babys glaubt und der das durch sein Verhalten zum Ausdruck bringt. Dieses Vertrauen ist maßgeblich für den Erkundungsdrang, den das Kind entwickeln wird.

Das Empfinden eines subjektiven Selbst

Zwischen dem achten und dem sechzehnten Lebensmonat bildet sich das Empfinden eines subjektiven Selbst heran. Der Säugling lernt während dieser Zeit zwischen einem wahrnehmbaren, äußeren Verhalten und einem mentalen Innenleben zu unterscheiden. Ihm wird bewusst, dass er über Gefühle, Absichten und Wünsche verfügt. Außerdem gelangt er zu der Erkenntnis, dass er seine innerlichen subjektiven Erfahrungen, den Inhalt seiner Gefühle und seiner Gedanken, dem anderen über nonverbale Kommunikationsmittel mitteilen kann. Dieser Inhalt kann eine Handlungsabsicht sein („Ich will den Keks haben"), ein Gefühlszustand („Das ist spannend") oder ein Gegenstand der Aufmerksamkeit („Schau mal das Spielzeug!"). Er erkennt auch, dass seine eigene private Gedankenwelt verborgen bleibt, solange er nicht versucht, sie zu zeigen. Außerdem weiß er, dass der andere ebenfalls ein privates Innenleben besitzt, da er nun das, was er an sich selbst erfährt, auch auf andere Menschen anwendet (Analogie des Selbst).

Das Eintreten des funktionalen Spiels ab dem neunten Monat weist meines Erachtens darauf hin, dass nun auch generalisierte Repräsentationen im Hinblick auf Handlungsstrukturen entwickelt werden. Der Säugling entwickelt demnach neben den generalisierten Interaktionsrepräsentationen auch generalisierte Repräsentationen, die sich vor allem auf immer wiederkehrende Handlungsereignisse beziehen. Generalisierte Repräsentationen, die sich auf immer wiederkehrende Handlungsereignisse beziehen, wurden von Katherine Nelson untersucht und als „mental event representations" bezeichnet (vgl. Nelson 1996).

Pädagogische Konsequenzen für den Bereich der intersubjektiven Bezogenheit

Während sich der Säugling in den ersten acht Monaten vor allem mit offensichtlichen Verhaltensweisen beschäftigt und sich als jemand wahrnimmt, der Dinge verursacht, sieht er sich etwa ab dem neunten Monat als ein intentionaler Akteur mit Gefühlen, Wünschen und Absichten. Das Selbstempfinden macht im Bereich der intersubjektiven Bezogenheit einen riesigen Sprung.

Der Säugling beginnt nun, seine innere Welt kennenzulernen und auch die der anderen. Emotionen, Beziehungen, Bindungen, all das, was er schon längst gelebt hat, wird ihm jetzt erst bewusst. Wenn man einen vier Monate alten Säugling vorübergehend von einer fremden Person betreuen lässt, scheint es dem Säugling nicht all zu viel auszumachen, solange seine Bedürfnisse befriedigt werden und er sich wohlfühlt. Doch ein neun Monate alter Säugling, dem die enge Bindung zu seiner Mutter bewusst ist, bleibt nicht bei einer fremden Person. Sobald die emotionale Bindung bewusst wird, löst das Bindungssystem bei den meisten Kindern Trennungsangst aus. Es ist wohl kein Zufall, dass dem Kind die emotionale Bindung im Bereich der intersubjektiven Bezogenheit bewusst wird. Es gibt verschiedene Theorien darüber, warum beim Kleinkind Trennungsangst entsteht (vgl. Bowlby 1984, Ainsworth et al., 1978, Mahler 1975). Fest steht indessen, dass durch Trennungsangst die Erkundungs- und Spielaktivität des Kindes absinkt, das Wohlbefinden des Kleinkindes sinkt und das Verhalten sogar in dumpfe Passivität übergehen kann (vgl. Rauh 2008).

Eine grundlegende pädagogische Aufgabe besteht demnach darin, dem Kind stets das Gefühl emotionaler Sicherheit zu geben. Das Kleinkind darf sich nicht alleingelassen fühlen, da es davor große Angst hat. Wenn die Bezugsperson sich in einem anderen Raum aufhält als das Kind, kann sie trotzdem Kontakt zu dem Kind halten und ihm somit das Gefühl von Sicherheit vermitteln (indem sie zum Beispiel ab und zu zu ihm spricht). Da das Kind jetzt motorisch auch große Entwicklungsschritte macht und viel selbstständiger wird – es fängt an zu robben, zu krabbeln und sogar zu laufen –, bewegt es sich auch von sich aus immer wieder auf die Bezugsperson zu, um sich zu vergewissern, dass sie noch da ist. „Im Verlaufe des zweiten Lebensjahres ist es zwar physisch schon recht eigenständig […], aber offenbar hat es noch Schwierigkeiten, sich sicher genug vorstellen zu können, wo der Erwachsene jeweils ist. Bei allem Wunsch nach Selbermachen und Selbstständigkeit wird es zugleich phasenweise sehr fordernd und anhänglich“ (Rauh 1998, 239).

Wenn Kinder während dieser Zeit in eine Institution aufgenommen oder von einer Tagesmutter betreut werden sollen, muss man dringend darauf achten, dass eine intensive Eingewöhnungsphase eingeplant wird, um den Übergang so angenehm wie möglich zu gestalten, zum Beispiel durch das Laewener Eingewöhnungsmodell (vgl. Laewen 2003). Die emotionale Sicherheit spielt nun eine noch wichtigere Rolle, da sich das Kleinkind in eine neue Umgebung begibt, die ihm völlig fremd ist. Das Kleinkind muss eine Beziehung zu einer neuen Person aufbauen, sodass es auch in der Institution eine feste Bezugsperson gibt, die zum „sicheren Hafen" wird. Pädagogen und Mütter müssen sich dessen bewusst sein, dass das Kleinkind unmittelbaren Kontakt zu einer festen Bezugsperson braucht, bei der es sich emotional auftanken kann und bei der es sich sicher und geborgen fühlt. Nur dann, wenn das Kind die Gewissheit hat, dass für es gesorgt wird, spürt es die innere Freiheit, die ihm ermöglicht, die Welt zu erkunden. Nur dann hat es die Energie, auf Erkundungstouren zu gehen. Man kann oft an der Erkundungs- und Spielaktivität des Kindes erkennen, ob es sich wohl und sicher fühlt oder nicht.

Man kann die Entwicklung eines subjektiven Selbst fördern, indem man an dem, was das Kleinkind tut, aufmerksam teilnimmt und das Kind erfahren lässt, dass Gedanken, Gefühlszustände und Wünsche mitteilbar sind. Das gemeinsame Erleben von inneren Zuständen beginnt zu diesem frühen Zeitpunkt. Deshalb braucht das Kind liebevolle Bezugspersonen, die die inneren Zustände des Kindes wahrnehmen und passend darauf reagieren; Menschen, die sich mit dem Kind über seine ersten motorischen Fortschritte freuen, die Bewegungsräume schaffen, in der es sich selbstständig fortbewegen kann, und die das Spiel des Kindes fördern, indem sie zum Beispiel Materialien zur Verfügung stellen. Institutionen sollten bei der Raumgestaltung von Anfang an Bewegungsräume einplanen, in denen Babys Lust bekommen, ihre motorischen Fähigkeiten zu üben. Bewegungsräume sollten so gestaltet werden, dass sie der Bewegungsentwicklung des Kindes in jeder Phase gerecht werden. „Die krippenspezifische Gestaltung des Raumes besteht darin, den Boden zu ‚modellieren', zum Beispiel durch flache Podeste, Stufen, schräge Ebenen, kleine Vertiefungen oder Erhebungen" (Beek, von der, 2006, 66). Außerdem sollten Kleinkinder jederzeit die Möglichkeit haben, ihren Gleichgewichts- und Bewegungssinn zu betätigen, indem Schaukel- und Schwingmöglichkeiten im Raum vorhanden sind. „In Räumen, in denen Kinder unter drei Jahren betreut werden, sollten Aufhängevorrichtungen [für Spielgeräte] an den Decken so selbstverständlich wie Fenster sein, denn die Betätigung ihres Gleichgewichtsinns ist für die Kinder ebenso wichtig wie das Sehen" (Beek, von der, 2006, 70).

Das Empfinden eines verbalen Selbst

Das verbale Selbstempfinden entwickelt sich etwa ab dem achtzehnten Lebensmonat. „Ein Menschenkind vor dem achtzehnten Lebensmonat fühlt, handelt und nimmt senso-affektiv-motorisch die Gegenwart wahr, unter anderem auch den Unterschied von Selbst und Nicht-Selbst. Aber es weiß es nicht – es ist ‚anoetisch' (unwissend) im Sinne Endel Tulvings –, dass es fühlt und wahrnimmt. Obwohl es ein erlebendes Individuum ist, das Hunger, Schmerz oder Freude empfindet, weiß es davon nichts. Es kann nicht reflektieren" (Köhler, L., 1998, 176).

Um den achtzehnten Lebensmonat herum ändert sich das. Es entsteht eine neue Bewusstseinsform, mit der das Kleinkind eine zunehmend objektivere Sicht auf die eigene Person einnehmen kann. Das Empfinden des verbalen Selbst ist der Beginn eines reflektierbaren Selbst.

Während der Entwicklung der verbalen Bezogenheit taucht die Sprache auf, die das Selbstempfinden um neue Fähigkeiten bereichert. Das Kind fängt an, konzeptionelle Schemata wie Symbole und Worte zu entwickeln. Diese Fähigkeit baut auf vorangehenden Erfahrungen auf: Zunächst bildet der Säugling anhand körperlich-sinnlicher Alltagserfahrungen Wahrnehmungsschemata und entwickelt somit eine erste Form der Erfahrungsstrukturierung. Die Erfahrungen, die immer wieder auftauchen, werden in Bilder verwandelt. Nun beginnt das Kleinkind für diese inneren Bilder Symbole zu entwickeln, die ihm ermöglichen, das Erlebte in Worte zu fassen. Konzepte bauen somit auf konkreten Erfahrungen auf. Bevor ein Konzept von etwas entsteht, muss ein innerer individueller Strukturierungsprozess durchlaufen worden sein. Deshalb werden als Erstes die Menschen und Dinge mit einem Wort bezeichnet, mit denen das Kind vielfältige Erfahrungen verbindet. Der Ursprung der Sprachentwicklung liegt in körpersensorischen Erfahrungen. Je vielfältigere konkrete Erfahrungen das Kleinkind gemacht hat, desto besser kann das Denken auf der Bildebene differenziert werden.

Das Kleinkind entwickelt nun die Fähigkeit, Handlungen im Geiste ablaufen zu lassen, ohne sie in die Tat umzusetzen. Diese Fähigkeit zieht drei Konsequenzen mit sich, die das Empfinden eines verbalen Selbst ausmachen: „Die Fähigkeit, das Selbst zum Objekt der Reflexion zu machen, die Fähigkeit, symbolisch zu handeln (etwa im Spiel) und der Spracherwerb. Die Verbindung dieser Konsequenzen [...] ermöglicht es, dass das Kind gemeinsam mit einem anderen Menschen Bedeutungen hervorbringt, die das persönliche Wissen betreffen" (Stern 1992, 235).

Pädagogische Konsequenzen für den Bereich der verbalen Bezogenheit

Der Spracherwerb des Kleinkindes kann von Anfang an gefördert werden. Die Differenzierung des Spracherwerbs hängt eng mit dem Erfahrungsschatz des Kindes zusammen. Je mehr Möglichkeiten das Kind zum differenzierten Wahrnehmen hat, je feiner es seine Wahrnehmungen abstimmen kann, desto mehr innere Bilder (konzeptionelle Schemata) wird es entwickeln. Dementsprechend braucht es auch mehr Wörter, um seine Erfahrungen genauer beschreiben zu können. Nur das, was im Detail wahrgenommen wird, kann später detailliert gedacht werden. Sprache stellt somit nicht nur ein Medium des Austauschs dar, sondern ist ebenfalls ein Werkzeug des Denkens. Durch Sprache wird die Komplexität des Erlebten reduziert. Diese Komplexitätsreduzierung stellt eine Notwendigkeit des reflexiven Denkens, des Austauschs und der Vermittelbarkeit dar. Sprache verlangsamt und stabilisiert Denken. Auf der anderen Seite wird durch Sprache implizites Wissen zu explizitem Wissen transformiert.

Sprache als Ausdrucksmittel ist jedoch mehr als die verbale Sprache. Es gibt die Sprache des Körpers, die Sprache der Kunst, die Sprache der Fantasie usw. Um etwas ins explizite Wissen zu übertragen, setzt das Kind eine von vielen Sprachen ein.

Dabei spielt es keine Rolle, welche Sprache es einsetzt, viel wichtiger ist, dass das Kind einen Weg findet, das zum Ausdruck zu bringen, was für das Kind von Bedeutung ist. Die pädagogische Aufgabe besteht darin, einen Rahmen zu schaffen, in dem das Kind verschiedene Gestaltungsmöglichkeiten einsetzen kann. Außerdem sollten Pädagogen Situationen schaffen, die für Kinder bedeutsam sind. Denn genau diese Erfahrungen sind es, über die die Kinder sprechen. Die emotionale Beteiligung ist oft ausschlaggebend dafür, wie differenziert Kinder über etwas erzählen. Das bedeutet, wir müssen Situationen schaffen, in denen Kinder gerne erzählen. Dabei sollten wir uns an den Geschichten der Kinder orientieren und nicht unbedingt an unseren Fragen. Wenn wir darauf eingehen, was Kinder uns von sich aus erzählen, hören wir oft komplexe Geschichten. Auf unsere (für Kinder nicht immer sinnstiftenden) Fragen erhalten wir dagegen oft nur kurze Antworten. Kinder brauchen Bezugspersonen, die sich für ihre Geschichten interessieren. Wenn sie spüren, dass man an dem, was sie erzählen, interessiert ist – weil man ihnen aufmerksam zuhört, auf den Inhalt des Erzählten eingeht, ihnen offene Fragen stellt, die zum weiteren Erzählen anregen etc. –, trägt man zur Entwicklung einer Gesprächskultur bei. Kinder, deren Stimmen gehört werden, erzählen meist auch gerne und entwickeln einen sehr breiten Wortschatz.

Fazit

Stern stellt die Entwicklung des Selbstempfindens in den ersten zwei Lebensjahren in einem Gesamtzusammenhang dar, ohne einzelne Verhaltensweisen und Bildungsprozesse von Säuglingen und Kleinkindern aus dem Gesamtkontext herauszulösen. Somit entwickelt er einen Forschungsansatz, mit dem er einen umfassenden Überblick über die komplexen Prozesse in der ersten Lebenszeit geben kann und stellt somit eine wichtige theoretische Grundlage für die Arbeit mit 0–3-Jährigen dar, die in der Fachdiskussion auf jeden Fall Berücksichtigung finden sollte.

Literatur

Airnsworth, M. D. S.; Blehar, M. C.; Waters, E. & Wall, S. (1978): Patterns of attachment: A psychological study of the Strange Situation. Hillsdale, NJ

Alemzadeh, M. (2008): Frühkindliches Selbstempfinden. Daniel N. Sterns Entwicklungstheorie und seine Bedeutung für die Frühpädagogik. Marburg

Beek, A. von der (2006): Bildungsräume für Kinder von Null bis Drei. Weimar

Bowlby, J. (1984): Bindung. Frankfurt a. M.

Köhler, L. (1998): Einführung in die Entstehung des Gedächtnisses. In: Koukkou, M.; Leuzinger-Bohleber, M. & Mertens, W. (Hrsg.): Erinnerung von Wirklichkeiten. Psychoanalyse und Neurowissenschaften im Dialog. Bd. 1, Stuttgart, 131–222

Laewen, H.-J.; Andres, B. & Hédervári, E. (2003): Die ersten Tage – Ein Modell zur Eingewöhnung in Krippe und Tagespflege. 4. Aufl., Weinheim/Berlin/Basel

Mahler, M. S.; Pine, F. & Bergmann A. (1975): The psychological birth of the human infant. New York

Nelson, K. (1996): Language in cognitive development. The emergence of the mediated mind. Cambridge

Rauh, H. (2008): Der kompetente Säugling. In: Oerter, R.; Montada, L. (Hrsg.): Entwicklungspsychologie. 6. vollständig überarbeitete Auflage, Weinheim, 180– 209

Rauh, H. (1998): Frühe Kindheit. In: Oerter, R.; Montada, L. (Hrsg.): Entwicklungspsychologie. 4. korr. Aufl., Weinheim, 167–248

Stern, D. N. (1992): Die Lebenserfahrung des Säuglings. Stuttgart

Hellgard Rauh

Theorien und Konzepte der Entwicklungspsychologie

Theorien ordnen unser Wissen

Theorien und Begriffe ordnen unser Wissen, auch unser Alltagswissen. Alltagstheorien leiten unsere Handlungen und Entscheidungen, und dies meist, ohne dass wir es merken. Alltagstheorien sind in der kulturellen Tradition verankert und werden über Generationen weitergereicht. Wissenschaftliche Theorien sollten ein in sich schlüssiges logisches System bilden, aus dem Hypothesen abgeleitet und empirisch überprüfbar gemacht werden können. Viele wissenschaftliche Theorien sind ebenfalls zunächst aus Alltagstheorien hervorgegangen und haben ihrerseits Alltagstheorien beeinflusst, man denke nur an die Psychoanalyse. Die meisten „großen" entwicklungspsychologischen Theorien haben nicht den Status einer strikten (naturwissenschaftlichen) Theorie, sind aber wesentlich systematischer als Alltagstheorien. Sie können eher als „Denkrichtungen" bezeichnet werden, als einzelheitliche oder ganzheitliche Sichtweisen auf die menschliche Entwicklung und als mechanistische oder organismische Interpretationen von Entwicklungsveränderungen. Sie dienen ihrerseits als Heuristiken zum Erkennen von Regelhaftigkeiten. Auch wissenschaftliche Theorien unterliegen jedoch Beliebtheits- und Modewellen. In aufstrebenden Gesellschaften werden in der Regel entwicklungspsychologische Theorien bevorzugt, die die Veränderbarkeit und Formbarkeit der kindlichen Persönlichkeit hervorheben; in Zeiten von Gefährdungen gewinnen dagegen Theorien größere Beachtung, die das Stabile, das Bewahrende betonen.

Theorien beeinflussen unseren Blick

Theorien und in Theorien verankerte Begriffe lassen uns manches überhaupt erst sehen. Sie helfen uns, das Wahrgenommene zu deuten, können aber auch zum Missdeuten verführen.

Beispiele für verstellte Blicke: Noch Anfang der 70er Jahre des 20. Jahrhunderts waren die meisten Gynäkologen, Pädiater, Hebammen und Säuglingsschwestern der Meinung, dass das Neugeborene bestenfalls Schatten sehe und auch noch kein wirkliches Schmerzempfinden habe; es sei ja nur ein „Hirnstammwesen". Folglich lagen die Babys „tief vergraben" in ihren Bettchen; neugeborene Jungen wurden in den USA ohne Betäubung beschnitten und Frühgeborene – auch in Deutschland – ohne Narkose operiert.

Die vermutete absolute Abhängigkeit der Kinder unter drei Jahren von ihren Müttern führte in Deutschland dazu, dass die Bedeutung von Vätern bereits für die sehr kleinen Kinder (und umgekehrt) unterschätzt wurde. Man übersah das Interesse von Kleinstkindern an anderen Kindern und ihre spielerische Bildbarkeit in der Gemeinschaft mit anderen Kindern und weiteren Erwachsenen. In der Folge mangelt es noch heute an Krippenplätzen. Lieber nimmt man die soziale Isolierung alleinerziehender junger Mütter in Kauf.

Autismus oder der „Frühe Kindstod" wurden, fälschlicherweise, aber theoriegebunden, darauf zurückgeführt, dass die Mutter das Kind unbewusst abgelehnt habe.

Beispiele für geschärfte Blicke: Bereits dem Säugling werden heute, theoriegeleitet, aktive Kompetenzen zugetraut. Neuere Theorien ließen uns erkennen, dass auch die Neugeborenen schon eigenaktiv zur Regulation ihrer Erregungszustände beitragen. Das Sozialverhalten des Kleinstkindes ist offenbar nicht erst eine späte und durch mühsames Lernen erworbene Fähigkeit. Basisansätze zum Sozialverhalten sind schon von ganz früh an vorhanden und folgen teilweise anderen Lern- und Entwicklungspfaden als das

Erfassen der dinglichen Umwelt. Unsere heutigen Kenntnisse über die kognitiven Kompetenzen sehr junger Säuglinge und über Zusammenhänge zwischen frühen Interaktionserfahrungen und sich entwickelnder sozial-emotionaler Bindung des Kindes wären ohne theoriebezogene Anregungen kaum möglich. Viele Förderprogramme für junge Eltern und ihre Kinder basieren auf ihnen. Moderne Vorstellungen darüber, was „Vernachlässigung" bei kleinen Kindern ganz konkret heißen kann und welche Langzeitwirkungen man bedenken sollte, wären ohne entsprechende wissenschaftliche Theorien und darauf fußende empirische Untersuchungen kaum denkbar.

Entwicklungstheorien gliedern den Lebenslauf

Schon früh begannen die Menschen, sich einen Überblick über den Lebenslauf zu verschaffen. Hierzu dienen Metaphern wie Lebens„weg" oder Bilder, z. B. auf- und absteigende Stufen (s. Abb. 1).

Abb. 1: Neuruppiner Bilderbogen

Bereits vor zweieinhalbtausend Jahren gliederte der griechische Lyriker und athenische Staatsmann Solon (geb. 640 v. Chr.) den Lebenslauf in zehn Siebenjahresschritte (Jarcho; Ebener, 1985). Diese wurden – vermutlich mit dem durch die Französische Revolution eingeführten Dezimalsystem – im 19. Jahrhundert zu zehn Zehnjahresschritten erweitert (s. Abb. 1).

> Die Altersstufen des menschlichen Lebens
> Ist noch ein Knäblein unfrei und unmündig, wechselt es seine
> Zähne zum ersten Mal zu dem siebenten Jahr.
> Ließ ein Gott die folgenden sieben Jahre verstreichen,
> treten die Anzeichen der kraftvollen Jugend hervor.
> Im dritten Jahrsiebent entwickeln sich reifend die Glieder,
> Bartflaum umschattet das Kinn, kräftiger färbt sich die Haut.
> Während des Vierten gewinnt ein jeder die mächtigste Stärke;
> diese gewährt dem Mann Leistung und hohen Erfolg.
> Während des Fünften sollte der Mann auf Vermählung bedacht sein,
> fortpflanzen sein Geschlecht für die zukünftige Zeit.
> Während des Sechsten festigen sich die Kräfte des Geistes,
> nicht das Unmögliche mehr hat man als Ziel sich gesteckt.
> Während des Siebten und Achten, vierzehn Jahre, bewährt er
> in vortrefflichstem Grad Einsicht und Redegewalt.
> Kräfte noch besitzt er im Neunten, doch taugen zu höchster
> Leistung die Gaben des Geistes wie auch der Rede nicht mehr.
> Wurde ihm die Vollendung des Zehnten beschieden,
> hat er die Stunde erreicht, die ihm zum Sterben bestimmt.
>
> Solon, geb. 640 v. Chr. (aus: Jarcho & Ebener, 1985)

Zu Beginn der wissenschaftlichen Entwicklungspsychologie in der ersten Hälfte des 20. Jahrhunderts hatten Begriffe wie „Stufe“, „Phase“, „Periode“, „Stadium“ oder „Lebensabschnitt“ Konjunktur. Man hoffte, dass sich die meisten entwicklungstypischen Verhaltensweisen der Kinder und Jugendlichen aus einem grundlegenden Prinzip ableiten lassen würden (Bergius, 1959). So glaubten Stanley Hall und Charlotte Bühler, dass sich die Phasen der kulturellen Menschwerdung stark beschleunigt in der Kindheitsentwicklung wiederholten. Kroh und auch Bühler betonten als Hauptentwicklungsmerkmale den Wandel der Weltsicht des Kindes von einer eher subjektiven und egozentrischen zu einer realitätsbezogenen Haltung sowie in einem zunehmenden Bewusstsein seiner Selbst und in zunehmender Fähigkeit zur Selbstreflexion. Freud hielt die (zunächst reifungsbedingte) Schwerpunktverlagerung der körperlichen Orte für seelischen Lustgewinn (oral, anal, genital) und die Integration dieser Teilantriebe zur reifen Hetero-Sexualität für die Hauptantriebe für Entwicklungsprozesse. Aus Lustgewinn, Lustbarrieren und Lustkontrolle entwickeln sich nach Freud die zentralen Persönlichkeitsinstanzen: Es, Ich und Über-Ich. Erikson griff diesen Ansatz auf, gab aber dem libidinösen Anteil am Entwicklungsprozess weniger Gewicht.

Tab. 1: Psychosoziale Phasen nach Erik Erikson (nach P. H. Miller, 1993, 155)

Phase	Psychosoziale Krise	Umkreis der Beziehungspersonen	Elemente der Sozialordnung	Psychosoziale Modalitäten	Psychosexuelle Phasen (Freud)
I	Vertrauen gegen Misstrauen	Mutter	Kosmische Ordnung	Gegeben bekommen – Geben	Oral-respiratorisch; sensorisch kinästhetisch (Einverleibungsmodi)
II	Autonomie gegen Scham, Zweifel	Eltern	„Gesetz und Ordnung"	Halten (Festhalten) – Lassen (Loslassen)	Anal-urethral; muskulär (Retentiv-eliminierend)
III	Initiative gegen Schuldgefühle	Familienzelle	Ideale Leitbilder	Tun (Drauflosgehen) – „Tun-als-ob" (= Spielen)	Infantil-genital, lokomotorisch (eindringend, einschließend)
IV	Werksinn gegen Minderwertigkeitsgefühle	Wohngegend, Schule	Technologische Elemente	Etwas „Richtiges" machen, etwas mit anderen zusammen machen	Latenzzeit
V	Identität und Ablehnung gegen Identitätsdiffusion	„Eigene" Gruppen, „die Anderen", Führer – Vorbilder	Ideologische Perspektiven	Wer bin ich (wer bin ich nicht); das Ich in der Gemeinschaft	Pubertät
VI	Intimität und Solidarität gegen Isolierung	Freunde, sexuelle Partner, Rivalen, Mitarbeiter	Arbeits- und Rivalitätsordnungen	Sich im anderen verlieren und finden	Genitalität

Phase	Psychosoziale Krise	Umkreis der Beziehungspersonen	Elemente der Sozialordnung	Psychosoziale Modalitäten	Psychosexuelle Phasen (Freud)
VII	Generativität gegen Selbstabsorption	Gemeinsame Arbeit, Zusammenleben in der Ehe	Zeitströmungen in Erziehung und Tradition	Schaffen, Versorgen	
VIII	Integrität gegen Verzweiflung	„Die Menschheit", „Menschen meiner Art"	Weisheit	Sein, was man geworden ist; wissen, dass man einmal nicht mehr sein wird	

Er sah das Kind zugleich als aktiv eingebunden in immer größere soziale Gemeinschaften (Eltern, Familie, Gleichaltrige, ... Gesellschaft, Kultur). Andere Entwicklungspsychologen glaubten, Verhaltensschübe aus neurologischen Reifungsprozessen herleiten zu können (z.B. Gesell, Busemann). All diese Entwicklungstheoretiker erhofften zumindest anfangs, dass sie aus ihren Prinzipien universelle, also für alle Kinder geltende und generelle, also im jeweils beschriebenen Alter die gesamte Persönlichkeit charakterisierende Entwicklungsstufen, -perioden etc. herleiten könnten. Sie haben dabei jeweils Wichtiges erkannt, aber ihre – ästhetisch oft sehr ansprechenden – Entwicklungsmodelle erscheinen uns aus heutiger Sicht als zu einfach.

Übergreifende Gliederungen des Entwicklungsverlaufs haben aber auch heute noch ihre Berechtigung. Sie dienen der Wissenschaft als Interpretationsrahmen und vor allem der psychologischen und pädagogischen Praxis als Orientierungshilfe. Dabei bevorzugt man Entwicklungsmodelle, die unterschiedlichen Entwicklungsfaktoren (Reifung, Lernen, Kultur, Eigenaktivität) zugleich Raum lassen. Dies gilt beispielhaft sowohl für das Modell der Entwicklungsaufgaben von Robert Havighurst als auch für das der Ich-Entwicklung von Erik Erikson. In beiden spielen sowohl körperliche Reifung als auch Umweltbedingungen eine Rolle; aber das Individuum betreibt auch selbst aktiv seine eigene Persönlichkeitsentwicklung. Dabei bestimmt, vor allem im Modell von Havighurst, die jeweilige Kultur mit ihren Bildungseinrichtungen wesentlich die altersgebundenen Entwicklungsthemen mit und übt mit ihren altersgenormten Erwartungen einen gewissen „Phasendruck" aus (Bergius, 1959). Für psychologische Beratung und pädagogische

Tab. 2: Entwicklungsaufgaben nach Havighurst (1948/49) aus H.-M. Trautner (1992, 2. Aufl., 141)

Entwicklungsperiode	Entwicklungsaufgaben
Frühe Kindheit (0–2 Jahre)	• Anhänglichkeit (social attachment) • Objektpermanenz • Sensumotorische Intelligenz und schlichte Kausalität • Motorische Funktionen
Kindheit (2–4 Jahr)	• Selbstkontrolle (vor allem motorisch) • Sprachentwicklung • Fantasie und Spiel • Verfeinern motorischer Funktionen
Schulübergang und frühes Schulalter (5–7 Jahre)	• Geschlechtsrollenidentität • Einfache moralische Unterscheidungen treffen • Konkrete Operationen • Spiel in Gruppen
Mittleres Schulalter (6–12 Jahre)	• Soziale Kooperation • Selbstbewusstsein (fleißig, tüchtig) • Erwerb der Kulturtechniken (Lesen, Schreiben, etc.) • Spielen und Arbeiten im Team
Adoleszenz (13–17 Jahre)	• Körperliche Reifung • Formale Operationen • Gemeinschaft mit Gleichaltrigen • Heterosexuelle Beziehungen
Jugend (18–22 Jahre)	• Autonomie von den Eltern • Identität in der Geschlechterrolle • Internalisiertes moralisches Bewusstsein • Berufswahl
Frühes Erwachsenenalter (23–30 Jahre)	• Heirat • Geburt von Kindern • Arbeit/Beruf • Lebensstil finden
Mittleres Erwachsenenalter (31–50 Jahre)	• Heim/Haushalt führen • Kinder aufziehen • Berufliche Karriere
Spätes Erwachsenenalter (51 und älter)	• Energien auf neue Rollen lenken • Akzeptieren des eigenen Lebens • Eine Haltung zum Sterben entwickeln

Umsetzung ermöglichen beide Ansätze mit ihrem breiten Rahmen eine Entwicklungskonzeption, die den gesamten Lebenslauf umfasst. Denn für eine positive Beratung sollten die „Entwicklungsaufgaben" und „-themen" aller am jeweiligen Problem Beteiligten beachtet und aufeinander abgestimmt werden.

Entwicklungstheorien heben spezifische Bereiche der Persönlichkeit hervor

Unter dem Blickwinkel auf spezifische Persönlichkeitsbereiche lassen sich drei Arten von Entwicklungstheorien unterscheiden:

- Theorien, die die Persönlichkeit bzw. das Verhalten insgesamt in ein System von Bereichen unterteilen, die ggf. ihren jeweils eigenen Entwicklungsgesetzen folgen.
- Theorien, die sich explizit auf nur einen Teilbereich der kindlichen Persönlichkeit beziehen.
- Theorien, die sich vornehmlich mit individuellen Unterschieden und deren Stabilität oder Veränderungen über die Zeit befassen. Die ersteren beiden Arten beziehen sich auf das Menschenkind ganz allgemein, wobei individuelle Unterschiede bestenfalls in der Ausprägung der jeweiligen Entwicklungsstufe oder in kleineren Entwicklungstempoabweichungen erwartet werden; letztere Art betrachtet (längsschnittlich) den Entwicklungsverlauf interindividueller Persönlichkeitsunterschiede und ggf. individuell unterschiedliche Entwicklungsverläufe.

Theorien zur Herausbildung von Persönlichkeitsbereichen und ihrer Entwicklung

Den umfassendsten neueren Vorschlag zur Strukturierung der menschlichen Persönlichkeit in Teilbereiche liefert die evolutionsorientierte Entwicklungspsychologie (Bjorklund, Periss; Cansey, 2009; Geary; Bjorklund, 2000). Sie sagt, dass die biopsychologisch stabilsten Verhaltensbereiche diejenigen sind, die

- dem Überleben des Individuums,
- der Partnersuche und der Fortpflanzung und
- der Fürsorge für die Nachkommen bis zu deren Eigenständigkeit dienen.

Als evolutionsgestützte Lebensfelder/Umwelten mit jeweils spezifischen Fähigkeiten unterscheiden Bjorklund und Kollegen einerseits die soziale Umwelt und andererseits die biologisch-physikalische oder dingliche Umwelt, die sie dann wiederum unterteilen (s. Abb. 2). Für diese evolutionsgestützten Lebensfelder bringt der Mensch Basisbereitschaft mit, und Kinder lernen die notwendigen Fertigkeiten besonders effektiv. So ist bereits das Kleinstkind mit rasch sich entwickelnden Fähigkeiten ausgestattet, fürsorgende Personen an sich zu binden und damit sein Überleben zu sichern. Hierzu dienen ihm sein Interesse an menschlichen Gesichtern, sein Kontakt- und sein Bindungsverhalten, seine Fähigkeit zum Mimik-Lesen und der Spracherwerb. Im Verlaufe der Kleinkindzeit bildet es Vorstellungen darüber aus, was seine Interaktionspartner wollen, fühlen und denken (sog. „Theory of mind"), ein Fähigkeitskomplex, der spezifisch menschliches Sozialverhalten ermöglicht. Schon im frühen Säuglingsalter unterscheidet das Kind vertraute von unvertrauten Menschen und noch im Kleinkindalter entwickelt es eine Art Gruppenzugehörigkeit und unterscheidet Menschen, die ihm in irgendeiner Weise ähnlich sind (Familie, Geschlecht, Kindergruppe) oder nicht zur eigenen Gruppe gehören. Im Umgang mit der dinglichen biologisch-physikalischen Welt entwickelt es früh Fähigkeiten zur Orientierung im Raum; es verwendet Gegenstände als Werkzeuge und unterscheidet Gefährliches von nicht Gefährlichem. Es lernt die jeweilige Teil-Umwelt zu kategorisieren und ihre jeweiligen physikalischen, chemischen, biologischen und sozialen Gesetzmäßigkeiten zu erkennen. Dabei zeichnet das Menschenkind, im Unterschied zu den nächstverwandten Säugetieren, eine besonders hohe Plastizität und Anpassungsfähigkeit aus, die sich u. a. im Spiel und in komplexer Lernfähigkeit zeigt.

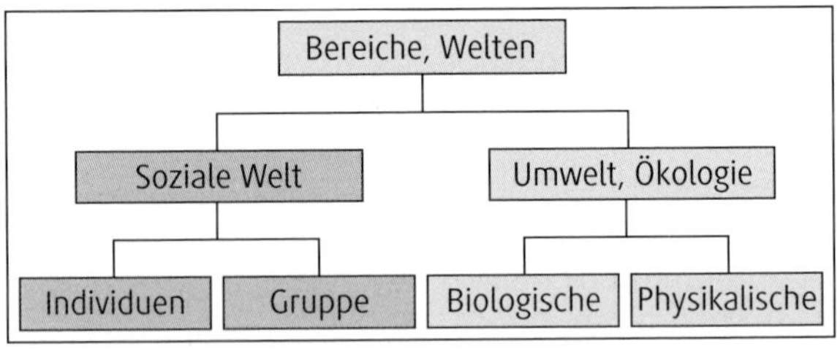

Abb. 2: Bjorkund-Modell

In weniger umfassender Weise beschreibt Elizabeth Spelke (mindestens) vier Kernwissenssysteme (Spelke; Kinzler, 2007), die, möglicherweise evolutionsgestützt, das Baby entweder bei der Geburt bereits mitbringt oder sehr bald danach ausbildet. Sie funktionieren wie fest verdrahtetes Basiswissen und dienen als Sprungbrett oder Steigbügelhalter zu späterem viel komplexerem Wissen. Kernwissen ist besonders stabil und bleibt selbst bei schweren

Hirnschädigungen beim Erwachsenen lange erhalten. Die bisher erforschten Kernwissenssysteme sind folgende:

- Unbelebte Objekte verhalten sich untereinander nach den Kausalgesetzen der Mechanik;
- Lebendige Akteure („agents“) dagegen zeigen zielgerichtete Handlungen;
- Orte haben eine räumliche Ausdehnung mit geometrischen Beziehungen und
- Anhäufungen („sets“) von Objekten weisen numerische Beziehungen auf, lassen sich ordnen, addieren und subtrahieren.

Diese Grundausstattung von Kernwissen hilft dem Kind, sich schon sehr früh effektiv in der Welt zurechtzufinden und geordnetes Wissen aufzubauen.

Ähnlich wie Spelke betrachten etliche Sprachentwicklungsforscher Sprache, in Anlehnung an Chomsky, als ein von anderen Verhaltens- und Persönlichkeitsbereichen deutlich unterscheidbares „Modul“, in dem das Kind nach anderen Lernbedingungen und besonders rasch und effektiv Kompetenzen erwirbt (Landau, 2009; Fodor, 1982). Bei Kindern mit einer speziellen Sprachentwicklungsstörung sei, so diese Forscher, das Sprachmodul entweder nicht gut genug ausgeprägt oder als eigenes Modul gar nicht vorhanden, sodass diese Kinder nach den für andere Bereiche „üblichen“ Lernmethoden Sprache sehr viel mühsamer erwerben müssen. Ein vergleichbares Modul wird von anderen Forschern für das Mimiklesen sowie für die Fähigkeit, sich in einen anderen hineinversetzen zu können, vermutet, beides sind Vorläufer der „Theory of mind“. Ein weitgehendes Fehlen dieser „Module“ charakterisiere Kinder mit frühkindlichem Autismus (Ozonoff; South, 2001).

Theorien zu spezifischen Teilbereichen der kindlichen Persönlichkeit

Eine Reihe von Theorien bezieht sich explizit nur auf einen Teilbereich der kindlichen Persönlichkeit. Die umfassendste und einflussreichste dieser spezielleren Theorien ist die kognitive Entwicklungstheorie von Jean Piaget. Piaget hat sich vor allem mit der Entwicklung der Denkstrukturen beim Kinde bis hin zum formalen logischen Denken beim Jugendlichen und Erwachsenen befasst. Sein allgemeines Modell der aufeinanderfolgenden und auseinander hervorgehenden kognitiven Strukturen hat unendlich viel Forschung angeregt und zu vielen Revisionsvorschlägen geführt. Auch in der Praxis dient es als eine wichtige Interpretationsfolie, insbesondere für die kognitive Entwicklung im Kleinstkind- und im Vorschulalter (s. Tab. 3 und 4).

Tab. 3: Piagets Modell der kognitiven Entwicklung

I. Periode des Auf- und Ausbaus der sensumotorischen Intelligenz (0–2 Jahre)
II. Periode des Auf- und Ausbaus der konkreten logischen Operationen (2–12 Jahre)
III. Periode des Auf- und Ausbaus des formalen Denkens (ab etwa 12 Jahren)

Tab. 4: Feingliederung des Auf- und Ausbaus der sensumotorischen Intelligenz (Stufenmodell nach Piaget)

0 bis 7–9 Monate	Zentrierung auf den eigenen Körper
0 bis 1 Monat 0 bis 6 Wochen	1. Üben der angeborenen quasi-reflektorischen Schemata (z. B. Saugen, Schauen, Lauschen)
1 bis 4 Monate 6 Wochen bis 3 Monate	2. Primäre Kreisreaktionen: erste erworbene Gewohnheiten (z. B. Daumenlutschen)
4 Monate bis 8 Monate 3 Monate bis 9 Monate	3. Sekundäre Kreisreaktionen: Zielgerichtetes Verhalten, z. B. visuell gelenktes Greifen
8 Monate bis 18/24 Monate	4. Objektivierung der Pläne der praktischen Intelligenz, Anpassung an die Bedingungen des Raumes
8 Monate bis 12 Monate	5. Koordination der sekundären Verhaltensschemata und Anwendung auf neue Situationen; Differenzierung von Mittel und Zweck in intentionalen Handlungen, z. B. Suche nach einem versteckten Gegenstand
12 Monate bis 18 Monate	6. Tertiäre Kreisreaktionen; Entdecken neuer Mittel durch Ausprobieren; Anwendung vertrauter Mittel auf neue Ziele
18 Monate bis 24 Monate	7. Mentale Vorstellungen; Erfinden neuer Mittel durch geistige Kombination von Mitteln und Zielen; einsichtsvolles Entdecken durch aktives Experimentieren

Nachfolgende Forschern erweiterten Piagets Ansatz auf von ihm nicht so explizit ausgeführte Bereiche, etwa auf das moralische Urteilen bis in das

Jugendalter (Kohlberg, 1995) oder auf die sozialkognitive Entwicklung (Selman, 1984). Andere favorisieren zwar, wie Piaget, einen strukturgenetischen Ansatz der Epigenese (der allmählichen Herausbildung und Umformung) von kognitiven Strukturen. Diese Strukturen münden aus ihrer Sicht aber nur für einen Teilbereich der psychischen Welt in „logische" Strukturen, wie Piaget sie beschrieben hat, während für andere „Domänen" je andere, eigene Strukturprinzipien gelten sollen. Das Wissen um numerische, räumliche, biologische, um soziale und psychologische Sachverhalte soll solche unterschiedliche Domänen mit eigenen Strukturgesetzen bilden und sich außerdem im selben Kind in ihrem Strukturniveau erheblich unterscheiden können (Sodian, 2008). Auffallend ist die Ähnlichkeit der Domänenunterteilung mit den Lebensbereichen aus Evolutionsperspektive und der Kernwissensbereiche der Säuglingsforschung.

Weitere spezielle Theorien gibt es z. B. für die Entwicklung des Bindungsverhaltens bei Kindern (Bowlby; Ainsworth; Spangler; Zimmermann, 1995), für die emotionale Entwicklung (Friedlmeier; Holodynsky, 1999), für die Leistungsmotivation (Holodynsky; Oerter, 2008) oder auch für das Selbstbild (Bischof-Köhler, 1998). Die meisten dieser Theorien beschreiben, wie für die kognitive Entwicklung, einen Entwicklungsweg der zunehmenden Differenzierung und der Integration verschiedener Aspekte, meist im Zusammenhang mit einer zunehmenden Symbolisierungs- und Abstraktionsfähigkeit des Kindes und zunehmender Selbstreflexion. Manche rekurrieren auf Phasen- oder Stufenmodelle, wenn auch eng bereichsspezifisch. Allen scheint gemeinsam zu sein, dass diejenigen Aspekte, die am deutlichsten einem altersbezogenen Entwicklungsprozess – und nicht allein einer quantitativen Wissensansammlung unterliegen – einen erheblichen kognitiven Anteil haben, ohne dass in allen Teilbereichen das gleiche kognitive Niveau vorherrschen müsste.

Theorien zu individuellen Persönlichkeitsunterschieden

Einige Entwicklungstheorien stammen ursprünglich aus der Persönlichkeits- oder differenziellen Psychologie. Sie beschreiben die menschliche Persönlichkeit nach einer begrenzten Zahl von Dimensionen (z. B. Intelligenz, Ängstlichkeit, soziale Aufgeschlossenheit, Aggressivität) und vergleichen verschiedene Menschen derselben Altersgruppe nach den Ausprägungen in diesen Merkmalen. Diese Ausprägungen können, müssen aber nicht immer, einem systematischen Entwicklungswandel unterliegen. So können sich einige Temperamentsmerkmale, z. B. Ängstlichkeit oder Schüchternheit, schon sehr früh zeigen und über einen ganzen Lebenslauf in charakteristischen Verhaltenstendenzen erkennbar sein (Kagan, 2008; Asendorpf, 2004). Andere, wie bestimmte Formen der Aggressivität, treten in bestimmten Lebensetappen besonders hervor oder zeigen unterschiedliche Entwicklungsverläufe: Sie verstärken sich im Verlaufe des Jugendalters oder sie verschwinden im Jugendalter, und das bei Jungen und Mädchen unterschiedlich. Wiederum andere Merkmale wandeln ihr Erscheinungsbild erheblich. Kinder, die als Babys durch erhebliche Passivität oder geringe Aktivität auffielen, entwickelten sich im Vorschulalter mitunter zu hyperaktiven und motorisch wenig kontrollierten Kindern. Je nach der „Passung" der sozialen Umwelt (elterlichem Erziehungsverhalten) zu den Ausgangsbedingungen der Kinder (Lerner, 2002) entstanden daraus wünschenswerte oder auch problematische Verhaltensweisen (Fox, 1994).

Die Hauptgruppe dieser auf differenzielle Persönlichkeitsdimensionen orientierten Entwicklungstheorien befasst sich mit der Intelligenzentwicklung (Sternberg; Berg, 1992). In den Intelligenztheorien verbinden sich quantitative mit strukturellen Ansätzen, da die Intelligenz im Kindes- und Jugendalter nicht nur erheblich anwächst, sondern sich auch in Teilbegabungen und Teilkompetenzen differenziert. Entwicklungstheorien der Intelligenz befassen sich mit der Frage nach den Entstehensbedingungen für Intelligenzunterschiede oder der nach ihren Prädiktoren, aber auch damit, wie weit einmal gefundene – relative! – Unterschiede zwischen Kindern derselben Altersgruppe sich in den folgenden Jahren wandeln oder stabil bleiben. Diese Fragen lassen sich entwicklungspsychologisch nur in Längsschnittuntersuchungen, d. h. in Untersuchungen bei denselben Personen über einen langen Lebensabschnitt hinweg, beantworten. Ein wesentlicher Befund ist allerdings, dass jegliche Vorhersagen aus einem Alter unter zwei Jahren – außer in Extremfällen – sehr eingeschränkt sind (Bornstein; Krasnegor, 1989). Sie werden mit dem Lebensalter des Kindes und mit der Ausbildung seines Selbstbildes bedeutsamer: Das heranwachsende Kind trägt mit seinem sich entwickelnden Selbstbild zur Stabilisierung seiner Persönlichkeitsmerkmale bei; aber auch Stabilität oder Wechsel in der jeweiligen Entwicklungsumwelt sind von Bedeutung.

Entwicklungstheorien beschreiben das Zusammenspiel von Entwicklungsfaktoren

Die meisten neueren Theorien befassen sich mit der Frage danach, was Entwicklung (insgesamt und in speziellen Teilbereichen) vorantreibt. Dabei spielt die Diskussion um Anlage/Umwelt sowie Reifung/Lernen und um die Prozesse ihres Zusammenwirkens eine wesentliche Rolle. Moderne Vorstellungen von diesem Zusammenspiel verwenden entweder die Computermetapher (Maschinenmodell) oder die eines organismisch-dynamischen Systemmodells (Miller, 1993; Trautner, 1992; Lerner, 2002). Entwicklungspsychologische Theorien verwenden entweder rein psychologische Konzepte oder beziehen sich ausdrücklich auf biologische Komponenten.

Theorien auf der psychologischen Ebene

Im Maschinenmodell verändert sich alles Verhalten, auch soziale Interaktion, Sprache und Gefühle, nach denselben grundlegenden Lerngesetzen, die strikte Forscher auch am „Tiermodell", z. B. Taube oder Ratte, studieren. „Entwicklung" löst sich für sie bei näherem Hinsehen in kleinste Lernprozesse des assoziativen und verstärkenden Lernens auf. Vermeintlich universelle „Entwicklungs"-Veränderungen werden durch ähnliche Rahmenbedingungen und Beschränkungen („constraints") gesteuert und können in der Regel kausal oder zumindest statistisch erklärt werden. Die klassische psychologische Theoriengruppe mit dieser Sichtweise ist der „Behaviorismus". Eine abgeschwächte Variante sind die „sozialen Lerntheorien".

Moderne Varianten dieser Theorieperspektive sind die Informationstheorien (Siegler; Miller, 1993) bzw. der „Konnektionismus". Ziel dieser Forscher ist es, das menschliche Lernen in Computermodellen und Robotern nachzubilden (zu modellieren). Über stochastische (zufallsbedingte) Phänomene glauben sie sogar vermeintlich stufenartige, relativ plötzliche Veränderungen erklären zu können. „Entwicklung" und „Ich" sind aus ihrer Sicht Epiphänomene, Schein-Konstrukte. Sie taugten bestenfalls zur Zusammenfassung komplexer Lernergebnisse, haben aber keine eigene begriffliche Substanz.

Wenn Entwicklungen mit Lernprozessen identisch sind, dann kann „Entwicklung" durch Optimierung der Lernprozesse beeinflusst werden. Die Verhaltenstherapie und Verhaltensmodifikation ist ausdrücklich dieser Theoriengruppe verpflichtet. Sie hat sich auch in verschiedenen pädagogischen Frühförderprogrammen konkretisiert, etwa dem Bereiter-Engelmann-Programm zur Förderung sozial benachteiligter Kinder in den USA oder in verschiedenen, auch in Deutschland verbreiteten Programmen zur Förderung geistig behinderter Kleinkinder.

Die eher organismischen Entwicklungstheorien vermuten hinter den direkt beobachteten Phänomenen abstraktere Strukturen und Faktoren, weswegen etliche von ihnen auch als „konstruktivistisch" bezeichnet werden.

Solche vermuteten Entwicklungsfaktoren sind, in jeweils unterschiedlicher Gewichtung, die Folgenden:

- Eine innewohnende Tendenz, Verhalten zu Schemata, „Skripten“ u. ä. als Verhaltensbereitschaft zu abstrahieren und in Strukturen zu koordinieren („Epigenese“), deren Abfolge entweder einem (evtl. genetisch gesteuerten) allgemeinen Bauplan folgt („Orthogenese“, z. B. bei Werner; Lerner, 2002) oder sich aus Strukturierungsgesetzen (z. B. auch Gestaltgesetzen) ergeben oder dynamische Systemeigenschaften zeigen (analog der Vielfalt der Formen von Schneeflocken).
- Die Eigenaktivität des Individuums, das nicht nur seine Umwelt aktiv auswählt und ggf. umformt, sondern auch auf sich selbst reflektiert und zu einer ganzheitlichen Persönlichkeit strebt.
- Erziehungs- und kulturelle Sozialisationserfahrungen. Für Vertreter der hier gemeinten Theoriengruppen sind vor allem die aktiven Interaktionserfahrungen wichtig: die des Kindes mit seinen Mitmenschen und mit seiner sächlichen und sozialen Umwelt sowie im Individuum selbst die Interaktionen zwischen seinen verschiedenen und nicht immer sogleich kompatiblen Erfahrungen

Piaget und auch Bruner haben in ihren Theorien eindrücklich beschrieben, wie sich beim Kleinstkind aus seinen konkreten sensumotorischen Interaktionserfahrungen erste kognitive Strukturen bilden, wie sich daraus Vorstellungen entwickeln (Piaget) bzw. wie ein weiterer Strukturierungsprozess ab etwa dem zweiten Lebensjahr auf der Basis von Vorstellungen stattfindet (Bruner).

Schwerpunkt der Theorien von Bruner und Schaffer ist das Entstehen sozialer Strukturen der Kommunikation und Interaktion, insbesondere in den ersten Lebensjahren. Tomasello vergleicht die sozial-kommunikative frühe Entwicklung beim Menschenkind, bei Menschenaffen und einigen Haustieren, um den evolutionären Grundlagen der kulturellen Entwicklung beim Menschen auf die Spur zu kommen. Beide, Schaffer und Tomasello, glauben erhebliche Strukturveränderungen in der Interaktion des Säuglings mit seinen sozialen Partnern um den dritten Monat, den achten/neunten Monat und um den achtzehnten Monat (Entdecken des „Ich“) erkennen zu können und bezeichnen diese sogar als „soziale Revolutionen“.

Die Qualität der Interaktion mit den wichtigsten Bezugspersonen, in der Regel den Eltern, formt für Vertreter der Bindungstheorie (Bowlby, Ainsworth, Main, Grossmann u. a.) in den ersten Lebensjahren die emotionale Qualität der sich entwickelnden Vorstellung von der sozialen Umwelt als freundlich und vertrauenswürdig oder als feindselig sowie der Vorstellung von sich selbst als liebenswert und von anderen akzeptiert oder als abgelehnt und isoliert.

Die kulturpsychologischen Entwicklungstheorien (Rogoff; Bronfenbrenner; Keller; Papoušek; Trommsdorff; Valsiner; Miller, 1993) gehen auf Vygotsky und Leontjew zurück. Ihre Theorien kreisen um die Fragen, wie kulturelles Wissen und kulturelle Erfahrung an die nächsten Generationen vermittelt werden und die Entwicklung der Kinder formen bzw. steuern. Die erwachsenen Interaktionspartner des Kindes spielen in ihren Theorien eine bedeutende Rolle. Sie strukturieren für das Kind seine Lernumwelt, setzen Rahmen oder bereiten das Gerüst für die „nächste Zone seiner Entwicklung". Sie unterstützen es bei seinen Lernerfahrungen und nehmen an seinem Wissenserwerb aktiv teil („Ko-Konstruktion"). Wissen, das gemeinsam in konkreter Teilhabe an Erfahrungen entsteht, verinnerlicht das Kind mit der Zeit zu „seinem" Wissen, das dann wiederum den inneren Strukturierungsprinzipien unterliegt und neue Interaktions- und Ko-Konstruktionserfahrungen herausfordert.

Diese drei Theoriengruppen beschreiben die Entwicklung des Kindes mit rein psychologischen Begriffen. Sie gehen dabei über das rein Beobachtbare hinaus und erfordern vom psychologisch erfahrenen Interaktionspartner des Kindes, dass er/sie sich bemüht, sich in das Kind hinein zu versetzen und die Welt aus seiner Perspektive zu betrachten, wenn er/sie die Entwicklung des Kindes optimieren will.

Reduktionistische Theorien

In jüngerer Zeit besteht die Tendenz, entwicklungspsychologisches Fachwissen in der Öffentlichkeit als Ergebnisse der „Hirnforschung" anzupreisen. Mit den modernen bildgebenden Verfahren ist es in der Tat möglich geworden, beim lebenden und gesunden Menschen ohne tiefe Eingriffe und parallel zum Verhalten elektrische Prozesse und Stoffwechselverbrauch in spezifischen Regionen des Gehirns zu beobachten. In der Zusammenarbeit von Neurologen und Psychologen floriert die Neuropsychologie. Früher wurden bereits physiologische Vorgänge (Atmung, Herzfrequenz) und in jüngerer Zeit endokrine Marker (Stresshormone) mit entwicklungspsychologischen Phänomenen in Beziehung gebracht. Vergleichsweise neu ist die Möglichkeit, genetische Merkmale genauer zu erfassen. Gene, so weiß man jetzt, wirken auf komplexe Weise; sie können im Verlaufe der Entwicklung und unter spezifischen innerorganismischen und Umweltbedingungen an- und abgeschaltet werden. Alte entwicklungspsychologische Konzepte, wie

z. B. das der „sensiblen Phasen“ und des „Schläfer-Effektes“ (Spätwirkungen), erhalten neue Fundierungen. Von besonderer Bedeutung erscheint das zeitliche Zusammenspiel, das „Timing“, der verschiedenen biologischen Prozesse und der Erfahrungen (Karmiloff-Smith, 2009). Aus diesen neuen Möglichkeiten werden sich neue Theorien ergeben. Es zeigte sich allerdings bisher, dass sich psychologische Prozesse nicht unmittelbar in physiologische oder genetische Prozesse übersetzen lassen. Die verschiedenen Ebenen interagieren miteinander in sehr komplexer Weise (Spencer et al., 2009; Lerner, 2002).

Wegen ihrer spezifischen Verhaltensnähe wird es für die pädagogische Praxis weiterhin entwicklungspsychologischer Theorien bedürfen. Nichts ist hilfreicher als eine gute Theorie – oder ein Fundus an guten Theorien und ein verantwortungsvoller und flexibler Umgang mit ihnen!

Literatur

Asendorpf, J. (2004): Psychologie der Persönlichkeit, 3. Aufl., Berlin

Bergius, R. (1959): Entwicklung als Stufenfolge. In: Thomae, H. (Hrsg): Handbuch der Psychologie in 12 Bänden, Band 3: Entwicklungspsychologie. Göttingen, 104–195

Bischof-Köhler, D. (1998): Zusammenhänge zwischen kognitiver, motivationaler und emotionaler Entwicklung in der frühen Kindheit und im Vorschulalter. In: Keller, H. (Hrsg.): Lehrbuch Entwicklungspsychologie. Bern, 319–376

Bjorklund, D. F.; Periss, V.; Causey, K. (2009): The benefits of youth. In: European Journal of Developmental Psychology, 6, 120–137

Bornstein, M. H.; Krasnegor, N. A. (Hrsg.) (1989): Stability and continuity in mental development. Behavioral and biological perspectives. Hillsdale NJ

Fox, N. A. (1994): The development of emotion regulation: Biological and behavioral considerations. Monographs of the Society for Child Development, Vol. 59, 2, Serial No. 240

Friedlmeier, W.; Holodynsky, M. (Hrsg.) (1999): Emotionale Entwicklung. Funktion, Regulation und soziokultureller Kontext von Emotionen. Heidelberg

Fodor, J. (1982): The modularity of mind. Cambridge MA: MIT Press

Geary, D. C.; Bjorklund, D. F. (2000): Evolutionary developmental psychology. In: Child Development, 71, 57–65

Holodynsky, M.; Oerter, R. (2008): Tätigkeitsregulation und die Entwicklung von Motivation, Emotion, Volition. In: Oerter, R.; Montada, L. (Hrsg.): Entwicklungspsychologie, 6. Aufl., Weinheim, 535–571

Kagan, J. (2008): In defense of qualitative changes in development. In: Child Development, 79, 1606–1624

Karmiloff-Smith, A. (2009): Preaching to the converted? From constructivism to neoconstructivism. In: Child Development Perspectives, 3, 99–102

Kohlberg, L. (1995): Die Psychologie der Moralentwicklung. Frankfurt

Landau, B. (2009): The importance of the nativist-empiricist debate: Thinking about primitives without primitive thinking. In: Child Development Perspectives, 3, 88–90

Lerner, R. (2002): Concepts and theories of human development. Third edition. Mawah NJ

Miller, P. H. (1993): Theorien der Entwicklungspsychologie. Heidelberg

Neuruppiner Bilderbogen No. 8185, Druck und Verlag Gustav Kühn, Neuruppin, 19. Jhdt.

Ozonoff, S.; South, M. (2001): Early social development in young children with autism. In: Bremner, G.; Fogel, A. (Hrsg.): Blackwell handbook of infant development. Oxford UK, 565–588

Selman, R. L. (1984): Die Entwicklung des sozialen Verstehens. Frankfurt

Sodian, B. (2008): Entwicklung des Denkens. In: Oerter, R.; Montada, L. (Hrsg.): Entwicklungspsychologie, 6. Aufl., Weinheim, 436–479

Solon. In: Jarcho, V.; Ebener, D. (1985): Flöte und Harfe, göttlicher Widerhall. Frühgriechische Lyrik. Reclam Universal-Bibliothek, Band 1089

Spangler, G.; Zimmermann, P. (1995): Die Bindungstheorie. Grundlagen, Forschung und Anwendung. Stuttgart

Spelke, E. S.; Kinzler, K. D. (2007): Core knowledge. In: Developmental Science, 10, 89–96

Spencer, J. P.; Samuelson, L. K.; Blumberg, M. S.; McMurray, B.; Robinson, S. & Tomblin, J. B. (2009): Seeing the world trough a third eye: Developmental systems theory looks beyond the nativist-empiricist debate. In: Child Development Perspectives, 3 (2), 103–105

Sternberg, R. J.; Berg, C. A. (Hrsg.) (1992): Intellectual development. Cambridge U. K.

Trautner, H.-M. (1992): Lehrbuch der Entwicklungspsychologie. Bd. 1: Grundlagen und Methoden, 2. Aufl., Göttingen

3

Die Jüngsten in der Kita – Grundpfeiler der Pädagogik

Gabriele Haug-Schnabel
Joachim Bensel

Ziele in der Krippenpädagogik: Bildungsziele der deutschen Frühpädagogik in der Diskussion

Über die drei großen Aufgaben der Frühpädagogik besteht Einigkeit: „Betreuung, Erziehung und Bildung des Kleinkindes" (§ 22 SGB VIII „Grundsätze der Förderung von Kindern in Tageseinrichtungen"). Dies gilt für Kinder über wie unter drei Jahren gleichermaßen. Das Leistungsangebot der Einrichtungen soll pädagogisch und organisatorisch an den Bedürfnissen der Kinder und ihrer Familien orientiert sein. Wie die damit verbundenen Aufträge, z. B. der Bildungsauftrag, genau zu definieren und umzusetzen sind, hat der Bundesgesetzgeber den Bundesländern überlassen. So verwundert es nicht, dass die 16 Bundesländer unterschiedliche und unterschiedlich viele (zwischen vier und elf) Lernfelder oder Bildungsbereiche benennen, auch wenn sich dabei häufig Überlappungen zeigen.

In der aktuellen Diskussion um frühe Bildung treten die Begriffe Betreuung und Erziehung deutlich in den Hintergrund und werden meist nur noch in Einheit mit dem Bildungsbegriff genannt. Tatsächlich lassen sich jedoch jedem dieser Begriffe eigene Bedeutungsinhalte zuordnen, die ebenfalls Ziele einer Krippenpädagogik sein sollten. So geht es bei der Betreuung um die Grundsicherung kindlicher Bedürfnisse, z. B. bezüglich Zuwendung, Wohlbefinden, Anregung, Sicherheit, Ernährung, Pflege und Hygiene. Aber auch der Schutzauftrag bei Verdacht auf Kindeswohlgefährdung (§ 8a, SGB VIII) ist in diesem Kontext angesiedelt und wird im Rahmen eines verstärkten Frühwarnsystems bereits in den ersten Lebensjahren eine zunehmend wichtigere Rolle spielen, weil Kinderkrippe und Kindergarten die Orte sind, wo Gefährdungen von Kindern am ehesten erkannt werden können. Dass Betreuung aber selten für sich allein steht, veranschaulicht das Piklersche Konzept der „beziehungsvollen Pflege“, das Pflegesituationen gleichzeitig als Beziehungs- und Lernsituationen erkannte.

Während in anderen Ländern nicht zwischen Erziehung und Bildung sprachlich differenziert wird – der englische Begriff „education“ steht etwa für beides –, ist dies im Deutschen anders. Erziehung meint das bewusste und absichtliche Herbeiführen von Lernprozessen, um relativ dauerhafte Veränderungen des Verhaltens zu erreichen, die bestimmten, vorher festgelegten Erziehungszielen entsprechen. Ziele der Erziehung nach heutigem Verständnis westlicher Kulturen sind beispielsweise individueller Kompetenzzuwachs, differenzierte Handlungsfähigkeit und Selbstbestimmtheit. Wenn auch die Erziehungsziele oft von entsprechenden Bildungszielen kaum zu unterscheiden sind, differieren jedoch die Wege dorthin und vor allem die Rolle des Erwachsenen dabei. Erziehung betont die führende Rolle des Erwachsenen, während ein modernes Verständnis von Bildung vor allem von der Eigenaktivität und Selbstbildung des Kindes ausgeht.

Nach PISA begann mit der Einführung der Bildungspläne das Ende der fachlichen Beliebigkeit des Bildungsauftrags (Riedel, 2009). Es wurden klare Bildungsziele für den frühpädagogischen Bereich benannt, aber nur ein Viertel der Länderpläne thematisieren explizit Bildungsprozesse für Kinder unter drei Jahren. Gerade das Fehlen einer wissenschaftlichen Begründung des Bildungsverständnisses für diese Gruppe kann zu einer unangemessenen Gestaltung von Bildungsprozessen für diese wichtigen frühen Jahre führen und mit einer unbefriedigenden Prozessqualität einhergehen. Es braucht jedoch keineswegs einen separaten, abgetrennten Bildungsplan „Unter 3“, da alle Bildungsdimensionen von Anfang an über alle Altersstufen verfolgt werden können, wie z. B. im hessischen Bildungsplan von null bis zehn Jahren anvisiert. Dennoch müssen Bildungspläne entwicklungsangemessen implementiert werden (Fthenakis, 2009a). Das heißt, es muss für jede Alters- und Entwicklungsstufe passend beschrieben sein, was es etwa bedeutet, ein „starkes" oder „kommunikationskompetentes" Kind zu sein, und was es dafür benötigt. Dies wird beispielsweise in dem ins Deutsche übertragenen englischen Bildungsplan „Birth to Three Matters", auf Deutsch „Wach, neugierig, klug – Kinder unter 3" (Bertelsmann Stiftung 2006) deutlich. Hier finden sich für vier Altersstufen (erste 8 Monate, bis 1 ½ Jahre, bis 2 Jahre, bis 3 Jahre) in den ersten drei Lebensjahren konkrete Hinweise und Anregungen zu altersadäquaten Bildungs- und Erziehungsimpulsen. Diese sollen helfen, vier verschiedene Bildungs- und Entwicklungsziele mit jeweils vier Einzelaspekten zu erreichen:

- starke Kinder (das „Ich" entdecken, anerkannt und bestätigt werden, Selbstvertrauen entwickeln, sich zugehörig fühlen),
- kommunikationsfreudige Kinder (mit anderen zusammen sein, eine eigene Stimme entwickeln, zuhören und antworten, verstehen und verständlich machen),
- aktiv lernende Kinder (Zusammenhänge herstellen, fantasievoll sein, kreativ sein, die Symbolwelt entdecken),
- gesunde Kinder (sich wohlfühlen, wachsen und sich entwickeln, ein Gespür für die eigene Sicherheit ausbilden, Entscheidungen zum eigenen Wohl treffen).

Unstrittig ist, dass es bei Bildungsbestrebungen im frühpädagogischen Bereich nicht um Vermittlung von abrufbarem Wissen gehen kann. Auch die Notwendigkeit hoher pädagogischer Qualität bei der Umsetzung der anvisierten Ziele wird einstimmig akzeptiert (Schneider, 2008): Es geht allenfalls um eine Verdichtung bzw. Akzentuierung einzelner Qualitätsmerkmale. Doch dann werden die Sichtweisen kontrovers, z. B. hinsichtlich der zu erreichenden Ziele und der hierfür geeigneten Wege.

So legt Fthenakis (2009a) großen Wert auf Konsistenz und Kontinuität im Bildungsverlauf (Krippe → Kindergarten → Schule), um Kommunikation und Kooperation der verschiedenen Einrichtungen zu erleichtern. Liegle (2009) dagegen sieht eine bruchlose Kontinuität zwischen den Bildungseinrichtungen nicht als Selbstzweck, der automatisch wünschenswert sei, vor allem wenn es dabei letztlich um die Beschleunigung von Lernprozessen geht. Diskontinuität etwa zwischen Kita und Grundschule kann für die Kinder auch etwas Herausforderndes und Bereicherndes darstellen.

Ein gezielter Kompetenzerwerb wird von Schäfer (2008a) vor allem für den frühpädagogischen Bereich zurückgewiesen, besonders wenn Kompetenz nicht als etwas verstanden wird, was die Kinder können, sondern was sie können sollen, und wenn das Ziel darin besteht, Kompetenzen zu vermitteln. Schon gar nicht akzeptabel sei es, wenn zur Leistungsüberprüfung eine

Diagnostik eingesetzt werde, um frühzeitig Defizite bei der Zielerreichung festzustellen und geeignete Fördermaßnahmen ergreifen zu können.

Dieser Angebots- oder Kompetenzvermittlungspädagogik (Schäfer, 2008b), die ihre Wurzeln meist in Studien an Schul- und nicht an Kleinkindern hat, stellt Schäfer eine Alltagspädagogik entgegen, die den Kindern ungezieltes neugieriges, handelndes Forschen und Nachahmen (Schäfer, 2010) sowie einen beobachtenden Blick der Pädagogen auf den individuellen Entwicklungsweg eines Kindes ermöglicht.

Es geht hier nicht um die Frage, ob es erstrebenswert ist, dass ein Kind z. B. sozial oder kognitiv kompetent wird, sondern um die Frage, auf welchem Weg es dort hinkommt und wie viel steuerndes Eingreifen durch den Erwachsenen dafür notwendig ist:

- Instruiert der Erwachsene das Kind, führt er ihm immer wieder seine Lernprozesse vor Augen, diagnostiziert und beurteilt er den Entwicklungs- und Bildungsverlauf?
- Oder schafft der Erwachsene Beteiligungsbedingungen für Bildungssituationen, die es dem Kind ermöglichen, seine Kräfte eigenaktiv sinnvoll und erfolgreich einzusetzen (Schäfer 2008b)?

Tab. 1 : Ziele in der Krippenpädagogik nach Aussage der von uns befragten Experten zur frühkindlichen Erziehung und Bildung. Hier finden sich sowohl Aussagen zu notwendigen Rahmenbedingungen, um pädagogische Ziele zu erreichen, als auch die angestrebten Ziele selbst.

Fabienne Becker-Stoll	• Bildungsqualität ist in erster Linie Bindungsqualität • Mit der pädagogischen Fachkraft steht und fällt die Bildungsqualität • Voraussetzung für gute Bildungsqualität sind ausreichende Ressourcen • Investitionen in die Qualität frühkindlicher Bildung und Erziehung zahlen sich aus
Antje Bostelmann	• Leitziel: Jedes einzelne Kind entsprechend seiner individuellen Persönlichkeitsstruktur, seiner Bedürfnisse und Anlagen mittels geeigneter Methoden und Materialien zu fördern • Der ausschließliche Einsatz von qualifiziertem pädagogischem Personal • Die intensive, fachlich geprägte Zusammenarbeit mit den Eltern • Geeignete pädagogische Methoden und Vorgehensweisen für Kleinkinder. Zeit und Methoden für gezielte Beobachtungen, pädagogische Gespräche und sinnvolle Dokumentationen

	• Bereitstellung von geeigneten Räumen und Materialien für Kleinkinder • Förderung des kindlichen Spiels. Erkennen typischer Spielhandlungen: Diese mit geeigneten Materialien unterstützen und durch eigenes Mitspielen anregen • Förderung des sozialen Miteinanders • Förderung der Sinne (Erkunden von Gegenständen, Spiele mit Sand und Wasser, Erfahrungen mit Farbe, Matsch und Schaum) • Förderung des Wissens von der Welt (häufige Ausflüge, Begegnungen mit Tieren, Erkundungen im Garten …)
Karin Grossmann	• Die Erzieherin muss eine Bindung, d. h. eine individuelle, nicht austauschbare Zuneigung des Kindes zu ihr erlauben • Das zu erwartende Trennungsleid beim Ende ihrer gemeinsamen Zeit kann vorbeugend gemildert werden (z. B. indem Fotos von Situationen der Zuneigung vor der Trennung aufgehängt werden) • Konzentriertes Spiel des kleinen Kindes muss vor Störungen und Unterbrechungen geschützt werden • Den Gefühlen müssen behutsam Worte gegeben werden, um mit intensiven, besonders negativen Gefühlen umgehen zu lernen • Die „leisen" Zeichen von Unwohlsein und Verlorenheit („verlorener Rückzug" und gedämpfter Ausdruck) müssen erkannt werden
Heidi Keller	• Sicherheit erwerben in der Verfügbarkeit des sozialen Gegenübers und der Vorhersagbarkeit und Funktion der physischen Umwelt (Kontinuität) • Vielfalt verstehen und akzeptieren: Es gibt verschiedene Entwicklungspfade mit verschiedenen Zielen. So kann soziale Sicherheit z. B. erworben werden durch eine psychologische Beziehung, in der Emotionen, Kognitionen und Intentionen verhandelt werden oder durch verlässliche physische Präsenz • Reflexion des eigenen kulturellen Modells: Das Verständnis des eigenen Seins und der eigenen Werte ist notwendig, um die anderer zu verstehen und wertzuschätzen
Franziska Larrá	• Kindern Zeit lassen und Zeit schaffen zum Ausprobieren, zum Finden eigener Wege in einer eng getakteten Welt • Kinder unvoreingenommen und wertschätzend in ihrer Eigenart annehmen. Verzicht auf den bewertenden Vergleich mit Tabellen oder dem Gruppendurchschnitt • Kinder ernst nehmen, ihnen etwas zutrauen und zumuten: Kein vorschnelles Entsorgen von Mühen und Risiken
Gerd Schäfer	• Krippenpädagogik ist in erster Linie Alltagspädagogik (Kultur des Sprechens, des Erzählens und des interessierten

	• Zuhörens). Es geht nicht nur um besondere Bildungs- oder Förderangebote • Krippenpädagogik verwirklicht Beteiligung. Kinder können sich an den Möglichkeiten der sozialen und kulturellen Welt von Anfang an mit der Vielfalt eigener Initiativen beteiligen • Bildungsprozesse in der Krippe gehen von gemeinsam geteilten Erfahrungen aus. Erzieherinnen müssen kindliches Tun und Denken mit Aufmerksamkeit verfolgen, sich mit ihnen identifizieren, um den kindlichen Umgang mit der Welt, ihr Denken, ihr Empfinden und ihr Bild von der Welt annähernd nachvollziehen zu können • Gemeinsam geteilte Erfahrung ermöglicht Resonanz, d. h. die Antwort der anderen auf das, was sie vom kindlichen Tun verstanden haben und wie sie das aus ihrer eigenen Perspektive einschätzen. Diese Resonanz benötigen die Kinder, um ihren Ort in der sozialen Welt zu finden • Krippenpädagogik braucht eine Kultur des Lernens, auch für ästhetische Formen der Welterfahrung. Eine kulturelle Umwelt, die die Kinder darin unterstützt, in allen bedeutsamen Lebenssituationen eine Haltung der Neugier und des Lernens zu verwirklichen und weiter zu entwickeln
Christine Ulbrich	• Sensible, feinfühlige Beantwortung von kindlichen Bedürfnissen. Positiver Beziehungsaufbau zwischen Erzieherin und Kind als Basis für eine förderliche Entwicklung • Angemessene Raum- und Materialausstattung sowie flexible Arbeitszeiten, besonders in der Eingewöhnungsphase • Umfangreiches Wissen über die Entwicklung und Bedürfnisse von Kindern zwischen null und drei, einhergehend mit einer fachlich fundierten Ausbildung/Qualifizierung der Erzieherinnen sowie einer Aufwertung des Berufsbildes
Christel van Dieken	• Aufbau einer sicheren Bindung zwischen Kind und Erzieherin als Grundlage aller Bildungsprozesse • Schulung und fortlaufende Reflexion der Wahrnehmung der Erzieherinnen, um Bedürfnisse von Kindern, die sich nicht sprachlich äußern können, verstehen zu lernen. Unterschiede wahr- und ernst nehmen („Vielfalt ist die Norm") • Bereitstellung des Rahmens für gelingende Bildungsprozesse (anregungsreich und herausfordernd gestaltete Räume, ansprechend präsentierte Materialien, Themen der Kinder aufgreifen und ihnen Themen zumuten) • Kindern entsprechend ihres Entwicklungsstandes in allen Lebenssituationen weitgehende Autonomie ermöglichen
Angelika von der Beek	• Kinder wahrnehmend zu beobachten, das Beobachtete zu reflektieren und zu dokumentieren • Ein verlässliches Beziehungsangebot zu machen, bei dem die Erzieherinnen davon ausgehen, dass das Kind mit seinen Handlungen prinzipiell einen Sinn verbindet

	• Den Kindern eine Umgebung zu bieten, in der sie experimentieren können, mit ihrem Körper, mit der Sprache und mit vielfältigen Dingen, die sie umfunktionieren und selbstständig handhaben können • Mit den Eltern der Kinder eine „Lebensgemeinschaft auf Zeit" eingehen

Ziele der Krippenpädagogik: Was soll das Kind erfahren und was wollen wir beim Kind erreichen?

Ziele der Krippenpädagogik können auf einer ersten Stufe so gefasst werden, dass dabei präzisiert wird, was ein Kind in seinem Krippenalltag erfahren sollte und welche Beziehungen, Möglichkeiten und Umgebungen ihm zur Verfügung gestellt werden sollten. Auf einer zweiten Stufe könnte definiert werden, was die Fachkräfte durch ihre Arbeit beim Kind erreichen wollen: mit welchen gesteigerten Kompetenzgefühlen und Weiterentwicklungen es aus seiner Zeit in der Krippe hervorgehen und in den Kindergarten übertreten sollte.

a) Was soll das Kind erfahren?

Das Primärziel jeder Krippenpädagogik muss es sein, dem Kind ein von Feinfühligkeit geprägtes Beziehungs- und bestenfalls Bindungsangebot anzubieten, das ihm ermöglicht, sich auch außer Haus sicher und wohlzufühlen und die zusätzliche neue Umgebung als anregend zu erleben. Dies war auch bei den von uns angefragten Experten das meist genannte Ziel (siehe Tabelle).

Fröhlich-Gildhoff (2009) präzisiert die Qualitätsforderungen an die Beziehungsgestaltung zwischen Fachkraft und Kind. Es geht dabei um:

- die Sicherung von Kontinuität und Verlässlichkeit
- eine akzeptierende und wertschätzende Grundhaltung
- eine Balance zwischen Autonomie und Sicherheit
- die Garantie von Trost
- die systematische Beobachtung und das Verstehen des Bindungs- und Interaktionsverhaltens
- die Ermöglichung von Selbstwirksamkeitserfahrung
- das Annehmen der Vorbildfunktion
- und eine kontinuierliche Selbstreflexion.

Kommen Kinder mit familiären Vorerfahrungen von mangelnder Feinfühligkeit und unsicherer Bindung in die Krippe, kann eine professionell geschulte Fachkraft durchaus kompensatorisch auf das innere Arbeitsmodell eines Kindes wirken (Roßbach, 2005). Dafür ist jedoch ausreichendes Wissen über die verschiedenen Bindungstypen und deren beim Kind beobachtbaren Verhaltenskonsequenzen sowie die Reflexion der eigenen Bindungserfahrungen und der durch das Kind hervorgerufenen Gefühle wichtig (Suess, 2005).

Eine sichere Basis außer Haus zur Verfügung zu haben, ist auch für Kinder, die mit sicherem Bindungsmuster in die Krippe kommen, die zwingende Voraussetzung für konzentriertes und kreatives Spielen und Explorieren, um damit die angeborenen Lernstrategien (Erkunden, Spielen, Nachahmen, fantasievolles Gestalten und Erfinden) jedes Kindes einsatzbereit zu machen (Hassenstein, 2007).

Bindungsverhalten hält das Kind in der Nähe derer, von und mit denen es lernen kann. Die Anwesenheit eines Modellinteraktionspartners während einer langen Kindheit und somit während sensibler Phasen erleichtert das Lernen im sozialen Rahmen. Ein individuell anregender und ebenso antwortender vertrauter Interaktionspartner ermöglicht aktiv zu werden und reagiert direkt danach impulsgebend auf die Eigeninitiativen seines interessierten Fragestellers.

Wir haben das aktive Kind vor Augen, das nicht „dressiert" den vom Erwachsenen vorgezeichneten Weg gehen soll, sondern die Möglichkeit hat, vielfältig zu lernen, und dann seinen eigenen Weg einschlägt, aber dennoch in eine Gemeinschaft passt, in der es auch Konfliktsituationen zu bewältigen gilt. Deswegen wird Erziehung als aktive Entwicklungsbegleitung beschrieben, die zum selbstständigen Entscheiden und Handeln befähigen soll (Krenz, 2001). Das bedeutet für die Bezugspersonen des Kindes, sich wenn immer möglich zurückzunehmen und sich stattdessen aufmerksam bereitzuhalten für ein gezieltes Eingreifen, wenn vonseiten des Kindes Hilfe oder gemeinsames Weiterdenken eingefordert wird. Die Grundhaltung der Erwachsenen ist dabei ein Ermutigen zum eigenständigen Entdecken und Weitergehen; kein forciertes Antreiben, sondern ein gelassenes Beobachten und großzügiges Anbieten von vielfältigen Erfahrungsmöglichkeiten („Türen öffnen") in anregenden Umgebungen (Haug-Schnabel; Bensel, 2006).

b) Was wollen wir beim Kind erreichen?

Beim Blick auf das, was die ein, zwei, maximal drei Jahre Krippenzeit beim Kind tatsächlich an nachhaltigen Effekten auf seine Entwicklung erreichen sollen und können, zeigen sich deutliche Erwartungsunterschiede und es bleiben viele Fragezeichen.

Das Spektrum reicht von basalen Erwartungen, wie sie etwa von Liegle (2009) oder Schäfer (2010) geäußert werden, bis hin zu klar definierten

Profilierungserwartungen, wie sie beispielsweise von Fthenakis (2009b) zur Sprache gebracht werden. Während Liegle (2009) Wert darauf legt, dass „bei jedem Kind die Freude am Lernen gefördert und herausgefordert wird“, oder Schäfer (2008b) eine Unterstützung des Erfahrungslernens, ein Hineindenken der Erzieherinnen in den Zustand des kindlichen Anfängergeistes fordert, visiert Fthenakis (2009b) die „Steigerung der Effektivität des Lernens“ und die „Optimierung kindlicher Bildungsverläufe“ an. Dieses Bildungsverständnis, das mit Begriffen wie lebenslangem Lernen, Schlüsselqualifikationen und lernmethodischer Kompetenz operiert, wird von Laewen (2002) als bedarfsorientiert kritisiert, da er hier vorwiegend die Interessen des Arbeitsmarktes vertreten sieht und nicht die des Kindes. Ähnlich argumentierend spricht Krenz (2009) vom funktionsorientierten Bildungswahn in der Kleinkindpädagogik.

Formulierungen von krippenpädagogischen Zielen, wie etwa „optimierte kindliche Bildungsverläufe“, müssen aufgrund weitgehend fehlender wissenschaftlicher Erkenntnisse mit Vorsicht und Zurückhaltung behandelt werden. Gleiches gilt für die aus rein korrelativen Studien (Fritschi; Oesch, 2008) abgeleiteten pauschalen Aussagen wie „Krippe macht klug“. Nur qualitativ hochwertige Krippen machen vor allem Kinder aus bildungsbenachteiligten Familien „klüger“, und dies auch nur in begrenztem Maße (Haug-Schnabel; Bensel). Die größte Bildungsleistung wird immer noch in der Familie selbst erbracht. Tietze (2008) schätzt den Familieneffekt auf ungefähr $^{2}/_{3}$ der Gesamtvarianz. Vorteile durch eine qualitativ gute außerfamiliäre Zusatzbetreuung scheinen vor allem Migrantenkinder und Kinder aus anregungsarmen häuslichen Milieus zu haben, besonders den Erwerb ihrer Zweitsprache betreffend (Thoma; Tracy, 2006).

Ein vorrangiges Ziel der Krippenpädagogik sollte sein, Kinder aus allen Schichten, familiären Lebenssituationen und Kulturkreisen in die Gemeinschaft zu integrieren und ihnen Teilhabe und Partizipation an unserer Kultur zu sichern. Wenn es gelänge, Krippenkindern auf der Basis einer sicheren Bindung ihre angeborene Lernbegeisterung zu erhalten, ihre Lust auf Aneignung der Welt zu stärken, ein positives Selbstkonzept und ein hohes Maß an Selbstwirksamkeit aufzubauen, wären wichtige Ziele, auch ohne oft überschätzte Entwicklungsbeschleunigung, erreicht. Dies sind zugleich elementare Bausteine zur Förderung kindlicher Resilienz (Bensel, 2007).

Wie muss die pädagogische Qualität in Einrichtungen aussehen, damit Betreuung, Erziehung und Bildung von Krippenkindern hochwertig gelingen?

Der 12. Kinder- und Jugendbericht stellt qualitative Anforderungen an die institutionelle Kindertagesbetreuung: „Neben dem quantitativen Ausbau bilden systematische Anstrengungen zur Entwicklung, Sicherung sowie zur Steuerung pädagogischer Qualität bei den öffentlich verantworteten Angeboten zu Bildung, Betreuung und Erziehung im frühen Kindesalter die zweite große Herausforderung im deutschen Früherziehungssystem" (BMFSFJ, 2005).

Mit dem staatlichen Angebot und der Propagierung einer Frühpädagogik in Krippen übernimmt die Gesellschaft eine hohe Verantwortung für die nächsten Generationen. Die Merkmale, die eine gute Familien ergänzende Betreuung für Kinder unter 3 Jahren ausmachen, werden in ihrer Vielfalt und ihrem Zusammenwirken erst dann deutlich, wenn man verschiedene Qualitätsdimensionen und ihre jeweiligen Effekte voneinander unterscheidet. Die Chancen für eine positive Entwicklung sind umso größer und die Risiken für Verhaltensauffälligkeiten umso geringer, je besser die einzelnen Merkmale der Struktur- und Orientierungsqualität sowie der Prozessqualität sind, die nicht unabhängig von der Betreuungsintensität und familiären Betreuungsqualität zu sehen sind.

Für die Strukturqualität wird eine neue Trägerverantwortung nötig. Der Entscheidungsspielraum der Träger scheint unbegrenzt; es liegt im jeweiligen Trägerermessen, wie die Einrichtungen ausgestattet und ausgestaltet sind, wie das Personal ausgewählt, für die neue Altersgruppe qualifiziert oder nachqualifiziert wird und entsprechend zum Einsatz kommt – auch ob und welche Qualitätskriterien in den Einrichtungen gelten und wie diese Qualität gesichert wird (Wehrmann, 2009). Bislang hat nur das Bundesland Berlin Qualitätsentwicklungsvereinbarungen (abgesichert durch regelmäßige Evaluationen), deren Einhaltung die Voraussetzung für die öffentliche Finanzierung eines Kita-Trägers ist, getroffen.

Die meisten der nachfolgenden Kriterien zur Steigerung der Strukturqualität sind bereits durch die Ergebnisse internationaler Längsschnittstudien empirisch abgesichert (Roßbach, 2005). Die Strukturqualität ist umso höher:

- Je günstiger der Erzieher-Kind-Schlüssel, genauer die Fachkraft-Kind-Relation ist
- Je kleiner und ausgewogener im Hinblick auf Alter und Geschlecht die Kindergruppen sind (Wüstenberg; Schneider, 2008)

- Je besser die Einrichtung hinsichtlich Qualität des Spielmaterials, Größe und Gestaltung der Räumlichkeiten ist
- Je qualifizierter (mit Auswirkung auf die Bezahlung) und pädagogisch erfahrener die Fachkräfte in der Betreuung mit Säuglingen und Kleinstkindern sind
- Je mehr Kontinuität und Stabilität das pädagogische Personal am Tag und während der gesamten Zeit in der Kindertagesstätte den Kindern bietet.

Es handelt sich hierbei um politisch regulierbare Strukturmerkmale der Qualität, deren große Bedeutung sich daraus erklärt, dass es sich hierbei um die Rahmenbedingungen handelt, innerhalb derer sich das pädagogische Handeln entfalten kann – oder nicht.

Die Prozessqualität (oder Ergebnisqualität) ist die durch die Einrichtungen realisierte Pädagogik, wie sie Kinder und Eltern erleben. Tietze spricht vom „Gesamt des pädagogischen Umgangs mit dem Kind und der Erfahrungen, die dieses mit seiner sozialen und räumlich-materialen Umwelt im Kindergartenalltag macht“ (1998).

Die Prozessqualität ist umso höher:

- Je anregender die pädagogischen Impulse für die kindliche Lernbegeisterung in verschiedenen Entwicklungs- und Bildungsbereichen sind
- Je differenzierter auf die Grundbedürfnisse (Becker-Stoll 2008), Interessen und Entwicklungsvoraussetzungen der Kinder eingegangen wird und diese beantwortet werden
- Je vielfältiger und der Entwicklung angemessen Material und Raum genutzt werden
- Je feinfühliger die Interaktionen zwischen den Fachkräften und den Kindern sowie je positiver die Interaktionen zwischen den Kindern untereinander sind (auch das emotionale Klima im Team spielt eine Rolle)
- Je besser die Erziehungspartnerschaft zwischen den pädagogischen Fachkräften und den Eltern gelingt
- Je mehr der ethnische und kulturelle Hintergrund eines Kindes berücksichtigt wird, indem durch Reflexion der eigenen Identität auch andere kulturelle Modelle verstanden und wertgeschätzt werden (Keller, 2007).

Die Prozessqualität, die ihrerseits in erheblichem Maße von der Güte etlicher Merkmale der Struktur- und Orientierungsqualität abhängt, nimmt vielfältigen Einfluss auf den Entwicklungsverlauf des Kindes, auf sein Wohlbefinden und auf sein Verhalten. Wie das Kind die Merkmale der Prozessqualität annehmen und „verwerten“ kann, ist wiederum nicht unabhängig von der elterlichen Beziehungsgestaltung und dem familiären Anregungsgehalt. Hier muss berücksichtigt werden, dass die Effekte der Qualität des Familiensettings auf Bildung und Entwicklung des Kindes 2- bis 4-mal größer sind als die Effekte der Qualität der familienexternen Settings (Tietze, 2008).

Auch hierzu gibt es empirische Befunde, die aufzeigen, unter welchen familiären Bedingungen sich Entwicklungschancen auftun und Risiken sich verringern:

- Je sicherer das Kind bereits an seine primären Bezugspersonen gebunden ist (was bei einem Betreuungsstart bereits im 1. Lebensjahr besonders intensive Eltern-Kind-Kontakte im Familienleben nötig macht)
- Je mehr „Quality Time" (intensive und sensitive elterliche Zuwendung) das Kind vor und nach dem täglichen Aufenthalt in der Einrichtung erlebt
- Je kürzer (vorzugsweise halbtags), aber auch je regelmäßiger die tägliche außerfamiliäre Betreuungszeit des Kindes ist
- Je seltener die Betreuungsstellen während der ersten drei Lebensjahre wechseln.

Für die Orientierungsqualität sind die Einrichtungen selbst, ihre Träger sowie die sie fachlich beratenden und qualifizierenden Instanzen verantwortlich.

Sie ist umso wirkungsvoller

- Je besser die Vorstellungen über pädagogische Qualität, über die speziellen Aufgaben des Kindergartens im Vergleich und in Ergänzung zur Familie, über kindliche Entwicklung und deren Unterstützungsmöglichkeiten, über pädagogische Ziele und Normen der an den pädagogischen Prozessen unmittelbar beteiligten Erwachsenen sind (Tietze, 1998).

Durch die Orientierungsqualität werden das Bild vom Kind, die Erziehungs- und Bildungsvorstellungen sowie kulturelle Orientierungen dargestellt. Hier wird auch die Haltung zum Kind unter drei Jahren und zu seinen Eltern, die bewusst Kinder haben und gleichzeitig berufstätig sind, oder die Entlastung bei Familienaufgaben erleben wollen, deutlich. Die Bedeutung der Orientierungsqualität erklärt sich daraus, dass es sich hierbei um normative Orientierungen, Leitvorstellungen, Überzeugungen und Werte handelt, gemäß derer das konkrete pädagogische Handeln erfolgt, z. B. der Bildungsauftrag erfüllt wird sowie Eingewöhnung und beziehungsvolle Pflege gewährleistet werden. Es geht um ein gelebtes Leitbild, um die inhaltliche wie organisatorische Konzeption einer Einrichtung, um das Vorhandensein und die Verbindlichkeit eines auf die jeweiligen Altersgruppen bezogenen Bildungsprogramms, das ein grundlegendes Verständnis für Bildungs- und Lernprozesse in diesem Alter widerspiegelt (Viernickel, 2008).

Der quantitative Ausbau darf nicht zulasten der Prozessqualität gehen (Tietze 2009)

Das deutsche Früherziehungssystem befindet sich in einem tief greifenden Umwandlungsprozess. Er begann 1996 mit dem Rechtsanspruch auf einen Kindergartenplatz für Kinder zwischen drei und sechs Jahren. Leider hatte man damals primär die nötige Anzahl der Plätze im Auge und weniger deren Qualität, sodass Gruppengröße, Betreuungsschlüssel, Qualifikation der pädagogischen Fachkräfte oder die Ausstattung der Einrichtungen zweitrangig blieben (Wehrmann, 2008). Dieser gravierende Fehler darf bei der Umsetzung des Rechtsanspruches für Kinder unter drei Jahren nicht noch einmal gemacht werden. Wenn bis 2013 für 35 % aller unter Dreijährigen ein Platz zur Verfügung stehen soll, muss die Qualität dieser Plätze bei jeder Angebotsform höchste Priorität haben.

Gefahr besteht überall dort, wo die neuen Plätze durch Absenkung der oft ohnehin niedrigen Standards finanziert werden sollen, z. B. durch Vergrößerung der Gruppengröße oder Verschlechterung des Erzieher-Kind-Schlüssels.

Durch die Expansion der Plätze entsteht zudem eine neue Betreuungslandschaft, denn bislang existierende Betreuungsformen werden nicht nur quantitativ erweitert, sondern auch qualitativ neu sortiert, sodass z. B. in NRW die früher angebotene Betreuung in altersgemischten Gruppen (Familiengruppe null bis sechs Jahre) mit guten Rahmenbedingungen faktisch zurückgefahren wird oder in mehreren Bundesländern der Kindergarten für Zweijährige geöffnet wird, sodass dort die Altersgruppe von Kindern unter drei mehrheitlich „unter Kindergartenbedingungen" aufgenommen wird, wodurch eine völlig neue, veränderte Altersmischung entsteht (Tietze, 2009), die durch Forschung begleitet und schon bei Start durch angehobene Strukturqualität aufgefangen werden müsste. „Freie Plätze in einer Kindergartengruppe einfach mit ein- oder zweijährigen Kindern zu belegen, ist fahrlässig!" (Bertelsmann Stiftung, 2005).

Was macht Qualität tatsächlich aus?

Das „Eiserne Dreieck der Strukturqualität" scheint am meisten durch qualitativ unzureichende Billiglösungen gefährdet zu sein. Mit diesem bildhaften Ausdruck werden drei strukturelle Merkmale bezeichnet, „bei denen ein stabiler und bedeutsamer Zusammenhang mit Aspekten der Prozessqualität und mit der kindlichen Entwicklung nachgewiesen werden konnte" (Viernickel; Schwarz 2009a).

Es handelt sich hier um die Strukturmerkmale Fachkraft-Kind-Relation, die Ausbildung und (Nach-)Qualifikation der pädagogischen Fachkräfte (mit Auswirkung auf deren Bezahlung) sowie die Gruppengröße.

Speziell die Fachkraft-Kind-Relation fällt umso mehr ins Gewicht, je jünger die betreuten Kinder sind. „In Krippen ist die Fachkraft-Kind-Relation der wichtigste Prädiktor für ein positives Erzieherverhalten. … Es finden sich Hinweise auf Schwellenwerte, ab denen die pädagogische Prozessqualität und das Verhalten und Wohlbefinden von Kindern beeinflusst werden. Sie liegen bei Gruppen mit unter dreijährigen Kindern bei 1:3 bis 1:4 (Viernickel; Schwarz 2009a).

Die Expertise von Viernickel und Schwarz (2009b) über die wissenschaftlichen Parameter zur Bestimmung der pädagogischen Fachkraft-Kind-Relation erbrachte folgende Ergebnisse:

- Es muss über eine an pädagogischen Zielsetzungen orientierte Bestimmung der Fachkraft-Kind-Relation nachgedacht werden.
- Die in den Einrichtungen real erlebten Fachkraft-Kind-Relationen sind zumeist schlechter als die schriftlich festgelegten Personalschlüssel und die errechneten Fachkraft-Betreuungsplatz-Relationen.
- Die zur Erfüllung des Bildungsauftrages ohne direkten Kontakt mit dem Kind zu leistenden mittelbaren Arbeitszeiten (Beobachtung, Dokumentation, Vor- und Nachbereitung pädagogischer Angebote, Teamreflexion, konzeptionelles Arbeiten und Zusammenarbeit mit den Eltern) müssen unabhängig von den Zeiten für die direkte Bildungs-, Betreuungs- und Erziehungsarbeit zur Verfügung gestellt werden, um diese nicht auch noch zu reduzieren.
- Man muss von der Annahme ausgehen, dass in den meisten Bundesländern die aus wissenschaftlicher Sicht notwendigen Mindeststandards bezüglich der Fachkraft-Kind-Relation nicht erreicht werden. Da Mindeststandards nur das Kindeswohl sichern, wie sollen dann noch darunter liegende Qualitätsbedingungen den unabdingbaren Beziehungsaufbau sowie die frühkindlichen Bildungsansprüche erfüllen?

Es fehlt an weitergehender Forschung zu den jeweiligen pädagogischen Effekten unterschiedlicher Rahmenbedingungen, eindeutig ist aber: Eine schlechte Fachkraft-Kind-Relation senkt den Wert der Prozessqualität massiv.

Bislang unbedacht und daher auch noch ohne Konsequenzen ist die Tatsache, dass jede Angebotsform andere, oftmals noch zu erforschende Spezialanforderungen an die Ausgestaltung ihrer Qualitätsmerkmale stellt. Wenn für besonders aufwendige Angebotsformen die nötigen Strukturmerkmale nicht berücksichtigt werden, ist eine massive Einschränkung und

Verschlechterung der dort zu erreichenden Prozessqualität zu befürchten, z. B.:

- Bei der mit einem jeweils unterschiedlichen Bedarf einhergehenden Aufnahme von Kindern unter drei Jahren in die Tagespflege, in eine Krabbelgruppe, in eine Nestgruppe einer Kita oder direkt in eine Kita mit großer Altersmischung (Wüstenberg, 2009)
- Bei flexiblen Betreuungsangeboten, die eine Buchungsberatung für die Eltern nötig machen, die – unabhängig von der späteren Belegung – eine tägliche Eingewöhnungszeit ebenso vorsehen müssen wie eine nicht nur an elterlichen Arbeitszeiten, sondern auch an kindlichen Bedürfnissen nach Kontinuität orientierte Mindestanwesenheit des Kindes zu Kernzeiten (Haug-Schnabel; Bensel, 2008, Haug-Schnabel et al., 2008).

Chancen der Krippenbetreuung für Kinder und Familien

Krippenbetreuung für Kinder unter drei Jahren firmiert in der Öffentlichkeit vorrangig als Maßnahme für die Erwachsenen, die Kleinstkindjahre ihres Nachwuchses mit Ausbildung oder Berufstätigkeit vereinbaren zu können. Eher nachrangig eingeschätzt wird in der öffentlichen Diskussion die hierdurch möglich gewordene Unterstützung und Entlastung von Familien sowie die Hilfestellung bei kulturellem und sozialem Bedarf. Auch der Bildungs- und Anregungsgedanke durch Krippe und Kita steht in der Öffentlichkeit nicht im Vordergrund.

Einer steigenden Zahl der bewusst nach „guten" Krippenplätzen suchenden Eltern scheinen jedoch die Sozialisationseinflüsse einer Kleinfamilie für das Aufwachsen ihres Kindes zu wenig. Diese Eltern befürchten, dass dem Kind ein vielfältiger und regelmäßiger Austausch mit verschiedenen Bezugspersonen fehlt, vor allem aber der kontinuierliche Kontakt mit anderen Kindern. Es wird verschiedene Stoßrichtungen der frühpädagogischen Angebote geben müssen: die quasi-familiäre Tagespflege mit nun auch eingeforderten Qualitätsvorgaben meist für Kinder unter 2 Jahren, die Krippe und den Kindergarten – vorrangig als Bildungseinrichtungen gesehen – und die Familienzentren, um den über Kinderbetreuung hinausgehenden familiären Mehrbedarf an Beratung, Entlastung und Unterstützung vor Ort professionell abdecken zu können.

Mit der Betreuungsoffensive wurden auch Begehrlichkeiten von Arbeitgebern geweckt, z. B. auf die Mütter und Väter unter den Fach- und Führungskräften nicht zu lange verzichten zu müssen, da Ersatzkräfte nachzuqualifizieren kostenintensiv ist. Betriebliche Kinderbetreuungsangebote werden nicht mehr nur als Sozialleistungen an Arbeitnehmern gesehen, sondern nach Erkennen des betriebswirtschaftlichen Gegenwerts als Investitionen in die Qualifikation zukünftiger Nachwuchskräfte.

Auch Arbeitszeitmodelle für Männer und Frauen, basierend auf einem lebenslang unterschiedlich zu füllenden Arbeitszeitkonto, würden z. B. für junge Eltern Telearbeitsplätze während der Elternzeit und Teilzeitarbeitsplätze während der Kleinstkindjahre möglich machen und die Vereinbarkeit erleichtern. Hierzu fehlt es an zur Selbstverständlichkeit gewordenen Modellen arbeitender Mütter und die Erziehungsverantwortung zu gleichen Teilen übernehmender Väter.

Immer wieder weist Wehrmann (2009) darauf hin, dass es nicht nur um eine bessere Vereinbarkeit von Beruf und Familie geht, sondern auch um die Beseitigung von Bildungsungleichheit und damit um Chancenungerechtigkeit. Es geht um gute Krippen in sozialen Brennpunkten, um verbesserte Bildungschancen für alle Kinder, nicht nur für Kinder von qualifizierten, gut verdienenden Arbeitnehmerinnen und Arbeitnehmern, deren Entwicklungs- und Zukunftschancen bereits vom Elternhaus her wesentlich besser sind. Beziehungsschwache, anregungs- und bildungsarme häusliche Milieus sind weit entfernt vom bildungsbürgerlichen Ideal der Familie. Es geht um das Möglichmachen früher Teilhabe, um die möglichst frühzeitige Integration von Kindern mit Migrationshintergrund, aus „Problemfamilien“, aus Familien ohne Arbeit und Beruf oder mit besonderem Förderbedarf.

Das Recht auf Bildung muss überall umgesetzt werden können, unabhängig von der Finanzkraft oder der politischen Sichtweise der Kommunalpolitik. Die föderalistische Struktur der Bundesrepublik erschwert jedoch die Chancengleichheit und führt zu nicht vergleichbaren Rahmenbedingungen, sodass Standards und Ausstattungen erheblich differieren.

Was macht eine gute außerfamiliäre Betreuung, speziell für Kinder unter drei Jahren, im Einzelnen aus? Der Forschungsbedarf ist groß, denn valide Qualitätsindikatoren stehen noch nicht zur Verfügung. Das Ziel ist es, erkannte pädagogische Qualitätsmerkmale zu einer begrenzten Anzahl robuster Qualitätsindikatoren zu verdichten, mit denen die Weiterentwicklung des Betreuungssystems zukünftig möglichst zielorientiert gesteuert und routinemäßig überprüft werden kann. Die Zeit eilt, denn für den forcierten Krippenplatzausbau sollten sie bereits jetzt zur Verfügung stehen.

Ob ein Frühbetreuungssystem hoher Qualität die Entscheidung für Kinder erleichtert, wissen wir noch nicht. Hingegen ist empirisch gesichert, dass „gute“ Krippen und Kitas bei besonderer Aufmerksamkeit für jedes Kind entscheidend zur sozialen, emotionalen, sprachlichen und kognitiven Entwicklung beitragen, ohne die Mutter-Kind-Beziehung zu beeinträchtigen, ja sie sogar unter bestimmten Bedingungen verbessern kann (Ahnert et al., 2004). Das anvisierte flächendeckende, verlässliche und gut ausgestattete Kita-System „auf hohem Niveau" für alle Eltern mit Null- bis Sechsjährigen, die Bedarf anmelden, wird ohne Zweifel einige der momentan noch anstehenden Probleme lösen, es entbindet aber nicht

- von einer wissenschaftlich begründeten Qualitätsdefinition und der regelmäßigen Evaluation zur Qualitätssicherung, wobei der große Durchbruch erst dann zu erwarten ist, wenn es zu einer Bundeszuständigkeit für Standards auf hohem Niveau und Transparenz bezüglich Angebots- und jeweiliger Berechnungsgrundlage gekommen ist;
- von der individuellen Entscheidung durch die Eltern über den Verlauf der ersten Lebensjahre – das einzelne Kind ebenso im Blick wie die jeweiligen familiären Vorstellungen von erlebter Kindheit und gelebter Elternschaft.

Literatur

Ahnert, L.; Gunnar, M. R.; Lamb, M. E.; Barthel, M. (2004): Transition to child care: Associations with infant-mother attachment, infant negative emotion, and cortisol elevations. In: Child Development 75, 3, 639–650

Becker-Stoll, F. (2008): Sicher gebunden – neugierig auf die Welt. In: TPS 4, 10–14

Bensel, J. (2007): Erziehungspsychologische Grundlagen. In: Krenz, A. (Hrsg.): Psychologie für Erzieherinnen und Erzieher. Grundlagen für die Praxis. Berlin, 167–208

Bertelsmann Stiftung (2005): Qualität für Kinder unter Drei in Kitas. Empfehlungen an Politik, Träger und Einrichtungen. Gütersloh

Bertelsmann Stiftung (Hrsg.) (2006): Wach, neugierig, klug – Kinder unter 3. Ein Medienpaket für Kitas, Tagespflege und Spielgruppen. Gütersloh

Bundesministerium für Familie, Senioren, Frauen und Jugend (BMFSFJ) (Hrsg.) (2005): Zwölfter Kinder- und Jugendbericht: Bildung, Betreuung und Erziehung vor und neben der Schule – Bericht über die Lebenssituation junger Menschen und die Leistungen der Kinder- und Jugendhilfe in Deutschland. Bundestagsdrucksache 15/6014. Berlin

Fritschi, T.; Oesch, T. (2008): Volkswirtschaftlicher Nutzen von frühkindlicher Bildung in Deutschland. Eine ökonomische Bewertung langfristiger Bildungseffekte bei Krippenkindern. BASS – Büro für Arbeits- und Sozialpolitische Studien im Auftrag der Bertelsmann Stiftung, 5. 12. 2008

Fröhlich-Gildhoff, K. (2009): Bindung wagen und Exploration unterstützen. Herausforderungen in der Frühpädagogik. In: TPS 3, 22–26

Fthenakis, W. E. (2009a): Bildung und Erziehung in den ersten drei Lebensjahren. In: Wehrmann, I. (Hrsg.): Starke Partner für frühe Bildung: Kinder brauchen gute Krippen. Berlin

Fthenakis, W. E. (2009b): Bildung neu definieren und hohe Bildungsqualität von Anfang an sichern. Ein Plädoyer für die Stärkung von prozessualer Qualität. In: Wehrmann, I. (Hrsg.): Starke Partner für frühe Bildung: Kinder brauchen gute Krippen. Berlin

Hassenstein, B. (2007): Verhaltensbiologie des Kindes. Münster

Haug-Schnabel, G.; Bensel, J. (2006): Kinder unter 3 – Bildung, Erziehung und Betreuung von Kleinstkindern. kindergarten heute – spezial. Freiburg

Haug-Schnabel, G.; Bensel, J. (2008): Recherche zur flexiblen Betreuung von Unterdreijährigen. In: KiTa aktuell BW 17, 9, 172–175, 10, 196–200

Haug-Schnabel, G.; Bensel, J.; Stetten, S. von; Weber, S.; Schnabel, N. (2008): Flexible Betreuung von Unterdreijährigen im Kontext von Geborgenheit, Kontinuität und Zugehörigkeit. Wissenschaftliche Recherche und Analyse der Forschungsgruppe Verhaltensbiologie des Menschen (FVM) im Auftrag des Landschaftsverband Rheinland, Köln. Kandern. Erhältlich über: http://www.lvr.de/jugend/kindergarten/arbeitshilfen/flexible_betreuung_u3.pdf

Keller, H. (2007): Cultures of infancy. London

Krenz, A. (2001): Was Kinder brauchen – Entwicklungsbegleitung im Kindergarten. Berlin

Krenz, A. (2009): Bildung durch Bindung – offensives Handeln gegen den funktionsorientierten Bildungswahn in der Kleinkindpädagogik. Vortrag gehalten anlässlich des X. Kongress für Erziehung und Bildung, Universität Göttingen, 20. 11. 2009

Laewen, H.-J. (2002): Die Selbstbildung des Kindes fördern. Zum Verhältnis von Bildung und Erziehung in Kindertageseinrichtungen. In: Klein und Groß 1, 16–23

Liegle, L. (2009): Die Perspektiven der Kinder wahrnehmen! Zur Forderung nach Kontinuität in Bildungsverläufen. In: Das Leitungsheft Kindergarten heute 4, 18–21

Riedel, B. (2009): Kompetenzerwerb von Kindern zwischen Familie, Lebenswelt und Institutionen. In: DJI Bulletin 85, 1, 22–25

Roßbach, H.-G. (2005): Effekte qualitativ guter Betreuung, Bildung und Erziehung im frühen Kindesalter auf Kinder und ihre Familien. Sachverständigenkommission Zwölfter Kinder- und Jugendbericht (Hrsg.): Band 1: Bildung, Betreuung und Erziehung von Kindern unter sechs Jahren. München, 55–174

Schäfer, G. E. (2008a): Lernen im Lebenslauf. Formale, non-formale und informelle Bildung in früher und mittlerer Kindheit. Expertise für die Enquetekommission „Chancen für Kinder" des Landtags Nordrhein-Westfalen. Düsseldorf

Schäfer, G. E. (2008b): Die Bildung des kindlichen Anfängergeistes. In: und Kinder 81, 63–72

Schneider, K. (2008): Aktuelle Literatur zur Kindertagesbetreuung im Krippenalter. Erhältlich über: http://www.dji.de/bibs/4_9354_LitKrippe_aktuell.pdf Zugriff: 22. 11. 2009

Suess, G. J. (2005): Sicherer Halt für den Aufbruch ins Leben. Neueste Erkenntnisse der Bindungsforschung. In: kindergarten heute 11/12, 6–12

Thoma, D.; Tracy, R. (2006): Deutsch als frühe Zweitsprache: zweite Erstsprache? In: Ahrenholz, B. (Hrsg.): Kinder mit Migrationshintergrund. Spracherwerb und Fördermöglichkeiten. Freiburg, 58–79

Tietze, W. (1998) (Hrsg.): Wie gut sind unsere Kindergärten? Eine Untersuchung zur pädagogischen Qualität in deutschen Kindergärten. Neuwied

Tietze, W. (2008): Sozialisation in Krippe und Kindergarten. In: Hurrelmann, K.; Grundmann, M. & Walper, S. (Hrsg.): Handbuch Sozialisationsforschung. Weinheim, 274–289

Tietze, W. (2009): Rahmenbedingungen für qualitativ hochwertige Betreuung von Krippenkindern. Vortrag beim „Invest in future"-Kongress „Bildung und Betreuung". Stuttgart, 19. 10. 2009

Viernickel, S. (2008): Was ist gute Krippenqualität und wie ist sie zu messen? In: Maywald, J. & Schön, B. (Hrsg.): Krippen: Wie frühe Betreuung gelingt. Weinheim, 198–207

Viernickel, S. & Schwarz, S. (2009a): Wie viele Kinder pro Erzieherin? Die Expertise „Schlüssel zu guter Bildung, Erziehung und Betreuung". In: Das Leitungsheft Kindergarten heute 3, 14–16

Viernickel, S. & Schwarz, S. (2009b): Schlüssel zu guter Bildung, Erziehung und Betreuung – Wissenschaftliche Parameter zur Bestimmung der pädagogischen Fachkraft-Kind-Relation. Expertise im Auftrag des Paritätischen Gesamtverband, Diakonie und GEW. Berlin. Erhältlich über: http://www.der-paritaetische.de/uploads/tx_pdforder/expertise_gute_betreuung_web2_02.pdf Zugriff: 22. 11. 2009

Wehrmann, I. (2008): Marshall-Plan für Kinder. In: Didacta Magazin 1, 11–12

Wehrmann, I. (2009): Vorausgedacht: Frühe Bildung ist kinderleicht – mit den richtigen qualitativen Rahmenbedingungen. In: Wehrmann, I. (Hrsg.): Starke Partner für frühe Bildung: Kinder brauchen gute Krippen. Berlin

Wüstenberg, W. (2009): Nestgruppe? Große Altersmischung? Krabbelgruppe? Finden Sie die geeignete Betreuungsform für Kinder unter drei in Ihrer Einrichtung. In: Das Leitungsheft Kindergarten heute 4, 4–15

Wüstenberg, W. & Schneider, K. (2008): Vielfalt und Qualität: Aufwachsen von Säuglingen und Klein(st)kindern in Gruppen. In: Maywald, J. & Schön, B. (Hrsg.): Krippen: Wie frühe Betreuung gelingt. Weinheim, 144–177

Gerd E. Schäfer

Bildung in den ersten Lebensjahren – Wie kleine Kinder denken lernen

Babys lernen vom Tag der Geburt an (ausführlicher zu diesem Abschnitt: Schäfer, 2008). Es gibt keine Zeit im Leben, in der sie mehr lernen, als in den frühen Lebensjahren, in denen zunächst einmal alles noch neu für sie ist. Kleine Kinder sind Neulinge im Leben. Dafür sind sie ausgestattet. Sie müssen das Lernen nicht lernen. Sie lernen aus Erfahrung und bereits nach drei Lebensjahren bewegen sie sich in ihrer Welt so, als ob sie diese schon immer kennen würden. Was sie dann noch hinzulernen müssen ist, sich ihrer Erfahrungen in dieser Welt bewusst zu werden, sie in Gedanken zu verwandeln, sie zu denken und nicht aufzuhören, ihre Erfahrungen und ihr Wissen ein Leben lang zu erweitern.

Ihre Welt ist eine Welt, die sie zunächst sinnlich erfahren. Indem sie die Welt mit ihren Sinnen erfassen, bilden sie diese aus. Man kann sein Sehen, Hören, Tasten, seine körperlichen Rhythmen differenzieren und verfeinern, wenn man Gelegenheit zu differenzierenden Seh-, Hör- oder Körpererfahrungen hat. So spielen die Umgebung, das familiäre, das natürliche, das örtliche, das soziale Umfeld, in dem Kinder leben und handeln, eine wichtige Rolle bei der Bildung ihrer Sinne, je nachdem, ob sie die kindlichen Sinnesmöglichkeiten anregen oder abstumpfen lassen. So hat ein grell buntes Plastikspielzeug andere Auswirkungen auf die Bildung der Sinne als fein abgestufte Farben und Materialien, die den Tastsinn anregen. Es geht aber um mehr als nur um sinnliche Erfahrung, denn was man nicht wahrnehmen kann, kann man auch nicht denken. Je differenzierter die körperlich-sinnlichen Erfahrungen sind, desto differenzierter kann auch darüber nachgedacht werden.

Indem Kinder ihr Umfeld handelnd und im Gebrauch aller ihrer sinnlichen Mittel „erforschen", machen sie ihre ersten Erfahrungen mit dieser Welt. Sie entwickeln Handlungsmuster, wie man mit den täglichen Dingen umgeht, sie erfassen die Rhythmen, in welchen ihre Tage sich gliedern, sie erfahren die Bedeutung, die die Dinge in den Handlungen der Menschen in ihrer Umwelt haben und all dies dadurch, dass sie sich selbst täglich mit ihnen handelnd auseinandersetzen.

Aus ihren Handlungen bilden sich Vorstellungen. Vorstellungen sind von der Wirklichkeit gelöst. Sie finden sich „im Kopf". Und weil Vorstellungen nicht die Wirklichkeit sind, kann das Kind mit ihnen auch nach seinem Belieben umgehen. Im Spiel erleben wir, wie sie mit und aus ihren Vorstellungen heraus handeln. Dies funktioniert, weil wir Spiel als einen Ort betrachten, an dem die Gesetze der Wirklichkeit aufgehoben sind. Kinder, auch wenn sie noch wenig sprechen können, denken in Bildern, in erlebten Szenen, indem sie mit ihnen spielend und fantasierend umgehen. Wenn sie die Möglichkeit dazu bekommen, dann versuchen sie auch neue Wirklichkeiten zu gestalten – mit Stift, Pinsel, Ton, aber auch mit jedem anderen Werkzeug oder Material, das man ihnen zur Verfügung stellt, wie Pappkartons, Tücher, Bauklötze oder geeignete Brettchen und Bretter. Gestalten hat dabei nichts mit Kunst, Schönheit oder der Erkennbarkeit der Produkte zu tun, sondern ist ein Nachdenken mit sinnlichen Mitteln.

Ihre Erlebnisse und Erfahrungen brauchen Wörter, mit welchen sie mitgeteilt und mit anderen geteilt werden können. Sie brauchen Menschen, die ihnen zuhören, die mit ihnen sprechen und die Wörter gebrauchen, die die Kinder brauchen können. Gesprochen werden kindliche Handlungen, Erfahrungen oder Wahrnehmungen zu Geschichten. Ihre Geschichten treffen auf die Geschichten anderer: auf Geschichten anderer Kinder, die sich mit ihnen austauschen, auf Geschichten der Erwachsenen, die mit ihnen sprechen, und auf die Geschichten, die andere sich für Kinder ausgedacht und aufgeschrieben haben. So bekommt das Erleben der Kinder einen Widerhall im gesprochenen Wort. Das macht ihnen ihre Erfahrungen bewusster und ermöglicht ihnen, sie im symbolischen Universum ihrer Kultur zu verankern und über sie nach-zu-denken.

In ihren frühesten Lebenserfahrungen sammeln Kinder. Sie sammeln Handlungsmuster, wie man mit den Dingen umgeht, denen sie täglich begegnen. Sie sammeln Bilder und Szenen, die sie in ihrem Kopf bewegen und umdenken können. Sie sammeln schließlich Geschichten darüber, wie die Dinge in ihren Erfahrungen zusammenhängen. Handelnd, wahrnehmend, vorstellend, fantasierend, gestaltend und sprechend beteiligen sie sich an der Welt, die sie umgibt. Zwei Wege sind es, die ihnen ermöglichen, Bilder von der Welt zu sammeln: Mimesis (Nachahmung im Sinne von Nacherhandeln und Nacherleben) und neugieriges, handelndes Forschen.

Soziale Resonanz

Da in den ersten drei Lebensjahren viele dieser Wahrnehmungen, Empfindungen, erlebten Szenen und die daraus gewonnenen Lebens- und Wirklichkeitserfahrungen noch nicht das Bewusstsein der Kinder erreichen, brauchen Kinder Erwachsene, die solche Erfahrungen mit ihnen teilen, sie in Sprache und Bilder fassen und sie in ihrem Gedächtnis bewahren, um sie ihnen später erzählen zu können. Bekanntlich kann man sich kaum an Ereignisse aus den ersten drei Lebensjahren erinnern und wenn, dann hängen sie zumeist mit dem zusammen, was uns darüber erzählt und berichtet wurde. Erwachsene bilden für die Kinder also eine Art „externes Gedächtnis“. So kann aus Geschichten eine persönliche Geschichte werden, ein wichtiger Baustein für die Entwicklung einer persönlichen Identität, eines Selbsterlebens. Ihre Anfänge liegen in einem vorbewussten Erleben der Kinder und in den Geschichten, welche die Erwachsenen daraus behalten und wieder erzählt haben.

Doch Kinder brauchen, um so etwas wie eine eigene Identität, ein Selbst zu gewinnen, nicht nur ein externes Gedächtnis, sondern auch die persönliche Resonanz der wichtigen Menschen in ihrem sozialen Umfeld. Dadurch gewinnen sie einen Blick von außen auf ihre eigene Person, ein Bild des anderen von sich selbst. Ohne diese Resonanz können sie kein Empfinden für den sozialen Ort und über ihre Bedeutung für diese soziale Umwelt entwickeln.

Selbsterleben einerseits und soziale Resonanz andererseits sind die Grundlage für ein Bild, das Kinder von sich selbst gewinnen. Persönliche Bindungen und Beziehungen sind das Mittel dazu. Bindung beschränkt sich damit nicht auf eine Phase der Eingewöhnung. Sie muss im täglichen Umgang lebendig und im Rahmen von Sachbezügen erneuert werden (vgl. w. u.). Bindungen und Beziehungen hat man nicht, sondern man muss sie immer wieder verwirklichen und an den Aufgaben des eigenen Lebensweges entlang differenzieren. Bindungen und Beziehungen, ohne dass es dabei um etwas geht, gibt es in der Regel im Alltag nicht. Sie werden zu einem eigenständigen Thema erst dann, wenn sich dabei etwas zum Problem entwickelt hat.

Professionelles Handeln im Krippenalter

Bildung in den ersten Lebensjahren ist in erster Linie Bildung in Alltagszusammenhängen. Kinder brauchen diese Alltagszusammenhänge, um die Bedeutung zu erfassen, die diese Dinge in den Lebenszusammenhängen der Menschen in ihrem Umfeld haben. Da sie selbst stark in Handlungszusammenhängen Erfahrungen machen und denken, brauchen sie den Kontext solcher Handlungsverläufe, um sich die Bedeutsamkeit dessen zu erschließen, was ihr Interesse in ihrem Umfeld an sich zieht.

In diesen Alltagszusammenhängen findet pädagogisches Handeln vornehmlich auf zwei Ebenen statt: im Auswählen sowie Gestalten von Räumen oder in einer vorbereiteten Umgebung und in der bewussten Gestaltung von Beziehungen.

Gestalten von Räumen – vorbereitete Umgebung

Dabei sind folgende Bereiche besonders wichtig:
- Bewegungsbereiche
- Orte der Körperpflege
- Nassräume als Erlebnisbereiche
- Kinderrestaurant
- Naturräume und Außengelände
- Das örtliche Umfeld
- Das Mini-Atelier.

Verkörpertes Selbst

Die folgenden Überlegungen sind im Gespräch mit Angelika von der Beek entstanden (vgl. auch Beek, 2006 und 2007).

Bewegung

Ausgangspunkt der Krippenpädagogik ist ein Gruppenraum, der den Kindern jederzeit vielfältige Bewegungserfahrungen ermöglicht. Bewegungsbereiche sind Orte, an welchen sich das kleine Kind in körperlich-emotionalen Erlebnissen selbst erfährt. Diese Anfänge eines verkörperten Selbst enthalten zugleich die Rückmeldungen, die das Kind aus dem sozialen Austausch zurückgespiegelt bekommt, insbesondere auch von den anderen Kindern, mit welchen es zusammen spielt. Beachtung durch die Erwachsenen erfahren sie dadurch, dass diese für Orte sorgen, an welchen sie ungestört und lustvoll solche Erfahrungen machen können.

Dabei geht es nicht nur um Bewegung. Insofern sich bewegen und handeln die Grundlagen aller Welterfahrung sind, werden hier auch basale Erkenntnisse des körperlichen Umgangs mit der Wirklichkeit gewonnen. Als konkretes Denken – Denken durch Bewegung und Handeln – bildet es den Anfangspunkt des kindlichen Weltverständnisses.

Die körperlich-sinnlichen Grundlagen der Wirklichkeitserfahrung erweitern sich in allen anderen Feldern kindlicher Bildung. Es treten stets neue, spezifizierende und differenzierende sinnlich-körperliche Erfahrungen hinzu. Es geht nämlich nicht nur um die Grundlage solcher Erfahrungen, sondern auch um deren (lebenslange) Differenzierung entlang den kulturellen Aufgaben, die sich stellen. Die Gestaltung von Räumen, von Landschaften, von öffentlichen Plätzen usw. sind z. B. spätere Formen solcher Bewegungs- und Raumerfahrung.

Körperpflege

Einrichtungen mit Kindern ab dem ersten Lebensjahr benötigen separate und praktikable Bereiche für die Körperpflege. Wickeln, Waschen, Toilettengänge sind Ereignisse, die zwar der Körperpflege dienen. Doch viel bedeutsamer sind sie als Rahmen und Gelegenheiten, über den Körperkontakt zwischenmenschliche Bindungen und Beziehungen zu erfahren und zu vertiefen. Körperliches Selbsterleben ist in diesen Situationen eingebettet in die unmittelbare Resonanz der pflegenden Hand und der pflegenden Person. Sie moduliert und durchdringt das Bild, welches das Kind von seinem Körper und seiner Körperlichkeit gewinnt. Daher verdienen diese Orte einer Pflege des Körpers professionelle Aufmerksamkeit, die dieser Bedeutung entspricht. Einerseits sollte ein solcher Ort die Erzieherin in ihrer Aufgabe würdigen, indem er ergonomisch und ästhetisch gestaltet ist. Andererseits sollte er dem Kind den Grad an Freiheit ermöglichen, der ihm zugänglich ist, sowie den Schutz, die Sicherheit und die Intimität gewährleisten, die es benötigt, um seine Körpererfahrungen zu genießen.

Nassbereiche als Erlebnisfelder

Bäder und Duschen sind ebenfalls nicht nur Räume der Sauberkeit, sondern Orte des Körpererlebens. Die Berührung mit Wasser knüpft an sehr ursprüngliche Erfahrungen an und ermöglicht auf vielfältiger Weise Berührungserfahrungen mit der Haut. Gleichermaßen können diese Nassbereiche auch in Atelierbereiche der Körpergestaltung verwandelt werden. Orte, an welchem der Körper als Medium bildhafter (Selbst-)Gestaltung vielfältige Verwandlungen erfahren werden kann. Schließlich ist Wasser ein elementarer Sachbereich, dessen Reizen sich Kinder kaum entziehen können. Schöpfen, gießen, schwimmen, strömen – die elementaren Erfahrungen mit der Flüssigkeit dieses Elements sind Anlässe für ausdauernde Expeditionen in die Welt des Wassers.

Essen

Essen ist mehr als Nahrungsaufnahme und deren Regulierung im Sinne konventioneller Regeln. Essend kommuniziert der Körper mit der Welt (der Mund ist im ersten Lebensjahr – und manchmal auch darüber hinaus – ein wesentliches Werkzeug der Weltbegegnung und der Welterfahrung). Essend findet das Kind hinein in eine Kultur der Speisen und der Sprachen ihrer Zubereitung. Deshalb verdient das Essen einen Ort: das „Kinderrestaurant" – einen Bereich, in dem die Krippenkinder gemeinsam und so selbstständig wie möglich essen, einen Ort, der es möglich macht, eine Kultur des Essens zu pflegen. Die Zubereitung der Speisen, das Erfinden von Gerichten, die Kompositionen von Gerüchen und Varianten des Geschmacks gehört genauso dazu wie die – freiwillige und lustvolle – Nacharbeit der Folgen.

Welterfahrendes Selbst

In verschiedenen Lebensräumen eröffnen sich den Kindern unterschiedliche Sach- und Weltzugänge im Kontext eines alltagsbezogenen Handelns: Naturräume, kulturelle Räume und gesellschaftliche Felder.

Natur- und Außenräume

Die Natur wird im Wesentlichen vor Ort in ausgewählten Ausschnitten aufgesucht, wenn sie für die Kinder ohne großen Aufwand erreichbar ist. Da dies eher selten der Fall ist, brauchen Einrichtungen für Kinder ab dem ersten Lebensjahr geeignete Außenbereiche, die ihnen mehr als nur Spielplatz-Erfahrungen gestatten. Über die Bewegungs- und Spielmöglichkeiten hinaus geht es um Zugänge zu elementaren Naturerfahrungen mit der Pflanzen- und Tierwelt sowie mit den vier „Elementen" der Natur: Erde, Wasser, Luft und Feuer/Licht. In den Räumen der Kita oder Krippe wird sich Natur in

Sammlungen und kindlichen „Museen“ finden. Gesammelte Naturmaterialien bilden einen wesentlichen Ausgangspunkt für kindliche Gestaltungen und Konstruktionen. Sie können zum Ausgangspunkt von Projekten werden, in welchen sich Erforschungen draußen und drinnen abwechseln.

Kultur und Gesellschaft
Kulturelle Felder – beispielsweise Museen, musikalische Ereignisse, Theater, Ausstellungen usw. – sind in der Regel noch keine Orte, die sich Kindern im Krippenalter sinnvoll erschließen können, genauso wenig gesellschaftliche Einrichtungen wie Straßenbahn, Feuerwehr oder Krankenhaus. Das gesellschaftliche Leben öffnet sich ihnen eher an gesellschaftlichen Orten, die sie sich erlaufen können: an Straßen, Plätzen, Gebäuden, Geschäften, Parks oder Märkten usw.

Die Auswahl der kulturellen Felder und bedeutsamen gesellschaftlichen Orte folgt jedoch keinem Curriculum, sondern den örtlichen Bedingungen und der Kompetenz der jeweiligen Erzieherinnen.

Je kleiner die Kinder sind, desto mehr muss auf ihren individuellen Erfahrungsbereich eingegangen werden. Ein wesentliches Kriterium für die Auswahl in allen Bereichen ist aber auch die Möglichkeit der Kinder, sich in eigener Initiative und durch die eigenen Interessen gesteuert, neugierig handelnd und forschend in diesen Feldern, Orten und Einrichtungen bewegen zu können. Darüber hinaus erschließt sich den Kindern nichts von diesen Dingen, ohne dass auch die Erzieherin dabei ihre Neugier und ihr Interesse erkennen lässt.

Denkendes Selbst

Der Atelierbereich, das Mini-Atelier als Brücke zwischen Körper und Geist

Das Mini-Atelier ist ein den Kindern ständig zur Verfügung stehender Raum im Raum, der für diesen Zweck mit geeigneten Materialien und Werkzeugen ausgestattet ist. Dem Atelierbereich in dieser Zwischenfunktion kommt zugute, dass Gestalten auf der einen Seite selbst ein körperlicher Vorgang ist, den man durch geeignete Materialauswahl noch unterstreichen kann, z. B. durch schwere Tonklumpen statt einer Handvoll Knete, durch Staffeleien statt (nur) Mal-Tischen, durch Bausteine von mittlerem Format und Gewicht statt Duplosteine. Als Ort des Gestaltens ermöglicht er erste Anfänge einer Reflexion der kindlichen Erfahrungen durch den Gestaltungsprozess. Die so entstehenden inneren Bilder sind die erste Form der inneren

Repräsentation einer Geschichte, die – versprachlicht – dann in den zwischenmenschlichen Austausch ein- und dem Bewusstsein näher gebracht wird. Die hundert Sprachen, in welchen Kinder nach einem Schlagwort der „Reggiopädagogik" denken und sich ausdrücken, beziehen sich darauf, dass Kinder alle Möglichkeiten, die ihnen zugänglich sind, dazu nutzen, mit ihrer Hilfe etwas zu gestalten und sich darüber mitzuteilen. Das Mini-Atelier ist ein Ort, an dem dieser Übergang vom körperlichen zum repräsentativen Denken auf allen seinen Ebenen – dem konkret körperlichen Handeln, dem aisthetischen Vorstellen und Gestalten und dem sprachlichen Denken – angeregt und kultiviert wird.

Zusammenfassung

Eine Einrichtung für Kinder ab dem ersten Lebensjahr braucht also

- Orte, an denen sich Kinder bewegen und ihren Körper erfahren,
- Orte, an welchen sie der natürlichen, kulturellen und sozialen Welt draußen begegnen, sowie
- Orte, an denen sie ihren Erfahrungen sinnlich-körperlich gestaltend und im weitesten Sinne „denkend" nachhängen können.

Gestalten von Beziehungen

Bindung ist eine Sache der ständigen Gestaltung von Beziehungen. Beziehungen, in welchen Kinder handeln, können gestaltet werden: Sie können zum Beispiel liebevoll und einfühlsam sein oder distanziert und kühl. Liebe, Distanz oder andere Beziehungsqualitäten erfahren Kinder zum einen dadurch, dass man direkten Kontakt zu ihnen aufnimmt, oder indem man mit ihnen etwas gemeinsam tut. Manchmal wenden wir uns einem Kind um der Beziehung willen zu: wir nehmen es in den Arm, streicheln es, lächeln ihm zu. Meistens jedoch tun wir etwas gemeinsam mit ihm. Es wird gewickelt, gefüttert oder zu Bett gebracht, man sieht ein Bilderbuch gemeinsam an, geht mit ihm einkaufen oder lässt es in der Wohnzimmerecke spielen. Auch wenn wir uns einem Kind nicht direkt um eines sozialen und emotionalen Bezugs willen zuwenden, stehen wir ständig mit ihm in Beziehung. Selbst allein sein ist eine Form sozialer Beziehung: Seine Qualität ändert sich erheblich, je nachdem, ob ein Kind sich zurückgezogen hat, um für sich zu spielen, oder ob es sich einsam fühlt, weil es niemanden findet, mit dem es etwas zusammen unternehmen kann. Alles, was gemeinsam mit einem Kind gemacht wird, hat eine bestimmte Qualität von Beziehung, eine Beziehungsgestalt.

Grundsätze

Pädagogik besteht in der Gestaltung von Beziehungen mit dem Ziel, Kindern die Beteiligung am sozialen und kulturellen Leben einer Gesellschaft zu eröffnen. Wenn es dabei um die Beteiligung des Kindes an seinen Entwicklungs- und Bildungsprozessen geht, dann muss man Vorstellungen darüber haben, wie die professionellen Beziehungsformen zwischen Erwachsenen und Kindern aussehen könnten, die diesem Ziel dienen. Für den gegenwärtigen Zusammenhang sollen einige Punkte hervorgehoben werden:

- Zum Ersten sollten diese Beziehungen vonseiten der Erwachsenen – so weit wie möglich – von einem grundsätzlichen Interesse und Wohlwollen für das Kind getragen sein. Es bildet die Voraussetzung und die Basis für tragfähige und sichere Bindungen und Beziehungen (vgl. hierzu die Bindungsforschung, zusammenfassend: Ahnert, 2008).
- Zum Zweiten gelingen Beziehungen vor allem auf der Grundlage eines vom Erwachsenen und vom Kind gemeinsam geteilten Erfahrungsbereichs innerhalb des gemeinsamen Sachbezugs (s. o.).
- Zum Dritten stehen Beziehungen nicht isoliert für sich; sie enthalten immer auch einen sachlichen Kern. Es geht immer um etwas und dieses Etwas beeinflusst diese Beziehungen nicht unerheblich.
- Viertens enthalten professionelle Beziehungen immer Vorstellungen darüber, was Kinder sind und welche Rolle sie im sozialen und gesellschaftlichen Leben spielen. Selbst wenn es nicht ausformuliert wird, kann man keine Beziehungen eingehen, ohne dabei eine „Theorie" des Mensch- oder Kindseins zugrunde zu legen.

Im vorliegenden Fall ist es die Vorstellung vom Kind als einem selbsttätigen Organisator seines sozialen und kulturellen Lebens im Austausch mit und unter der Beteiligung von anderen. Pädagogische Rahmung soll sicher stellen, dass die im Kind bereits vorhandenen Möglichkeiten herausgefordert und vor unzumutbaren – weil noch nicht bewältigbaren – Ansprüchen und Anforderungen geschützt werden.

Beziehungsformen

Für das Alter zwischen null und drei Jahren sollen folgende Beziehungsformen hervorgehoben werden:

- Halten und Aushalten von Belastungen und Schwierigkeiten (Winnicott, 1960), ohne zu Sanktionen zu greifen und unter Beibehaltung des grundlegenden Wohlwollens.
- Nonverbale Verständigung. Dabei werden alle Handlungen des Kindes nicht nur unter dem Aspekt ihres sachlichen Inhalts wahrgenommen, sondern ebenfalls als Botschaften des Kindes an seine Mitwelt. Je kleiner Kinder sind, je weniger sie der Sprache mächtig sind, desto mehr muss darauf geachtet werden, dass auch getan wird, was gesagt wird.
- Dabei sein. Es gibt eine Art von Aufmerksamkeit, die einerseits beim Kind ist, ihm andererseits aber seine völlige Selbstständigkeit lässt. Vonseiten des Kindes entspricht diesem Dabeisein, ohne sich einzumischen, eine Fähigkeit zum Alleinsein in Gegenwart eines anderen (Winnicott, 1959). In solchen Situationen ist das Kind auf eine produktive Weise mit seinem Tun und seinen Gedanken für sich, aber nicht einsam. Solches „Für-sich-sein" benötigt es, um sich auf sich selbst und sein Tun zu konzentrieren. Die unaufdringliche Anwesenheit eines anderen ermöglicht andererseits, sich in diesem Tun sicher und geschützt zu fühlen.
- Damit kleine Kinder ein Bewusstsein von sich selbst sowie von ihrem Handeln und Denken gewinnen, brauchen sie zureichende Resonanz von anderen auf das, was sie tun und denken (zusammenfassend: Dornes, 2000). Resonanz unterscheidet sich von einer einfachen Antwort dadurch, dass sie sich um ein empathisches Verständnis der Perspektive des Kindes bemüht. Über Spiegelung und Resonanz erfährt sich das Kind aus einer Außenperspektive. Ohne solche Rückmeldungen zu seiner Person aus der Perspektive von anderen wird es kein zureichendes autobiografisches Bewusstsein (Markowitsch/Welzer, 2005) von sich selbst oder seinen Tätigkeiten und Erlebniszusammenhängen gewinnen können.
- Sprachliches Feedback. Diese Resonanz kann durch unmittelbares Handeln oder auch auf sprachlicher Ebene erfolgen. In vielen Fällen – vor allem auf der Grundlage stabiler, wohlwollender Beziehungen zwischen Erwachsenen und Kindern – wird sie schon von der Säuglingszeit an auf zweierlei Weisen vermittelt: sowohl durch konkretes Handeln und seine mimisch-gestischen Aspekte als auch durch die sprachliche „Übersetzung" des Beziehungsaspekts in ein „Bad" aus Wörtern und Sätzen, auch wenn die Kleinen das begrifflich noch nicht verstehen. Zum Beginn des Eintritts des Kindes in die Sprache ist die sprachliche Resonanz eine wich-

tige Voraussetzung dafür, dass das Kind ein differenziertes, bewusstes sprachliches Denken entwickelt.

- In Beziehung treten heißt für Kinder aber, nicht nur mit Erwachsenen Beziehungen haben, sondern auch mit anderen Kindern. Erwachsene können sich in vieles nicht mehr hineindenken, was für kleine Kinder selbstverständlich ist. Sie können deshalb häufig auch nicht die Geduld aufbringen, die Kinder brauchen, wenn sie sich in etwas vertiefen. Sie haben auch oft nicht die Ideen, die anschlussfähig an die Ideen der Kinder wären. Hier helfen andere Kinder, mehr oder weniger gleichaltrig, aber noch nicht zu alt, um bereits in die Rolle eines älteren „Betreuers“ zu treten. Mit anderen Kindern können sie sich in einer Weise austauschen, die den Dimensionen ihres Verständnisses meistens viel näher kommen. In den Ideen der anderen erleben sie aber auch Möglichkeiten, die sie selbst bereichern können. Hier ist es eine professionelle Aufgabe, die Möglichkeiten zu schaffen, dass Kinder miteinander so in Beziehung treten können, dass sie sich mit ihren Ideen gegenseitig herausfordern. Gelingt das, dann ergeben sich daraus auch die fruchtbaren Situationen, in denen Erwachsene von Kindern lernen können, nämlich lernen, was diese als eigenes Handeln und Denken in ihre Bildungsprozesse einbringen können, also den Anteil ihrer Selbstbildung am Bildungsprozess zu erkennen. (Ich verweise dazu auf die Krippenbeispiele aus Project Zero – Reggio Children, 2000 oder bei Beek, 2007.)

Pädagogik als Beziehung – Pädagogik des Innehaltens

Alle diese Beziehungsformen erfordern eine aktive, aufmerksame Zurückhaltung der pädagogischen Fachkräfte, eine „Pädagogik des Innehaltens“:

- Innehalten, bevor man glaubt, etwas für das Kind tun zu müssen. Man verlangsamt eine professionelle Haltung des vorauseilenden Wissens der Erwachsenen.
- Eine Pädagogik des Innehaltens lässt der Aktivität der Kinder den Vortritt. Dies ist nicht pädagogische Passivität. Vielmehr wird das bessere Wissen der Erwachsenen zurückgehalten, um einerseits Raum zu geben für die möglichst umfangreiche Beteiligung der Kinder an ihrem Bildungsprozess, andererseits um dieses Wissen so zu organisieren, dass es angemessener auf die Möglichkeiten der Kinder zugeschnitten werden kann.
- Indem Erwachsene sich darauf einlassen, welche Aktivitäten die Kinder in diesen Lücken des Innehaltens entwickeln, geben sie sich selbst die Möglichkeit, von den Kindern zu lernen, nämlich zu erkennen, wo deren Mög-

lichkeiten und Schwierigkeiten liegen. Das fördert ein professionelles, verstehendes, ordnendes, zurückhaltend-einfühlendes und unterstützendes Nachgehen. Dadurch werden Fachkräfte in die Lage versetzt, die individuellen Möglichkeiten der Kinder zu unterstützten und herauszufordern und auftretende Probleme selbst erfolgreich zu lösen.

- Eine Pädagogik des Innehaltens, der aufmerksamen Zurückhaltung und des unterstützenden Eingreifens öffnet einen geschützten Raum, innerhalb dessen die Kinder mit ihren eigenen Kräften handeln und denken können, aber auch Fehler machen dürfen.
- Grundlage einer Pädagogik des Innehaltens ist eine professionelle Kultur der Verständigung, die sich gleichermaßen auf die sprachlichen und die nicht-sprachlichen Mittel bezieht.

Auch die Familie ist ein Ort frühkindlicher Bildung

Grundsätzlich kann man sagen, dass alles, was für die professionelle Unterstützung frühkindlicher Bildung gesagt wurde, tendenziell auch für Erziehung und Bildung in der Familie Geltung hat. Die familiäre Perspektive wird weniger systematisch und mehr an das soziale und kulturelle familiäre Umfeld angepasst sein. Die professionelle Perspektive muss systematischer vorgehen, denn sie muss die Verantwortung für viele Kinder übernehmen und sollte dazu auf dem Stand des gegebenen Wissens sein. Dennoch lassen sich einige Anregungen ableiten, die auch im familiären Umfeld umgesetzt werden können.

Orte im familiären Rahmen

- In der Wohnung sollte es Orte und Bereiche geben, an denen sich die Kinder frei bewegen und ihre Bewegungen ausprobierend steigern können.
- Der Ort der Körperpflege könnte gleichzeitig ein Ort des Spielens und Experimentierens mit Wasser sein.
- In jeder Wohnung sollte sich ein Bereich finden lassen, der die Funktion eines Mini-Ateliers übernehmen kann, also ein kleiner Tisch und/oder eine Staffelei, an dem ein Kind mit einfachen Materialien und Werkzeugen selbstständig gestalten kann.
- Eine Verkleidungskiste, mit Tüchern und vor allem Taschen, ist ein ständiger Impuls zur Selbsterfahrung und zum Rollenspiel; ergänzend wäre ein Spiegel, der in Kinderhöhe angebracht wird, gut.
- Auch kleine Kinder brauchen einen Ort, an dem sie sich zum Alleinsein oder zum Ausruhen zurückziehen können. Der kann improvisiert sein,

also z. B. ein großer Karton oder ein kleines Zelt oder ein tiefes Fach in einem Schrank, bei dem man die Tür aushängen kann.

- Bauen mit einer größeren Menge von Bauklötzen unterschiedlicher Größe (größer und schwerer als Duplosteine) ist eine Form der Gestaltung, die von sehr einfachen Möglichkeiten bis hin zu – späteren – hochkomplexen Konstruktionsformen erweitert werden kann; es ist die vielleicht früheste Form, mit der sich Kinder den Bereich eines technischen Gestaltens erschließen können.
- Wo möglich sollte ein Sandkasten angelegt werden, der diesen Namen verdient, in dem man wirklich graben, bauen und mit Wasser spielen kann. Das Werkzeug dazu, z. B. Töpfe, Siebe und Schöpflöffel, stammt aus der Küche, ergänzt durch stabile Schaufeln. Förmchen sind unnötig.
- Und dann sollten Eltern mit ihren Kindern nach draußen gehen, Orte finden, wo Kinder Wasser, Luft und Erde, Pflanzen und Tiere selbstständig erfahren können.

Familiäre Beziehungen

- Auch hier gibt es keinen grundsätzlichen Unterschied. Halten und Aushalten, nonverbale Verständigung über Gesten und Körpersprache, Dabeisein, einfühlsame Resonanz auf das Handeln und Denken der Kinder, Zuhören und sprachliches Feedback sind auch die Grundlagen familiärer Beziehungen, die sicherlich überall da gut funktionieren, wo sich eine Familie zureichend gut versteht.
- Innehalten und die Kinder nicht mit ständigen Ideen oder Ansprüchen überladen, ist sicherlich etwas, was man auch in der Familie kultivieren kann. Das Gegenteil – Passivität und gleichgültiges Machen lassen – ist aber mit Innehalten nicht gemeint. Der Begriff des Innehaltens meint immer ein interessiertes Dabeisein.
- Ein besonderes Augenmerk kann man auch in der Familie darauf richten, dass jede Handlung eine Form der Kommunikation mit dem Kind ist, nicht nur das, was man absichtlich und intentional über Körper, Gesten oder Worte mitteilt.
- Für die Entwicklung des Denkens ist es entscheidend, inwieweit Kinder den Zugang zum Universum ihrer Erstsprache finden, inwieweit ihnen ihre soziale Mitwelt verständnisvoll zuhört, mit ihnen spricht, ihnen eine Wortwelt anbietet, in der sie die Wörter finden, die sie für ihr Erleben brauchen. Wörter, die sie sprechend, erzählend und zeigend mit der kulturellen Welt der Wörter und Geschichten in Verbindung bringt.
- An der Familie liegt es auch, inwieweit sie sich dafür engagiert, dass kleine Kinder mit anderen kleinen Kindern in Beziehung treten. Regelmäßi-

ge Kindertreffs, Krabbelstuben, gemeinsame Wochenenden mit anderen Familien und Kindern, um etwas zu „er-fahren" oder zu „er-leben", bieten sich als Lösungen an, private und sozial erweiterte Beziehungen miteinander zu verbinden, wenn man Kinder nicht in eine Institution geben will oder muss.

Schluss

Gemeinsam geteilte Erfahrungen, empathische Wahrnehmung der kindlichen Weltperspektive und eine von Wohlwollen getragene Resonanz – sowohl verbal wie auch nonverbal – bilden den professionellen Ausgangspunkt für das Gelingen von Bildungsprozessen im frühesten Kindesalter. Diese Erfahrungen sind in Alltagszusammenhänge eingebunden, weil sich nur dadurch den Kindern ein Sinn erschließt. Diese Erfahrungen erweitern sich in Bereiche der Natur, des kulturellen und des gesellschaftlichen Lebens, je nach den örtlichen Gegebenheiten und der persönlichen Kompetenz der Erzieherin.

Ein solches Verständnis von frühpädagogischem Handeln setzt an die Stelle von Kompetenzvermittlung eine Pädagogik des Innehaltens, der aktiven Zurückhaltung der Erwachsenen, der nonverbalen und verbalen Verständigung und des „Sich-Einlassens" auf den Beitrag der Kinder sowie der steten persönlichen Einladung, sich für neue Handlungs- und Wissensbereiche zu öffnen. Das bedeutet, die Beteiligung der Kinder nicht nur als gelegentliche inszenierte Veranstaltung zu begreifen, sondern als eine Möglichkeit und Notwendigkeit, die in jedem Augenblick, in jeder Situation des Umgangs mit bedacht und berücksichtigt werden muss.

Wenn man Professionalität so beschreibt, dann hat sie die Qualitäten, die eine gute Familie auch bieten kann. Umgekehrt kann ein bewusstes Aufwachsen in der Familie davon profitieren, dass die hier erörterten Dimensionen frühkindlicher Erziehung und Bildung mithelfen können, die räumliche Umwelt und die persönlichen Beziehungen bewusster zu gestalten. Wenn das Problem des Übergangs von Familie in eine Institution (Krippe) durch angemessene Eingewöhnung gemeistert werden kann, dann gibt es auch keinen fachlichen Grund, Kinder nicht in Einrichtungen zu geben, die sich im Sinne der obigen Überlegungen als Bildungseinrichtungen in einem umfassenden Sinn verstehen: Bildung als neugieriger Zugang der Kinder zur sozialen und kulturellen Welt und nicht als Vermittlung von Können und Wissen, das andere unbedingt für notwendig halten.

Literatur

Beek, A. von der (2006): Bildungsräume für Kinder von Null bis Drei. Berlin, Weimar

Beek, A. von der (2007): Pampers, Pinsel und Pigmente. Ästhetische Bildung von Kindern unter drei Jahren. Berlin, Weimar

Ahnert, L. (Hrsg.) (2008): Frühe Bindung – Entstehung und Entwicklung. 2. Aufl., München, Basel

Dornes, M. (2000): Die Rolle des Spiegel(n)s in der kindlichen Entwicklung. In: Dornes, M.: Die emotionale Welt des Kindes. Frankfurt, 175–226

Markowitsch, H. J.; Weltzer, H. (2005): Das autobiografische Gedächtnis. Stuttgart

Project Zero – Reggio Children (2001): Making learning visible. Children as individual and group learners. Municipality of Reggio Emilia

Schäfer, G. E. (2008): Die Bildung des kindlichen Anfängergeistes. In: undKinder Nr. 81, 7–16

Winnicott, D. W. (1958): Die Fähigkeit zum Alleinsein. In: Winnicott, D. W.: Reifungsprozesse und fördernde Umwelt. München 1974, 36–46

Winnicott, D. W. (1960): Die Theorie von der Beziehung zwischen Mutter und Kind. In: Winnicott, D. W.: Reifungsprozesse und fördernde Umwelt. München 1974, 47–71

Julia Schmidt

Bewegung von Anfang an!

Bedeutung der Bewegung

Schon im Mutterleib macht das Ungeborene durch Bewegungen auf sich aufmerksam. Sobald es das Licht der Welt erblickt, wird die Motorik von Armen und Beinen durch die Hebammen genau beobachtet und daran die Gesundheit des Neugeborenen abgelesen. Ein gesundes Baby strampelt mit den Beinen und fuchtelt mit den Armen, denn dies ist neben undifferenziertem Schreien die einzige Möglichkeit, Verlangen oder Empfindungen auszudrücken. Hat es Durst, wird es unruhig, wird es an die Brust gelegt, führen die Hände Greifbewegungen aus und freut es sich, gerät der gesamte Körper in Bewegung. Die Bewegung gehört zu den elementaren kindlichen Betätigungs- und Ausdrucksformen.

Mit zunehmenden Lebenswochen dient die Bewegung dem Baby zur Erkundung seines Umfeldes. Der Prozess frühkindlicher Entwicklung vollzieht sich aktiv, indem sich das Kleinkind die Welt körperlich-motorisch, später sinnlich aneignet. Durch Greifen und Fassen nach verschiedenen Gegenständen „be-greift“ und „er-fasst“ es seine Umwelt. Kindern erschließt sich ihre Umwelt, wenn sie sie anfassen, fühlen, hören, riechen, sich darin bewegen und Erfahrungen sammeln können. In der „greifbaren“ und handelnden Auseinandersetzung mit der zu entdeckenden Umwelt können Kinder über die Wahrnehmung durch ihre Sinnesorgane wirklichkeitsnahe Lebenszusammenhänge selbst erfahren. Man spricht von „Erfahrung aus erster Hand“. Das Kind setzt sich also über Bewegung mit seiner materialen und sozialen Umwelt auseinander, es gewinnt Erkenntnisse über deren Regeln und Gesetzmäßigkeiten. Beispielsweise erkennt es, dass ein runder Ball rollt, ein eckiger Bauklotz dagegen liegen bleibt. Dabei müssen kleine Kinder lernen, ihre Wahrnehmungsfähigkeit zu gebrauchen und zu differenzieren und ihre eigenen Wahrnehmungen und Erfahrungen so zu ordnen, dass sie daraus etwas erkennen können.

Permanenter Bewegungsdrang und die Suche nach Bewegungsanlässen sind Charakteristika der Kindheit. Jede Steinmauer provoziert zum Balancieren, jede schiefe Ebene möchte gerutscht, jede Treppe erstiegen, jede Schaukel benutzt werden und jede Pfütze reizt das Kind zum Planschen und Springen. Alle Geländeformen im Freien und das Mobiliar in geschlossenen Räumen dienen den „kleinen Unruhegeistern“ als Spiel- und Bewegungsbaustellen. Die hier gewonnenen Erfahrungen geben Aufschluss über physikalische Gesetzmäßigkeiten (Gegenstände fallen zu Boden: Schwerkraft), sie verbessern die Körperwahrnehmung (Balancieren auf einem Baumstamm: Gleichgewicht) und erfahren dadurch Erfolgserlebnisse (ich kann ...).

Kinder erleben durch ihre körperliche Aktivität, dass sie selbst imstande sind, etwas zu leisten, ein Werk zu vollbringen. Sie erleben in Bewegungshandlungen, dass sie Verursacher bestimmter Effekte sind, dass sie eine Wirkung hervorrufen und diese auf sich selbst zurückführen können. Dies ist die Grundlage für den Aufbau eines positiven Selbstkonzeptes (vgl. Zimmer 2006). Bewegung ist vom ersten Tag an Motor der kindlichen Entwicklung auf emotionaler, geistiger und sozialer Ebene und bildet die Grundlage körperlicher Gesundheit.

Bewegungsarme Kindheit heute

Je stärker die Medienwelt in unseren Alltag Einzug hält, desto mehr ist die Bewegungswelt in Gefahr. Dies gilt nicht nur für die Erwachsenen, sondern zunehmend auch für die Kinder. Sie befinden sich in einer sensiblen Phase, in der die Weichen für die Lebensgestaltung ihres Heranwachsens gestellt werden. Bewegungsanlässe, die hier nicht gegeben, Bewegungsreize, die hier nicht gesetzt werden, sind in späteren Jahren kaum mehr nachzuholen. Für eine gesunde Entwicklung benötigen Kinder ausreichend Spiel- und Bewegungsräume, die ihren Bedürfnissen nach Auslauf, Erlebnismöglichkeiten und Erfahrungswelten entsprechen. Kinder werden aus solchem Gelände immer häufiger verdrängt; anstelle von Spielplätzen werden Parkplätze gebaut, gefährliche Autostraßen verweigern den Zugang zu Spielwiesen und Innenhöfe werden wegen Lärmbelästigung der Anwohner für Kinder gesperrt. Gleichzeitig werden Kinderzimmer mit Computern und Fernsehern bestückt, Handys mit Spielen ausgestattet, Babyspielzeug tönt und blinkt und fährt batteriebetrieben. Die moderne Welt verlockt, im warmen und trockenen Sessel sitzen zu bleiben und fiktive Pseudo-Erlebnisse den tatsächlichen vorzuziehen. Doch die Bequemlichkeiten der „fortschrittlichen" Industriegesellschaft zollen Tribut. Bei vielen Kindern verkümmert der Bewegungskreislauf zum Sitzkreislauf: Nach dem Frühstück werden sie meist motorisiert in die Kindertagesstätte gebracht; auch den Nachhauseweg bewältigen die Kinder in den seltensten Fällen aktiv; nach dem Mittagessen setzen sich viele vor einen Bildschirm, wo sie oft bis zum Abendessen verbleiben. Ganztags betreute Kinder erobern nach dem Abendessen den Fernseher und wenn während der organisierten Kinderbetreuung keine Bewegungseinheiten eingeräumt wurden, wird auch bei diesen Kindern der Bewegungsdrang unterdrückt und kann nicht ausgelebt werden.

Alle Beteiligten, sowohl Familie als auch Betreuungseinrichtungen, müssen dafür sorgen, dass Bewegungsräume für Kinder geschaffen werden.

Mögliche Folgen von Bewegungsmangel

Die häufigste Folge von Bewegungsmangel ist Übergewicht bis zur Adipositas als krankhafte Ausprägung. Wenn der Energiehaushalt im Ungleichgewicht ist, weil die Menge der zugeführten Energie größer ist als die der aufgewendeten, wird die Nahrung in Form von Fettdepots angelegt. Eine Statistik aus 2007 zeigt, dass 16 % der deutschen schulpflichtigen Kinder und Jugendlichen übergewichtig sind (Kurth et al., 2007).

Jüngste Untersuchungen befassen sich mit dem Zusammenhang von Körpergewicht und Intelligenz. Eine Studie von Miller (2006) ergab, dass die Intelligenzentwicklung von übergewichtigen Kindern gegenüber Normalgewichtigen vermindert ist. Kenneth Cooper (2008) fand heraus, dass es bei Übergewichtigen zu einem Verlust des Gehirngewebes aufgrund verschlechterter Blutzirkulation kommt.

Wissenschaftler konnten herausfinden, dass motorische Fertigkeiten die Grundlage von Begreifen und Lernen darstellen.

Dies belegt die Beteiligung motorischer Strukturen zusammen mit dem Kleinhirn an Lernprozessen. Das Gehirn arbeitet nicht als isoliertes System unabhängig von weiteren Funktionsabläufen und aktuellen Zuständen im Gesamtkörper (Prof. Dr. Beckmann), sondern in der Kombination dieser Faktoren. Beispielsweise ist beim Lernen von Versen als Fingerspiel die Merkfähigkeit wesentlich größer als beim reinen Auswendiglernen eines Mehrzeilers.

Aufschluss über die ablaufenden Prozesse liefert die Neurobiologie. Forscher fanden heraus, dass Muskelaktivitäten und hoch koordinierte Bewegungen zur Produktion von Neurotrophinen führen. Diese regen das Wachstum von Nervenzellen an und tragen zur Vermehrung der Anzahl neuronaler Verbindungen bei. Die Anzahl der Neuronen bestimmt später die Güte und Vielseitigkeit körperlicher und geistiger Leistungsfähigkeit. (Kramer et al., 2006).

Graf, Koch und Dordel (2002) konnten in einer Untersuchung an Grundschulkindern feststellen, dass bewegte Kinder konzentrierter lernen.

Studien mit großen Stichproben belegen, dass die schulische Leistung in naturwissenschaftlichen und sprachlichen Fächern mit körperlicher Fitness zusammenhängt. In diesen Untersuchungen hatten die körperlich fitteren Kinder die besseren Noten in Mathematik und Englisch. Cooper resümiert, dass Fitness stark mit intellektueller Leistung korreliert.

Neben den positiven Einflüssen der Bewegung auf die ganzheitliche Entwicklung der Kinder ist körperliche Aktivität auch aus gesundheitspädagogischer Sicht unerlässlich.

Ein Mangel an Bewegung macht sich negativ bemerkbar und kann sich in physiologischen Schäden manifestieren. Bereits bei der Einschulung weisen viele Kinder Bewegungsmangel-Erkrankungen auf. Gefährdet sind Herz, Kreislauf, Muskulatur und der passive Bewegungsapparat. Die Betroffenen weisen Schwächen in der Ausdauerleistung, Lungenprobleme (z. B. Asthma), Haltungsschäden und muskuläre Dysbalancen auf. Oft entsteht ein Teufelskreis: Durch Bewegungsmangel nehmen die Kinder an Gewicht zu, das macht das Bewegen beschwerlicher, dadurch reduzieren sie die körperlichen Aktivitäten noch mehr, das Gewicht nimmt weiter zu usw.

Zunehmend wird die Erkrankung an Diabetes mellitus (Zuckerkrankheit) Typ 2 bei Kindern und Jugendlichen beobachtet. Als Risikofaktoren gelten Übergewicht, falsche Ernährung und zu wenig Bewegung.

Entwicklung und Auswirkungen der Bewegung

Die Entwicklung der Bewegung erfolgt von ungerichteter Grobmotorik beim Neugeborenen über elementare motorische Fertigkeiten im Kindesalter hin zu spezifizierter Feinmotorik im Erwachsenenalter. Dauer und Intensität der einzelnen Entwicklungsphasen sind individuell unterschiedlich. Daher können Altersangaben zu bestimmten Entwicklungsstufen nur ungefähre Richtwerte sein. Die Reihenfolge der Entwicklungsschritte verläuft aber in der Regel gleich. Zunächst erlernt das Baby beispielsweise Sitzen, Krabbeln, Stehen und Gehen, bevor im Kindesalter eine Ausdifferenzierung verschiedener Sitzpositionen, Vierfüßlergang, langsames und schnelles Laufen, Ballen- und Fersengang, aber auch Hangeln, Stützeln, Balancieren, Rollen, Hüpfen, Springen, Werfen usw. erfolgt.

Im frühen Kindesalter kann die Motorik nicht isoliert betrachtet werden. Bewegungen eines Kindes bis zum dritten Lebensjahr sind immer mit emotionalem, kognitivem und sozialem Erleben verbunden. Es handelt sich also – mehr als in höherem Alter – um ganzheitliche Aktionen.

… auf die motorischen Fähigkeiten

Motorische Fähigkeiten werden in Kraft, Ausdauer, Gelenkigkeit und Koordination unterteilt. Eine Bewegung besteht in der Regel nicht aus einer dieser Komponenten, meist handelt es sich um Mischformen. Dennoch ist es sinnvoll, schwerpunktmäßig die einzelnen Fähigkeiten zu üben. Im Alter bis drei Jahre geht es nicht um sportliches Training, sondern um spielerische Aktionen mit motorischen Anforderungen.

Soll die Förderung der Kraft im Vordergrund stehen, bietet sich für die Arme zum Beispiel Klettern an Tauen oder an einer Kletterwand an, oder für die Beine Niederspringen von einem Kasten auf eine Matte.

Möchte man die Ausdauerleistung der Kinder verbessern, eignen sich Laufspiele oder in Geschichten verpackte Aufgabenstellungen, zum Beispiel „Pferde galoppieren über die Wiese". Im Winter sind die Kinder beim Schlittenfahren gut zu motivieren, immer wieder den Berg hinaufzusteigen.

Die Gelenkigkeit ist vor allem bei Buben förderungsbedürftig. Es empfehlen sich gezielte Dehnübungen zu kindgemäßer Musik, zum Beispiel „Biene Maja" oder „Wickie und die starken Männer" oder Bewegungsgeschichten, zum Beispiel „Äpfel klauen" und sich dabei entsprechend strecken.

Als Koordination bezeichnet man – vereinfacht ausgedrückt – das Zusammenspiel von Zentralnervensystem und Muskulatur. Die klassische

Schulung der Koordination erfolgt durch Übungen und Spielformen mit dem Ball. Aber auch das Überwinden von Geräte-Landschaften fordert koordinative Fähigkeiten.

Detaillierte Praxisanregungen für verschiedene Altersstufen und spezielle Intentionen liefert die Fachliteratur.

Grundsätzlich gilt, schon in frühen Jahren eine breite Basis mit großem Bewegungsrepertoire anzulegen. Die Schulung und Verbesserung der motorischen Fähigkeiten muss in der Frühförderung beginnen und bildet die Grundlage für eine Spezialisierung, die frühestens im Schulalter sinnvoll ist.

Allmählich wird die vorhandene Motorik verfeinert, um Bewegungen flüssig und präzise ausführen zu können, bis hin zur Automatisierung bestimmter häufig verwendeter Stereotypen, z. B. Gabel zum Mund führen.

… auf die sozialen Fähigkeiten

Das Kind erfährt in Spiel und Bewegung sich selbst und seine Umwelt. Durch sogenannte Körpererfahrungen entsteht ein Selbstkonzept, ein Bild, das sich das Kind von seiner Person macht. Je nach erlebten Situationen ist dieses Selbstkonzept positiv oder negativ.

Ein kleines Kind, dem es gelingt, auf einem Baumstamm zu balancieren, ohne dabei herunterzufallen, das danach gelobt wird, weil die Leistung altersentsprechend gut war, freut sich und ist stolz. Wenn dasselbe Kind vergeblich auf einem schmalen Balken zu gehen versucht und dazu immer wieder gesagt bekommt, dass es das nicht gut macht, wird es enttäuscht sein und bald aufgeben. Erlebt das Kind viele solche und ähnliche Situationen, wird es verunsichert werden und das Zutrauen in die eigenen Fähigkeiten verlieren.

Ein positives Selbstkonzept verhilft zu Ausgeglichenheit und Zufriedenheit und motiviert Neues auszuprobieren. Es verringert die Angst vor Misserfolg und erleichtert den Umgang mit Niederlagen. Umgekehrt fürchtet ein Kind mit negativem Selbstkonzept den Vergleich und scheut Herausforderungen. Das hat wiederum Auswirkungen auf Reaktionen im sozialen Umfeld. Im Zusammensein und -spielen mit anderen, wo nachgeben und sich behaupten, streiten und versöhnen, durchsetzen und unterordnen, aushandeln und bestimmen, annehmen und akzeptieren gefragt sind, liegen Kinder mit positivem Selbstkonzept im Vorteil. Sie nehmen leichter Kontakt mit anderen auf und können sich arrangieren und einordnen. Wenn Regeln für ein Miteinander notwendig werden, kann sich ein positives Kind darauf einstellen und diese Regeln einhalten. Im Einklang mit sich selbst ist es in der Lage Empfindungen und Gefühle anderer zu erkennen und entsprechend zu reagieren. Auch Rücksichtnahme und Toleranz setzen ein positives Selbstkonzept voraus, das die Kinder spielerisch im bewegten Umgang miteinander lernen.

Konsequenzen für die frühkindliche Bewegungsförderung

Das Kind ist ein aktives und neugieriges Wesen, das auf Bewegung und Wahrnehmung angewiesen ist, um sich ein Bild von der Umwelt und sich selbst zu machen. Es lernt, die eigenen Fähigkeiten einzuschätzen und sich die Welt aktiv anzueignen. Es benötigt jedoch Bezugspersonen, die es in seinem Bedürfnis nach forschendem und entdeckendem Lernen unterstützen, die ihm Anregungen und Herausforderungen geben und damit neue Erfahrungsmöglichkeiten eröffnen. Bewegung sollte als elementare Handlungs- und Ausdrucksform in den Vordergrund der pädagogischen Arbeit gestellt werden. Dabei geht es einerseits um alltägliche Bewegungsaktivitäten, die das Kind aus Lust an der Tätigkeit und aus Freude an allen körperlich-sinnlichen Erfahrungen vollzieht und andererseits um Bewegungsangebote, die von Erzieher/-innen für die Kinder geplant, betreut und reflektiert werden (vgl. Zimmer, 2008).

In Deutschland gibt es dafür landesweit festgelegte Bildungs- und Erziehungspläne, die den Erziehungsauftrag und die konzeptionellen Ansätze beschreiben.

So unterschiedlich in den Bundesländern die Bildungspläne für Kindertageseinrichtungen hinsichtlich Umfang, Inhalt und Auslegung auch sind, so ist ihnen doch eines gemein: Bewegung wird als eigenständiger Bildungsbereich aufgeführt (Jugendministerkonferenz, 2004).

Die Unterteilung der Bildungsbereiche stellt sich folgendermaßen zusammen:

- Sprache, Schrift und Kommunikation
- Personale und soziale Entwicklung
- Mathematik, Naturwissenschaft, (Informations-)Technik
- Musische Bildung – Umgang mit Medien
- Körper, Bewegung, Gesundheit
- Natur und kulturelle Umwelten (Zimmer, 2008).

Grundsätzlich ist der Entscheidungsspielraum im Hinblick auf die individuelle Umsetzung an vorschulischen Institutionen wesentlich höher als an schulischen. Das bedeutet in der Praxis, dass die Prioritätensetzung unterschiedlich ausgerichtet werden kann. Bedenkt man die Bedeutung der Bewegung für die ganzheitliche Entwicklung, so muss ihr ein hoher Stellenwert eingeräumt werden, denn sie ist als Medium der Vermittlung grundlegender kognitiver, emotionaler und sozialer Lernprozesse zu verstehen. Ihre Förderung sollte als Querschnittsaufgabe frühkindlicher Bildung und Erziehung aufgefasst werden. Im Sinne einer optimalen Frühförderung sollten Kindertagesstätten gesundheitsbewusste, bewegungsorientierte Bildungseinrichtungen sein, die von qualifiziertem Personal professionell betreut werden. Dabei ist es wichtig, dass Angebot und Betreuung der Bewegungsförderung kindgerecht und nach pädagogischen Aspekten durchgeführt werden und sich die Erzieher-/innen ihrer Vorbildfunktion bewusst sind. Gerade im Kleinkindalter ist die vorgelebte freudige Einstellung zur Bewegung maßgeblich für die Motivation der Schützlinge. Umgekehrt werden Kinder wenig Begeisterung aufbringen, wenn auch die betreuende Person sich nicht mit Spaß bewegt.

Konkrete praktische Maßnahmen

Grundvoraussetzung für bewegungsorientierte Kindertagesstätten sind die räumlichen Gegebenheiten. Innen- und Außenflächen müssen bewegungsfreundlich sein, das bedeutet, dass entsprechend Platz verfügbar ist. Optimal ist ein extra Turnraum, der mit großen und kleinen Geräten ausgestattet ist. Dazu gehören mindestens Sprossenwände, (Lang-)Bänke und Matten sowie verschiedene Kleingeräte, etwa Bälle, Tücher, Sprungseile, Sandsäckchen. Zusätzlich eignen sich preisgünstige Alltagsmaterialien (z. B. Joghurtbecher, Papierrollen, Zeitungen, Putzschwämme, Eierschachteln) sehr gut für kreatives Spielen und Bewegen. Bezüglich der Außenanlagen kann auch ein nahegelegener Spielplatz oder entsprechendes Naturgelände (z. B. Wald, Bachlauf) ein fehlendes eigenes Grundstück ersetzen. Entscheidend ist, dass die Betreuer/-innen gewillt und qualifiziert sind, Bewegung in den Kindergartenalltag zu integrieren. Das Wetter sollte nicht von einem Aufenthalt im Freien abhalten.

Die Kompetenz des Personals muss durch regelmäßige Aus- und Fortbildungen bei verschiedenen Institutionen verbessert werden. Hier bieten die Sportjugend, Hochschulen und private Anbieter vielseitige Programme und Möglichkeiten. Es geht nicht nur um eine quantitative Erhöhung der Bewegungszeiten, sondern auch um eine Optimierung der Qualität frühkindlicher Bewegungsförderung. Dazu bedarf es einer genauen Beobachtung der Kinder, um differenzierte Bewegungsanregungen geben zu können, die die Kinder weder unter- noch überfordern.

Das Bewegungsangebot muss sowohl freies Spiel als auch angeleitete Einheiten beinhalten.

Im Freispiel stehen die Eigenaktivität der Kinder und das freie und kreative Erproben von Bewegungsmöglichkeiten und Gegenständen alleine und miteinander im Vordergrund.

Den Kindern muss genügend Zeit zum Ausprobieren, Erfahrungen sammeln und Erleben eingeräumt werden. Mögliche Gefahrensituationen müssen bekannt und besprochen sein, sodass ein unfallfreies Ausprobieren gegeben ist. Je vielseitiger das zur Verfügung stehende Gelände (sowohl drinnen als auch draußen) ist, desto größer ist der Erfahrungsschatz, den sich die Kinder aneignen können. Dabei darf Vielseitigkeit nicht mit Reizüberflutung verwechselt werden. Einfache Naturmaterialien wie Holz, Erde und Blätter oder Alltagsgegenstände wie Decken, Zeitungspapier und Bierdeckel regen die Fantasie mehr an und verleiten zu intensiverem Spiel als vorgefertigte Utensilien wie Plastikautos, die nur vorgegebenes Handeln zulassen.

Im Sinne der Ganzheitlichkeit sollten alle Sinne angesprochen werden und die Möglichkeiten der Wahrnehmung breit gefächert sein, dazu konkrete Beispiele:

- Taktile Reize: Fühlen unterschiedlicher Materialien mit Händen und Füßen
- Vestibuläre Reize: Balancieren auf verschieden breiten Gegenständen
- Kinästhetische Reize: Mit geschlossenen Augen die Körperstellung erspüren
- Akustische Reize: Benennen der Richtung, aus der ein gehörtes Geräusch kommt
- Auditive Reize: Reaktion auf verschiedene Farben
- Olfaktorische Reize: Unterscheiden von Gerüchen
- Gustatorische Reize: Unterscheiden verschiedener Geschmacksrichtungen.

Auch hier gilt: weniger ist mehr. Das bedeutet, dass der Fokus immer nur auf einen Reiz gelegt wird.

Möglichkeiten zur Schulung der Sinneswahrnehmung können sowohl in der Freispielzeit angeboten, z. B. Matschbereich im Freien, in Fußfühlparcours oder im Kräutergarten, als auch angeleitet in psychomotorischen Übungseinheiten vermittelt werden. In der Psychomotorik wird das Körperlich-motorische mit dem Geistig-seelischen verknüpft. Dazu bedient sich dieser pädagogische Ansatz bestimmter Materialien, wie z. B. Sandsäckchen oder Luftballons, die zu Übungs- und Spielformen eingesetzt werden. Im Rahmen dieses – ursprünglich therapeutischen Konzeptes – wurden neue

Spielgeräte entworfen, z. B. Pedalo und Zeitlupenbälle, die auch im Elementarbereich effektiv eingesetzt werden können.

Ergänzend kann Bewegung rhythmisch begleitet und musikalisch unterstützt werden. Sowohl Begleitinstrumente wie Rasseln, Trommeln oder Klanghölzer, die die Kinder selbst einsetzen können, als auch Musik aus der Konserve fördern die Bewegungsfreude.

Fazit

Bedingt durch unseren bewegungsarmen Alltag wird die Bewegungsförderung zunehmend wichtig. Die positiven Auswirkungen der Bewegung im gesundheitlichen und entwicklungsbedingten Bereich machen eine Reaktion unbedingt erforderlich! Ab dem Zeitpunkt der Geburt muss den Kleinsten Raum und Zeit gegeben werden, ihren Bewegungsdrang auszuleben. Es muss als Erziehungsauftrag angesehen werden, Kindern mit Spaß körperliche Aktivität zu vermitteln, um dadurch ihre Gesamtentwicklung im motorischen, emotionalen, sozialen und kognitiven Bereich zu fördern.

Literatur

Breithecker, D. (2001): Bewegung ist ein Kinderspiel. München

Hahn, E. (1995): Kindertraining. Probleme, Trainingstheorie, Praxis. München

Kurth, B. M.; Schaffrath, R. (2007): The prevalence of overweight and obese children and adolescents living in Germany. Bundesgesundheitsblatt Gesundheitsforschung Gesundheitsschutz, 50, 736–43

Schäfer, G. E. (2003): Bildung beginnt mit der Geburt. Weinheim

Schmidt, J. (2010): Eltern-Kind-Turnstunden für das ganze Jahr. Celle

Schmidt, W. (Hrsg.) (2008): Zweiter Deutscher Kinder- und Jugendsportbericht. Schorndorf

Zimmer, R. (2006): Handbuch der Bewegungserziehung. Grundlagen für Ausbildung und pädagogische Praxis. Freiburg

Karin Jampert
Andrea Sens

Sprache als Tor zur Welt

Die ersten drei Lebensjahre werden in der Spracherwerbsforschung als entscheidend für den kindlichen Spracherwerb betrachtet, da sich grundlegende Aneignungsschritte in den Bereichen Lautentwicklung, Wortschatz und Wortbedeutung sowie Grammatik vollziehen. In diesem Beitrag wird der sprachliche Erwerbsprozess von Kleinkindern unter einer kompetenz- und prozessorientierten Perspektive betrachtet, bei der die sprachlichen Themen und Aneignungsstrategien von Kindern sowie die Verknüpfung der sprachlichen mit der sozial-kommunikativen und der kognitiven Entwicklung im Mittelpunkt stehen (Teil 1). Da frühkindlicher Spracherwerb im Dialog erfolgt, wird anhand erprobter Interaktionsstrategien aus dem angloamerikanischen Kontext diskutiert, wie Kinder in ihren verbalen und nonverbalen Ausdrucksmöglichkeiten von Erzieherinnen sprachpädagogisch unterstützt, anregt und gestärkt werden können (Teil 2). Grundlage dieses Beitrags ist das am Deutschen Jugendinstitut entwickelte Konzept „Sprachliche Förderung in der Kita“, das auf eine theoriegestützte und kompetenzorientierte Wahrnehmung und Beobachtung von Kindersprache zielt und Sprachförderung als Querschnittsaufgabe des Bildungsalltags betrachtet (Jampert u. a. 2006 und 2009).

1 Sprachliches Lernen – ein komplexer Lernprozess, der beiläufig erfolgt

Alice, 1 Jahr, 8 Monate
Alice zieht an einem Luftballon. Sie freut sich, als er weghopst, geht ihm hinterher und ruft: „da“. Sie ergreift ihn erneut, zieht ihn durch den Raum, lässt los, reißt ihre Arme hoch und ruft „da!“. Sie geht zurück zum Ballon, holt ihn wieder, sucht sich eine neue Richtung, zieht den Ballon, lässt los, reißt die Arme hoch und jauchzt erfreut.

Alice 2 Jahre, 10 Monate
Alice spielt mit Puppe und Puppenwagen. Sie hält die Hand ans Ohr und spricht wie beim Telefonieren: „Ich komme gleich. Tschüss!“. Sie legt die Puppe in den Wagen und spricht mit ihr: „Komm Laura holen. Nein, wir bleiben.“ (Praxisdokumentationen DJI)

Im Alter von drei Jahren haben Kinder bereits große Fortschritte in ihren verbalen Handlungsmöglichkeiten vollzogen. Das Beispiel von Alice zeigt, wie sich innerhalb eines Jahres die Bedeutung der Sprache für ihr Handeln auf entscheidende Weise verändert hat: Während das Spiel mit dem Luftballon durch das körperlich-sinnliche Agieren und Erleben geprägt ist und der Sprache dabei eher eine Nebenrolle zukommt, beziehen ein Jahr später die ersten kleinen Rollenspiele ihren Reiz weitgehend aus der sprachlichen Gestaltung der Spielsituation.

Schritt für Schritt eignen sich Kinder in ihren ersten Lebensjahren die komplexen sprachlichen Strukturen ihrer Umgebungssprache an. Das Beispiel von Alice zeigt, wie damit einhergehend die verbale Sprache für Kinder immer wichtigere Funktionen übernimmt: für ihre Wahrnehmung, für ihr Alltagshandeln und ihre Spiele sowie für die Gestaltung ihrer sozialen Beziehungen und den Aufbau ihrer geistigen Vorstellungswelt. Um die kommunikativen Ausdrucksmöglichkeiten von Kleinkindern zu verstehen und um zu erkennen, welche sprachlichen Lernschritte sie gerade bewältigen, muss man sich mit den Besonderheiten der Sprache von Kindern und ihren Strategien, sich Sprache anzueignen, auseinandersetzen.

Die Ausdruckskraft von Kleinkindern und ihre spezifische Art und Weise, sich Sprache zu erschließen, entdecken wir, wenn wir den Blick öffnen und ihre kommunikativen und situationsbezogenen sprachlichen Handlungsmöglichkeiten in einem ganzheitlichen Sinn wahrnehmen. Denn der Aneignungsprozess von Sprache im frühen Kindesalter ist eng verknüpft mit sinnlichen, körperlichen, geistigen und sozialen Entwicklungsprozessen. Diese finden u.a. ihren Ausdruck in der Bewegungslust von Kindern, ihrer scheinbar unermüdlichen Freude an Wiederholungen, ihrer Aufmerksamkeit für regelhafte und wiederkehrende Abläufe in ihrer Umgebung, ihrem Versunkensein beim Hantieren mit Materialien sowie ihrem Interesse für alles Lebendige und ganz besonders für andere Kinder. Dies alles bildet den materiellen Stoff, mit dem sich die sprachlichen Fähigkeiten der Kinder verbinden und an dem sie ihr sprachliches Wissen erproben, stabilisieren, korrigieren und erweitern.

So wie die Kinder sich peu à peu an die Sprache der Erwachsenen annähern, müssen auch die Bezugspersonen sich darum bemühen, die besondere Ausdrucksweise von Kindern, ihre sprachlichen Themen und ihre Lernstrategien zu erfassen. Eine sensible Wahrnehmung der verbalen und der nonverbalen Mitteilungen von Kindern, die auf theoretischen Erkenntnissen basiert, ist die Voraussetzung, um eine anregende, stützende und reichhaltige Sprachumgebung zu gestalten.

1.1 Von Anfang an im Dialog – mit Lauten und Sprachmelodie

Von Beginn an sind Kinder von Sprache umgeben, und von Beginn an teilen sich Kinder über Lautäußerungen mit. Der kommunikative Dialog zwischen Säugling und Bezugspersonen erfolgt auf eine spezifische Art und Weise und gehorcht ganz eigenen Regeln. Die sogenannte „Ammensprache“ von Erwachsenen, die sich am Sprachverhalten der Säuglinge orientiert, zeichnet sich durch eine hohe Stimmlage und eine expressive Betonung aus sowie durch die Art, Wörter, Phrasen oder kurze Sätze unermüdlich zu wiederholen. In diesen ersten kommunikativen Situationen profitiert das Kind nicht von sprachlichen Inhalten, also davon, was gesagt wird, sondern davon, wie etwas gesagt wird. Die Aufmerksamkeit des Kindes richtet sich in dieser frühen Phase auf die Prosodie der Sprache. Diese umfasst die von Sprache zu Sprache unterschiedliche Sprechmelodie, den spezifischen Rhythmus und die besondere Betonung. Die Ansprache von seinen Bezugspersonen erlebt das Kind als sprachlich-musikalische Untermalung der Situationen, in enger Verbindung mit Blickkontakten, zärtlichen Berührungen und Bewegungen sowie mit der Erfüllung seiner elementaren Bedürfnisse.

Die Prosodie der Sprache vermittelt Kindern ein emotionales Sprachempfinden

So seltsam einem diese Ammensprache erscheint, wenn man sich den Säugling wegdenkt, so weiß man aus der Spracherwerbsforschung, dass genau diese Art der Zuwendung für die Kleinsten den Weg in die Sprache hinein öffnet (Bruner 1987). Die Prosodie der Umgebungssprache, die in der Ammensprache so klar und deutlich zum Vorschein kommt, vermittelt Kindern ein emotionales Spracherleben. So zeigen wissenschaftliche Untersuchungen, dass Säuglinge ihre Muttersprache, im Vergleich mit anderen Sprachen, bevorzugt wahrnehmen und bereits ein Gefühl für deren spezifische Betonung entwickeln (Grimm 1995). Neben dem entstehenden Sprachgefühl vermittelt die Prosodie bereits Säuglingen erste grammatische Hinweise. Sprachrhythmus und Betonung der jeweiligen Umgebungssprache ermöglichen Kindern, den Lautstrom, der auf sie eindringt, differenzierter wahrzunehmen, Einheiten im Sprachfluss herauszufiltern und abzugrenzen.

Kinder führen Lautdialoge und operieren mit Lautaneignungsstrategien
Auch die spezifischen Laute ihrer Umgebungssprache haben Wiedererkennungswert für die Kinder. Am kanonischen Lallen (Vokal-Konsonant-Wiederholungen) mit ca. einem halben Jahr zeigt sich, dass Säuglinge mit den Lauten, die sie hören, kommunikativ tätig werden. Sie imitieren ihre Gegenüber und sie nehmen wahr, wie ihr Babbeln und Plappern von ihren Bezugspersonen wiederholt, verändert und erweitert wird. Mit ihren Lautproduktionen machen Säuglinge sich bemerkbar, reklamieren Zuwendung und Zärtlichkeit und bringen sich aktiv ins Zwiegespräch mit ihren Kommunikationspartnern ein. Die Reaktionen der Bezugspersonen auf ihre Äußerungen signalisieren den Kindern, dass es wirksam, also von Bedeutung ist, wenn man „das Wort ergreift".

Mit dem Erwerb des Lautrepertoires sind Kinder bis weit über das dritte Lebensjahr hinaus befasst. Denn es gilt ja nicht nur, die vielen Einzellaute der Sprache zu hören und selbst zu produzieren, sondern diese auch in unterschiedlichen Kombinationen wiederzuerkennen und zu artikulieren. Beim Erwerb der mehr oder weniger schwer zu artikulierenden Laute und Lautverbindungen gehen Kinder ausgesprochen pragmatisch vor, denn sie vereinfachen sich die komplexe Aufgabe, vor der sie stehen. So fangen sie mit Lauten, wie „M" oder „T", die vorne im Mund gebildet werden, an und verschieben den Erwerb der Rachenlaute, wie „R" oder „K", auf später. Nach dem Prinzip „Nicht zu viel auf einmal" verkürzen und verändern sie schwierige Lautverbindungen wie etwa mehrere Mitlaute in Folge, sodass z. B. die „Blume" zu „Lume" wird. Und das „Krokodil" wird zum „Dododil", weil es nicht so einfach ist, innerhalb eines Wortes die Artikulations-Orte zu verändern („Kro-ko" sind Rachenlaute und werden im Mundbereich hinten artikuliert, während „dil" im vorderen Mundbereich gebildet wird).

Viele lautliche Besonderheiten, die man bei der Aussprache von Kindern wahrnehmen kann, sind insofern Vereinfachungen, mit denen sie sich das Lautsystem Schritt für Schritt aneignen, ohne sich zu überfordern. Allerdings ist eine kontinuierliche Beobachtung in diesem Bereich wichtig, um zu erkennen, ob die Kinder sich in ihrer Lautbildung weiterentwickeln oder ob sich spezifische Lautbildungen verfestigen, die dann logopädisch abzuklären sind.

Laute und Prosodie ihrer Erstsprache/-n sind über lange Zeit hinweg ein spannendes und vielschichtiges Entwicklungsthema für Kinder und dies lässt sich alltäglich beobachten. So entdeckt man bei Kindern, wie sie vergnügt und genüsslich vor sich hin babbeln, wie sie sich durch Lautäußerungen Aufmerksamkeit verschaffen, wie sensibel sie sind für sprachliche Äußerungen anderer Personen und wie sie sich in die Lautdialoge mit ihren Bezugspersonen zusehends aktiver einbringen und diese mitgestalten. Ein attraktives Thema, mit dem sie noch lange nicht abgeschlossen haben, bleibt der Bereich Laute und Prosodie auch für die älteren Kinder, was sich an deren Begeisterung für Lautspielereien, Geräuschimitationen und Lautmalereien zeigt.

1.2 „Is'n das?" Mit Wörtern werden Dinge und Handlungen bedeutsam

Mit etwa neun Monaten erwerben Kleinkinder die Fähigkeit zur geteilten Aufmerksamkeit, wodurch sie in der Lage sind, sich gemeinsam mit einer Person mit einem interessanten Gegenstand zu beschäftigen. Hinweisende Zeigegesten in Kombination mit Lauten und auffordernden Blickwechseln gehören ab dann zum Ausdrucksrepertoire der Kleinkinder, und sie beobachten interessiert, was ihr Gegenüber mit den Dingen tut. Gleichzeitig verändert sich damit die kindliche Wahrnehmung hin zu einer ganzheitlichen, konstanteren Wahrnehmung (Vygotskij 2003), und die Kinder befassen sich intensiv mit dem Phänomen der Objektpermanenz, was sich z. B. an der Faszination der „Guck-Guck-Spiele" zeigt. In Zusammenhang mit dieser veränderten Art der Wahrnehmung erhält die Sprache eine zusätzlich und neue Bedeutung für die Kinder. Sie ist nicht mehr länger primär in ihrer Signalfunktion relevant sowie als quasi „emotional-musikalische Begleitung" von Interaktionen mit den Bezugspersonen. Darüber hinaus wird Sprache nun mit der zusehends wichtiger werdenden Welt von Objekten und Ereignissen in Zusammenhang gebracht. Mit sprachlichen Bezeichnungen weisen Kinder auf Dinge und Phänomene, die sie gefangen nehmen hin und heben diese mit ihren ersten Wörtern gewissermaßen aus dem situativen Kontext heraus. Das, was Kinder aufmerksam in den Blick nehmen, Gegenstände, die sie faszinieren, ebenso wie die lebendige Umgebung, erhält ein sprachliches Kleid.

Lautmalereien als Brücke in die Welt der Wörter

In Verbindung mit einer situationsgebundenen Wahrnehmung werden die ersten Wörter für Kinder auf eine spezifische Art und Weise bedeutsam. Über längere Zeit hinweg operieren Kinder mit relativ wenigen Wörtern, mit denen sie ganz unterschiedliche Dinge oder Personen bezeichnen. Sprachwissenschaftlich bezeichnet man dies als Überdehnung von Wortbedeutungen:

> „Das Entzücken eines Vaters, wenn das Baby seinen Namen sagt, wird vermutlich etwas abflauen, wenn das Baby auch Papas besten Freund mit einem begeisterten ‚Dada!' begrüßt. Und den Postboten. Und den Fernsehmechaniker. Ein kleiner Trost mag da sein, dass das Haustier der Familie das gleiche Schicksal erleidet: Jedes Tier, vom Ameisenbär bis zum Zebra, ist ein ‚Wauwau'." (Gopnik u. a. 2000, S. 141)

Der Einstieg von Kindern in die Welt der Wörter und ihrer Bedeutungen wird unterstützt und gefördert durch lautmalerische Bezeichnungen. Lautmalereien wie „Wauwau" und „Brummbrumm" drücken als lautliche Imitation genau das aus, was gemeint ist. Dadurch können Kleinkinder den Zusammenhang dieser ersten Kinderwörter mit dem Bezeichneten leicht verstehen und selbst herstellen (ganz im Unterschied zu Wörtern, deren Bedeutung sich gerade nicht aus den Lauten erschließen lässt). In diesen ersten Kinderworten vereinen sich noch Sache und Handlung, sodass mit „Wauwau" nicht nur das Bellen, sondern auch der Hund selbst bezeichnet wird, ebenso wie mit Brummbrumm nicht nur das Geräusch des Fahrens, sondern gleichfalls das Auto gemeint ist (Zollinger 1996). Wie faszinierend die neu entdeckte Funktion der Sprache, Wörter situations-, gegenstands- und handlungsbezogen zu verwenden, für Kleinkinder ist, zeigen sie an ihrem ersten Fragealter: Mit „Is'n das?" oder auch nur „Das?" bringen sie ihren wahren Wörterhunger deutlich zum Ausdruck, der sich auch am damit einhergehenden Vokabelspurt wahrnehmen lässt.

Eine reichhaltige Erlebniswelt füllt die Wörter mit Bedeutung

Wir Erwachsenen überreichen leere Wörter, schreibt Winner (Winner 2007, S. 48), und zeichnet das Bild der Wortkörbe, die erst mit den individuellen, sinnlichen und handelnden Erfahrungen der Kinder ihre spezifische Relevanz und Bedeutung erhalten. Wörter werden „lebendig" und ausdrucksstark durch die Erlebnisse und Aktivitäten, die Kinder damit verbinden. Das bedeutet, die Ausbildung einer inhaltsreichen Sprache beruht auf einer anregenden Erlebniswelt, in der die Kinder auf vielerlei Weise sinnlich wahrnehmend und handelnd aktiv werden können.

Da der Erwerb von Wörtern und von Wortbedeutungen im Kontext der kindlichen Erfahrungsmöglichkeiten erfolgt, können der Wortschatz und das Wortwissen von Kindern individuell und auf ganz unterschiedliche Weise ausgeprägt sein. Entsprechend ihrer bevorzugten Aktivitäten und Themen eignen sich die Kinder neben ihrer Handlungskompetenz zugleich ihr Wortwissen an. So lässt sich bereits bei Zweijährigen eine Faszination gegenüber bestimmten Objekten oder Themen entdecken, verbunden mit einer großen Aufnahmebereitschaft und Motivation sich die Sache auch sprachlich zu erschließen. Kinder verfügen dann oft über einen auffallend differenzierten Wortschatz bei speziellen Themen:

> Marc (2 Jahre, 3 Monate) ist begeistert von allem, was fährt oder fliegt. In der Krippe hat er Gelegenheit, Hubschrauber beim Landen und Fliegen zu beobachten:
> Marc: „Oh ssau, Rolator!"
> Erzieherin: „Da ist der Hubschrauber, genau."
> Marc: „Fliegt."
> Erzieherin: „Und jetzt landet er."
> Marc: „Dreht."
> Erzieherin: „Ja, der Propeller dreht sich." (Praxisdokumentation DJI)

Wörter sind eng verbunden mit der wahrnehmbaren Situation

Im zweiten Lebensjahr führen Wörter bei Kindern allerdings noch längst kein Eigenleben, das heißt, sie stehen nicht stellvertretend für etwas. Ihre Bedeutung erhalten Wörter weitgehend durch die Situation, den wahrnehmbaren Kontext. Handlungen und sinnliche Wahrnehmungen stehen für Kinder noch lange an erster Stelle, und sie sind es, die sprachliche Äußerungen erst sinnvoll werden lassen. Wie eng verquickt für Kinder die Bedeutung der Sprache mit dem situativen Kontext, mit ihren Wahrnehmungen und Handlungen ist, belegen wissenschaftliche Untersuchungen:

> „Es dauert sehr lange, bis das Kind Worte von der entsprechenden äußeren Handlung loslösen kann. Lassen Sie ein zwei- oder dreijähriges Kind ‚Ich springe' nachsprechen, und Sie werden feststellen, dass das Kind bei der Wiederholung der Worte springt." (Furth 1977, S. 172)

> „Zweijährige sprechen völlig mühelos die Sätze ‚Das Huhn läuft' oder ‚Koko läuft' ... nach. Sie können aber nicht ‚Tanja läuft' sagen,

> wenn Tanja vor ihren Augen auf einem Stuhl sitzt. Sie sagen dann – obwohl man ihnen ‚Tanja läuft' vorgesagt hat – ‚Tanja sitzt' ... Was es sieht, übt eine bedeutend stärkere Wirkung auf das Kind aus, und deshalb ist es ihm nicht möglich Worte zu sagen, die im Widerspruch zur Wirklichkeit stehen." (Vygotski 2003, S. 202 f.)

Der Vokabelspurt, der sich im dritten Lebensjahr deutlich zeigt, steht sinnbildlich für die neue Qualität, die Sprache nun für Kinder besitzt. Wörter haben für sie die Funktion von Bezeichnungen, mit denen sie ihre Umgebung auf eine neue Weise wahrnehmen. Dieser veränderte Bezug auf ihre Umgebung lässt sich auch im kindlichen Handeln entdecken: Gegenstände, Objekte werden in dieser Zeit von Kleinkindern mit Vorliebe nach bestimmten Merkmalen sortiert und gesammelt (Largo 2009).

Indem Kinder mittels der Wörter ihre Umwelt kategorial erfassen, erschließen sie sich zugleich Wörter als ein allgemeingültiges Zeichen. Wörter stehen ja nicht für einzelne konkrete Sachen, Handlungen und Phänomene, sondern repräsentieren als Kategorien eine Fülle an unterschiedlichen Dingen, Handlungen und Phänomenen. So bezeichnet das Wort „Auto" eben nicht nur ein einzelnes Auto, sondern steht für unzählige Varianten von Autos. Oder auch das Wort rollen, das sich in vielen Variationen und in unterschiedlichen Zusammenhängen wahrnehmen und selbst erproben lässt. Diese Erfahrung bewirkt, dass Kinder im dritten Lebensjahr vertraute Wörter zunehmend stellvertretend für etwas – eine Sache, ein Phänomen oder Handlung – verwenden können. Damit erobern sich Kinder die Sprache in ihrer repräsentativen Funktion.

1.3 Mithilfe der Grammatik Bezüge und Verhältnisse zum Ausdruck bringen

Im dritten Lebensjahr vollziehen Kinder sprachliche Fortschritte, die ihre erweiterten Handlungskompetenzen sowie ihre geistigen Leistungen widerspiegeln. Mit dem sogenannten Telegrammstil, den Zweiwortkombinationen, erfolgt der Übergang zur Grammatikalisierung der Sprache.

Kinder entwickeln einen differenzierenden Blick auf ihre Umgebung

Wissenschaftliche Studien zur Bedeutung von Zweiwortkombinationen zeigen, dass Kinder damit auf der sprachliche Ebene Differenzierungen zum Ausdruck bringen, auf die sie aufmerksam geworden sind, die sie sinnlich erfassen und mit denen sie sich auch geistig auseinandersetzen. Die Äußerungen der Kinder kreisen insbesondere um die Themen: Dass etwas vorhanden oder nicht vorhanden ist („Auto da", „Puppe weg"), dass jemand etwas tut

(„Baby weint"), dass etwas noch mal geschieht („mehr habe"), wem etwas gehört („Papa Wauwau") oder wie die Dinge beschaffen sind („Schaukel putt") (Grimm 1995, Leuckefeld 2008). Solche Äußerungen signalisieren, dass Kinder einen differenzierteren Blick über ihre Umgebung verfügen:

> „Es [das Kind; Anm. der Verf.] hat eine gewisse Distanz oder Dezentrierung zu den Dingen entwickelt: Es ist nun nicht mehr so, dass ein Gegenstand nach genau dieser Handlung ruft, sondern Gegenstand und Handlung sind zwei voneinander unabhängige Aspekte der Realität. Dies führt dazu, dass es im Sprachverständnis Verb und Substantiv voneinander unabhängig entschlüsseln und damit auch nicht-situationale Aufforderungen befolgen kann ..." (Zollinger 1996, S. 30)

Die Fähigkeit zur Differenzierung zwischen dem Subjekt einer Tätigkeit und der Tätigkeit selbst sowie der Trennung von Handlung und Objekt bewirkt auf der sprachlichen Ebene entscheidende Veränderungen. Die Grammatik hält mit großen Schritten Einzug in die Welt der Kindersprache. Kinder beginnen nun sprachlich zu markieren, wer der Akteur einer Handlung ist, was mit Dingen oder Personen passiert und sie interessieren sich da-für, wo sich etwas befindet und welche Eigenschaften an den Dingen zu entdecken sind.

Vermeintliche Fehler sind Zwischenschritte im Erwerb grammatischer Regeln

Zwischen zwei und drei Jahren vollziehen Kinder grammatische Fortschritte, die ihren erweiterten Handlungskompetenzen sowie ihren gedanklichen Differenzierungsleistungen entsprechen. Dies betrifft zum Beispiel die grammatikalische Angleichung von Subjekt und Verb oder auch Wortveränderungen bei der Mehrzahlbildung („Baby weint", „Babys weinen"), Satzerweiterungen mit Präpositionen („der Hase schläft auf der Wiese") sowie die Bildung von Vergangenheitsformen („fertig gespielt"). Mit ihren umfangreicheren Äußerungen und ihren grammatischen Wortveränderungen signalisieren die Kinder, dass sie auf spezifische Verhältnisse zwischen verschiedenen Subjekten, Objekten und Handlungen aufmerksam werden sowie räumliche und zeitliche Bezüge entdecken.

Im Verlauf des dritten Lebensjahrs sind die Kinder voll dabei, sich eine Vielzahl von grammatischen Regeln anzueignen. Der Weg, den sie dabei gehen, ist ein impliziter Lernprozess, in dem sie Schritt für Schritt grammatische Strukturen ihrer Umgebungssprache erkennen und diese Regeln erproben. Für Beobachter des kindlichen Sprachverhaltens sind nunmehr spezifische grammatische Wortbildungen auffällig (Zwischengrammatiken): ganz typisch etwa die Bildung der Vergangenheitsform von unregelmäßigen Verben, die nach dem Muster der regelmäßigen Verben gebildet werden (z. B. ausgetrinkt, wegwerft, runtermeißt), oder die Überdehnung von Formen der Mehrzahlbildung (z. B. Milche, Tellers, Mausen).

Vom Standpunkt der Kinder aus gesehen sind diese vermeintlichen Fehler wichtige Zwischenschritte im Aneignungsprozess grammatischer Regeln. Wie beim Lauterwerb gehen sie die Komplexität der Aufgabe sukzessive an. Zunächst erkennen sie markante Regelmäßigkeiten wie bei der Bildung der Vergangenheitsform die regelmäßige Beugung (spielen – gespielt) und diese Regel wenden sie dann erstmal auf alle Verben an. So wird ganz folgerichtig „austrinken" – „getrinkt" – ganz im Sinne des entdeckten Bildungsmusters. Dass jede Sprache ihre zahlreichen Ausnahmen hat, damit beschäftigen sich Kinder dann im nächsten Schritt, wenn die erste Regel richtig sitzt!

Wenn Kinder im dritten Lebensjahr damit beginnen, sich mit Drei- und Mehrwortsätzen auszudrücken, vollziehen sie zugleich auf der Ebene ihrer Handlungen und Spiele den entscheidenden Übergang zum zielgerichteten Handeln und zum symbolischen Spielhandeln. Während die Tätigkeiten von Zweijährigen voll vom Augenblick des Tuns leben und durch die Anziehungskraft der Dinge hervorgerufen werden, entstehen bei den älteren Dreijährigen Spielformate, in denen sie bereits mit Vorstellungen und vergangenen Erfahrungen operieren. Erste „So-tun-als-ob-Spiele", in denen Kinder vertraute Szenen nachspielen, sowie ein zielgerichteter Umgang mit Materialien lassen sich in ihrem Spielverhalten erkennen. Mittels Sprache bringen Kinder ihre Erfahrungen und ihre Ideen ins Spielgeschehen ein, und damit lösen sie sich aus dem Verhaftetsein im Hier und Jetzt. Ihr Gedächtnis beeinflusst nun immer mehr ihre Wahrnehmungen und ihre Aktivitäten. Sprache wird für Kinder ab dann immer wichtiger für die aktive Gestaltung ihrer Freundschaften, für die Planung und Begutachtung ihres spielerischen Handelns und für die Aneignung von Wissen.

2 Im sprachpädagogischen Dialog mit Kindern unter drei Jahren

Aufgrund der zentralen Rolle der sprachlichen Entwicklung für die allgemeine soziale und geistige Entwicklung von Kindern wird die Frage der Art und Weise der angemessenen Begleitung und Unterstützung intensiv diskutiert. „Die Aneignung von Sprache in einem Umfang, der der neuen Generation ein kompetentes, für alle gesellschaftlichen Erfordernisse hinreichendes sprachliches Handeln ermöglicht, wird von komplexen Gesellschaften wie der unseren nicht dem bloßen Zufall oder z.B. der jeweiligen Familienkonstellation überlassen. Kinder werden frühzeitig von anderen Institutionen als der Familie auch in ihrer Sprachaneignung begleitet" (Ehlich/Trautmann 2005, S. 45).

2.1 Die intuitive Elterndidaktik als Motor des frühen Spracherwerbs

Wichtige Hinweise für die sprachpädagogische Begleitung von Kindern unter drei Jahren bieten uns Erkenntnisse aus der Interaktionsforschung im familiären Kontext. In unterschiedlichen Forschungsarbeiten (Grimm 2003, Szagun 2006) wurden dialogische Interaktionsmuster zwischen Mutter und Kind genauer untersucht. Die Ergebnisse zeigen, dass Mütter – ohne dass sie sich dessen bewusst sind – ihren Kindern Wissen über Sprache vermitteln. Die Forschungsergebnisse von Barton und Tomasello (1994) zeigen zudem den Einfluss von Vätern und Geschwistern auf den kindlichen Spracherwerb. Diese intuitive Elterndidaktik weist einen dynamischen Charakter auf: Eltern reagieren sensibel auf die sprachlichen Fähigkeiten ihrer Kinder. Sie passen sich mit ihrem Sprachverhalten dem voranschreitenden Spracherwerb der Kinder an, indem sie ihnen relevante Informationen für den jeweiligen Entwicklungsschritt anbieten.

Im ersten Lebensjahr ist die an das Kind gerichtete Sprache besonders durch die markante Sprechweise der Ammensprache gekennzeichnet (hohe Stimmlage, überdeutliche Betonung, Vokaldehnung und Rhythmisierung), die neben ihrer beziehungsstiftenden Funktion Säuglinge beim Einstieg in die Melodie ihrer Muttersprache unterstützt (s. Teil 1). Bereits im zweiten Lebensjahr verändert sich die überzogene Intonationsstruktur der Ammensprache zugunsten einer Erwachsenensprache, die nun primär auf die Erweiterung des Wortschatzes ausgerichtet ist. Sie zeichnet sich durch viele Wiederholungen aus und hebt durch Betonungen bestimmte Wörter in den Vordergrund (Grimm 2003). Sprachlich begleitet werden die Aktivitäten des Kindes, das nun dabei ist, sich die Umwelt mit all ihren Facetten anzueignen. Gleichzeitig entwickeln sich in dieser Phase die wechselseitigen Dialoge zwischen Erwachsenem und Kind weiter, indem das Kind zunehmend neben nonverbalen und lautlichen Reaktionen auch sprachlich auf die Äußerungen der Mutter reagiert. Zu Beginn des dritten Lebensjahrs kommen nun auch unterschiedliche grammatikalische Formen im sozialen Miteinander ins Spiel. Zeigt ein Kind anhand von Zwischengrammatiken („geschlaft"), dass es für einen bestimmten Wortbildungsmechanismus sensibel geworden ist, so findet sich dieser auch im Sprachangebot der erwachsenen Bezugsperson („Du hast geschlafen?"). Je weiter ein Kind sich sprachlich entwickelt, desto grammatikalisch komplexer werden auch die Äußerungen der Eltern.

So können Kinder sich im Rahmen des wechselseitigen Dialogs am sprachlichen Modell ihrer Bezugspersonen die grammatikalischen Regeln erschließen. Sie erhalten zugleich wichtige Informationen über die Wort- und Satzbetonungsmuster ihrer Sprache, sie hören neue Wörter und erobern sich deren Bedeutung über den situativen Kontext und die Zeigegesten der Bezugsperson. Gleichzeitig erproben sie in diesen Dialogsituationen die kommunikativen Regeln des wechselseitigen Austauschs. Die familiären Bezugspersonen verfügen meist intuitiv über passende Interaktionsstrategien, die sie auf die sprachliche Entwicklung ihrer Kinder abstimmen. Eine Längsschnittuntersuchung mit 16 Mutter-Kind-Dyaden zeigte, dass diese Art der Interaktion immerhin 20–40 % der mütterlichen Gesamtäußerungszahl umfassten (Grimm 2003).

2.2 Von der familiären Intuition zum reflektierten pädagogischen Handeln

Wie aber kann die Übertragung intuitiver Interaktionsprozesse im familiären Kontext auf eine professionelle pädagogische Arbeit gelingen? Auch in institutionellen frühpädagogischen Settings kann man von der Grundprämisse ausgehen, dass Kinder Sprache in sozial bedeutungsvollen Dialogen mit ihren Bezugspersonen erwerben. Doch der Gruppenalltag in Kindertageseinrichtungen verkörpert mit seinen Sozialformen einen neuen kommunikativen Rahmen. Wir finden neben der dyadischen Eins-zu-eins-Situation auch Dialogprozesse zwischen Fachkräften und mehreren Kindern. Die Bindungsforschung weist zudem darauf hin, dass sich die emotionale Bindung und Beziehung zwischen Fachkräften und Kindern anders gestaltet als im familiären Kontext (Ahnert 2009). Im Rahmen einer professionellen pädagogischen Arbeit ist es deshalb wichtig, die Interaktionen von Fachkräften mit Kindern genauer in den Blick zu nehmen, um diese gezielt auf die sprachlichen, kommunikativen und kognitiven Fähigkeiten der Kinder zu reflektieren. Ein zentrales Merkmal des kindlichen Spracherwerbsprozesses im Kontext der Interaktion mit Bezugspersonen ist, dass er auf implizite Weise, also beiläufig erfolgt (List 2005). Gehen wir genauer der Frage nach, wie Fachkräfte die oben abgebildeten Sprachlernprozesse von Kindern unter drei Jahren pädagogisch begleiten und unterstützen können, müssen wir zunächst den Blick auf die Spezifik des kindlichen Lernens in dieser Altersgruppe richten.

Spracherwerb erfolgt beiläufig im inhaltlich bedeutsamen Dialog

Gerade in den ersten Lebensjahren eignen sich Kinder fundamentale Fähigkeiten und Fertigkeiten an. Sie „lernen, aufrecht zu stehen und zu laufen, sie bilden ihre Sinne aus und eignen sich die Sprache/-n ihrer Familien an.

Das besondere an diesen Lernprozessen ist, dass sie beiläufig erfolgen. Es sind Erwerbsprozesse, bei denen sich Kinder am Bewusstsein vorbei Fertigkeiten aneignen. In der Wissenschaft spricht man von impliziten Lernprozessen" (Jampert u.a. 2009, S. 85). Kinder erobern sich Sprache im Rahmen des Spiels und in der Auseinandersetzung mit interessanten Dingen in ihrem Umfeld. Die bedeutsame Rolle der erwachsenen Bezugspersonen für den Spracherwerb ergibt sich daraus, dass sie sprachliche Strukturen in alltägliche Interaktionen, Gespräche und Aktivitäten einbinden, d.h. in Inhalte, die für Kinder relevant sind. In Dialogen mit Kindern unter drei Jahren werden sprachliche Regeln und Formen nie zum eigentlichen Inhalt, also explizit gelehrt oder trainiert. Denn aus der Spracherwerbsforschung wissen wir: „Nur solche sprachlichen Äußerungen, denen im interaktiven Austausch erkennbare Relevanz für das Kind zukommt, werden verarbeitet" (Grimm 2003, S. 62). Andere Äußerungen der erwachsenen Bezugsperson werden ignoriert oder gar nicht wahrgenommen und stellen für den Spracherwerb somit keine nützliche Ressource da. Die Gestaltung bedeutungsvoller Interaktionsprozesse mit Kindern ist folglich direkt mit der Sensibilität der Fachkraft für die Themen und Aktivitäten verbunden, die Kinder unter drei Jahren beschäftigen und faszinieren.

Dialog orientiert sich an der Aufmerksamkeitsausrichtung des Kindes

Kinder zeigen sehr deutlich in ihrer Aufmerksamkeitsausrichtung, was sie fasziniert. Mit ihrer erworbenen Fähigkeit zur geteilten Aufmerksamkeit (s.o.) und einer zunehmend längeren Aufmerksamkeitsspanne beschäftigen Kinder sich intensiv mit ihrer Umgebung. Über ihre Wahrnehmungen und Aktivitäten können sie dann auch mit ihren Bezugspersonen in den Dialog treten. Die beste Lernsituation besteht für ein Kind unter drei Jahren noch in Situationen, in denen sich der Erwachsene der Aufmerksamkeitsausrichtung des Kindes anpasst und sprachlich kommentiert, womit sich das Kind beschäftigt, anstatt eine neue Tätigkeit oder einen anderen Gegenstand ins Spiel zu bringen. Erst im Laufe des dritten Lebensjahrs ist ein Kind in bestimmten Situationen in der Lage, der Aufmerksamkeitsausrichtung des Erwachsenen zu folgen. Die Bereiche, mit denen sich Kinder von sich aus intensiv auseinandersetzen und beschäftigen, bieten folglich das größte Potenzial für den Spracherwerb. Studien zur Wortschatz-Entwicklung in den ersten Lebensjahren zeigen, dass Kinder einen größeren Wortschatz aufweisen, wenn ihre erwachsenen Bezugspersonen sich an der Aufmerksamkeitsausrichtung des Kindes orientieren (Ward 2001). Das pädagogische Paradigma der Orientierung am Kind und seinen Interessen kann also auch spracherwerbstheoretisch gestützt werden.

Nicht zu unterschätzen sind auch im dritten Lebensjahr noch die Phasen intensiver Konzentration auf einen Wahrnehmungskanal, d. h. um mit einem Dialogpartner in den sprachlichen Austausch zu treten, muss das Kind seine Tätigkeit unterbrechen. Fachkräfte sollten sich also dafür sensibilisieren, ob ein Kind daran interessiert ist, in den sprachlichen Austausch zu treten oder sich lieber weiter intensiv mit einer bestimmten Tätigkeit beschäftigen möchte. Denn die intensive erforschende Auseinandersetzung mit der Welt und ihren Gegenständen ist die unabdingbare Grundlage für den Spracherwerb (ebd.).

Fachkräften kommt bei der pädagogischen Begleitung folglich die Aufgabe zu, sich zum einen zu sensibilisieren für Situationen, in denen Kinder für den sprachlichen Austausch bereit sind, und zum anderen möglichst der Aufmerksamkeitsausrichtung des Kindes zu folgen. Hat eine vom Erwachsenen initiierte Dialogsituation für ein Kind keine erkennbare Relevanz, wird es sich wahrscheinlich einer anderen Aktivität zuwenden oder kaum eine sprachliche oder nonverbale Reaktion zeigen. Interaktionssituationen, deren Themen und Sachverhalte für Kinder nicht interessant sind, empfinden auch Fachkräfte häufig als schleppend, denn die Kommunikation kommt nicht in Gang.

Kinder sind unterschiedliche Sprachpersönlichkeiten

Bei der Reflexion geeigneter pädagogischer Strategien ist auch die Analyse der unterschiedlichen kommunikativen Verhaltensweisen der Kinder von zentraler Bedeutung. Während mit Kindern, die aktiv und mitteilungsfreudig den kommunikativen Austausch mit ihrer Fachkraft suchen, Dialoge schnell in Gang kommen, brauchen zurückhaltendere Kinder eine zielgerichtetere Zuwendung, um Interaktionen erfolgreich zu initiieren. Sie profitieren von einer direkten wertschätzenden Aufforderung zum Dialog, die sich im gestischen, mimischen und stimmlichen Verhalten der Fachkraft ausdrückt und von einer aktiven Zuwendung, die nicht sofort durch die Kommunikationsbedürfnisse der anderen Kinder unterbrochen wird.

Regelmäßig dokumentierte Interaktionsprozesse in Kindergruppen geben Fachkräften bei der Reflexion wichtige Hinweise zum eigenen Interaktionsverhalten sowie dazu, wie einzelne Kinder in die Situation eingebunden sind. Gerade bei Aktivitäten mit mehreren Kindern kann durch eine gezielte Reflexion des pädagogischen Interaktionsverhaltens die Zuwendung gegenüber allen Kindern gelingen.

2.3 Durch Interaktionsstrategien den Dialog gestalten

Wenn Kleinkinder ihre Umgebung erkunden und eigene Handlungsmöglichkeiten erproben, ist es der kompetente Gesprächspartner, der dem Kind die Sprache liefern kann, die zu seinen Aktivitäten gehört (Ward 2001). Um die kindliche Sprachentwicklung zu begleiten, orientieren sich die Interaktionsstrategien einer Fachkraft an den sprachlichen Voraussetzungen der Kinder. Das Wissen über die vielen Facetten des kindlichen Spracherwerbs wird somit zur Ausgangsbasis für ein professionelles pädagogisches Handeln (Jampert u. a. 2009). Für die Altersgruppe der null- bis dreijährigen Kinder bedeutet dies, dass Fachkräfte durch ihr Interaktionsverhalten die Sprachentwicklung auf unterschiedlichen Ebenen begleiten können. Sie unterstützen Kinder beim Erwerb (a) schwieriger Einzellaute und Lautkombinationen, (b) neuer Wortbedeutungen und (c) korrekter Wortbildungsmechanismen sowie der Grundstruktur des deutschen Satzes und fördern gleichzeitig aus entwicklungspsychologischer Perspektive die geistigen und sozial-kommunikativen Handlungsmöglichkeiten der Kinder. Dies tun sie, indem sie die Strategien der Kinder identifizieren (s. Teil 1) und die kindlichen Konstruktionen im Dialog aufgreifen.

Im Rahmen der Professionalisierungsdebatte in der Frühpädagogik sind auch in anderen Ländern wirkungsvolle Programme für den Bereich der frühkindlichen Sprachförderung entwickelt worden. Einige, die bereits längerfristig erprobt sind, beziehen die Altersgruppe der unter Dreijährigen mit ein und nehmen gezielt die Erwachsenen-Kind-Situation in den Blick (Ward 2001; Weitzman/Greenberg 2002; McNaughton/Williams 2004). Eine wichtige Zielsetzung der Interaktionsstrategien dieser Ansätze besteht darin, Kinder als individuelle kommunikative Persönlichkeiten wahrzunehmen und sie auf dieser Grundlage in Kommunikationsprozesse einzubinden. Folgende Strategien haben sich als fruchtbar erwiesen, um Dialoge mit Kindern zu initiieren und sie zum Sprechen anzuregen:

- Das Interpretieren der nonverbalen Botschaften und sprachlichen Äußerungen von Kindern sowie das Kommentieren der kindlichen Tätigkeiten unterstützt die Wortschatzerweiterung. Kinder hören so die Wörter und Ausdrücke, die ihr Handeln oder ihre Gefühle beschreiben, und erhalten zunehmend auch differenzierte verbale Ausdrucksmöglichkeiten (ebd.).
- Fragen wiederum regen Kinder an, ihre eigenen Gedanken und Ideen in Sprache zu kleiden. Gut überlegt sollte allerdings sein, ob ein Kind bereits über das sprachliche Wissen für eine bestimmte Frage erfügt (ebd.).
- Eine abwartende Haltung des Erwachsenen, die gleichzeitig Interesse an einer Antwort des Kindes signalisiert, ist eine weitere Grundlage für das Gelingen des Dialogs. Im wechselseitigen Austausch brauchen Kleinkin-

der Zeit, um sprachlich auf die Äußerungen ihrer Bezugsperson zu reagieren (ebd.).

- Als wichtige Interaktionsstrategien für die Grammatikentwicklung haben sich das korrektive Feedback und die sprachliche Erweiterung erwiesen. Sie sind im Sprachangebot von Müttern als häufigste intuitive Strategie zu finden (Grimm 2003).

Im Rahmen des korrektiven Feedbacks wird dem Kind auf beiläufige Art und Weise – z. B. durch eine Nachfrage – die korrekte grammatikalische Form im Dialog gegenübergestellt („Der hat geschlaft!" – „Wie lange hat er denn geschlafen?"). Das korrektive Feedback als altersangemessene Strategie für das implizite Sprachenlernen steht im Gegensatz zu expliziten Korrekturen, welche bei Kindern unter drei Jahren zu schlichter Ignoranz oder sogar Irritation führen können, wie folgendes Beispiel zeigt: „Ich versuchte, sie ‚Kaffee' sagen zu lassen. Mehrmals wiederholte sie mit ‚Faffee', das dritte Mal mit einigen Anzeichen von Verärgerung. Auf mein ‚Nein, Kaffee' schrie sie plötzlich mit Nachdruck ‚Tee!'" (Britton (1973) in Jampert 2002, S. 23). Sprachliche Erweiterungen greifen die Äußerungen des Kindes auf und erweitern sie grammatikalisch. Wie die Fachkräfte im Rahmen eines für das Kind bedeutsamen Dialogs die Sprachentwicklung unterstützen können, verdeutlicht folgende Szene am Wickeltisch (Praxisdokumentation DJI):

> David (2 Jahre, 8 Monate – rumänisch, ungarisch, deutsch) sagt auf dem Weg ins Bad: „Ich brauche Leiter."
> Erzieherin: „Okay, warte kurz. Ich hole Dir die Leiter."
> David klettert die Leiter hoch. Oben angekommen sagt er stolz: „Ich allein a hoch a lettert."
> Erzieherin: „Ja, Du bist ganz allein die Leiter hochgeklettert."
> David schaut die Erzieherin an und nickt: „Mhm. Ich hochgelettert."

Für David steht das Erproben und Demonstrieren seiner Handlungskompetenz im Vordergrund (die Leiter eigenständig hochklettern). Die Erzieherin wiederholt seine Äußerungen, in dem sie seine Aussage sprachlich vervollständigt und erweitert (ganz allein). Sie modelliert seine Äußerungen sprachlich und bietet ihm Informationen über die Verbbeugung (bist hochgeklettert) und die Artikelbildung (die Leiter) an. Durch dieses Interaktionsverhalten sichert sie die Verständigung mit David und drückt Anerkennung für seine Fähigkeit aus (ganz allein). Die Erzieherin in unserem Beispiel setzt linguistischen Strategien folglich nicht ein, mit der Absicht, Sprache zu lehren, sondern aus dem Wunsch, klar zu kommunizieren und Zuneigung auszudrücken.

Fachkräfte haben im Rahmen der pädagogischen Begleitung der kindlichen Lernprozesse die Aufgabe, den Kindern Zeit und Rahmenbedingungen bereitzustellen, um sich Sprache beiläufig anzueignen. Sensibilität für sprachliche Handlungsmöglichkeiten von Kindern und Wissen zum Spracherwerb sind Hintergrundfolien, vor denen pädagogisches Interaktionsverhalten reflektiert und erweitert werden kann. Leitgedanken zur Reflexion des gemeinsamen Sprachhandelns zwischen Erzieherin und Kind sind

- eine Sensibilisierung für die Aufmerksamkeitsausrichtung des Kindes, seiner Themen und Interessen sowie der zeitlichen Momente, in denen es am Austausch interessiert ist,
- eine differenzierte Wahrnehmung der verbalen und non-verbalen kindlichen Äußerungsformen,
- Dialoge zu führen, die für Kinder bedeutsam, d.h. handlungsbezogen, geistig anregend und beziehungsstiftend sind,
- die Ausbildung einer abwartenden pädagogischen Haltung, um Kindern Zeit zu geben, ihre Gedanken in Worte zu fassen, und
- und die Fähigkeit, kindliche Äußerungen aufzugreifen und durch implizit korrigierende und erweiternde Sprachangebote zu modellieren.

In Kommunikation und im wechselseitigen Austausch zu sein, manifestiert sich auch in der Körpersprache und im Stimmeinsatz. Durch eine zugewandte Körperhaltung auf Augenhöhe, eine aufmerksame Mimik, verbindlichen Blickkontakt und einen freundlichen Stimmklang signalisieren wir Kindern das Interesse daran, uns auf ihre Themen einzulassen. Zudem profitieren Kinder unter drei Jahren von einer deutlich artikulierten Sprechweise. Kinder mit Deutsch als Zweitsprache können sich so in die neue Sprachmelodie und die Wort- und Satzgrenzen hineinhören, während Erstsprachler bereits wichtige Informationen über unterschiedliche Satzarten (Fragen, Aussagen) erhalten. Fachkräfte sollten neben ihrem verbalen Ausdrucksverhalten auch den Einsatz ihrer Stimme und ihrer Körpersprache im Dialog mit Kindern reflektieren.

2.4 Spracherwerb: kein von heute auf morgen gelernt

Beim Erwerb von Sprache handelt es sich um einen langen Lernprozess. Vom ersten Auftauchen und Verwenden bestimmter sprachlicher Formen bis zur sicheren Verwendung dieser ist es häufig ein langer Weg. Und dies ist eine Prämisse, die allgemein für das kindliche Lernen in den ersten drei Lebensjahren gilt. Nicht umsonst fordern Kinder bei vielen Aktivitäten Wiederholung ein, da diese für sie noch Neuigkeitswert, d.h. Lernpotenzial besitzen. Phänomene wie Lautvereinfachungen, das Hantieren mit neuen Wörtern, das „Begreifen" neuer Wortbedeutungen sowie grammatikalische Übergeneralisierungen sind wichtige Indizien für den aktiven Aneignungsprozess im Rahmen der Sprachentwicklung und zeugen von einer zunehmenden Sprachhandlungskompetenz. Oft sind also gerade die sprachlichen Phänomene, die Erwachsene als Abweichungen wahrnehmen, entscheidende Hinweise für sprachliche Fortschritte der Kinder.

Die Interaktionsstrategien der erwachsenen Bezugspersonen unterstützen den kindlichen Spracherwerb, schlagen sich aber nicht eins zu eins im kindlichen Sprachhandeln nieder. Folglich sollten pädagogische Fachkräfte und erwachsene Bezugspersonen keine unrealistische Erwartungshaltung an die sprachlichen Reaktionen der Kinder zeigen. „Die beobachtbaren kindlichen Lernstrategien in Mutter-Kind-Dialogen bewegten sich zwischen 10–20 %, sodass geschlossen werden kann, dass im Dialog beobachtbar mehr Lehren als Lernen stattfindet" (Grimm 2003, S. 61). Anders ausgedrückt kann nicht davon ausgegangen werden, dass Kinder die modellierenden Sprachangebote des Erwachsenen direkt übernehmen. Denn es braucht Zeit und unterschiedlichste Möglichkeiten, damit Kinder ihre sprachlichen Fähigkeiten Schritt für Schritt entfalten und ausbauen können. Haben Kinder eine grammatikalische Regel entdeckt, werden sie – und das zeigen sie in ihrem variierenden Sprachverhalten – mit der Regel arbeiten. Insofern ist weniger oft mehr, weshalb sich eine gelungene sprachpädagogische Begleitung auch nicht am täglichen Wörterbad oder einer möglichst hohen Anzahl korrektiver Feedbacks messen lässt.

Literatur

Ahnert, L. (2009): Von der Mutter-Kind- zur Erzieherinnen-Kind-Bindung. Die Qualität von Beziehungen in der Kita. In: Zeitschrift für Theorie und Praxis TPS 3, 4–8

Barton, M. E.; Tomasello, M. (1994): The rest of the family: the role of fathers and siblings in early language development. In: Gallaway, C.; Richards, B. J.: Input and interaction in language acquisition. New York, 109–106

Bruner, J. (1987): Wie das Kind sprechen lernt. Bern

Ehlich, K.; Trautmann, C. (2005): Sprachaneignung beobachten, Sprachstand erheben: linguistische Sicht. In: Bartnitzky, H.; Speck-Hamdan, A. (Hrsg.): Deutsch als Zweitsprache lernen. Frankfurt a. M., 44–52

Gopnik, A.; Kuhl, P.; Meltzoff, A. (2000): Forschergeist in Windeln. Wie Ihr Kind die Welt begreift. München

Grimm, H. (1995): Sprachentwicklung – allgemeintheoretisch und differentiell betrachtet. In: Oerter/Montada: Entwicklungspsychologie. Weinheim, 705–757

Grimm, H. (2003): Störungen der Sprachentwicklung. Zweite überarbeitete Auflage. Göttingen

Furth, H. (1977): Die Rolle der Sprache beim Denken. In: Wenzel, U.; Hartig, M.: Sprache – Persönlichkeit – Sozialstruktur. Hamburg

Jampert, J. (2002): Schlüsselsituation Sprache. Spracherwerb im Kindergarten unter besonderer Berücksichtigung des Spracherwerbs bei mehrsprachigen Kindern. Opladen

Jampert, K.; Zehnbauer, A.; Best, P.; Sens, A.; Leuckefeld, K.; Laier, M. (Hrsg.) (2009): Kindersprache stärken! Sprachliche Förderung in der Kita: das Praxismaterial. Weimar/Berlin

Largo, R. H. (2009): Kinderjahre. München

Leuckefeld, K. (2008): Der Spracherwerb aus der linguistischen Perspektive. Das dritte Lebensjahr. Unveröffentlichtes Manuskript im Auftrag des Deutschen Jugendinstituts, München

List, G. (2005): Kognition und Sprache. Kindlicher Spracherwerb in Verbindung mit Kognition und kindlichem Handeln aus entwicklungspsychologischer Sicht. Expertise im Auftrag des Deutschen Jugendinstituts, München. Download unter weiterführende Literatur auf: http://www.dji.de/sprachfo-kita

MacNaugthon, G.; Williams, G. (2004): Teaching Young Children. Choices in Theory and Practice. London

Szagun, G. (2006): Sprachentwicklung beim Kind. Vollständig überarbeitete Neuausgabe. Weinheim und Basel

Vygotski, L. (2003): Ausgewählte Schriften. In: Lompscher, J. (Hrsg.): Lew Vygotski – Ausgewählte Schriften – Band II. Berlin

Ward, S. (2008): Babysprache – Babytalk. Wie Eltern die Intelligenz ihrer Kinder fördern können. Frankfurt a. M.

Washington Learning Systems: „Language is the Key“ – CAR Strategies. http://www.walearning.com/carstrategy.html (abgerufen am 5. 3. 2008)

Weitzman, E.; Greenberg J. (2002): Learning Language and Loving it. A Hanen Centre Publication. Toronto

Winner, A. (2007): Kleinkinder ergreifen das Wort. Berlin

Zollinger, B. (1996): Die Entdeckung der Sprache. 2. Auflage. Bern

Dagmar Kasüschke

Krippenkinder in Interaktion mit anderen Kindern – Lernen und Spielen in altersgemischten Gruppen

In den letzten Jahren hat die institutionelle Betreuung von Kindern unter drei Jahren in der Bundesrepublik Deutschland einen gesellschaftlichen Bedeutungswandel erfahren. Vor dem Hintergrund einer Sensibilisierung für die Diskontinuitätserfahrungen junger Familien und den gewonnenen neurowissenschaftlichen Erkenntnissen über die Bildsamkeit in den ersten Lebensjahren wandelte sich das Verständnis von Kindertagesstätten als Betreuungseinrichtungen hin zu Lebensorten für die Kleinsten mit hohem Entwicklungs- und Bildungspotenzial jenseits des Betreuungsaspektes. Aufgrund der Veränderung familialer Lebensbedingungen und dem damit einhergehenden Rückgang selbstverständlicher Sozialerfahrungen mit anderen Kindern „wurde die Krippe als Ort des sozialen Lernens mit Gleichaltrigen entdeckt" (Kasüschke; Fröhlich-Gildhoff 2008, 96). Über die Sozialwelt der Gleichaltrigen wurden wichtige wissenschaftliche Erkenntnisse gewonnen, die dokumentieren, dass bereits Kinder unter drei Jahren sozial kompetente

Interaktionspartner sind und im Spiel mit anderen Kindern bedeutsame Bildungs- und Entwicklungsprozesse durchlaufen.

Welche Erfahrungen Kinder mit ihresgleichen in Kindertageseinrichtungen machen können, hängt von der Form der Gruppenzusammensetzung ab, sodass Fragen der Altersmischung einen besonderen Stellenwert bekommen, denen sich dieser Beitrag schwerpunktmäßig widmet. Zunächst werden die wissenschaftlichen Erkenntnisse über die sozialen Kompetenzen von Kindern unter drei Jahren dargestellt. Im Mittelpunkt stehen die altersgemäßen Interaktionskompetenzen der Kinder und die Bedeutung früher Gruppenerfahrungen in Kindertageseinrichtungen. Darüber hinaus ist von Interesse, welche Gruppenform den Bedürfnissen von Krippenkindern entgegenkommt bzw. welche Chancen und Herausforderungen die jeweiligen Formen der Altersmischung und Gruppenstruktur bieten. Zum Schluss werden die Aufgaben und die Rolle der pädagogischen Fachkraft skizziert.

Kinder unter drei Jahren und ihre sozialen Beziehungen

Das Kind ist anthropologisch betrachtet von Geburt an auf die Pflege und Versorgung durch andere Menschen angewiesen. Dieses Angewiesensein auf andere Menschen ist in einen sozialen Kontext gebettet. Die Fähigkeit, soziale Kontakte aufzunehmen und zu interagieren, wird als Soziabilität bezeichnet und ist genetisch festgelegt. Inwieweit diese aber soziale Akzeptanz durch die Umgebung erfährt, hängt von der Entwicklung sozialer Verhaltensweisen ab, die sich erst in den ersten Lebensjahren in Interaktion mit der Umgebung herausbilden. Dabei hat zunächst die „mütterliche" Bezugsperson, die feinfühlig und responsiv auf die Interaktionsangebote des Säuglings reagiert, eine zentrale Funktion, die hinreichend empirisch belegt worden ist (vgl. Schmidt-Denter 2005).

Soziale Kompetenzen von Kleinkindern umfassen somit die Art und Weise der sozialen Verhaltensweisen des Kindes auf der einen Seite als auch die soziale Akzeptanz durch die Umgebung auf der anderen Seite. Schmidt-Denter erfasst unter dem Begriff der sozialen Kompetenz bei Kleinkindern Verhaltensweisen wie häufige Kontaktaufnahme und -aufrechterhaltung, die Fähigkeit, Aufmerksamkeit zu gewinnen, emotionale Zuwendung und Hilfe zu geben und zu bekommen, Kooperationen mit anderen einzugehen, sich am gemeinsamen Spiel mit anderen zu beteiligen, Gespräche zu initiieren und aufrechtzuerhalten, auf Einvernehmlichkeit ausgerichtetes, lösungsorientiertes Konfliktverhalten zu zeigen und stabile Freundschaften zu entwickeln (vgl. Schmidt-Denter 2005, 70).

Inwieweit eine Interaktion als gelungen bezeichnet werden kann, hängt von der Art und Weise der Kontaktaufnahme und von der Fähigkeit, diese aufrecht zu erhalten, ab, wie folgendes Beispiel zeigt:

> „Sina (1;8) sitzt auf dem Teppich und hantiert mit einem Stoffelefanten, aus dessen Bauch eine Schnur mit Ring baumelt. Wenn Sina an dem Ring zieht, ertönt eine Melodie und die Schnur verschwindet langsam im Bauch des Elefanten. Sina zieht immer wieder an der Schnur und lacht, sobald die Melodie spielt. Luka (1;2) krabbelt auf sie zu, setzt sich und beobachtet ihre Handlungen. Sina bemerkt Luka, schaut ihn an und lacht ihn an. Sie zeigt ihm den Stoffelefanten. Luka lacht ebenfalls und reckt seine Arme in Richtung Sina. Mittlerweile ist die Schnur im Bauch des Elefanten verschwunden und die Melodie verklungen. Sina zieht an der Schnur, schaut Luka an, der immer noch seine Arme reckt und „da, da" sagt. Sie zögert einen Augenblick und reicht ihm dann den Elefanten. Luka greift danach und strahlt über das ganze Gesicht."

Sina zeigt hier bereits eine hohe Kompetenz der sozialen Einfühlung. Sie muss nicht nur in der Lage sein, den sozialen Stimulus zu entschlüsseln, d. h. zu verstehen, was Luka möchte, sondern auch nach einer angemessenen Antwort zu suchen, damit die Interaktion aufrecht erhalten werden kann. In einem anderen Fall hätte eine Verweigerung zu einem Abbruch der Interaktion oder zu einem Konflikt zwischen den Kindern führen können. Nur an Lukas Reaktion kann entschieden werden, ob Sinas Antwort eine angemessene Reaktion auf sein Verhalten ist. Hätte er den Elefanten achtlos fallen lassen, so wäre Sina aufgefordert gewesen, eine andere Möglichkeit in Betracht zu ziehen.

Die sozialen Kompetenzen von Kindern unter drei Jahren sind sehr unterschiedlich und entwicklungsabhängig. Bereits mit drei bis vier Monaten suchen Babys, wenn sie die Gelegenheit haben, zu anderen Kindern Blickkontakt und versuchen sie zu berühren. Mit ca. sechs Lebensmonaten signalisieren sie über Lächeln und freudige Lautäußerungen das Interesse an einer Kontaktaufnahme (Haug-Schnabel; Bensel, 2006, 24). Im Krabbelalter kann man das soziale Interesse der Kleinkinder daran beobachten, dass sie sich aufeinander zu bewegen oder einander folgen. Mit ca. einem Jahr bieten sie sich gegenseitig Spielmaterial an, lachen sich an und imitieren sich gegenseitig. Dennoch darf man dieses Verhalten nicht überbewerten, denn nur 40 % aller Kontaktversuche von Kindern unter einem Jahr bekommen eine Resonanz von Gleichaltrigen. Dies hängt weniger mit Desinteresse zusammen als vielmehr damit, dass Kinder dieses Alters Schwierigkeiten haben, ihre Kontaktversuche zeitlich aufeinander abzustimmen. Erst im zweiten Lebensjahr beginnt die Fähigkeit der Kleinkinder, Form und Inhalt ihres Kontaktversuches mit den augenblicklichen Interessen ihres Gegenübers in Einklang zu bringen.

Es lassen sich dabei drei Spieltypen bei Kleinkindern ausmachen: das imitative, das komplementäre und das reziproke Spiel. Im imitativen Spiel herrscht das sich gegenseitige Nachahmen vor, das von Lautäußerungen und gegenseitigem Berühren begleitet wird. Das komplementäre Spiel hat in der Regel einen Interaktionspartner, der eine Handlung vollzieht, die vom anderen „kommentiert" wird (das eine Kind lässt das Auto die Stufe „herunterfahren", das andere Kind lacht dazu). Erst der dritte Spieltyp, das reziproke Spiel, ist eine Interaktion im engeren Sinne. Das erste Kind bietet dem anderen Kind einen Gegenstand an und das andere Kind nimmt diesen entgegen.

Gerade Objekte spielen eine große Rolle bei der Entwicklung von kooperativem Spiel, das im zweiten Lebensjahr beginnt und immer komplexere Formen annimmt.

Aber nicht nur die sozialen Fähigkeiten des Kindes sind gefordert, sondern durch das kooperative Spiel werden zunehmend komplexere kognitive Leistungen benötigt. So müssen die Kinder zunehmend in der Lage sein, sich über Spielgegenstände und -themen zu einigen und einen Spielverlauf aufrechtzuerhalten. Sie müssen sich über die Rollen und deren sinnvolle Verteilung verständigen sowie die Fähigkeit entwickeln, über einen bestimmten Zeitraum das Spiel aufrechtzuerhalten. Sie müssen lernen, mit Spielunterbrechungen konstruktiv umzugehen und andere zum Weiterspielen zu ermuntern.

Die kognitiven Lerneffekte sind dabei vielfältig. So dient das kooperative Spiel als Medium für den Spracherwerb. Es fördert die kognitive Auseinandersetzung beim lustbetonten Umgang mit Gegenständen und ist wichtig für die Konstruktion sozialer Wissensschemata beim Kind. Das Kind lernt, dass soziale Interaktion durch Regeln bestimmt wird. Es lernt soziale Rollen einzuüben und zu übernehmen, und es lernt über das Spiel, wie man Freundschaften knüpft und aufrechterhält.

In Interaktionen zwischen jungen Kindern wird ebenso die Fähigkeit zu prosozialem Verhalten gefördert wie die Unterstützung anderer in Notsituationen, das Teilen von Eigentum, Anteilnahme, selbstloses Handeln und die Fähigkeit zur Empathie.

Schon zwölf Monate alte Babys zeigen eine Sensitivität für das Leid anderer, das sich in einer traurigen Miene, Weinen oder Blickkontakt mit einer Betreuungsperson ausdrückt. Aber erst mit ca. 18 bis 24 Monaten zeigen Kleinkinder erste Initiativen des Tröstens und Helfens, wie zum Beispiel das Tätscheln oder Berühren eines weinenden Kindes. Mit dem vollendeten zweiten Lebensjahr sind diese Hilfsversuche bereits sehr differenziert.

So bringen sie dem „Leidenden" andere Spielobjekte, streicheln das andere Kind, verteidigen es gegen andere oder holen Hilfe.

Erst im Vorschulalter wird das prosoziale Verhalten immer angemessener gegenüber der Zielperson. Entscheidend für die Entwicklung prosozialen Verhaltens ist das unterstützende Verhalten durch Erwachsene (Modell-Lernen), ein Erziehungsstil der emotional zugewandt und responsiv ist. Indem kleine Kinder ihre Umgebung imitieren, übernehmen sie bestimmte prosoziale Verhaltens- oder Konfliktlösungsmuster.

Eine weitere Rolle für die Entwicklung sozialer Kompetenzen spielen Freundschaften unter Kindern. Empirische Untersuchungen belegen, dass Kinder in Freundschaftsbeziehungen lernen, ihre Konflikte angemessener und effektiver zu lösen, dass sie sich aufgabenbezogener verhalten, eine Beziehungsqualität unter Gleichrangigen pflegen und emotional stabiler sind. Obwohl Freundschaften bei Kindern unter zwei Jahren eher selten sind, sind die Gelegenheiten unter Kleinkindern, soziale Interaktionen zu pflegen, entscheidend für die Entwicklung sozialer Beziehungen und, damit einhergehend, für den Aufbau sozial-emotionaler Kompetenzen. Diese sind eng an kognitive Kompetenzen geknüpft. Wissen ist „ein Resultat der Teilhabe an sozialen Interaktionsprozessen und deren kognitiver Verarbeitung" (Viernickel 2006, 70).

Lernen in altersgemischten Gruppen

In der Bundesrepublik Deutschland haben sich in den 1990er Jahren bei der Betreuung von Kindern unter drei Jahren in Kindertageseinrichtungen vielfältige Organisationsformen der „Altersmischung" entwickelt, die in Wissenschaft und Fachpraxis hinsichtlich ihrer pädagogischen Bedeutung heftig diskutiert wurden (vgl. Krappmann; Peukert 1995; Klein; Vogt 1995; Petersen 1991). Die Bezeichnungen der Gruppenformen sind so bunt wie ihre Altersmischungen: Sie reichen von „Familiengruppe" (null bis zwölf Jahre, drei bis zwölf Jahre oder null bis sechs Jahre), „Nestgruppe" (null bis zweieinhalb Jahre in Kinderhäusern mit offenem Konzept), „Krippe" (null bis drei Jahre), „kleine Altersmischung" (null bis sechs Jahre) bis hin zur „Großen altersgemischten Gruppe" (drei bis zwölf Jahre). Allen Organisationsformen ist gemeinsam, dass drei oder mehr Jahrgänge in einer Gruppe zusammengefasst sind. Darüber hinaus sind regional auch noch andere Altersmischungen vorzufinden.

Zunächst wurden die verschiedenen Altersmischungen als Organisationsformen in den Kindertageseinrichtungen entwickelt. Damit einhergehend entstanden zunehmend Fragen der pädagogischen Arbeit in diesen Gruppenformen. „Vielmehr stellt die Präsenz von Kindern unter drei Jahren in frühpädagogischen Institutionen eine Herausforderung für Wissenschaft und Fachpraxis dar, auf die nicht nur mit Entwicklungspsychologie oder mit Kindergartenpädagogik geantwortet werden kann, sondern die das Nachdenken über eine altersgemäße Pädagogik einfordert" (Kasüschke; Fröhlich-Gildhoff 2008, 97). Je größer die Altersspanne der Kinder in einer Gruppe wurde, desto mehr wurden Forderungen nach einer altersdifferenzierten Pädagogik laut. Kritiker äußerten, dass ältere Kinder unterfordert und jüngere Kinder überfordert würden. Erst in den letzten zehn Jahren konnten die Auswirkungen unterschiedlicher Altersmischungen in bundesrepublikanischen Kindertageseinrichtungen durch wenige empirische Arbeiten erfasst werden (vgl. Ehmke-Pfeifer; Großmann 1999; Riemann; Wüstenberg 2004; Griebel et al. 2004). Dabei zeigte sich, dass Kinder unter drei Jahren sowohl von dem Kontakt mit Gleichaltrigen als auch von dem Kontakt mit älteren Kindern profitieren können, wenn durch die pädagogischen Fachkräfte bestimmte Rahmenbedingungen geschaffen werden. Diese Entwicklungsanregungen betrafen sowohl die sozial-emotionalen als auch die kognitiven, die motivationalen und die motorischen Fähigkeiten, kurz die gesamte Persönlichkeitsentwicklung eines Kindes.

Kinder erfahren unterschiedliche Entwicklungsanregungen durch jüngere, gleichaltrige und ältere Kinder. Selbst innerhalb der Altersspanne der Kinder zwischen null bis drei Jahren bestehen bereits große Unterschiede in den Entwicklungsständen. Insofern können die Chancen und Herausforderungen durch die Auseinandersetzung mit Kindern gleichen oder verschiedenen Alters stellvertretend für alle altersgemischten Gruppenformen dargestellt werden. Die Spezifika, die sich durch bestimmte Gruppenformen ergeben, werden im Anschluss diskutiert.

Interaktionen zwischen Kindern verschiedenen Alters in altersgemischten Gruppen

Unter pädagogischen Gesichtspunkten werden in altersgemischten Gruppen besonders die förderlichen Aspekte des Lernens zwischen Kindern verschiedenen Alters hervorgehoben. Für die älteren Kinder werden folgende Punkte besonders betont:

- Im Umgang mit jüngeren Kindern können sie prosoziale Verhaltensweisen erproben.

- Sie sind wesentlich eher bereit, Rücksichtnahme, Hilfe und Unterstützung gegenüber Kindern zu zeigen, die mehr als zwei Jahre jünger als sie selbst sind.
- Auch sind sie eher bereit, Dinge zu teilen und abzugeben als gegenüber Gleichaltrigen.
- Darüber hinaus erfahren sie wesentlich häufiger eine Stärkung ihres Selbstbewusstseins in altersgemischten Gruppen, weil sie hier gleichsam als „Lehrer“ fungieren können. Indem sie den Kleinen helfen und ihnen Sachverhalte erklären, erweitern und vertiefen sie ihre eigenen Kenntnisse und Fertigkeiten.

> „Julian (5,7) sieht, wie Lisa (3,3) sich abmüht, ihre Strickjacke zuzuknöpfen. Dabei hat sie Schwierigkeiten, den jeweiligen Knopf dem richtigen Loch zuzuordnen. Er geht zu ihr hin und sagt: „Wart' mal. Ich zeig's dir.“ Er knöpft die Jacke wieder auf. Lisa lässt es widerspruchslos geschehen. „Guck' mal. Erst machst du so.“ Er fasst die Strickjacke unten an beiden Seiten an. „Du machst erst den Knopf ganz unten in das Loch“. Er führt es vor. „Dann nimmst du den Knopf und machst ihn in das Loch“. Er knöpft die Jacke von unten bis nach oben zu, sagt zufrieden: „So!“, lächelt Lisa an und geht dann wieder spielen. Lisa schaut die zugeknöpfte Jacke an, verharrt einen kurzen Augenblick und knöpft sie wieder auf. Dann beginnt sie, die Jacke von unten langsam zuzuknöpfen.“

Kinder sind einander in der Entwicklung wesentlich näher als Erwachsene, sodass ihre Erklärungsweisen dem Denken der Jüngeren stärker entgegenkommen. Die Entwicklungsanregungen, die die Jüngeren im Umgang mit den Älteren erfahren, liegen dabei auf einem mittleren Anspruchsniveau (Klein; Vogt 2003, 75), sowohl in den sprachlichen als auch in den kognitiven Herausforderungen. Gerade Kinder, die in „der nächsten Zone der Entwicklung“ sind, sind besonders geeignete Lernpartner. Während in diesem Beispiel Julian durch das Vormachen seine Kompetenzen verfestigen kann, lernt Lisa am Modell des Jungen. Beide Kinder profitieren von dieser Situation, die ansonsten pädagogisch durch einen Erwachsenen hätte initiiert werden müssen.

Aber auch für Kinder, die ihren altersangemessenen Entwicklungsstand noch nicht erreicht haben, bietet die altersgemischte Gruppe einen Schutzraum, in dem sie ihre Fertigkeiten im Umgang mit wesentlich jüngeren Kindern üben und länger erproben können. Häufig dürfen sie hier auch noch mal klein sein und Dinge und Verhaltensweisen ausprobieren, die innerhalb einer Gleichaltrigengruppe eher sanktioniert würden.

Die Kindergruppen mit erweiterter Altersmischung (mehr als drei Jahrgänge) bieten den Kindern differenziertere Erfahrungen und den pädagogischen Fachkräften Entlastung bei Routinetätigkeiten, die für die Kinder selbst Lernräume darstellen.

Als Vorzug der altersgemischten Gruppen wird betont, dass die Kinder stabile Freundschaften entwickeln, sich über die Jahre in verschiedenen sozialen Rollen einüben und einen stabilen Sozialraum über eine längere Zeitspanne erleben können. Einzelkinder profitieren davon, dass sie „geschwisterähnliche" Erfahrungen machen und dabei sich selbst in verschiedenen Rollen erleben dürfen.

Gruppenformen mit erweiterter Altersmischung bergen aber auch unterschiedliches Konfliktpotenzial in sich, was die pädagogischen Angebote, die Raumgestaltung und die Verfügbarkeit der pädagogischen Fachkraft für das einzelne Kind betrifft.

Besonders häufig wird kritisiert, dass die Kleinen mit ihren Bedürfnissen zu sehr den Alltag dominierten und die Aufmerksamkeit der pädagogischen Fachkraft zu sehr in Anspruch nähmen, sodass die älteren Kinder zu kurz kämen.

Des Weiteren wird darauf hingewiesen, die Raumgestaltung und die Pädagogik orientiere sich zu sehr an der Mitte der Altersstruktur der Gruppe, sodass die ganz Kleinen überfordert und die Großen unterfordert seien. Besonders die „Vorschulkinder" könnten ihren Lern- und Entwicklungsbedürfnissen in dieser Gruppenform nicht nachkommen. Es bestehe die Gefahr, dass mögliche Entwicklungsdefizite bei Älteren nicht erkannt würden.

Soziales Lernen, so wird argumentiert, sei ebenfalls kein Selbstläufer. Vielmehr könne die Gruppenverweildauer Rollen verfestigen und Kinder einseitig herausfordern. Kinder hätten auch keine Möglichkeit, ihre erwachsene Bezugsperson zu wechseln.

Insgesamt erfordere die pädagogische Arbeit in Gruppen mit erweiterter Altersmischung ein differenziertes Arbeiten mit Kleingruppen. Ein „Wir-Gefühl" der Gesamtgruppe könne so nicht entstehen. Eine nicht zu unterschätzende Problematik der altersgemischten Gruppen liege in einem Mangel an gleichaltrigen und gleichgeschlechtlichen Spielpartnern. Erst in großen Einrichtungen mit mindestens vier Gruppen fänden Kinder sowohl genügend altersgleiche als auch altersferne Mädchen und Jungen als Spielpartner.

Interaktionen zwischen Kindern gleichen Alters

Kinder benötigen gleichaltrige Spielpartner, um ihre sozial-emotionalen und kognitiven Kompetenzen auszudifferenzieren. Gerade Kinder, die in der nächsten Zone der Entwicklung sind, stellen hier eine große Attraktivität dar. Dabei handelt es sich um einen Altersspielraum von ca. eineinhalb Jahren. Altersgemischte Gruppen von bis zu drei Jahrgängen bieten hier eine optimale Umgebung. Räume, Material und Spielangebote sind in der Regel altersgemäß und es müssen keine besonderen Vorkehrungen getroffen werden. Gerade das kooperative Spiel mit Gleichaltrigen ist unersetzlich, um eine realitätsgerechte Einschätzung des eigenen Wissens und Könnens zu erwerben. „Im Austausch mit seinen Peers und in der Konfrontation mit ihren oftmals von den eigenen abweichenden Spielideen und Situationsinterpretationen ist das Kind beständig aufgefordert, die eigenen Ideen und Handlungen zu erproben, zu begründen, zu verteidigen oder aber zu überprüfen, zu verändern und anzupassen“ (Viernickel 2006, 70). Kinder sind herausgefordert, in der Konkurrenz um altersspezifische Spielmaterialien sich selbst zu behaupten und kooperative Formen des Aushandelns zu entwickeln. Hier liegen die Entwicklungsaufgaben für spätere stabile Beziehungen und Freundschaften.

In kleinen, überschaubaren Krippengruppen, wozu auch so genannte „Nestgruppen“ in der offenen Arbeit gezählt werden können, können die Kinder altersgemäß Beziehungen aufbauen und ein Gruppenzugehörigkeitsgefühl entwickeln. Ihrem Bedürfnis nach Zuwendung und Zeit durch eine erwachsene Bezugsperson in einer vertrauten Umgebung kann mehr Raum gegeben werden als in Konzepten offenen Arbeitens. Darüber hinaus erfahren die Kleinsten in einem überschaubaren Rahmen mit festen Ritualen Halt und Sicherheit.

Einzig die sprachliche Anregung durch Gleichaltrige ist weniger gegeben als in einer erweiterten Altersmischung.

Aufgaben und Rolle der pädagogischen Fachkraft

Aufgrund der bisherigen Ausführungen ist es unstrittig, dass eine Altersmischung der Gruppen für die sozial-emotionalen und kognitiven Lernerfahrungen für Kleinstkinder eine Bereicherung darstellen kann. Inwieweit die Gruppenbetreuung den emotionalen Bedürfnissen des Kleinstkindes nach Zuwendung und Nähe eines Erwachsenen hinreichend genügt ist bisher ungeklärt. Ebenfalls ungeklärt ist, welche Form der Altersmischung für die Entwicklung von Kleinstkindern günstiger ist, da es hierzu noch an empirischen Langzeituntersuchungen fehlt. Es liegen jedoch einige Erkenntnisse hinsichtlich erforderlicher Qualitätsmerkmale für Gruppen mit erweiterter Altersmischung vor (Riemann; Wüstenberg 2004, 131, vgl. auch Kercher; Höhn 2002).

Aus der Praxis heraus haben sich drei Formen etabliert, in denen versucht wird, den besonderen Bedürfnissen der Kinder bis zu drei Jahren gerecht zu werden:

- die Krippe mit altersgemischten Gruppen von null bis drei Jahren,
- die alterserweiterte Gruppe mit Kindern bis zum Schuleintritt und
- das offene Konzept mit Kindern im Alter von null bis zehn Jahren, in denen die Jüngsten in so genannten „Nestgruppen" einen besonderen Schonraum haben, von dem aus sie nach und nach die Einrichtung erkunden.

Damit sich die Kleinsten in den jeweiligen Organisationsformen wohlfühlen, müssen die pädagogischen Fachkräfte verschiedene Punkte berücksichtigen:

Ein wesentliches Augenmerk ist darauf zu richten, dass die Kinder jeweils genügend altersgleiche und altersverschiedene Mädchen und Jungen als Spielpartner zur Verfügung haben. Erst in Einrichtungen mit mehreren Gruppen können sich die Vorzüge einer Altersspanne von mehr als vier Jahrgängen in einer Gruppe entfalten. Damit die Kinder ihren Bedürfnissen nach gleichaltrigen Spielpartnern nachkommen können, sind Konzepte des gruppenübergreifenden Arbeitens notwendig.

Aufgrund der erweiterten Altersmischung müssen Räume und Material auf die Bedürfnisse aller Kinder zugeschnitten sein. Sowohl für die kleinen (Wickelraum, Schlafraum, Nischen und altersgerechtes Spielmaterial) als auch für die älteren Kinder müssen entwicklungsgerechte Rahmenbedingungen hergestellt werden. Die größeren Kinder benötigen Räume oder Ecken, die „kleinkinderfrei" sind, wo sie in Ruhe basteln, bauen oder spielen können, ohne dass die Gefahr besteht, dass die Kleinen Dinge kaputtmachen oder beispielsweise verschlucken.

In Einrichtungen mit erweiterter Altersmischung ist es notwendig, den Kindern unter drei Jahren bei ihren entwicklungsbedingten Bedürfnissen nach stabiler Zuwendung durch eine erwachsene Bezugsperson besondere Beachtung zu schenken. Die Bildung so genannter „Nestgruppen" in Konzepten offenen Arbeitens scheint hier ein guter Weg zu sein.

Soziales Lernen als konstruktives Element einer Gruppenpädagogik muss von den Erwachsenen aktiv gestaltet werden. „Pädagoginnen gestalten einen Beziehungsrahmen, der auch die Entstehung der Beziehung zu anderen Kindern begünstigt" (Dieken 2004, 28). So müssen Fachkräfte wesentlich mehr Zeit in die Beobachtung und Dokumentation des einzelnen Kindes investieren. In gemeinsamer Teamreflexion müssen die Entwicklungschancen und -risiken auf der Folie der Altersmischung reflektiert werden und in gezielte Angebote umgesetzt werden.

Da Kinder unter drei Jahren zunehmend zu einem selbstverständlichen Bestandteil des Gruppenlebens in Kindertageseinrichtungen werden, ist es notwendig, bestehende Rahmenbedingungen der pädagogischen Arbeit, wie den Personalschlüssel, den Fachkraft-Kind-Schlüssel, das Raumkonzept, die Verfügungszeiten und die Qualifikation des Personals, neu zu diskutieren. Die Qualität der strukturellen und personellen Rahmenbedingungen hat maßgeblich Einfluss darauf, ob es den Fachkräften gelingt, die pädagogischen Potenziale in altersgemischten Gruppen zu entfalten, in der die Kinder in sozialen Interaktionen mit anderen bedeutsame Bildungs- und Entwicklungsprozesse durchlaufen können.

Literatur

Dieken, Chr. van (2008): Was Krippenkinder brauchen. Bildung, Erziehung und Betreuung von unter Dreijährigen. Freiburg im Breisgau

Ehmke-Pfeifer, I.; Großmann, H. (1999): Altersmischung in der Kindertagesbetreuung. Chancen einer Organisationsform. Landau

Griebel, W. (2004): Erweiterte Altersmischung in Kita und Schule. Grundlagen und Praxishilfen für Erzieherinnen, Lehrkräfte und Eltern. München

Haug-Schnabel, G.; Bensel, J. (2006): Kinder unter 3 – Bildung, Erziehung und Betreuung von Kleinstkindern. Freiburg im Breisgau

Kasüschke, D.; Fröhlich-Gildhoff, K. (2008): Frühpädagogik heute. Herausforderung an Disziplin und Profession. Kronach

Kercher, A.; Höhn, K. (2002): Integration Zweijähriger in den Kindergarten. Ein Modellprojekt der Landeshauptstadt Stuttgart (Jugendamt) und des Landeswohlfahrtsverbands Württemberg-Hohenzollern. Abschlussbericht. Stuttgart

Klein, L.; Vogt, H. (2003): Vom Baby bis zum Schulkind. Gruppen mit erweiterter Altersmischung. Seelze-Velber

Klein, L.; Vogt, H. (1995): Leben in der Familiengruppe. Ein Praxisbuch über die große Altersmischung. Freiburg im Breisgau

Krappmann, L.; Peukert, U. (1995) (Hrsg.): Altersgemischte Gruppen in Kindertagesstätten. Reflexionen und Praxisberichte zu einer neuen Betreuungsform. Freiburg im Breisgau

Petersen, G. (1991): Erfahrungen mit altersgemischten Gruppen in NRW. In: Theorie und Praxis der Sozialpädagogik, Heft 3, 133–136

Riemann, I.; Wüstenberg, W. (2004): Die Kindergartengruppe für Kinder ab einem Jahr öffnen? Eine empirische Studie. Frankfurt a. M.

Schmidt-Denter, U. (2005): Soziale Beziehungen im Lebenslauf. Lehrbuch der sozialen Entwicklung. 4. vollständig überarbeitete Auflage. Weinheim/Basel

Viernickel, S. (2006): Zur Bedeutung der Peerkultur. In: Fried, L.; Roux, S. (Hrsg.): Pädagogik der frühen Kindheit. Handbuch und Nachschlagewerk. Weinheim und Basel, 65–74

Ursula Stenger
Angela Franzen

Ausdrucksformen von Krippenkindern

Kulturelle Bildung

Formen des Ausdrucks zu entwickeln, zu erobern, kennenzulernen und in Bildungs- und Kommunikationsprozessen zu nutzen ist ein zentrales Moment kultureller Bildung.

Bildung ist ein eigen- und interaktiver Prozess, in dem Wahrnehmungs-, Denk- und Handlungsformen der kulturellen Umwelt aufgenommen, verarbeitet, interpretiert, beantwortet und für eigene Gestaltungen genutzt werden. Kinder bemerken, dass einer Sache Aufmerksamkeit geschenkt wird: Oh, eine Blüte hat ihre Knospe geöffnet! Man kann daran riechen, sie betrachten, in eine Vase stellen oder sie malen! Ameisen in der Küche werden oft nicht in der gleichen Form willkommen geheißen. Kulturelle Bildung meint zunächst, dass Kinder sich mit den Lebensformen und Sinngestalten ihrer (kulturellen) Umwelt auseinandersetzen, dass sie sie kennenlernen, um auf diese Weise ihre Welt zu verstehen und um zu begreifen, wie sie selbst darin handeln und kommunizieren können.

In den ersten Lebensjahren erfolgt die Erkundung der Umwelt zunächst über körperliche Bewegung, Wahrnehmung und Interaktion. Mit allen Sinnen nehmen sie die vielfältigen Eindrücke auf. Diese Formen verbinden sich über das Wahrnehmen, das Erkunden, Begreifen, sich Mitteilen, Erzeugen und Herstellen, Fantasieren, Imaginieren und Reflektieren zu komplexen Weltzugängen. Kinder haben ein Recht darauf, vielfältige Formen der Welterfahrung kennenzulernen!

Alle Bildungsprozesse sind dabei aufs Engste mit Sinneserfahrungen verbunden. „Je reichhaltiger die Nahrung für die Sinne ist, desto dichter verzweigt sich das Netz der Wahrnehmung, desto tiefer verankert sich das rationale Denken. Sinneseindrücke und Denkvorgänge intensivieren und erweitern sich im Austausch." (Sommer, 1999)

Ein zentraler Schritt auf dem Weg in kulturelles Leben und Handeln ist die plötzlich mit circa einem Jahr erscheinende Fähigkeit, Symbole selbst bilden und sie verstehen zu können. Das Wort „Auto" steht für dieses Fahrzeug oder die Geste des Gähnens bedeutet: Ich bin müde. Im Symbolspiel werden diese Gesten und Handlungen spielerisch erobert. Symbolisch etwas ausdrücken zu können, bedeutet, von Zeit und Raum unabhängig zu werden. Kinder können nun einen Wunsch äußern, ohne dass die ersehnte Sache vor Augen steht. Die Verständigung mit anderen erfährt eine exponentielle Erweiterung ihrer Möglichkeiten.

Ästhetische Wahrnehmungsweisen und Ausdrucksformen von Kindern

Kinder stehen in einem ständigen Austausch mit anderen Menschen und mit den Dingen der Welt. Kindliche Ausdrucksformen und Wahrnehmungsweisen sind differenzierte und komplexe Prozesse, die in der Auseinandersetzung, im Austausch mit anderen und im Dialog mit sich selbst und der Welt entstehen. Was das Kind wahrnimmt, ist Ausgangspunkt für die Erfahrungen von der Welt und von sich selbst. Die Wahrnehmung erfolgt zum einen über die Fernsinne (Hören und Sehen) und den eigenen Körper sowie über die Wirkung, die ein Gegenstand auf den eigenen Körper ausübt. Zum anderen wird sie durch die emotionale Wahrnehmung der Beziehungen, die zwischen den Personen oder zwischen Personen und Objekten bestehen, ergänzt. Alle drei Komponenten wirken zusammen im Entwurf eines vielschichtigen Bildes von der Wirklichkeit (Schäfer, 2005a).

Die Wahrnehmungsprozesse und Ausdrucksformen können beschrieben werden als Begegnung und Resonanz, als Beobachten und Denken, Ausprobieren, Staunen, Handeln und Verstehen. Dabei sind die Kinder Akteure ihrer individuellen Entwicklung und bilden sich innerhalb sozialer und kultureller Kontexte immer weiter fort. Sie verfügen über ein breit gefächertes und vielseitiges Spektrum an Weltzugängen, die von den Pädagogen in der Reggio Emilia „100 Sprachen" genannt werden. Diese Zugänge oder Sprachen zu ermöglichen, zu fördern und den Kindern eine Umwelt zu bieten, die ihre Wahrnehmungserfahrungen und ihre Lust am Gestalten unterstützt, ist Aufgabe einer umfassenden ganzheitlichen und ästhetischen Bildung.

Ästhetische Bildung entsteht im Wechselspiel zwischen Rezeption und Produktion und findet Ausdruck in den Bereichen Musik, Tanz, Bildende Kunst, Literatur, Poesie, Rollenspiel, Theater etc. Im Rezeptionsprozess (z. B. beim Vorlesen von Geschichten oder beim Betrachten von Bildern und Kunstwerken) wird das Kind dazu angeregt, sich intensiv und eigenständig mit dem „Anderen" und mit sich selbst auseinanderzusetzen (Uhlig, 2009).

„Was ist denn das Krokodil für ein Wesen? Was hat es für ein großes Maul? Kann es mir gefährlich werden? Muss ich Angst haben? Was kann ich tun?" Das Erfahrene wird eingeordnet, sortiert, gegliedert und strukturiert, Bezüge zu anderen Erfahrungen, Emotionen, Gefühlen werden hergestellt. Die ästhetischen Phänomene eröffnen dem Kind die Möglichkeit, sich selbst mit seinen eigenen Gefühlen und Gedanken einzubringen und eigene Vorstellungen zu entwickeln.

Im selbsttätigen Produktionsprozess des Kindes kommt die aktive Gestaltung der Wirklichkeit zum Ausdruck. Beim Musizieren, Tanzen, Geschichten erfinden, Singen und Reimen, Zeichnen, Malen, Bauen oder Konstruieren werden innere Bilder, Vorstellungen, Dialoge, Fantasien und Träume aktiviert, gesammelt und gebildet. Das praktische Tun knüpft eine Verbindung zwischen der inneren Welt und der äußeren Wirklichkeit. In diesen Gestaltungsprozessen und Ausdrucksformen wird Wirklichkeit erfahrbar gemacht. Im Prozess kann das Erlebte verarbeitet und strukturiert werden. Innere und äußere Bilder werden gestaltet, Wahrnehmungen werden interpretiert. Im bildhaften Gestalten (plastisches Gestalten, Rhythmik, Tanz usw.) werden Prinzipien spielerischen Handelns auf neue, sinnlich-motorische Felder übertragen.

Mögliche Ausdrucksformen junger Kinder sollen nun näher betrachtet werden:

- Gestalten: Malen, Zeichnen, Plastizieren, Bauen und Konstruieren
- Sprache: Erzählen, Geschichten entwickeln
- Musik, Tanz und Bewegung
- Spiel.

Malen und Zeichnen als ästhetische Erfahrungen

Durch Schmieraktivitäten der Kleinstkinder bilden sich komplexe Fähigkeiten heraus: Die Kinder erkennen den Zusammenhang zwischen der Bewegung ihrer Hände und der Schmierspur. Sie machen positive Erfahrungen mit ihrer eigenen Wirksamkeit: „Das habe ich selbst gemacht!"

Mit der Zeit werden die Spurbewegungen zusammenhängender und bekommen Schwung. Striche werden ab- und wieder angesetzt, erste kreisähnliche Formen entstehen, Striche schneiden sich in unterschiedlichen Richtungen oder verdichten sich zu Wirbeln. Der Reichtum an motorischen und zeichnerischen Bewegungsformen nimmt zu. Zunächst folgt das Auge den Bewegungen und ihren Spuren, später übernimmt das Auge die Führung in der Gestaltung des Bildes. Die Hand versucht nachzuvollziehen, was sich das Kind vorstellt. Nun wird der Zeichnung eine Bedeutung zugewiesen. Die Analogie zwischen Gemaltem und dem Gegenstand der Umwelt wird wahrgenommen und das Bild erhält einen Namen und damit eine Bedeutung. Die Bedeutung ist dabei nicht festgelegt, die Assoziationen des Kindes sind noch flexibel. Während des Malens entstehen und verändern sich die Interpretationen des gestalteten Bildes. Auch im Nachhinein finden sich immer wieder neue Bedeutungen, die das Bild in den gerade als aktuell erlebten Zusammenhang stellen können (Schäfer, 2005b).

> Ein Beispiel von Ursula Stenger:
> Elena (2 Jahre; 8 Monate) malt „Schwarz", „Feuer" und „Nacht". Elena wählt sich die schwarze Farbe aus und ist fasziniert von den Linien und Formen, die sie mit der satten Farbe erzeugen kann. Beim Malen sagt sie zunächst: „Schwarz". Aufmerksam und konzentriert verfolgt sie, was sie selbst aufs Papier bringt. Auf die Frage, ob sie auch noch eine andere Farbe wolle, antwortet sie schlicht „Nein" und lässt sich nicht weiter stören. Als die wilde Kreisel und Formen entstehen, ist sie beeindruckt und sagt: „Feuer". Das Feuer wird immer größer, bis sie bemerkt, dass sie die Lücken zum Rand schließen kann. Das Schwarz breitet sich auf das ganze Papier aus. Zufrieden betrachtet sie ihr „Werk" und benennt es erneut: „Nacht".

Das ist ein häufiges Phänomen in diesem Alter. Motive tauchen aus der Gestaltung auf und verschwinden wieder. Als sie fertig ist, lese ich noch einmal vor, was ich mitgeschrieben habe: „Schwarz, Feuer und Nacht." Sie sagt nichts, aber beginnt nachzudenken. Wo ist das Feuer hin? Das ist ihre stumme Frage. Schließlich will sie noch ein Blatt. Das Feuer beschäftigt sie erneut: „Feuer." (Wenige Tage zuvor waren sie mit der Gruppe bei der Feuer-

Abb 1 & Abb. 2

wehr. Während die Jungen sich stark für die Feuerwehrautos und Geräte interessieren und sich selbst als löschenden Helden im Rollenspiel inszenieren, war für die Mädchen häufig die Wirkung des Feuers das interessantere Phänomen, das sie erkunden wollen.) Ohne dass ein weiteres Gespräch stattfindet, löst Elena ihr Problem des Verschwindens des Feuers nun auf zwei verschiedene Arten.

Beim ersten Bild sind die Kritzel schwungvoller und freier als im ersten Bild. Nun hält sie inne, malt nur den Rahmen und schafft es, ihr Bild rechtzeitig zu beenden. Beim zweiten Bild wird der Eindruck der Bewegung des Feuers durch die Hinzunahme der Farben Rot und Grün erzeugt. Dazu sagt sie: „Das ist ein grooßes Feuer – da kann man sich verbrennen!" Die Aufmerksamkeit und das Interesse der erwachsenen Begleitperson motivieren sie, den Konflikt, der durch die Kommunikation über das Bild und die dar

Abb. 3 & Abb. 4

gestellten Themen ausgelöst wurde, zu lösen. Ein weiteres Gespräch ist nicht nötig, ja wäre evtl. hinderlich gewesen, auf ihrem Weg, selbst Lösungen im Ausdrucksmedium des Malens zu suchen. Im Malen kann sie ihre emotionale Betroffenheit ausdrücken und für andere sichtbar machen. Sie selbst wird so zur aktiven Gestalterin der für sie auch bedrängenden Erfahrung und ist ihr nicht nur ausgesetzt.

Ein atemberaubender Schritt wird hier sichtbar. Sie benennt nicht nur Themen, die sie zufällig entdeckt, sie sucht nun selbst nach Mitteln, eine Bild-Idee umzusetzen. Dieser Schritt könnte auch durch die Verinnerlichung des Blicks der Pädagogin angeregt worden sein, indem sie sich mit den dokumentierten Aussagen zu ihrem eigenen Bild auseinandersetzen kann. Soll das Bild von anderen verstanden werden, muss es deren Blicke einbeziehen und neue Gestaltungsformen müssen gefunden werden. Hand und Auge kehren sich hier um, ihr Innehalten erzeugt eine notwendige punktuelle Distanznahme und die Prüfung der Wirkung des „Werkes".

Die vielschichtigen Produkte der Kinder verdienen Aufmerksamkeit und Wertschätzung, denn Schmierspuren und erste Kritzel sind komplexes, kindliches Bildungsgeschehen. Sie sind Produkte innerer und äußerer Strukturierungsprozesse. In der Zeichnung des Kindes findet sich ein Bild von der Welt, aber auch ein Bild des Zeichnenden selbst. Durch die Wahrnehmung und Verarbeitung entstehen innere Muster und Selbstbilder, beeinflusst von sozialen und kulturellen Mustern und Vorbildern. Es entsteht ein Bild von der Welt, das auch hypothetische Wirklichkeitsentwürfe enthält.

Das Kind zeichnet, malt und plastiziert nicht nur das, was es sieht, sondern das, was es weiß und was es bewegt. Die Gestaltungsprozesse der Kinder erzählen uns nicht nur etwas über real erlebte Szenen, sondern auch über ihr inneres Leben, ihre Fantasien, Wünsche, Selbst- und Weltdeutungen.

Die Kreativität von Kindern und die Fähigkeit, Vorstellungen zu entwickeln, wird gefördert, wenn wir Ihnen die Möglichkeiten bieten, eigene Spuren zu hinterlassen und wenn wir uns für diese Prozesse und Erzeugnisse interessieren. Dabei sollten schon Kleinkinder die Gelegenheit erhalten, mit geeigneten bildnerischen Materialien und Werkzeugen zu experimentieren, sich intensiv mit ihren sinnlichen Erfahrungen auseinanderzusetzen und mit anderen Kindern zu kooperieren. Die Handhabbarkeit des Materials und der vorbereitete Raum sind hier wichtig. Gut geeignet sind Materialien, mit denen kleine Kinder ohne Anleitung umgehen können, wie z. B. Kleister, flüssige Farben, aber auch hochwertige Künstlermaterialien wie Kohle, Kreiden und Grafit-Stifte. Anders als mit den üblichen Holzstiften können Kinder mit Kreiden, Kohle und Grafit kräftige Spuren hinterlassen, ohne viel Druck ausüben zu müssen. Damit die Kinder unter Einsatz ihres ganzen Körpers auch im Stehen arbeiten können, sind Staffeleien oder Vorrichtungen zum Malen an der Wand hilfreich.

Dreidimensionales Gestalten mit Ton

Auch am Beginn des plastischen Gestaltens steht die Material-Erkundung, die wie beim Malen nach und nach in ein Experimentieren mit gestalterischen Möglichkeiten übergeht. Ebenso wie das Malen kann das plastische Gestalten als Ausdrucks- und Kommunikationsmittel genutzt werden. Ein Turm, ein Berg, eine Höhle, ein Maul entstehen, werden als kleine Geschichten erzählt und verschwinden anschließend wieder in einem Tonklumpen. Video und Foto sind hier geeignete Dokumentationsmittel, um die Bildungsprozesse für Kinder und Erwachsene festzuhalten. Nach einer gemeinsamen Betrachtung und einem Gespräch können die Ideen dann vielleicht in einem anderen Medium weiter verfolgt werden.

Jüngere Kinder interessieren sich sehr für dreidimensionales Gestalten. Hierfür ist das Naturmaterial Ton aus mehrfachen Gründen besonders gut geeignet, da er eine angenehm weiche Konsistenz besitzt, ideal zu verarbeiten und zu formen ist und von den Kindern selbstständig bearbeitet werden kann. Er ist ein Naturprodukt, das keine Hautprobleme verursacht, angenehm riecht und mit anderen Materialien kombiniert werden kann. Bei fachgerechter Aufbewahrung kann das Material monatelang verwendet werden. Wird Ton in großen Mengen angeboten, fordert er Kinder besonderes gut heraus, das Material mit ihren Sinnen zu erfassen. Die Gestaltungsmöglichkeiten können durch Geräte zum Bearbeiten (z. B. Gabeln, Messer, Rollen, Zahnbürsten, Holzstäbe ...) und andere Naturmaterialien wie Steine, Muscheln oder Federn ergänzt werden.

Bauen und Konstruieren

Beim Bauen und Konstruieren wird ein Bewusstsein für Raum und Statik entwickelt. Es wird schon von jungen Kindern getestet, wie und wann ein Gebäude stabilisiert werden muss, um ein Einstürzen zu vermeiden. Ein hoher Turm ist ein spannendes Spiel und ein Forschungsprojekt zugleich, das vorsichtiges Experimentieren, aber auch Momente der Freude und des Jauchzens erzeugt. Mit zwei Jahren lernen Kinder auch abwechselnd an einer Sache zu bauen. Eine aufmerksame Erzieherin kann sie in ihrem Dialog und ihren Erkenntnissen unterstützen, ohne den Prozess der eigenen Erkundung zu stören.

Zunächst werden beim Bauen Dinge geordnet, sortiert, Formen und Größen erfasst. Schon Babys ab ca. acht Monaten hantieren mit Bausteinen, geben diese von einer Hand in die andere, stapeln und türmen sie auf. Sie üben das Greifen und Loslassen, indem sie Bausteine fallen lassen und werfen. Ab ca. zwölf Monaten transportieren und tragen die Kinder die Baumaterialien. Die Gegenstände werden geschoben oder gezogen, in Karren, Fahrzeugen, Körben transportiert. Mehrere Objekte können gestapelt werden, einfache Reihen und Türme entstehen. Als Baumaterialien eignen sich Pappkartons und Schachteln, Papprollen, Schaumstoffblöcke und kleinere hölzerne Bausteine in großen Mengen.

Ins Sprechen kommen, Geschichten erzählen

Von Anbeginn an streben schon die jüngsten Kinder Kommunikation und Interaktion mit Gleichaltrigen und Erwachsenen an. Durch Mimik, Gestik, Laute und später Symbole entwickeln sie nonverbale Verständigungsformen und treten in Interaktionen ein. Sie zeigen durch Zu- und Abwendung, aber auch durch Töne und Laute sehr genau, für was sie sich interessieren. Mit der Stimme erzeugen sie eine Kombination aus Tönen, Geräuschen und Rhythmen. Aus Lauten werden Worte. Die Kinder werden zu „Wort- und Satzmusikern"; sie lernen, das Klangbild ihrer Sprache zu entschlüsseln und gewinnen Freude an Reimen, Wortspielereien, Fingerspielen und Quatschwörtern.

Von Gleichaltrigen fühlen Kinder sich ab dem zweiten Lebensjahr stark zum Handeln motiviert. Ihre Art, Spaß miteinander zu haben, humorvoll und witzig zu agieren, unterscheidet sich von den Interaktionen mit Erwachsenen. An einer spontan entstehenden Kleingruppe von Kindern teilnehmen zu dürfen und nicht im Spiel ausgeschlossen zu werden, erfordert oft große Anstrengungen, die höchst bildungswirksam sind. Kinder brauchen für ihre Entwicklung andere Kinder, aber sie brauchen auch Erwachsene, die ihnen feinfühlig Resonanz geben und so antworten, dass kleine Dialoge oder Geschichten entstehen, in denen Kinder sich selbstwirksam erfahren können.

Von frühester Kindheit an sind Kinder Akteure in Geschichten, die ihnen erzählt werden: Jetzt machen wir einen Spaziergang, jetzt kommt der Nikolaus oder die Oma zu Besuch. Kindern werden – im günstigen Fall – Geschichten erzählt, in denen sie vorkommen, bis sie selbst Wörter einfügen können und nach und nach selbst zu Erzählern werden. Eine Geschichte wird durch ein Ereignis in Gang gesetzt und entwickelt dann eine eigene Dramaturgie: Es brennt, die Feuerwehr muss kommen, löschen und Menschen retten! In allen Spielhandlungen erzählen Kinder Geschichten, noch bevor sie sprechen können. Diese Geschichten wollen gehört, aufgegriffen und versprachlicht werden!

Beim Geschichtenerzählen sind alle geistigen Fähigkeiten aktiv: Wünsche, Ängste, Gefühle, bisher erworbene Kenntnisse, Erlebnisse und Erfahrungen, kreative, fantastische und logische Fähigkeiten, Bewusstes und Unbewusstes verbinden sich miteinander. Durch das Geschichtenerfinden kann von gefestigten Denkstrukturen und vorgefassten Meinungen abgewichen werden, das Denken kann sich offener, flexibler und erfinderischer entfalten. Durch fantastische Geschichten wird Realität aktiv bewältigt. Die Geschichten greifen Elemente aus der Wirklichkeit auf und verändern sie zum Besseren. Fantasien übersteigen und kontrastieren die tatsächliche Wirklichkeit und machen sie dadurch erfahrbar.

Verwandlungsspiele mit Verkleidungen und fantastischen Rollen können den Reichtum der Geschichten steigern, denn sie erleichtern das Hineinschlüpfen in neue Rollen. Es entsteht ein Spannungsfeld zwischen Sicherheit und Unsicherheit des eigenen Selbst. Die Kinder verwandeln sich, um sich selbst zu finden. Das Rollenspiel der ein- und zweijährigen Kinder ist von der Nachahmung bestimmt. Sie imitieren Gesichtsausdrücke und einfache Handlungen, dabei wird das Spiel von Requisiten gelenkt. Sie ahmen im Einzelspiel oder parallel mit anderen Kindern Handlungen von anderen Kindern oder vertrauten Erwachsenen nach. Handlungen oder Abläufe werden wiederholt, die Kommunikation erfolgt mit Gestik, Mimik, einzelnen Wörtern oder Sätzen. Dabei werden oft auch Geräusche produziert und imitiert. Als Materialien eignen sich Verkleidungsutensilien wie Hüte, Helme, Schuhe, Taschen, Röcke, Kleidungsstücke aus unterschiedlichen kulturellen Kontexten usw. Als Requisiten eignen sich z. B. Decken, Laken, Kissen, große Bausteine und Kartons, Lenkräder, Puppen und Zubehör oder Küchenutensilien.

Musik, Tanz und Bewegung

Musik ist für Kinder von grundlegender Bedeutung. Säuglinge reagieren auf gehörte Geräusche, Töne, Sprache und Musik über Augenkontakt, Körpersprache und Bewegungen. Sie drehen den Kopf oder die Augen zu der Klangquelle, drehen den Körper, bewegen Hände und Füße. Säuglinge haben eine Vorliebe für melodische Klänge und lassen sich von Musik trösten und beruhigen. Auch die Sprache erzeugt ein Klangbild; sie wird als Musik erfahren. Nach einiger Zeit beginnen sie, die gehörte Musik durch eigene Laute, über das Experimentieren mit Lautwiederholungen, eigenen Klangkompositionen zu begleiten oder gestalten. Das Zuhören geht in die Nachahmung über. Sie initiieren oder imitieren Bewegungen oder Stimmen, um auf Musik zu reagieren oder zu antworten. Sie reagieren mit rhythmischen Bewegungen wie Hüpfen und Klatschen. Sie beginnen mit Musikinstrumenten oder anderen Gegenständen, Klänge zu erzeugen und damit zu experimentieren. Schon Kleinkinder singen zunächst Fragmente vertrauter Lieder, allein oder in der Gruppe. Zwei zweijährige Mädchen schaukeln wild und singen immer wieder einen Teil eines Liedes über den Wind: „Und bläst du mir durchs Haar, ja das ist wunderbar, ja das ist wunderbar!" Dabei legen sie sich lustvoll in die Bewegung, spüren den Lufthauch und besingen ihn freudig.

„Tänze gehören zu den wichtigsten Darstellungs- und Ausdrucksformen der Menschen. In ihnen wird kulturelle Identität ausgedrückt und das Selbst- und Weltverhältnis der Menschen dargestellt." (Wulf; Brandstädter, 2007)

Musik und Tanz haben eine zentrale Bedeutung für die kindliche Entwicklung. Lieder, die in der Krippe durch Bewegungen aufgeführt werden, können den Elefanten, den Bären und den Wind körperlich inszenieren. Gesten und Körperbewegungen erkunden und inszenieren Haltungen fremder Identitäten. Ein Bär tanzt anders als die Biene Maja. Im Tanz entsteht ein Fluss von Versuchen immer neuer Selbstbilder. Die Möglichkeiten, sich selbst zu erfahren, wachsen, wenn Kinder sich tastend fragen: Wie empfindet, bewegt, artikuliert sich ein Bär im Medium des Tanzes? Gestaltend reflektieren sie diese Möglichkeiten und loten sie aus. Es entstehen erste ästhetische Erfahrungen als Selbstentwürfe auf Probe. Mit anderen zu tanzen steigert die Freude. Mit ihnen muss man sich abstimmen: Wollen sie die Hand geben, sich im gleichen Rhythmus bewegen, in den Kreis treten und eine Drehung, einen neuen Schritt versuchen? Im Tanz werden Vorstellungen und Gefühle, aber auch Energien und Kräfte im Medium von Körperbewegungen, Haltungen und Gesten, in Auseinandersetzung mit kulturell-historischen Bewegungsformen, Stilen und Traditionen verwandelt, neu gefügt, herausgearbeitet und in erkennbarer Form zur Darstellung gebracht.

Was kann Ziel einer Tanzerziehung von Kindern unter drei Jahren sein? Hier geht es nicht um das Erlernen komplizierter Schrittfolgen, um das Einstudieren anspruchsvoller Choreografien. Grundlegend ist zunächst, ein Empfinden für die eigene Bewegung zu erlangen und den Sinn einer Bewegung zu spüren und zu entdecken. Was geschieht mit mir, wenn ich mich ganz lang strecke, wenn ich ganz groß bin oder ganz klein zusammengekauert am Boden hocke und mich langsam aufrichte? Wie kann man etwas über eine Bewegung darstellen, den Herbstwind oder den Tanzbären? Aber es geht auch um die Gestaltung und Formung von Raum und Zeit, von Kraft und Energie. Raumgreifende, kraftvolle Schritte, leichte zarte Bewegungen vermögen jeweils anderes zu sagen. Wichtige Fähigkeiten, nonverbale Signale zu verstehen und selbst zu erzeugen, mit anderen zu kommunizieren und interagieren und eine Gruppe zu formen werden erzeugt.

Kinder bewegen den ganzen Körper zur Musik. Sie springen, rennen, laufen auf Zehenspitzen, tanzen und drehen sich. Musik regt die Entwicklung psychomotorischer und kinästhetischer Fähigkeiten sowie die emotionale und sinnliche Wahrnehmung an. „Dabei ist Musik nichts, was kleinen Kindern erst ‚vermittelt' werden müsste. Kinder sind von Anfang an Musiker." (Schäfer, 2005a)

Was brauchen Kinder? Neben einer akustischen Umgebung, die Klänge, Geräusche und Stille hörbar macht, bedarf es einer angenehmen Raumakustik. Im Alltag kann eine bewusste Aufmerksamkeit für Klänge, Geräusche und Bewegungen entstehen. Neben dem aktiven Erleben, dem Singen und

Musizieren der Erzieherin mit den Kindern, sind Kinder an Instrumenten und Gegenständen zum Geräuscheerzeugen interessiert, die ihnen greifbar zur Verfügung stehen. Das Musizieren kann mit anderen Tätigkeiten, wie dem Rollenspiel, dem Tanzen und Bewegen verknüpft werden. Bewegung ist dabei ein wichtiger Ausgangspunkt für musikalische Bildung. Das Erleben von Rhythmus, Geschwindigkeit und Zeit, das visuelle, körperliche und akustische Erschließen von Räumen, die Aufmerksamkeit für Gefühle fördert vielfältige Körpererfahrungen.

Spiel

Das Spiel kann als grundlegende menschliche Erfahrung angesehen werden: Spielerisch bewegt man sich in einer inszenierten, dicht und lustvoll erlebten Wirklichkeit. Das Spiel unterbricht das alltägliche Leben, es ist zeitlich abgegrenzt, körperlich, sozial, kommunikativ und es geschieht nicht zu einem bestimmten Zweck: Es beinhaltet die Erfahrung von Überschuss und Verschwendung. Das Spiel wird um seiner selbst willen gespielt. Im Spiel geschieht Lernen in vielfältigster Form – doch dies ist nicht das Ziel.

Das Spiel ist das zentrale Bildungsmedium der Kindheit. Es bildet den Menschen als ganze Persönlichkeit.

Die Entwicklung differenzierter kultureller Bildung beginnt im Spiel. Das Spiel mit Lauten, Klängen und Silben ist fundamental für die Sprachentwicklung, das Spiel mit Material geht der zielgenauen Ausführung von Gestaltungsaufgaben voran. Im Spiel werden entstehende kommunikative, performative, tänzerische und auch musikalische Fähigkeiten ein- und ausgebaut. Spiel und Exploration gehen ineinander über. Kulturell gebräuchliche Denk- und Handlungsformen werden im Spiel aufgegriffen, durchgespielt und für die Identitätsentwicklung genutzt. Im Spiel erwirbt das Kind Kommunikations- und Interaktionsformen, die in seiner Umgebung üblich sind, es baut eine Erfahrungswelt auf, in der es selbst wirksam sein kann, auch indem es lernt, andere Perspektiven wahrzunehmen, Konflikte zu bewältigen und Probleme zu lösen.

Zur Rolle der Erzieher/-in

Kinder sollten die Gelegenheit haben, viele „Sprachen“ und Formen des Weltzugangs (Kunst, Musik, Tanz, Sprache, etc.) kennenzulernen und zu entwickeln. Dabei ist es jedoch wichtig, herauszufinden, welche Ideen und

Erfahrungsmöglichkeiten sie dabei gestaltend entwickeln wollen, damit sie die „100 Sprachen" als Werkzeuge der Sinnerzeugung und der Suche nach der eigenen Identität, aber auch als Medium der Erzeugung neuer Beziehungsmöglichkeiten in einer dynamisch sich entwickelnden Gemeinschaft von Kindern und Erwachsenen nutzen können. Eine hohe Qualität der Krippe basiert auf wechselseitigen Bezügen von herzlichen Beziehungen, sicheren Bindungen und vielfältigen Bildungsmöglichkeiten.

Kulturelle Bildung meint nicht nur das Lernen eines Liedes oder Fingerspiels, es bedeutet auch das Hineinwachsen in eine kulturelle Lebensform mit all ihren Sinngestaltungen. Damit Kinder hier mitgestalten können, müssen sie viele Fähigkeiten entwickeln. Auch Teilnahme an einem gemeinsamen Mittagessen gehört dazu, einem anderen Menschen zuhören, selbst etwas äußern, zu warten, bis auch der Letzte mit dem Essen fertig ist. Die Art, wie wir die Kinder begrüßen, ihnen Geschichten erzählen, mit ihnen singen und gestalten, all dies sind kulturell geprägte Handlungen. Kinder kommen aus unterschiedlichen Lebenswelten und kulturellen Kontexten, die sie gestaltend in eine Gruppe einbringen wollen. Dafür brauchen sie Ausdrucksformen, um uns und anderen etwas von ihrer Sicht der Welt, von ihren Gefühlen und Erfahrungen mitteilen zu können.

Die Herausforderung für die Erzieherin besteht darin, den gesamten Reichtum kindlicher Ausdrucksweisen zu erfassen und ihre Bedeutung für die kindliche Selbstbildung zu verstehen. Dies bedeutet, alles Handeln als wertvoll zu betrachten, offen zu sein für das Überraschende, Unaufdringliche, Verborgene und Beiseitegelegte. Es bedarf einer Haltung, die die Ausdrucksformen entdecken will, nicht nur eine Haltung, die Kindern diese Ausdrucksformen ermöglichen möchte.

Die Handlungen der Kinder wollen wahrgenommen, als wertvoll betrachtet, unterstützt und gefördert werden. Ihr eigenständiges Denken und ihre ersten kreativen Aktionen sind ein wichtiger Teil der Selbsterfahrung.

Dabei bedarf es einer hohen Aufmerksamkeit, um herauszufinden, was Kinder von sich und über sich mitteilen, ob mit Worten, Gestik, Mimik oder Handlungen.

Die Handlungen der Erwachsenen sollten nicht darin bestehen, den Kindern vordefinierte Kenntnisse und Fähigkeiten zu vermitteln, sondern ihre Aufgabe besteht darin, die Kinder auf ihrer Suche nach eigenen konstruktiven Denk- und Handlungsstrategien zu begleiten. Wenn die Erwachsenen dem Kind ausschließlich ihre Weltsicht nahebringen, ist das Kind nur in der Lage, die Weltsicht des Erwachsenen zur Sprache zu bringen. Für seine eigene Weltauffassung bleibt das Kind sprachlos. Somit ist die Ausbildung von unabhängigem Weltwissen erforderlich, damit Kinder sich zu reflektierenden, sensiblen und empathischen Persönlichkeiten entwickeln können.

Literatur

Beek, A. von der (2008): Pampers, Pinsel und Pigmente. Weimar, Berlin

Duncker, L.; Maurer, F.; Schäfer, G. E. (1993): Kindliche Phantasie und ästhetische Erfahrung. Langenau-Ulm

Schäfer, G. E. (2005a): Bildungsprozesse im Kindesalter. Weinheim und München

Schäfer, G. E. (2005b): Bildung beginnt mit der Geburt. Berlin

Sommer, B. (1999): Kinder mit erhobenem Kopf: Kindergärten und Krippen in Reggio Emilia, Italien. Neuwied

Uhlig, B.: Prozesse ästhetischen Lernens. In: Duncker, L.; Neuss, N.; Lieber, G.; Uhlig, B. (Hrsg.) (2010): Bildung in der Kindheit. Das Handbuch zum Lernen in Kindergarten und Grundschule. Seelze/Velber, 132–135

Uhlig, B.: BDK Fachverband für Kunstpädagogik e. V. (Hrsg.) (2009): Frühkindliche ästhetische Bildung. Ein Diskussionsbeitrag der Arbeitsgruppe Grundschule im BDK. Hannover

Wulf, C. (2007): Anthropologische Dimension des Tanzes. In: Wulf, C. & Brandstädter, G.: Tanz als Anthropologie. Paderborn, 121–132

4

Die Jüngsten in der Kita – Themen der pädagogischen Praxis

Éva Hédervári-Heller

Eingewöhnung

Einleitung

Die Debatte um die frühkindliche Tagesbetreuung führt sowohl in der breiten Öffentlichkeit als auch in Fachkreisen bis heute oft zu Skepsis oder Ablehnung. Es wird vor allem befürchtet, dass der Übergang aus der vertrauten familiären Umgebung in die Krippe eine Krisensituation hervorruft, die zu erheblichem Trennungsschmerz und längerfristig zu seelischen Beeinträchtigungen des Kindes führt (Scheerer 2009). Diese Befürchtungen sind unter ungünstigen Bedingungen hinsichtlich der Gestaltung der Eingewöhnung von jungen Kindern in die Krippe sicherlich berechtigt, aber deshalb nicht uneingeschränkt zu verallgemeinern. Zu den ungünstigen Bedingungen gehört vor allem, dass ein Kind in den ersten drei Lebensjahren – oder auch im Kindergartenalter – während der Eingewöhnungsphase nicht von einer vertrauten Bindungsperson begleitet wird und die Eingewöhnung an die noch fremde Umgebung mehr oder weniger aus eigener Kraft bewältigen muss. Die emotionale Belastung des Kindes ist unter diesen Umständen erheblich, voller Risiko für sein Wohlbefinden und für seine spätere sozial-emotionale Entwicklung.

Es besteht ein breiter Konsens darüber, dass Kinder in den ersten drei Lebensjahren beim Wechsel der Betreuungssituation leicht irritierbar sind. In diesem Alter reagieren sie auf die Trennung von primären Bezugspersonen in hohem Maße empfindlich. Trotz ihrer gut funktionierenden sozialemotionalen Kompetenzen sind sie auf die Unterstützung von vertrauten Bindungspersonen angewiesen, um sich mit einer neuen Umgebung vertraut zu machen und zu anderen Erwachsenen und Kindern vertrauensvolle Beziehungen aufzubauen. Nur so kann vom Kind die kurze, täglich wiederkehrende Trennung von den Eltern als nicht bedrohlich erlebt werden. Die Begleitung durch die Eltern oder andere vertraute Bezugspersonen während der Eingewöhnung in die Krippe fördert darüber hinaus die Bereitschaft des Kindes zum Aufbau von neuen Bindungen in der Einrichtung. Eine am Grundbedürfnis nach Bindung orientierte Eingewöhnungspraxis ist eine wichtige Voraussetzung für die gesunde psychische Entwicklung des Kindes. Sie ist zudem auch die Grundlage für altersangemessenes Explorationsverhalten und damit für Lern- und Bildungsprozesse in der Tagesbetreuung. In den ersten drei Lebensjahren ist Bildung das Ergebnis von Erfahrungen und Erkenntnissen im Austausch mit der sozialen und sachlichen Umwelt – also das Ergebnis von Weltkonstruktion im Dialog mit dem Gegenüber (Schäfer 1995). Kinder brauchen für ihre Bildungsprozesse vertraute, feinfühlige Erwachsene, mit denen sie ihre Erfahrungen teilen und zu denen sie emotional tragende, sichere Bindungen aufbauen. Dies sind vor allem ihre Eltern und die Erzieherinnen in der Krippe. Beim Übergang aus der Familie in die Tagesbetreuung müssen daher Bedingungen geschaffen werden, in der alle Beteiligten die notwendige Unterstützung erhalten.

In diesem Beitrag wird die Bedeutung des Eingewöhnungsprozesses aus der Perspektive des Kindes, der Eltern und der pädagogischen Fachkräfte in der Institution Krippe erörtert. Anschließend wird das „Berliner Eingewöhnungsmodell" (Laewen et al. 2007) vorgestellt. Wesentlicher Bestandteil dieses Modells ist die Gestaltung der Eingewöhnungssituation mit Beteiligung von primären Bezugspersonen (Mutter, Vater, Großeltern oder andere für das Kind vertraute Erwachsene), damit das Kind mit ihrer Unterstützung eine emotional sichere Bindungsbeziehung zu seiner Krippenerzieherin aufbauen kann. Die Einbeziehung der Eltern in den Eingewöhnungsprozess führt nicht zur Abhängigkeit; im Gegenteil, sie fördert Unabhängigkeit und gilt als ein wesentliches Qualitätsmerkmal der frühkindlichen Tagesbetreuung in der Krippe.

Die Bedeutung der Eingewöhnung

Lange Zeit erfolgte der Übergang von Kindern in den ersten drei Lebensjahren aus der Familie in die Tagesbetreuung ohne Einbeziehung der Eltern oder anderen vertrauten Bezugspersonen. Diese aus heutiger Sicht nicht annehmbare Situation führte bei den Krippenkindern zu lang anhaltenden Perioden von Weinen oder Protest und zu hohen Erkrankungsraten (Laewen 1989). Es muss hier jedoch erwähnt werden, dass daraus nicht automatisch eine Beeinträchtigung der kindlichen Entwicklung und eine Irritation der Mutter-Kind-Bindung abzuleiten ist. Dies zeigen Forschungsergebnisse (NICHD 2007; Friedman und Boyle 2009). Bindungstheoretische Erkenntnisse (Bowlby 1969, 1976) und Untersuchungsergebnisse aus der nationalen und internationalen Krippenforschung führten schließlich seit Mitte der 1980er Jahre ansatzweise zu einer veränderten Eingewöhnungspraxis, sowohl in der BRD als auch in der DDR. Seit dieser Zeit ist die Einbeziehung der Eltern in den Eingewöhnungsprozess von Krippenkindern vorgesehen und mehr und mehr zum konzeptuellen Bestandteil vieler pädagogischer Einrichtungen geworden. Eine allgemein gültige Eingewöhnungspraxis mit Elternbeteiligung hat sich bundesweit allerdings bis heute nicht flächendeckend durchgesetzt. Eine sanfte Eingewöhnung unter Berücksichtigung des kindlichen Bedürfnisses nach Anwesenheit einer die emotionale Sicherheit bietenden Bezugsperson, bei Beachtung der Perspektive der Eltern und Erzieherinnen, sollte in Zukunft zu einem wichtigen Standardkriterium aller Einrichtungen in der Krippenbetreuung werden. Wie dies im Rahmen der institutionellen Bedingungen der Tagesbetreuung realisiert werden kann, wird bei der Vorstellung des „Berliner Eingewöhnungsmodells" detailliert beschrieben.

Die Eingewöhnungssituation aus der Perspektive des Kindes

Der Übergang aus der Familie in die Tagesbetreuung bedeutet für Kinder in den ersten drei Lebensjahren eine besondere Herausforderung. Sich mit einer fremden Umgebung, einem veränderten Tagesablauf und fremden Personen vertraut zu machen sowie sich auf eine täglich wiederkehrende Trennung von den Eltern einzustellen, bedeutet eine große Anforderung an die Anpassungsleistung der Kinder. Während dieser kritischen Entwicklungsphase, vor allem aber zwischen dem sechsten und dem 24. Lebensmonat, reagieren Kinder besonders empfindlich auf einen Wechsel der Betreuungssituation und auf die Trennung von den Eltern. Es ist davon auszugehen, dass

Säuglinge und Kleinkinder auch vor und nach diesem kritischen Alter eine Veränderung der Betreuungssituation erleben, auf der Verhaltensebene jedoch aufgrund ihres Alters und Entwicklungsstandes weniger entsprechende Signale aussenden. Die leichte Irritierbarkeit von Kindern zwischen dem sechsten und dem 24. Lebensmonat ist vor allem mit der Entstehung der Bindungsorganisation in diesem Alter zu erklären und möglicherweise mit dem Aufbau eines komplexen Gedächtnissystems, wie sich dieses in der Entwicklung der Symbolisierung und der Mentalisierung offenbart (Fonagy et al. 2004). Mentalisierung ist die Fähigkeit, sich selbst und andere als Wesen mit geistig-seelischen Zuständen zu betrachten (Fonagy et al. 2004). Es bedeutet auch die Fähigkeit, über eigene Gedanken und Gefühle nachzudenken und zu „lesen", was in den Köpfen anderer vorgeht. Die Mentalisierung ist das Ergebnis eines Entwicklungsprozesses, der sich zwischen dem neunten Lebensmonat und dem vierten oder fünften Lebensjahr entfaltet. Das Kind lernt etwa ab dem neunten Lebensmonat nach und nach, dass eine Handlung oder ein bestimmtes Verhalten mit mentalen Zuständen (Überzeugungen, Absichten, Wünschen etc.) zu tun hat. Ab diesem Alter erkennt das Kind andere als intentionale Akteure (absichtlich Handelnde) und fängt an, das Verhalten von anderen nachzuahmen (Tomasello 2002).

Um das Kind vor seelischen Verletzungen zu schützen und ihm die Anpassung an die veränderte Lebenssituation zu erleichtern, müssen Bedingungen geschaffen werden, unter denen Kinder nicht unnötig irritiert und verunsichert werden.

Untersuchungen aus der Bindungsforschung zeigen, dass auch sehr junge Kinder dazu in der Lage sind, neben ihren primären Bindungspersonen auch zu anderen Personen ihrer engsten Umgebung Bindungen aufzubauen, d. h. auch zu ihren Krippenerzieherinnen. Welche Bindungsqualität Kinder zu ihren Erzieherinnen entwickeln werden, ist hauptsächlich von deren Feinfühligkeit gegenüber den Signalen des Kindes abhängig sowie von ihrer Fähigkeit zur Selbstreflexion. Anpassungsprozesse an neue Bedingungen und Personen bedeuten für das Kind große Anstrengungen. Daher ist es von Bedeutung, dass es Gelegenheit erhält, sich zunächst nur mit seiner Bezugserzieherin vertraut zu machen, um eine Bindung aufzubauen. Nach und nach wird sich das Kind aus eigenem Interesse heraus auch für die anderen Erzieherinnen in der Gruppe interessieren und weitere Bindungsbeziehungen aufbauen. Die Bindung zu den Eltern bleibt erhalten und wird weder geschwächt noch irritiert (Hédervári-Heller 2007, 2008; Süess und Burat-Hiemer 2009).

Die Eingewöhnungssituation aus der Perspektive der Eltern

Ihr Kind in den ersten drei Lebensjahren durch andere Personen als die Mutter betreuen zu lassen, ist für viele Eltern eine schwierige Entscheidung und emotional belastend. Sie haben Schuldgefühle, ihr Kind durch die frühe Trennungserfahrung zu überfordern und emotional zu vernachlässigen. Darüber hinaus befürchten sie, die Bindung zum Kind an die Erzieherin zu verlieren oder zumindest zu schwächen. Konkurrenzgefühle und Eifersucht schleichen sich ein und belasten ein kooperatives Miteinander mit der Krippenerzieherin. Unter diesen Umständen wird Krippenbetreuung im Erleben der Eltern zur emotionalen Belastung. Ähnlich wie die Kinder erleben auch die Eltern Trennungsangst und beeinflussen damit offensichtlich das Verhalten ihrer Kinder in der Einrichtung. In einer Berliner Studie wurde ein Zusammenhang zwischen der Trennungsangst der Mütter und zwischen dem Verhalten und Wohlbefinden von Krippenkindern gefunden (Laewen 1994): Kinder von Müttern mit einem höheren Maß an Trennungsangst zeigten in der Krippe mehr negatives Verhalten (Ängstlichkeit, Scheu und Irritierbarkeit) als Kinder von Müttern mit weniger Trennungsangst. In einer weiteren Studie wurde ein Zusammenhang zwischen Trennungsangst der Mütter und Bindungssicherheit von Kindern im Krippenalter gefunden (Hédervári 1995): Mütter von unsicher gebundenen Kindern äußerten mehr Trennungsangst als Mütter mit sicher gebundenen Kindern. Sie äußerten mehr Kummer, Traurigkeit und Schuldgefühle, wenn sie vom Kind getrennt waren.

Eine qualitativ hochwertige Krippenbetreuung kann aus Sicht der Eltern jedoch auch eine große Entlastung bedeuten, zum Beispiel bei einer belasteten Mutter-Kind-Bindung, psychischer Beeinträchtigung der Mutter, Überforderung der Eltern im Umgang mit dem Kind, bei allein erziehenden Eltern oder bei Berufstätigkeit beider Eltern. Die psychische und zeitliche Entlastung durch die Krippenbetreuung kann in vielen Familien kompensatorisch wirken und zu einer entspannteren Atmosphäre in der Familie bis hin zur Verbesserung der Mutter-Kind-Bindung beitragen.

Wichtig ist, die Eltern von ihren Schuldgefühlen und Trennungsängsten zu entlasten und ihnen ihre Funktion als eine emotional sichere Basis durch ihre Anwesenheit bei der Eingewöhnung des Kindes in die Krippe zu vermitteln. Die Eltern wissen in der Regel wenig darüber, was von ihnen während der Eingewöhnungszeit erwartet wird, wie sie sich verhalten sollen oder wie sie ihrem Kind die Eingewöhnung an die neue Umgebung am besten erleichtern könnten. Daher brauchen sie Erklärungsmodelle über ihre Rolle und Funktion während der Eingewöhnungszeit und über die psychische Belastung des Kindes, wenn es nicht von einer vertrauten Bezugsperson begleitet wird.

Die Eingewöhnungssituation aus der Perspektive der Erzieherin in der Krippe

Die Eingewöhnungssituation ist für die Erzieherin in der Krippe emotional ebenso belastend wie für das Kind und die Eltern. Sie muss sich sowohl auf das neue Kind als auch auf seine Eltern einstellen, ihre Eigenarten, Gewohnheiten und ihre Beziehung zueinander kennenlernen. Sie muss sich außerdem als Ansprechpartnerin für das Kind anbieten und feinfühlig auf seine Signale reagieren. All dies erfordert ihre besondere Aufmerksamkeit in der Beobachtung und ihre Flexibilität, sich an jedes einzelne Kind anzupassen, sowie ihre Bereitschaft eine emotionale Bindungsbeziehung zu jedem neuen Kind aufzubauen. Verhält sich die Erzieherin im Hinblick auf Bindungssignale des Kindes emotional distanziert und betrachtet den Aufbau einer Bindungsbeziehung zum Kind als nicht notwendig, so besteht die Gefahr, dass das Kind eine unsichere Bindung zur Erzieherin aufbaut und überzufällig häufig desorganisierte Verhaltensmuster zeigt (Ahnert 2009). Eine weitere wichtige Aufgabe der Erzieherin während der Eingewöhnung ist es, eine emotional warme Atmosphäre zu schaffen, in der sich jedes Kind seinem Alter und individuellem Entwicklungsstand, seinen Interessen und seiner Emotionalität entsprechend willkommen und angenommen fühlt. Auch die Eltern brauchen eine Atmosphäre, in der sie sich angenommen fühlen, wenn die Eingewöhnung gelingen soll. Die Erzieherin trägt einen großen Anteil zur Herstellung eines sicheren Dreiecks zwischen der Mutter, dem Kind und sich selbst bei. Eine auf gegenseitige Kooperation und Vertrauen bauende Beziehung zwischen den Erwachsenen spielt dabei eine wichtige Rolle.

Die Anforderungen an die Belastbarkeit der Erzieherin sind hoch, aber bei entsprechend guter Vorbereitung ist die Eingewöhnungszeit gut zu bewältigen. Dazu gehören fundierte Fachkenntnisse über den Eingewöhnungsprozess von Kindern in den ersten drei Lebensjahren und über allgemeine entwicklungspsychologische Fragen, über die Entstehung von Bindungsbeziehungen sowie über die unterschiedlichen Bindungsmuster. Das Nachdenken über das eigene Selbst, über die inneren Zustände des Kindes und die der Eltern sind außerdem wichtige Bestandteile erzieherischen Handelns. Die Unterstützung durch das Team ist ebenfalls von Bedeutung und führt zur Entlastung der Erzieherin. Ihre Persönlichkeit, ihr Fachwissen, ihre pädagogische Haltung und ihre Handlungskompetenz tragen gemeinsam zu einer umfassenden fachlichen Kompetenz bei, die den Verlauf der Eingewöhnungssituation vonseiten der Erzieherin nachhaltig prägt.

Eingewöhnungsmodelle, die sowohl wissenschaftliche Erkenntnisse als auch praktische Erfahrungen berücksichtigen, bieten grundlegende Unterstützung für die Vorbereitung und für die möglichst stressfreie Durchführung des Eingewöhnungsprozesses. Das bundesweit erprobte „Berliner Eingewöhnungsmodell“ berücksichtigt die Perspektive des Kindes, der Eltern und der Erzieherin, eingebettet in die institutionellen Rahmenbedingungen der Krippe. Im Folgenden soll das „Berliner Eingewöhnungsmodell“ detailliert beschrieben werden.

„Das Berliner Eingewöhnungsmodell“ (Laewen; Andres; Hédervári 2007)

Allgemeine Betrachtungen

Das „Berliner Eingewöhnungsmodell“ basiert konzeptionell auf der Bindungstheorie und berücksichtigt die internationalen Forschungsdaten zur außerfamiliären Tagesbetreuung von Kindern unter drei Jahren. Neben der wissenschaftlichen Grundlage bezieht das Modell Erfahrungen von Erzieherinnen und eigene Forschungsarbeiten der Autoren ein (Laewen 1989; Hédervári 1995). Darüber hinaus flossen Konzepte aus Norditalien bei der Ausarbeitung des Modells mit ein (Dreier 2006). Zahlreiche Videodokumentationen von Eingewöhnungsprozessen von Kindern in Krippen und Tagespflegestellen machten es möglich, theoretische Fragen praxisnah am Verhalten der betroffenen Kinder zu überprüfen und die Beobachtungen bei der Ausarbeitung des Modells zu berücksichtigen. Ausgewertet wurde Filmmaterial von Kindern im Alter zwischen vier und 24 Monaten, die während ihrer Eingewöhnungsphase bis zu drei Wochen mit der Videokamera beobachtet wurden.

Die Berücksichtigung des Grundbedürfnisses des Kindes nach emotional tragender Bindungsbeziehung steht im Mittelpunkt des „Berliner Eingewöhnungsmodells“. Eine an das Kind angepasste individuelle Eingewöhnungszeit in Anwesenheit der Eltern ist eine Vorbedingung dafür, dass das Kind seine neue Umwelt als schützend und stabil erleben kann und mit der Unterstützung der Eltern eine vertraute Bindungsbeziehung zu seiner Betreuerin aufbaut. Der zentrale Punkt während der Eingewöhnungsphase ist der Aufbau einer Bindungsbeziehung zur Bezugserzieherin in der Krippe. Daher ist es notwendig, dass sich zunächst eine Erzieherin um das Eingewöhnungskind kümmert, zu dem es am Anfang eine bindungsähnliche Beziehung aufbauen kann. Diese Beziehung wird mit zunehmendem Aufenthalt des Kindes in der Krippe stabiler. Es stellt allerdings eine Überforderung dar, wenn das Kleinstkind schon zu Beginn gleichzeitig zu zwei oder drei Erzieherinnen eine Bindung aufbauen soll. Nach einigen Wochen oder Monaten bedeutet es dann für das Kind in der Regel kein Problem mehr, sich auch an andere Personen in der Einrichtung emotional zu binden.

Es ist ausreichend, wenn das Kind zu Beginn der Eingewöhnungszeit täglich ein bis zwei Stunden in Begleitung seiner Bindungsperson in der Krippe verbringt. Bedeutend dabei ist die Intensität und Qualität seiner Erfahrungen in der Interaktion mit der Bezugserzieherin. Je nach Verhalten des Kindes ist die Dauer der Eingewöhnung individuell unterschiedlich und kann von ca. zehn Tagen bis drei Wochen, in Einzelfällen auch länger dauern.

Die neu aufgebaute Bindungsbeziehung zur Erzieherin gibt dem Kind die Sicherheit, für einige Stunden am Tag auf die Anwesenheit der Eltern zu verzichten. Die Eltern bleiben trotzdem die wichtigsten Bindungspersonen für das Kind. Die Bindung zur Erzieherin wird die Bindung zu den Eltern weder schwächen noch ersetzen. Diese Informationen sind wichtig für die Eltern, und es ist ratsam, sie schon beim Aufnahmegespräch mitzuteilen, denn unterschwellige Konkurrenzgefühle zur Erzieherin und Ängste, die Bindung an das Kind zu verlieren, können so im Vorfeld gemindert werden. Auf diese Weise tragen die Erwachsenen von Beginn an zu einer liebevollen und entspannten Atmosphäre bei, die einen stressfreien Eingewöhnungsprozess wesentlich fördert und ein „sicheres Dreieck" zwischen dem Kind, den Eltern und den Erzieherinnen ermöglicht.

Die Durchführbarkeit einer sanften Eingewöhnung nach dem „Berliner Eingewöhnungsmodell" verlangt von den Mitarbeiterinnen in der Krippe einige grundsätzliche organisatorische Aufgaben. Dazu gehört eine vorzeitige Planung, die berücksichtigt, dass wöchentlich nicht mehr als ein Kind aufgenommen wird. Lässt sich dies nicht realisieren, so ist darauf zu achten, dass die neu aufgenommenen Kinder zu unterschiedlichen Zeiten eingewöhnt werden (zum Beispiel kommt ein Kind am Vormittag in die Krippe und ein anderes Kind am Nachmittag). Während der Eingewöhnungszeit sollte die Bezugserzieherin anwesend sein (d. h. keinen Urlaub oder Fortbildungen planen) und von ihren Kolleginnen unterstützt werden, damit sie sich ganz und gar auf das Eingewöhnungskind konzentrieren kann. Sie sollte das Kind und seine Eltern jeden Tag empfangen und begrüßen und während ihres Aufenthalts in der Krippe voll zur Verfügung stehen.

Die Entscheidung, ob das Kind durch eine Bindungsperson begleitet wird oder nicht, kann nicht den Eltern allein überlassen werden. Vielmehr sollte die Einbeziehung einer für das Kind vertrauten Bindungsperson zum konzeptuellen Bestandteil der Einrichtung gehören und zur notwendigen Bedingung für die Aufnahme des Kindes in die Krippe erklärt werden. Es empfiehlt sich deshalb, die Eltern nicht nur im Gespräch, sondern auch schriftlich (Informationsmaterial zur Einrichtung, Flyer zur Eingewöhnung) über die Eingewöhnungspraxis zu informieren.

Phasen des Eingewöhnungsprozesses

- Rechtzeitige Information der Eltern: Bereits beim ersten Kontakt zwischen den Eltern und Mitarbeiterinnen der Tageseinrichtung sollten die Eltern über die Notwendigkeit ihrer Beteiligung beim Eingewöhnungsprozess ihres Kindes informiert werden. Darüber hinaus sollten die Eltern erfahren, dass sie die wichtigste Bindungsperson für ihr Kind sind und ihre Anwesenheit ihm ein grundlegendes Sicherheitsgefühl vermittelt, das es ihm erst ermöglicht, sich an die neue Umgebung anzupassen und eine Bindungsbeziehung zu seiner Betreuerin aufzubauen. Die Eltern sollten emotional entlastet werden, in dem sie erfahren, dass für das Wohlbefinden des Kindes die Bindungsbeziehung zu der Erzieherin von elementarer Bedeutung ist. Die Eltern bleiben jedoch weiterhin die Hauptbindungspersonen. Schließlich werden die Eltern über wichtige Inhalte und den Ablauf des Eingewöhnungsprozesses im Einzelnen informiert (mögliche Dauer der Eingewöhnung, Verhaltensregeln für die Eltern, Absprachen über Aufgabenverteilung, etc.).
- Eine dreitägige Grundphase: Während der ersten drei Tage begleitet ein Elternteil oder eine andere wichtige Bindungsperson das Kind in die Einrichtung und bleibt zusammen mit ihm im Gruppenraum. Um dem Kind die Orientierung in der neuen Umgebung zu erleichtern und die Kontaktaufnahme zu der Betreuerin zu ermöglichen, ist es wichtig, dass die Eltern sich zurückhalten und selbst keine Initiative ergreifen, mit dem Kind zu spielen. Sie sollten sich zur Verfügung stellen und immer, wenn das Kind von sich aus den Kontakt zu den Eltern sucht, darauf angemessen reagieren. Die Eltern dienen als ein „sicherer Hafen", von dem aus das Kind seine neue Umgebung erkunden und zu dem es, wann immer es möchte, zurückkehren kann. Die Erzieherin bleibt zunächst auf Distanz, zeigt jedoch Interesse für den Kontakt mit dem Kind. Ihre Aufmerksamkeit richtet sich in den ersten Tagen ausschließlich auf das Eingewöhnungskind. Sie beobachtet sein Verhalten und wartet ab, wann es von sich aus Kontaktangebote durch Blickkontakt, Vokalisierung oder durch das Anbieten von Gegenständen initiiert. Anschließend versucht die Erzieherin, durch Spielangebote oder Beteiligung am Spiel des Kindes Kontakt zu ihm aufzunehmen. In den ersten zwei bis drei Tagen wird das Kind primär von den Eltern gefüttert und gewickelt. Nach und nach übernimmt dann die Erzieherin diese Aufgaben. Während der ersten drei Tage finden keine Trennungsversuche statt. Auch dann nicht, wenn sich das Kind scheinbar autonom und unbefangen verhält und kaum Kontakt zu den Eltern sucht. In vielen Fällen ist die Anwesenheit einer Bindungsperson die Ursache für die Unbekümmertheit des Kindes in einer fremden Umgebung und

nicht seine emotionale Sicherheit und Autonomie. Das Kind verhält sich in den ersten Tagen in der Einrichtung nur solange unbekümmert, wie seine wichtigste Bindungsperson unmittelbar erreichbar ist. Der Zeitraum von drei Tagen ist hier das Minimum dafür, erst dann beginnt das Kind, sich zur neuen Bezugsperson zu orientieren, die ersten Erfahrungen zu internalisieren und nach und nach eine kurze Trennung von den Eltern zuzulassen.

- Eine vorläufige Entscheidung über die Dauer der Eingewöhnungszeit: Am vierten Tag (wenn dies ein Montag ist, einen Tag später) kommt es zur ersten Trennung zwischen dem Elternteil und dem Kind. Fünf bis zehn Minuten nach Ankunft in der Einrichtung verabschiedet sich das Elternteil vom Kind und verlässt den Gruppenraum, auch dann wenn das Kind protestiert. Er bleibt in der Nähe der Tür des Gruppenraumes und wartet ab, ob sich das Kind, wenn es weint, innerhalb von ein bis zwei Minuten von der Erzieherin beruhigen lässt. Wenn ja, dann bleibt der Elternteil ca. zwanzig Minuten außerhalb des Gruppenraums. Wenn das Kind sich jedoch von seiner Betreuerin nicht beruhigen lässt oder nach kurzer Zeit erneut anfängt zu weinen, sollte der Trennungsversuch abgebrochen und für diesen und den nächsten Tag nicht wiederholt werden. In diesem Fall können wir davon ausgehen, dass das Kind noch einige Tage braucht, um auf die Anwesenheit der Eltern für wenige Minuten zu verzichten und die Erzieherin als eine Bindungsperson zu akzeptieren. Die Eingewöhnung dauert bei diesen Kindern in der Regel etwas länger, d. h. bis zu zwei oder drei Wochen. Es kommt nur sehr selten vor, dass ein Kind für die Eingewöhnung länger als drei Wochen braucht, wenn die Grundregeln des Eingewöhnungsmodells eingehalten werden und die Erzieherin feinfühlig mit dem Kind interagiert. In einem solchen Fall sollte möglichst rasch ein Gespräch mit den Eltern stattfinden, in dem ihre Bedenken und eigenen Trennungsängste oder -erfahrungen angesprochen werden. Reagiert das Kind auf den ersten und zweiten Trennungsversuch unbefangen oder lässt sich von seiner Gruppenerzieherin innerhalb von ein bis zwei Minuten trösten, so ist zu erwarten, dass das Kind mit einer kürzeren Eingewöhnungszeit von etwa ein bis zu zwei Wochen zurechtkommt.
- Die Stabilisierungsphase: Diese beginnt am vierten oder fünften Tag. Die Erzieherin übernimmt im Beisein des Elternteils die Versorgung (Füttern, Wickeln) des Kindes. Die Eltern überlassen es der Erzieherin, auf die Signale des Kindes zuerst zu reagieren. Sie helfen nur, wenn das Kind die Unterstützung der Erzieherin noch nicht akzeptiert. Kinder lernen schnell, in der neuen Umgebung sich an anderen Personen als den Eltern zu orientieren. Eine Grundbedingung dafür ist, dass sich die Erwachsenen vorher

darüber verständigen, dass die Eltern sich nach und nach zurückhalten, um dem Kind so zu signalisieren, dass in der Einrichtung die Erzieherin für das Kind zuständig ist. Während der Stabilisierungsphase, die von einigen Tagen bis zu zwei Wochen dauern kann, werden die Trennungszeiten nach und nach verlängert. Die Eltern bleiben jedoch weiterhin in der Nähe und abrufbereit. Rituale erleichtern dem Kind den Umgang mit der Alltagssituation. Daher sollte die Erzieherin die Eltern unterstützen, kurze Abschiedsrituale mit dem Kind zu entwickeln und sich von ihm immer zu verabschieden. Nie sollten die Eltern den Gruppenraum verlassen, ohne sich vom Kind verabschiedet zu haben. Während der Eingewöhnungszeit, und auch noch danach, richtet die Bezugserzieherin ihre Aufmerksamkeit bei Abschiedszenen immer auf das Kind.

- Die Schlussphase: Während der Schlussphase (dritte bis vierte Woche) bleibt das Kind allein in der Einrichtung. Die Eltern sollen jedoch jederzeit erreichbar sein, falls die Beziehung zur Erzieherin noch nicht stabil genug ist, um das Kind bei besonderen emotionalen Belastungen aufzufangen. Der Eingewöhnungsprozess ist abgeschlossen, wenn das Kind die Erzieherin als „sichere Basis" akzeptiert und sich von ihr trösten, füttern und wickeln lässt. Es kann sein, dass das Kind auf den Abschied von den Eltern auch nach der Eingewöhnungszeit ab und zu mit weinen reagiert. Entscheidend ist jedoch, ob es sich wenige Minuten nach dem Weggang der Eltern beruhigt und sich seiner sozialen Welt und seinen Aktivitäten zuwendet.

Weitere wichtige Überlegungen

Die Eingewöhnung an die neue Umgebung verlangt vom Kind, trotz der hier beschriebenen Schutzmaßnahmen, eine große Anpassungsleistung. Es ist oft zu beobachten, dass Kinder nach dem Aufenthalt in der Tageseinrichtung mit Erschöpfung reagieren. Wenn es sich einrichten lässt, wird vor allem für die ersten Wochen und Monate in der Krippe eine Halbtagsbetreuung empfohlen. Wichtig bleibt es während des gesamten Eingewöhnungsprozesses, das Bindungs- und Erkundungsverhalten sowie das emotionale Ausdrucksverhalten des Kindes zu beobachten und diese bei Entscheidungen z. B. über eine kürzere oder längere Eingewöhnungszeit zu berücksichtigen. So entsteht ein kooperatives Miteinander zwischen den beteiligten Erwachsenen und dem Kind, das das spätere Wohlbefinden des Kindes in der Einrichtung und die Qualität der Bindung zur Erzieherin positiv beeinflusst.

Im Falle eines ganztägigen Aufenthaltes des Kindes in der Krippe ist noch die Schlafsituation zu erwähnen. Auch hier ist ein sanfter Übergang sinnvoll, etwa dadurch, dass das Kind beim ersten Mal vom anwesenden Elternteil ins Bett gebracht wird. Beim Aufwachen sollten Mutter oder Vater ebenfalls anwesend sein. Erfahrungsgemäß reichen ein bis zwei Tage aus, um das Kind mit der Schlafsituation vertraut zu machen und diese für das Kind oft heikle Situation stressfreier zu gestalten.

Zusammenfassend ist festzuhalten, dass die Gestaltung der Eingewöhnungssituation mit Einbeziehung der Eltern unter Berücksichtigung der innerpsychischen Realität und der individuellen Anpassungsleistung von Kleinkindern die Chancen für eine gesunde seelische Entwicklung auch in der Tagesbetreuung erhöht. Andernfalls führt der Verzicht auf die Einbeziehung der Eltern in die Eingewöhnung von Kindern in Krippen zu einer besonderen emotionalen Belastung für die Kinder und vergrößert die Wahrscheinlichkeit von höheren Erkrankungsraten, wie aus einer Berliner Studie hervorgeht (Laewen 1989). Insofern ist die Eingewöhnungsphase ohne Elternbeteiligung als ein Risikofaktor für die kindliche Entwicklung zu werten. Es ist deshalb naheliegend, die Gestaltung von Eingewöhnungsprozessen mit Einbeziehung von Eltern oder anderen primären Bindungspersonen zum Standardkriterium für alle Einrichtungen der Tagesbetreuung zu erklären.

Abschlussgedanken

Die Pisa-Studie wies darauf hin, dass in keinem der 32 untersuchten Länder das Bildungsniveau der Kinder so stark vom Einkommen der Eltern abhängt wie in Deutschland. Internationale Studien zeigen auch, dass vor allem Kleinkinder aus sozial benachteiligten Familien von einer Tagesbetreuung profitieren, wenn die Einrichtung, in der die Kinder betreut werden, eine hohe Betreuungsqualität aufweist und wenn es sich dabei um eine Halbtagsbetreuung handelt. Kinder aus sozial gut gestellten Familien profitieren nicht unbedingt von diesem Angebot, Nachteile haben sie aber deswegen nicht. Trotz der mehrfach betonten Unbedenklichkeit einer frühen Tagesbetreuung sollte die Qualität der privaten und staatlichen Einrichtungen gleichermaßen angehoben werden (Tietze und Viernickel 2002; Maywald und Schön 2008).

Im Hinblick auf den Beginn einer Tagesbetreuung ist anzumerken, dass hierfür weniger das Alter des Kindes als viel mehr die Bedingungen in der neuen Betreuungsumwelt ausschlaggebend sind. Eine höhere Qualifikation von pädagogischen Fachkräften in der Tagesbetreuung von Säuglingen und Kleinkindern ist in diesem Zusammenhang nötig (Ludwig-Körner 2008). Die Erzieherausbildung sollte bundesweit auf Hochschulniveau erfolgen, und psychoanalytische Theorien über die innerpsychische Entwicklung vom Menschen sollten zum Bestandteil der Erzieherausbildung werden. Eine systematische Einbeziehung bindungstheoretischer Erkenntnisse könnte zur weiteren Qualitätssicherung in der Tagesbetreuung hinsichtlich des psychischen Wohlbefindens von jungen Kindern beitragen (Julius et al. 2009). Um eine hohe Betreuungsqualität zu erreichen, sollte Selbsterfahrung und regelmäßige Supervision ebenfalls zu Standardkriterien einer qualitativ hochwertigen Krippenbetreuung gehören.

Literatur

Ahnert, L. (2009) Bindungsentwicklung im Spannungsfeld von Familie und öffentlicher Betreuung. In: Brisch, K. H.; Hellbrügge, Th. (Hrsg.): Wege zu sicheren Bindungen in Familie und Gesellschaft. Stuttgart, 79–93

Bowlby, J. (1969; 1975): Bindung: eine Analyse der Mutter-Kind-Beziehung. München

Bowlby, J. (1973; 1976): Trennung: psychische Schäden als Folgen der Trennung von Mutter und Kind. München

Dreier, A. (2006): Was tut der Wind, wenn er nicht weht? Begegnung mit der Kleinkindpädagogik in Reggio Emilia. 5. Auflage. Weinheim

Dornes, M. (2008): Mütterliche Berufstätigkeit und kindliche Entwicklung. In: Maywald, J.; Schön, B. (Hrsg.): Krippen: Wie frühe Betreuung gelingt. Fundierter Rat zu einem umstrittenen Thema. Weinheim, 49–65

Fonagy, P.; Gergely, Gy.; Jurist, E.; Target, M. (2002; 2004): Affektregulierung, Mentalisierung und die Entwicklung des Selbst. Stuttgart

Friedman, S. L.; Boyle, E. (2009): Kind-Mutter-Bindung in der NICHD-Studie „Early Child Care and Youth Development": Methoden, Erkenntnisse und zukünftige Ausrichtungen. In: Brisch, K. H.; Hellbrügge, Th. (Hrsg.): Wege zu sicheren Bindungen in Familie und Gesellschaft. Stuttgart, 94–151

Hédervári, É, (1995): Bindung und Trennung. Frühkindliche Bewältigungsstrategien bei kurzen Trennungen von der Mutter. Wiesbaden

Hédervári-Heller, É. (2007): Tagesbetreuung in der frühen Kindheit: Bindungs- und Eingewöhnungsprozesse. In: Eggert-Schmid, A.; Finger-Trescher, U.; Pforr, U. (Hrsg.): Frühe Beziehungserfahrungen. Wachsen und werden unter sich wandelnden Bedingungen. Gießen, 94–117

Hédervári-Heller, É. (2008): Eingewöhnung des Kindes in die Krippe. In: Maywald, J.; Schön, B. (Hrsg.): Krippen: Wie frühe Betreuung gelingt. Weinheim, 97–103

Julius, H.; Gasteiger-Klicpera; B., Kißgen, R. (2009): Bindung im Kindesalter. Göttingen

Laewen, H.-J. (1989): Nichtlineare Effekte einer Beteiligung von Eltern am Eingewöhnungsprozeß von Krippenkindern. Psychologie in Erziehung und Unterricht 2. München, 102–108

Laewen, H.-J. (1994): Erzieherqualifikation und stabile Betreuungsverhältnisse als Merkmale von Betreuungsqualität in der Kindertagesstätte. Ministerium für Bildung, Jugend und Sport des Landes Brandenburg (Hrsg.): Kita Debatte, Schwerpunkt Konzeptionsentwicklung (2), 64–69

Laewen, H.-J.; Andres, B.; Hédervári, É. (2007): Die ersten Tage – Ein Modell zur Eingewöhnung in Krippe und Tagespflegestelle. 4. Auflage. Berlin

Ludwig-Körner, Ch. (2008): Psychoanalyse und Frühpädagogik. In: Psyche 62, 171–181

Maywald, J.; Schön, B. (Hrsg.) (2008): Krippen: Wie frühe Betreuung gelingt. Fundierter Rat zu einem umstrittenen Thema. Weinheim

NICHD (2007): Are there long-term effects of early child care? Child Development 78, 681–701

Schäfer, G. E. (1995): Bildungsprozesse im Kindesalter. Weinheim

Scheerer, A. K. (2009): Zu früh, zu schnell, zu lange, zu alleine. Risiken der Krippenbetreuung. In: Zeitschrift für Analytische Kinder- und Jugendlichenpsychotherapie 142, 195–212

Suess, G.; Burat-Hiemer, E. (2009): Erziehung in Krippe, Kindergarten, Kinderzimmer. Stuttgart

Tietze, W.; Viernickel, S. (Hrsg.) (2002): Pädagogische Qualität in Tageseinrichtungen für Kinder. Ein internationaler Kriterienkatalog. Weinheim

Tomasello, M. (2002): Die kulturelle Entwicklung des menschlichen Denkens. Frankfurt a. M.

Kornelia Schneider
Wiebke Wüstenberg

Die Welt der Dinge: Anregende Materialien für Säuglinge, Krabbel- und Kleinkinder

Kinder sind Neuankömmlinge in dieser Welt und müssen sie erst kennenlernen. Sie setzen alle Energie und Fähigkeiten ein, um zu verstehen, wie die Welt ist, was darin passiert und was sie selbst tun können. Sie sammeln Erfahrungen durch die Beziehungen, die sie erleben und selbst gestalten – Beziehungen mit Menschen, zu Orten und zu Dingen. Sie untersuchen ihre Umgebung mit allen Mitteln, die ihnen zur Verfügung stehen und die sich mit ihrer Entwicklung und mit zunehmender Erfahrung fortlaufend weiter ausdifferenzieren. Unermüdlich erkunden sie, was sie machen können, welche Bewegungsmöglichkeiten sie haben, was sie tun müssen, um einen bestimmten Gegenstand, Ort oder Menschen erreichen zu können, wie Menschen und Dinge reagieren. Sie erforschen den Raum, die Handlungen der Menschen und Tiere und die Beschaffenheit der Materie. Ihr Lernwerkzeug sind ihre Sinne zum Hören, Sehen, Riechen, Schmecken, Tasten und Spüren (als Raum-Lage-Sinn, Gleichgewichts- und Muskelempfindungen). Sinnliche Wahrnehmung gibt ihnen Informationen über die Umwelt und sie selbst und leitet ihr Handeln. Am Anfang brauchen Kinder dafür kaum Material, da sie damit beschäftigt sind, mit allen Sinnen ihr Umfeld zu erspüren, den eigenen Körper zu erkunden und ihren Körper im Raum zu erleben. „Erst auf der Basis der Raum-Lage-Wahrnehmung erhalten Sehen, Tasten, Hören, Riechen und Schmecken ihre Bedeutung und werden in Erkenntnis überführt" (Bodenburg 2009). Erst mit wachsender Bewegungsfähigkeit und -sicherheit gewinnt die Erforschung von Materialien zunehmend an Bedeutung.

Über die Sinne lernen die Kinder, sich zu orientieren und ihre Erfahrungen zu ordnen. So machen sie sich allmählich ein immer genauer und umfassender werdendes Bild davon, was einen Raum auszeichnet, was sie von bestimmten Menschen erwarten können, welche verschiedenen Dinge es gibt, was die Dinge tun und was sie mit ihnen tun können. Sie bauen sich ein Weltbild auf über ihre konkreten Erfahrungen. In diesem Zusammenhang ist es von großer Bedeutung, welche Materialien sie kennenlernen und wie der Umgang mit diesen Materialien dazu beiträgt, die Welt zu verstehen.

Jedes Ding gibt Auskunft: über sich selbst und seine Funktion, aber auch über Aspekte der Kultur seiner Entstehung und Verwendung. Jedes Ding verkörpert einen Aufforderungscharakter. Doch spricht ein Ding nicht nur für sich selbst, sondern auch der Rahmen, in dem es präsentiert ist, hat eine Ausstrahlung. Der Aufforderungscharakter und die Möglichkeiten, was sich mit einem Ding bewerkstelligen lässt, können sich verändern durch den Ort, an dem es sich befindet, durch die Nachbarschaft zu anderen Dingen, durch Erwachsene oder andere Kinder, die etwas damit tun oder darauf aufmerksam machen. Dinge kommen in bestimmten Kontexten vor und sind damit Teil der Umwelt. Aus diesem Grund zählen wir hier nicht Materialien auf, die sich gut als Spielzeug für unterschiedliche Entwicklungszeiten eignen, sondern möchten die Leser/-innen anregen, gemeinsam im Team zu erörtern, was das Erleben unterschiedlicher Materie und das Hantieren mit Dingen für das Lernen junger Kinder bedeutet, welche Gelegenheiten den Kindern geboten werden sollten und wie ausgewertet wird, was die Kinder in ihrem Bewegungs- und Forscherdrang unterstützt. Dazu ist es unerlässlich, genauer zu beobachten, was jedes einzelne Kind anspricht, womit ein Kind oder eine Kindergruppe sich gerade auseinandersetzt, was über längere Zeit fortgesetzt wird und welche Erkundungsinteressen, welcher Erkenntnisgewinn und welches Können sich damit verbinden.

Die kulturelle Eingebundenheit von Dingen lernen junge Kinder kennen, wenn sie beobachten, wie Erwachsene oder vielleicht auch ältere Kinder damit umgehen, oder wenn sie mit Erwartungen konfrontiert werden, was sie mit diesen Dingen tun sollen. Für das erste Erkunden ist jedoch entscheidend, dass ein Kind selbst herausfinden kann: Was ist das für ein Ding und was kann ich damit anstellen? Was sagt es mir, wenn ich es von verschiedenen Seiten anschaue, wenn ich es beschnuppere und betaste und in die Hand oder in den Mund nehme? Was antwortet es, wenn ich es bearbeite und zu bewegen versuche? Ist es beweglich? Gibt es Töne von sich? Verändert sich seine Form?

Es kommt darauf an, die Umwelt für junge Kinder so zu gestalten, dass jedes Kind zu jeder Zeit etwas von Interesse für sich finden und erforschen kann.

Eine alltägliche Spielszene von Zweijährigen:

> Edouard wird auf eine große Henkeltüte aus Papier aufmerksam, mit der ein anderer Junge über unterschiedlich hohe Polsterkissen klettert. Als ein großer Luftballon aus der Tüte rollt und die Tüte zu Boden fällt, nutzt Edouard die Gelegenheit, die Tüte zu greifen und damit loszurennen. Die Tüte ist fast so groß wie er selbst. William findet es attraktiv, hinter ihm herzurennen. Dabei umrunden sie die Polsterlandschaft in der Mitte des Raums und zwei Erzieherinnen und achten dabei sorgfältig darauf, dass andere Kinder nicht umgerannt werden. Edouard hält an und zieht sich die Tüte über den Kopf. William hält auch an, hat aber eine andere Idee. Er möchte einen Luftballon in die Tüte stecken. Edouard lässt sich von seinem Vorhaben nicht abbringen und läuft mit der Tüte in der Hand davon. Dann wendet er sich ab, lässt die Tüte fallen und läuft in eine andere Richtung. Das ist die Chance für William, seine Idee umzusetzen. Er holt sich die Tüte und stopft den Luftballon hinein, steigt damit über mehrere Polster und lässt sich zufrieden auf einem Polster in der Mitte nieder (Videoszene „Edouard und William. Die Taschendiebe" aus Vincent 1995).

Was sagt uns diese Szene?

Edouard und William treffen auf körpergroße Papiertaschen und aufgeblasene Luftballons, auf eine groß ausgelegte Polsterlandschaft inmitten eines großen Raums, der noch Platz lässt für eine Rennstrecke darum herum, und auf Erzieherinnen, die ihnen die Freiheit lassen, ihren Ideen zu folgen. Das ermöglicht ihnen folgende Erfahrungen in der beobachteten Situation:

- Sie üben sich in Körpergeschicklichkeit, wenn sie rennen, balancieren und dabei etwas transportieren und im Gleichgewicht bleiben; wenn sie die Tüte über den Kopf ziehen oder den Luftballon in die Tüte bringen; wenn sie die Tüte auf verschiedene Weise tragen und die Henkel unterschiedlich nutzen; wenn sie einander nachrennen in gleich bleibendem Abstand; wenn sie sich einen Weg durch andere spielende Kinder bahnen, um Raumelemente, Kindergruppen und Erzieherinnen herum laufen und über Hindernisse hinweg steigen. Die Kinder sind stark in Bewegung; großräumige Bewegung wird verbunden mit Feinmotorik. Alle Sinne sind beteiligt, viele Bewegungskompetenzen werden eingesetzt und vielleicht erweitert.

- Sie nutzen sinnliche Wahrnehmung und machen Materialerfahrung, wenn sie die Tüte und den Luftballon greifen und damit hantieren; wenn sie Papier und Gummihaut ertasten; wenn sie Geräusche produzieren und Vibrationen im Raum wahrnehmen; wenn sie verschiedene Positionen des Körpers im Raum erleben; wenn sie Länge, Breite und Volumen der Tüte im Vergleich mit dem Luftballon sowie verschiedene Größen und Abstände im Raum abschätzen; wenn sie Luftströmung und -widerstand spüren; wenn sie Freiräume und Hindernisse schnell erfassen und nutzen und gleichzeitig den Anderen im Blick behalten. Dabei geht es um differenzierte Sinnesintegration und auch um den eigenen Rhythmus von Aktivität und Ruhe.
- Sie setzen sich mit Schemata (= Wahrnehmungs- und Tätigkeitsmuster) auseinander, wenn sie ein Ding in ein anderes stecken, verschiedene Dinge transportieren, sich mit Passung und Kreis befassen und mit Innen- und Außensein (vgl. z. B. Haas 2006).
- Sie machen Grunderfahrungen mit naturgesetzlichen Phänomenen, mit Geschwindigkeit, Schwerkraft, Oberflächenspannung, Masse und Gewicht.

Alles steht zugleich in Verbindung mit Interaktion: Edouard hat einen anderen Jungen beobachtet, William beobachtet Edouard. Die Gegenstände und das, was andere Kinder damit machen, fesseln die Aufmerksamkeit und animieren dazu, die Idee eines anderen aufzunehmen. Tüte und Luftballon sind in dieser Szene die Kontakt stiftenden Elemente. Beim Nachlaufen entsteht eine abgestimmte Aktion, an der Edouard und William sichtlich Spaß haben. Auch über das Material regen sich die Kinder gegenseitig an. Jede Handlung eröffnet neues Potenzial. Neue Ideen führen zu Variationen, die jeweils eine neue Abstimmung erfordern. Es ist offen, was die Kinder aus dieser Erfahrung für ihre Beziehung schöpfen. Als beide unterschiedliche Ideen verfolgen, führt dies schließlich zu getrennten Wegen, weil keiner den anderen überzeugen kann. Beide haben selbst entschieden, ob sie etwas miteinander machen wollen und wann sie die Interaktion beenden. William sucht sich am Ende einen Ruheplatz.

Mimik, Gestik, Körperhaltung und -bewegung sind *Ausdrucksformen*, durch die die Kinder ihre Gefühle mitteilen, die die Aktionen begleiten. Gleichzeitig vermitteln sie darüber ihre Absichten und ihre Antworten auf die „Fragen“ des anderen. Zu- und Abwenden, etwas Vormachen und Nachahmen, Geben und Nehmen, Protest- und Freudenlaute sind für den anderen jeweils Signale, ob und in welche Richtung eine Interaktion fortgeführt wird. Auch wenn den Kindern die verbale Sprache noch nicht zur Verfügung steht, wissen sie sich in vielfältiger Weise auszudrücken und zu verständigen. Sie gehen davon aus, dass sie von den anderen Kindern verstanden werden.

Diese Szene ist sehr reichhaltig. Vielleicht steckt sogar noch mehr darin, als wir entdeckt haben. Sie öffnet viele Tore der Welterfahrung für Edouard und William und ist doch nur ein kleiner Ausschnitt aus ihrem Alltagserleben. Wir haben daran aufgerollt, dass viele Erfahrungsanteile in einer Situation zusammen kommen und dass damit eine komplexe Dynamik verbunden ist. Diese Dynamik geht über lineare Zusammenhänge hinaus und ist daher schwierig zu erfassen und zu beschreiben. Sie wird bewegt von den Fähigkeiten, den Vorerfahrungen und Interessen der Kinder, vom Raum und vom Material, von der Rolle und dem Verhalten der Fachkräfte, von den Initiativen, die die Kinder und die Erwachsenen ergreifen, und von den Gefühlen, die dabei mitschwingen. Was Edouard und William aus dieser Situation machen, könnte bei nächster Gelegenheit ganz anders aussehen. Und andere Kinder nutzen die vorbereitete Umgebung anders als Edouard und William. Didaktische Überlegungen zum Materialangebot allein würden diese Vielfalt kaum widerspiegeln, wenn sie nicht durch Beobachtungen und Analysen ergänzt würden.

Wie können wir diese Vielfalt von Erfahrungsmöglichkeiten und diese Dynamik wahrnehmen und wie können wir sie sortieren? Wonach können wir einteilen, welche Faktoren bei der Materialauswahl eine Rolle spielen?

Welchen Zugang zur Welt ermöglichen unterschiedliche Materialien? – Überlegungen zur Auswahl

Pädagogische Fachkräfte richten Welten für Kinder ein. Wie diese Welten auf Kinder wirken und was sie darin anfangen können ist kaum untersucht. Was bisher in der Fachliteratur zu finden ist beruht im Wesentlichen auf Erfahrungswerten aus der Praxis, die sich in den letzten drei Jahrzehnten enorm weiterentwickelt hat. An Konzeptionen der Raumgestaltung und Materialausstattung wird sichtbar, dass das neue Bild vom Kind sowie entwicklungspsychologische Erkenntnisse und eine kleinkindspezifische pädagogische Ausrichtung Eingang in die Praxis gefunden haben (vgl. Schneider 1993; Beek 2006; Schneider 2009). Systematische empirische Studien zu Raumerfahrung und Materialnutzung junger Kinder stehen jedoch noch aus. Das heißt, pädagogische Fachkräfte können keine Forschungsergebnisse für eine sinnvolle Materialauswahl zurate ziehen, sondern müssen selbst Kinder beobachten und im Team reflektieren, welche Schlüsse sie aus der Auswertung ziehen und welche Fragen sie weiterverfolgen wollen.

Wir stellen hier Kriterien für die Beobachtung und Auswertung zur Diskussion, die als Anregung für Fachdiskussionen zur Materialauswahl und als Denkanstöße für Forschungsvorhaben (der Praxis oder Wissenschaft) dienen können.

Entfaltungsmöglichkeiten von Kompetenzen und Lerndispositionen

Je nachdem, welche sozialen und materiellen Umwelten Erwachsene Kindern anbieten, gewinnen diese enge oder weite, vorbestimmte oder offene, einseitige oder vielseitige, angeleitete oder selbstbestimmte Möglichkeiten der Welterkundung und damit unterschiedliche Entfaltungsmöglichkeiten von Kompetenzen und Lerndispositionen. Unter Lerndispositionen verstehen wir grundlegende Fähigkeiten zu lernen, die von Geburt an vorhanden sind und sich durch Erfahrung weiter entfalten, aber auch gehemmt werden können. Erzieherinnen haben die fachliche Verantwortung dafür, dass die Materialausstattung für Säuglinge, Krabbel- und Kleinkinder vielseitige Erfahrungen zulässt.

Dabei hilft die Orientierung an den folgenden Fragen: Was regt an

- zur Bewegung,
- zu intensiver sinnlicher Erfahrung,
- zum Entdecken von etwas Neuem,
- zu konzentriertem und andauerndem Spiel,
- zu intensivem Forschen für sich allein,
- zum Zusammenspiel unter Kindern (was ist beziehungsstiftend?),
- zu gemeinsamem Spiel mit Erwachsenen mit wechselseitigen Initiativen (nicht dominiert von Erwachsenen),
- zu Lebensfreude und Spaß, Humor, Witz und Quatsch machen?

Wenn die Kinder etwas haben, was sie anspricht, setzen sie sich von sich aus intensiv und ausdauernd damit auseinander und suchen sich selbst neue Herausforderungen. Dafür brauchen sie Erzieherinnen, die zulassen, dass Kinder selbst bestimmen, welches Material sie auswählen, welche Experimente sie anstellen und welchen Vorlieben sie folgen wollen. Das ist die Voraussetzung dafür, persönliche Interessen entwickeln zu können. Selbst motiviert zu sein, etwas zu tun oder herauszufinden ist die beste Grundlage für Lernen und Entwicklung, vor allem, um Lernfreude und Neugier zu erhalten und das Selbstwertgefühl zu stärken.

Raum- und Materialausstattung und die Wahl- und Erkundungsmöglichkeiten der Kinder haben also immer mit der Persönlichkeitsentwicklung des Kindes zu tun.

Eine weitere Leitfrage für die Materialauswahl ist deshalb auch, ob das Setting der Erwartung entgegenkommt bzw. den Wunsch unterstützt,

- an Vertrautem anzuknüpfen,
- eigene Interessen zu entwickeln und die Aufmerksamkeit zu fesseln,
- selbst lenken zu können, was passiert,
- selbstständig (ohne Unterstützung) zu handeln, Selbstregulierung zu üben,
- Spuren zu hinterlassen,
- sich selbst zu erproben und darzustellen,
- die eigenen Kompetenzen zu entdecken und neue zu erlangen.

Es kann sehr unterschiedlich sein, was jeweils für die einzelnen Kinder passt. Die Fachkräfte sind daher gefordert zu beobachten und im kollegialen Austausch Schlussfolgerungen aus den Beobachtungen zu ziehen.

Aufforderungscharakter und Vielfalt des Materials

Mit verschiedenen Materialien können junge Kinder Erfahrungen machen, die umfassend sind, über verschiedene Sinneskanäle aufgenommen werden und in Verbindung mit kognitiven und emotionalen Prozessen stehen – was Gerd E. Schäfer unter den Begriff „ästhetische Wahrnehmung“ fasst. Darin besteht der Hauptprozess der Weltaneignung in den ersten Jahren. Der Erwerb von Wissen und Können ist nicht domänenspezifisch ausgerichtet, d. h. nicht in spezifische Lernbereiche aufzugliedern. Aus diesem Grund sollten die Materialien, die wir jungen Kindern bieten, auch nicht auf eine Idee festgelegt, sondern vielfältig verwendbar sein, damit die Kinder selbst erforschen können, was sich damit machen lässt, damit sie eigenen Fragen nachgehen und Hypothesen überprüfen können. Es geht darum, dass die Kinder ihrer Neugier folgen und sich aufbauend auf ihren bisherigen Erfahrungen eigene Aufgaben stellen können. Wenn man Kinder beobachtet, kann man nur staunen über die Ideen, die sie dabei entwickeln – Ideen, auf die Erwachsene gar nicht kämen. Wenn man ihnen den Freiraum lässt, ihre Umgebung zu erkunden, stoßen sie ständig auf Gelegenheiten, etwas Neues kennenzulernen, Erwartungen zu testen und Überraschendes zu erleben. Nur was sie am eigenen Leib erfahren und handelnd ausprobieren können führt dazu, dass sie Zusammenhänge entdecken und begreifen und im Langzeitgedächtnis als Wissen speichern können.

Material, das dieser Tatsache gerecht wird, erfüllt folgende Qualitäten:
- Es spricht mehrere Sinne an,
- es fordert Körper- und Raumerfahrung heraus,
- es bietet Anreiz zum Anfassen, Hantieren und Bewegen, ermöglicht elementare Naturerfahrung und gibt Einblicke in einfache Naturgesetze.

Es ermöglicht auch, Muster zu entdecken und selbst herzustellen (wie z. B. bei der Auseinandersetzung mit Schemata), spezifische Fragestellungen zu verfolgen und aus den wiederholten Erfahrungen Schlussfolgerungen zu ziehen – auch wenn ein Kind diese noch nicht formulieren kann. Wenn ein Kind z. B. entdeckt, dass ein Bleistift, den es von oben hinter den Heizkörper fallen lässt, unten wieder herausrollt, kann es wieder und wieder probieren, ob das jedes Mal so ist (vgl. Vincent 1995) und sich dabei mit Gesetzmäßigkeiten vertraut machen.

Da Kinder nach neuen Eindrücken suchen, konzentrieren sie sich auf anregende Elemente und bevorzugen die neuen Herausforderungen in ihrer Umgebung. Das kann bedeuten, dass sie sich zu Materialien hingezogen fühlen, die ihnen noch nicht bekannt sind oder die gerade von anderen Kindern belebt werden, oder dass sie vertraute Materialien in veränderter Kombination benutzen oder in einem neuen Kontext kennenlernen und erproben. Gleiche Dinge können ein Kind in neuen Situationen und mit fortschreitendem Alter zu unterschiedlichen Aktivitäten animieren. Grundsätzlich sollten Materialien für junge Kinder Vielfalt in den Nutzungsmöglichkeiten, Abwechslung und „Zweckentfremdung“ zulassen. Damit Kinder jederzeit etwas Interessantes für sich finden können, das ihnen angemessene Herausforderungen bietet, sind pädagogische Fachkräfte gefragt, sich zu überlegen, welches Material immer zur Hand sein muss und was je nach Entwicklung und aktuellen Forschungsthemen der Kinder wechseln sollte. Dazu ist erforderlich herauszufinden, was die Kinder schon können und begriffen haben und wohin sie weiter vordringen wollen.

Darüber hinaus sollten Erzieher/-innen – mit Unterstützung der Eltern – gezielt Materialien zur Verfügung stellen, die die Vielfalt der familiären Kulturen in der Gruppe sichtbar werden lassen. Für die Fachkräfte geht es darum herauszufinden, was Kindern von zu Hause her vertraut ist, um mit ihren Angeboten daran anknüpfen zu können. Dazu gehört z. B. zu wissen, welche Musikerfahrung ein Kind hat, auf welche Art von Musik es anspricht und was es beruhigt. Für Kinder geht es darum, dass ihre eigene Kultur und die anderen Kulturen belebt und konkret fassbar werden. So bietet sich für Kinder die Chance, Verschiedenheit als Normalität erleben zu können und Verbindungen herzustellen zwischen dem, was sie aus ihrer Welt kennen und was ungewohnt für sie ist. Auch das breite Spektrum der für junge Kinder geeigneten Alltagsmaterialien aus pflegenden, handwerklichen und technischen Berufen, die ihnen aus ihrem Umfeld mehr oder weniger vertraut sind, sollte für Mädchen und Jungen greifbar sein. Ein weiterer wichtiger Gesichtspunkt für die pädagogische Reflexion ist die geschlechtstypisierende Beeinflussung durch Material.

Belebung von Erfahrungsreichtum in den Interaktionen

Kinder haben von Geburt an ein Bedürfnis nach Beziehung mit Menschen, mit Erwachsenen und Kindern. Ihre Kommunikation und Interaktion mit Kindern wird entscheidend durch Materialien angeregt und ausdifferenziert. Bewegung, Nachahmung und das Benutzen von Gegenständen bereichern das Forschen unter Säuglingen und Kleinstkindern. Besonders bei selbst initiierten Bewegungsaktivitäten sind sie außerordentlich erfindungsreich und haben viel Spaß miteinander (vgl. Wüstenberg 2006). Mit wachsender Lust animieren sie sich gegenseitig zu immer neuen Bewegungsvariationen und Regeln für das gemeinsame Spiel. Meistens fühlen sich andere Kinder angezogen von der animierenden Atmosphäre und machen mit. Dabei können ab dem Alter von einem Jahr Gruppen von bis zu zehn Kindern entstehen. Es gibt spezifische Materialien, die solche Prozesse beflügeln, weil sie viele Möglichkeiten bieten, eigene Herangehensweisen zu erproben und Ideen von anderen aufzugreifen. Dazu gehören vor allem große Kartons, Fahrzeuge, Bewegungsgeräte, Baustellen, naturbelassenes Gelände sowie Sand und Wasser in jeder Form ergänzt durch interessantes Zubehör.

Kinder, die regelmäßig zusammen sind und ähnliche Interessen haben, setzen Prozesse im Umgang mit Materialien in der Regel über mehrere Tage fort, erweitern und vertiefen sie, wenn sie selbst bestimmen können, was sie unternehmen, und wenn sie ohne Anleitung von Erwachsenen zu ihrem Spiel kommen. Was Erwachsene dazu beitragen können, ist Respekt und ein schützender Rahmen, um solche Prozesse nicht zu unterbrechen und dem vorzubeugen, dass verschiedene Aktivitäten miteinander ins Gehege kommen.

Materialarten, die berücksichtigt werden sollten

Wir beschränken uns darauf, verschiedene Materialarten zu benennen, statt eine umfassende Liste von allen möglichen Materialien für bestimmte Altersstufen zu erstellen. (Solche Hinweise sind in etlichen Veröffentlichungen zu finden, z.B. in: Schneider 1993; Bodenburg; Stoltenberg 1994; von Allwörden; Wiese 2002; Beek 2006 und 2007; Landeshauptstadt Stuttgart 2008; Bodenburg; Kollmann 2009; van Dieken 2009).

- Abfall-Produkte/Verpackungsmaterial/Wegwerf-Produkte wie z.B. Plastikflaschen und Dosen in allen Größen und Formen, Röhren, Schläuche, Plastiktonnen, Papprollen, Bretter, Pappen, Seidenpapier, Krepp- und Transparentpapier, Stoff- und Lederreste, Schraubverschlüsse, Korken ...
- Alltagsmaterial aus dem Haushalt und dem Erwachsenenalltag (was Kinder im Alltag um sich herum haben – zu Hause und in der Einrichtung) wie z.B. Töpfe, Pfannen, Becher, Deckel, Schüsseln, Kannen, Kellen, Schneebesen, Strohhalme, Pipetten, Löffel, Trichter, Filter, Sieb, Netz, Reibe, Messbecher und andere Küchenutensilien, Schlüssel, Portemonnaie, Tücher, Kissen und Decken, Bindfaden, Wollknäuel, Beutel, Seile und Taue, Schwämme, Lappen, Säckchen, Fensterleder ...
- Rollenspiel-Utensilien für Alltagsthemen z.B. Schuhe, Erwachsenenkleidung, Frisierzubehör, Bauhelme, Zollstock, Verbandszeug ...
- Naturmaterialien wie z.B. Blätter, Stöcke, Äste, Baumrinde, Muscheln, große Bohnen, Federn, Kastanien, Tannenzapfen, Steine, Wasser, Erde, Sand ... alles, was Kinder auch von sich aus gerne selbst sammeln
- Konstruktionsmaterialien und Zerkleinerungsmaterial: Dinge zum Bauen, Zusammensetzen und Auseinandernehmen
- Plastisches und elastisches Material, das verformbar ist wie z.B. Ton, Lehm, Knetteig, Matsch, Pappmaschee, Schaumstoff, Gummi
- Mal-, Gestaltungs- und Bastelmaterial
- Musikinstrumente und andere Materialien, die Geräusche erzeugen
- Optische Materialien und Geräte wie z.B. Spiegel, Lupen, Kaleidoskop, Farbfolien, Taschenlampe, Schattenwand
- Werkzeug und Zubehör wie z.B. Hammer, Schraubendreher, Zentimetermaß, Feile, Zange, Muttern und Schrauben, Nägel, Spachtel, Lineal, Besen, Schaufel, Grabstock, Bohrer, Säge, Scheren, Messer, Spaten, Tacker, Klebstoff, Pinsel, Stempel, Schmirgelpapier, Werkzeugkasten und Werkbank ...
- Einfache handbetriebene mechanische Geräte wie z.B. Mühle, Waage, Mixer, Presse, Walze, Bagger, Flaschenzug, Seilwinde, Wippe ...
- Behälter in verschiedenen Größen und Formen zum Befüllen, Transportieren und Aufbewahren wie z. B. Körbe, Kisten und Kästen, Taschen und Koffer, Rucksack, Schubkarren, Eimer, Wannen, Fässer, Einkaufswagen, ...
- Bewegungsgeräte und -materialien zum Balancieren, Klettern, Aufsteigen, Rollen, Rutschen, Kreiseln, Hangeln, Durchkriechen, Schaukeln und Schwingen, Wippen, Werfen und Stoßen

- Fahrzeuge unterschiedlicher Art
- Kulturgüter und Bildmaterial, das Bezug zum Alltagsleben der Kinder hat
- Einrichtungsgegenstände, die für Kinder nutzbar und wandelbar sind wie z. B. bewegliches Mobiliar, Raumteiler, zweite Ebenen und Verbindungen.

Damit Kinder selbstständig auswählen können, womit sie sich beschäftigen wollen, braucht es ein durchdachtes und überschaubares System der Materialanordnung und Aufbewahrung und vor allem viel Raum.

Vorzusehen sind:

- Materialsammlungen
- Eigentums- und Schatzkisten für jedes Kind
- Forschungs-Tabletts oder -Schachteln
- Material- und Forschungsstationen (z. B. Knettisch mit Arbeitsplätzen und einer Vertiefung in der Mitte, die das Knetmaterial enthält; Teppich oder Folie am Boden belegt mit ausgewählten Materialien; Kastanien- oder Bohnenwanne, Wasserspielbereich)
- Materialgläser und -boxen, Materialkörbe, Truhen, transparente Kisten
- Schubladen mit Bebilderung zum Inhalt
- offen zugängliche Regale, mobile Regale oder Kisten
- Stauraum, Materiallager.

Traditionelles Spielzeug wie Bälle, Rasseln, Puppen, Tierfiguren, Spielzeugautos, Nachziehspielzeug, Puzzles setzen wir als selbstverständlich voraus. Wichtig war uns, auf die Dinge hinzuweisen, die in Spielzeugkatalogen weniger zu finden sind, aber als Lern-, Arbeits- und Forschungsmaterial von Kindern bevorzugt werden. Was in der Praxis noch viel zu wenig vorzufinden ist, sind vor allem Abfallprodukte sowie Alltags- und Naturmaterialien und entsprechendes Zubehör zum Bearbeiten. Gerade solche Materialien sind pädagogisch besonders wertvoll, weil sie vielfältig verwendbar sind und reiche Sinneserfahrungen, Gestaltungsfreiraum und Experimentiermöglichkeiten bieten. Obendrein sind sie kostengünstig in der Anschaffung und Wiederbeschaffung.

Didaktisches Spielzeug

Inzwischen haben die Kita-Ausstattungsfirmen den Krippenbereich entdeckt und produzieren eine Fülle von Mobiliar und Materialien. Was die Spielzeugindustrie auf den Markt bringt muss differenziert daraufhin überprüft werden, ob es den oben genannten Kriterien standhält. Besonders didaktisches Spielzeug mit vorgegebenen Funktionen, die Kinder dahin bringen sollen, bestimmte Dinge auf bestimmte Weise zu lernen, muss kritisch hinterfragt werden, da es von dem Bildungsverständnis ausgeht, man müsste Kindern alles beibringen, und das möglichst systematisch und kontrolliert. Wir sehen darin die Gefahr, dass es den Kindern auf Dauer an Gelegenheiten und Motivation fehlt, etwas zu erforschen und Neues zu erfinden.

In diesem Sinne kritisieren wir z. B.: „Actioncenters" im Disneylook mit undurchsichtigen Mechanismen oder widersinnigen Funktionen, die physikalische Erfahrungen torpedieren; eine künstliche Welt statt realer Gebrauchsgegenstände, die die Kinder aus dem Haushalt, der Hobbywerkstatt, vom Einkaufen und Arztbesuch u. ä. kennen; programmierte Spiel- oder Lernideen: z. B. Sortier- und Steckboxen, Geh- oder Hüpf-Apparate; Knopfdruckspiele, die vorgegebene feinmotorische Bewegungen mit Anpassung an die Mechanik verlangen und stereotype Quietschlaute, Klingel- und Piepsgeräusche hervorbringen; Bilderbücher, die auf das formale Übernehmen von Begriffen ausgerichtet sind.

Obwohl wir der Meinung sind, dass Kinder so etwas nicht brauchen, geht es uns nicht darum, solches Material aus Einrichtungen zu verbannen, sondern stattdessen zu beobachten, wann Kinder solches Material von sich aus wählen und was sie damit machen. Wir haben festgestellt, dass sie in bestimmten Situationen gerade auf solches Material zurückgreifen, z. B. wenn sie die Bring- und Trennungssituation zu bewältigen haben oder wenn sie müde sind, aber das Spielen noch nicht aufgeben wollen. Es wirkt so, als würden sie sich daran festhalten, Mechanismen auslösen zu können, die sich regelmäßig wiederholen. Auch Perlen aufzufädeln oder einfache Puzzles zu legen, wählen Kinder in solchen Situationen manchmal als Strategie, sich emotional zu entlasten.

Zur Rolle der Erzieherin

Wie Räume für Kinder ausgestattet sind spiegelt wider, welche konzeptionellen Überlegungen Fachkräfte sich machen, welches Bild vom Säugling und Kleinkind sie haben und wie sie selbst ihre Aufgabe verstehen. Insofern hängt die Raumgestaltung und Materialauswahl eng mit der Teamentwicklung zusammen.

Für Teams, die neu in die Arbeit mit Kindern in den ersten Lebensjahren einsteigen, stellen sich folgende Fragen: Wo holen sich die pädagogischen Fachkräfte Informationen? Welche Konzeption verfolgen sie und welche

Rolle spielt dabei die Materialausstattung? Was wollen sie anschaffen? Was halten sie für notwendig? Welches Fachwissen legen sie zugrunde?

Auch für Teams, die schon länger mit jungen Kindern arbeiten, ist es sinnvoll, von Zeit zu Zeit die Materialausstattung zu überprüfen und dabei fachliche Kriterien zurate zu ziehen: Wie gehen die Kinder mit dem Material um? Was wird genutzt, was nicht? Hat sich etwas verändert? Gibt es Dinge, die vor einiger Zeit interessant waren, aber jetzt kaum noch Beachtung finden und deswegen ausgetauscht werden sollten? Gibt es spezifische Interessen von Kindern an Materialien, die weitergehende Experimente eröffnen? Ist für jeden aktuellen Interessenbereich genügend Auswahl vorhanden? Welches zusätzliche Materialangebot könnte die Auseinandersetzung mit dem momentan aktuellen Thema bereichern? Mangelt es an Materialien einer bestimmten Art oder für bestimmte Erfahrungsfelder, sodass es gar nicht möglich ist, entsprechende Interessen zutage treten zu lassen und weiter zu entwickeln? Was fehlt an Erfahrungsmöglichkeiten, wenn etwas Bestimmtes nicht verfügbar ist? Ist das Materialangebot noch altersgemäß? Hat sich die Gruppenzusammensetzung verändert, sodass es neue Alterskonstellationen, familiäre Hintergründe und kulturelle Zusammenhänge gibt? Sind die Kinder durch Materialfülle überfordert oder darin gehindert, bei einer Sache zu bleiben und sich zu vertiefen?

Außerdem sind in jedem Team grundsätzliche Fragen zu klären: Inwieweit bietet man Kindern eine konstruierte Kinderwelt an und inwieweit lässt man sie an der Erwachsenenwelt teilhaben? Und welche Erwachsenenwelt ist das dann? Was wird bevorzugt: Die Welt hereinholen oder hinausgehen in die Welt? Wer kommt von draußen herein? Was bringt das Rausgehen für die Kinder? Spiegelt sich der Erfahrungshorizont der Kinder aus verschiedenen Kulturen im Materialangebot der Einrichtung wieder? Was wird aufgegriffen von zu Hause? Was wird erweitert? Muss jede Gefahr aus dem Weg geräumt werden? Oder sollten Kinder nicht auch an Grenzen stoßen und Herausforderungen erleben, um sich an Widerständen zu reiben und sich dadurch weiter zu entwickeln? Inwieweit sollen pädagogische Fachkräfte ihre persönlichen Interessen und Neigungen in die Arbeit mit den Kindern einbringen? Was würde die Erfahrungen der Kinder bereichern?

Fazit

Kinder können mit fast allem etwas anfangen, solange man sie frei hantieren lässt, ohne dass sie gefährdet sind. Sie finden alles erkundenswert, sie sortieren nicht nach Materialien zum Spielen, Arbeiten oder Essen, wie Erwachsene es gewohnt sind. Sie interessieren sich auch für die Dinge, die für ihre Pflege und Versorgung eingesetzt werden. Sie wollen Seife, Windel, Löffel, Glas und Wischlappen selbstständig benutzen und untersuchen. Zentral sind die Fragen: Was räumen wir Kindern ein? Was stellen wir ihnen zur Verfügung? Womit lassen wir sie hantieren? Welchen Entscheidungs- und Handlungsspielraum gestehen wir ihnen zu? Neben der Frage der Materialauswahl ist entscheidend, wie wir die Kinder in der Verfolgung ihrer Interessen begleiten. Es geht nicht nur um die Art und Vielfalt von Materialien, sondern grundsätzlich auch um die Gestaltung von Situationen, in denen Material in der Kindertageseinrichtung Verwendung findet. Die schönsten Materialien nützen nichts, wenn sie nicht in Gebrauch genommen werden. Der Aufforderungscharakter von Material bewirkt nur dann etwas, wenn die Kinder sich ihm hingeben können, wenn sie Platz und Zeit haben, sich ungestört dem Material zu widmen – für sich allein oder gemeinsam mit anderen.

Der Bildungsauftrag von Kindertageseinrichtungen verpflichtet, eine Umgebung bereitzustellen, die auf die besonderen Bedingungen der frühen Bildung abgestimmt ist und jedem Kind Erfahrungsreichtum ermöglicht. Dazu gehört, Material, das die Kinder anspricht, in Reichweite zu platzieren und eine anregende Atmosphäre zu schaffen, sodass die Neugier geweckt ist und die Kinder von sich aus etwas ergreifen. Das Material sollte Kinder zum Handeln und Bewegen herausfordern, es sollte zum Erkunden seiner Beschaffenheit und Verwendbarkeit und zum Erforschen von Zusammenhängen einladen. Denn nur das eigene Tun stellt die Grunderfahrung von Selbstwirksamkeit sicher und führt dazu, dass ein Kind sich selbst Fähigkeiten und Kenntnisse erarbeitet, auf die es bei seiner weiteren Entwicklung zurückgreifen kann.

Einerseits sollte die vorbereitete Umgebung kindgerecht sein, d. h. den Fähigkeiten, Bildungsthemen, -interessen und -wegen junger Kinder entsprechen, andererseits sollte nicht alles gezielt passend gemacht sein für den Gebrauch für Kinder, damit auch noch Gestaltungsfreiräume bestehen, in denen Unvorhergesehenes geschieht und sowohl für Kinder als auch für Erwachsene noch etwas Unerwartetes zu entdecken ist.

Literatur

Allwörden, M. von; Wiese, M. (2002): Vorbereitete Umgebung für Babys und kleine Kinder. Handbuch für Familien, Krippen und Krabbelstuben. Berlin

Beek, A. von der (2006): Bildungsräume für Kinder von Null bis Drei. Weimar

Beek, A. von der (2007): Pampers, Pinsel und Pigmente. Ästhetische Bildung von Kindern unter drei Jahren. Weimar

Bodenburg, I. (2009): Vincy will Widerstand. Vortrag zur Fachtagung des Deutschen Jugendinstituts am 20.05.2009: „Kinder unter drei Jahren. Wie kommt das aktuelle Fachwissen aus der Forschung in die Praxis?". München

Bodenburg, I.; Stoltenberg, U. (1994): Erfahrung durch Bewegung. Bewegungsbedürfnisse und Bewegungsanregungen in altersgemischten Kleinstkinder-Gruppen. Berlin (vergriffen)

Bodenburg, I.; Kollmann, I. (2009): Frühpädagogik – arbeiten mit Kindern von 0 bis 3 Jahren. Troisdorf

Dieken, C. van (2009): Kinderkunstwerkstatt. Ein Handbuch zur ästhetischen Bildung von Kindern unter drei Jahren. Weimar

Haas, S. (2006): Auf den Spuren kindlicher Verhaltensmuster. Über den Zusammenhang von Körperwahrnehmung, physikalischen Grunderfahrungen und künstlerischem Ausdruck. Weimar

Landeshauptstadt Stuttgart (Hrsg.) (2008): Lebensräume für Kinder. Raumkonzepte – Anregungen für die Planung, Gestaltung und Ausstattung von Kindertageseinrichtungen. Stuttgart

Schneider, K. (1989): Krippen-Bilder Gruppen-Erfahrungs-Spielräume für Säuglinge und Kleinkinder. Berlin (vergriffen; gebundene Kopien des eingescannten Buches zu beziehen über die Autorin)

Schneider, K. (2008): Von der Anstalt zum Bezugsraum. Wie vor 35 Jahren die Pädagogik Einzug in den Krippen-Raum hielt. In: KiTa spezial 4, 25–33

Schneider, K.; Wüstenberg, W. (2009): Nuckelflaschen, Bananenkisten und Seidenpapier – Worauf Fachkräfte sich vorbereiten müssen, bevor Säuglinge und Kleinstkinder kommen. In: Jahrbuch des Pestalozzi-Fröbel-Verbands, 124–135

Vincent, G.: La vie est un jeu. Deutscher Titel: „Spiel, Baby, spiel". Videofilm gesendet in ARTE am 30.04.1995

Wüstenberg, W. (2006): Gleichaltrige im Krippenalter entwickeln Humor, eigene Themen und Freundschaften untereinander: Nützt das ihrer Entwicklung? Online verfügbar unter: http://www.kindergartenpaedagogik.de/1813.html (letzter Zugriff 23.10.2008)

Klaus Fröhlich-Gildhoff
Sibylle Fischer

Bildungsdokumentation in Krippen

Die frühen Lern- und Entwicklungsphasen von Kleinstkindern spielen in der aktuellen Bildungsdiskussion eine wichtige Rolle. Bedingt durch die nicht vorhandene Möglichkeit, sich sprachlich auszudrücken, wurden die Kompetenzen der Kleinsten lange Zeit unterschätzt. Wesentliche Beiträge, die zu einer Wissens- und Verstehenserweiterung der frühkindlichen Entwicklungsprozesse beigetragen haben, sind u.a. dem Erkenntnisgewinn durch Beobachtungen in der Säuglings- und Kleinkindforschung zu verdanken (z.B. Stern 1992; Dornes 1994; Eliot 2002). Inzwischen gehört der systematische Einsatz von Beobachtungs- und Dokumentationsverfahren zum Auftrag von Kindertageseinrichtungen und Krippen. Wie ist dieser Auftrag aber umzusetzen und welche Besonderheiten sind bei der Beobachtung von unter Dreijährigen zu berücksichtigen?

Gegenstand dieses Beitrags sind somit die Spezifika der Bildungsdokumentation von Kleinstkindern im Alter von unter drei Jahren. Hierzu muss zunächst festgestellt werden, dass Beobachtung von und mit Kleinstkindern – und die sorgfältige Dokumentation dieser Beobachtung – vom Grundsatz her nichts anderes ist als die Beobachtung und Dokumentation bei älteren

Kindern. Hierzu liegt eine Vielzahl von Veröffentlichungen vor (z.B. Viernickel; Völkel 2006). Es stellen sich die gleichen Qualitätsanforderungen, es ergeben sich vergleichbare Probleme und Fallstricke. Zunächst sollen daher auf einer allgemeineren Ebene Ziele der Beobachtung betrachtet werden, bevor dann auf Spezifika besonderer Verfahren, aber auch auf Konsequenzen für die pädagogische Arbeit mit Kleinstkindern eingegangen wird.

Warum überhaupt Beobachtung (und Dokumentation)?

Ein wesentliches Kernelement moderner Frühpädagogik ist das Prinzip, jedem Kind ein individuelles Bildungsangebot zu machen. Das einzelne Kind ist mit seinen Entwicklungspotenzialen ins Zentrum gerückt. Liegle (2006) fasst das Prinzip der individualisierten Pädagogik mit dem schönen Kernsatz zusammen: „Die hundert Kinder einer Tageseinrichtung [...] brauchen hundert Bildungsprogramme" (ebd. 102). Pädagogik, die von diesem Grundsatz ausgeht, muss als wichtige Voraussetzung das Erkennen haben, wo das einzelne Kind mit seinen Interessen, seinen Entwicklungspotenzialen etc. steht und wie es sich durch sein Leben und den Alltag der Kita bewegt:

- Beobachtung ist die Grundlage reflektierter pädagogischer Planung und der Gestaltung von Entwicklungsangeboten – Beobachtung soll dabei nicht nur die „Themen der Kinder" (Laewen; Andres 2002) erfassen und aufgreifen und sie in der „Zone der nächsten Entwicklung" (Wygotsky 2002) beantworten.
- Beobachtung hat immer auch einen Beziehungsaspekt: Die Pädagogin setzt sich als Person mit dem Kind in Bezug.
- Eine systematische Beobachtung (und deren Dokumentation) dient auch dazu, möglichst genaue Kenntnisse über den momentanen Entwicklungsstand des Kindes zu erlangen, um ihm entsprechende Bildungsanreize und Fördermöglichkeiten zu bieten. Dieses Ansetzen am Entwicklungsstand des Kindes findet sich im Übrigen schon im Sozialgesetzbuch (Grundsätze der Förderung: „Die Förderung soll sich am Alter und Entwicklungsstand, den sprachlichen und sonstigen Fähigkeiten, der Lebenssituation, sowie an den Interessen und Bedürfnissen des einzelnen Kindes orientieren [...]" (SGB VIII, § 22, Abs. 3).

Es geht weiterhin um die „Kontrolle von Lernfortschritten im Rahmen klar definierter (Alters-)Normen bzw. Lernziele" (Leu; Remsperger 2004, zit. nach Gartinger 2009, 48). Bei der Betrachtung des Entwicklungsstandes geht es immer auch darum, Vergleiche zu (Alters-)Normen zu ziehen und Abweichungen festzustellen. Dies ist insbesondere wichtig bei Kleinstkindern, weil bei ihnen die Entwicklung in vielen Funktionsbereichen ein höheres Tempo aufweist als zu späteren Zeitpunkten und es daher nötig ist, entsprechende Normabweichungen möglichst frühzeitig zu erkennen, um dann gezielt Unterstützungen anbieten zu können.

Kinder leben in unterschiedlichen Erfahrungswelten, mindestens in einer häuslichen und einer institutionellen. Dokumentierte Beobachtungen können die segmentierte Welt der Kinder teilweise zusammenführen und eine wichtige Grundlage für systematische (Entwicklungs-)Gespräche darstellen. Der Austausch mit allen am Erziehungsprozess des Kindes beteiligten Personen kann so strukturiert gestaltet werden.

Was ist Beobachtung?

„Beobachten meint ein aufmerksames Wahrnehmen, das darauf zielt, ein Ereignis oder Verhalten zu verstehen, eine Vermutung zu überprüfen, eine Entscheidung zu treffen" (Leu 2006, 232). Schon hier wird deutlich, dass Beobachten immer einen Prozess darstellt: Es geht um das „reine" Wahrnehmen des Kindes bzw. der Kindergruppe in einer konkreten Situation oder über längere Zeiträume. Dieses Beobachten ist jedoch erwartungsgeleitet und dient der Hypothesenfindung und Hypothesenprüfung. Damit hängt der Prozess der Interpretation zusammen. Strätz (2007) stellt die Forderung an die pädagogische Fachkraft, „sie muss versuchen zu erfassen bzw. zu erschließen, was das Kind fühlt und erlebt, was ihm gerade wichtig ist, welche Bedeutung es mit ihm verbindet, was es gerade erfährt. Sie muss den Versuch wagen, hinter die Dinge zu schauen" (ebd., 124). Dieses Verstehen kann nicht einseitig erfolgen, sondern ist in der Regel immer ein dialogischer Prozess (zu dialog-orientierten Beobachtungen vgl. Weltzien; Viernickel 2008; Liegle 2006). Dabei sind Beobachtung und Dokumentation nicht an sich sinnvolle Methoden, Laewen weist zurecht darauf hin, dass „Beobachtung und Dokumentation relativ sinnlose Verfahren [sind], solange sie nicht in ein pädagogisches Konzept eingebunden sind, das ihnen erst Sinn und Bedeutung verleiht" (Laewen 2006, 103).

In der Fachdiskussion wurde und wird heftig darum gerungen, welche Form der Beobachtung und Dokumentation kind- und gegenstandsangemessen ist. Ebenso wird darum gestritten, ob der Begriff der „Diagnose" angemessen sein kann. Dieser sei in einer medizinischen Tradition festgeschrieben und so werde teilweise auch der Wert von systematischen oder standardisierten Verfahren kritisch betrachtet. Tietze (2006) plädiert bspw.

für die strenge Einhaltung testpsychologischer Gütekriterien bei Beobachtungsverfahren. Andererseits weist Schäfer (2004) auf die Bedeutung der „ungerichteten Beobachtung" hin. Diese Kontroverse lässt sich ein Stück weit auflösen, wenn „Diagnostik" als Prozessgeschehen betrachtet wird, bei dem auf einer wissenschaftlichen Grundlage reflektiert und unterschiedliche Methoden eingesetzt werden:

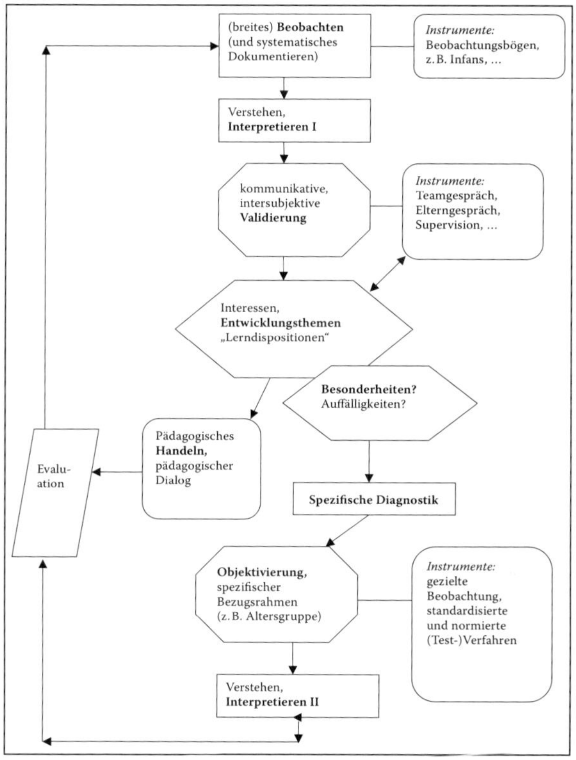

Abb. 1: Prozessmodell Beobachtung, Dokumentation, „Diagnostik" (Fröhlich-Gildhoff 2009, 35)

In diesem Prozessmodell wird deutlich, dass zunächst breiter beobachtet und dann systematisch dokumentiert wird. Diese Beobachtungen werden interpretiert und mit Kollegen und Kolleginnen, mit Eltern oder in der Supervision validiert. Hieraus lassen sich dann Interessen und Entwicklungsthemen der Kinder ableiten, die zu pädagogischem Handeln, zum pädagogischen Dialog führen. Sie werden evaluiert und führen zur erneuten Beobachtung. Bei Besonderheiten erfolgt eine spezifische Diagnostik mit gezielter Beobachtung und in der Regel auch mit standardisierten und normierten (Test-)Verfahren. Sie dienen der Objektivierung und bei weiterer Interpretation erfolgen dann Konsequenzen, wie zum Beispiel eine spezifische Förderung.

Qualitätsanforderungen an Beobachtungsprozesse und -verfahren

Kasüschke und Fröhlich-Gildhoff (2008, 121 f.) haben Qualitätsanforderungen beschrieben, an denen sich der Beobachtungsprozess und die angewandten Verfahren orientieren sollten:

- Beobachtung sollte systematisch erfolgen und einer inneren, zumindest prinzipiell beschreibbaren Logik folgen. Dies bedeutet, dass das Handeln des/der Beobachtenden auch für andere nachvollziehbar sein muss und die Handlungsschritte verstehbar sind.
- Beobachtungen sollten dokumentiert werden – auch damit sie anderen nachvollziehbar mitgeteilt werden können und damit Vergleiche zwischen Beobachtungszeitpunkten hergestellt werden können. Es gibt unterschiedliche Dokumentationsformen mit unterschiedlichem Strukturiertheitsgrad, die jedoch wissenschaftlichen Standards genügen sollten.
- Die klassischen Gütekriterien der Diagnostik (Objektivität, Reliabilität, Validität) sollten bei der Beobachtung reflektiert und zum eigenen Beobachtungsprozedere in Beziehung gesetzt werden […]. Reflexion und Vergleich der Beobachtung mit anderen: Die gemachten Beobachtungen sollten zunächst unter einer selbstreflexiven Perspektive betrachtet werden: Die beobachtende Fachkraft muss die eigene Hypothesenbildung überprüfen und die Erwartungshaltung kritisch hinterfragen. Notwendig erscheint es ebenfalls, Beobachtungen mit anderen, die das Kind kennen, bspw. im Team abzugleichen (ebd.).

  Hierdurch soll es gelingen, Beobachtungsfehler und „Beobachtungsfallen" (Viernickel; Völkel 2006), wie z. B. Überstrahlungseffekte, emotionale Involviertheit oder starke Vorannahmen oder bestimmte Erwartungshaltungen (vgl. auch Gartinger 2009, 42 ff.) einzugrenzen.
- Rückkopplung mit dem Kind und seinen Eltern: Beobachtungen und Interpretationen sind auch mit den Eltern abzugleichen, die das Kind aus anderen Zusammenhängen kennen (Kasüschke; Fröhlich-Gildhoff 2008, 122).

Besonderheiten bei der Beobachtung von Krippenkindern

Bei Kleinstkindern ergeben sich Besonderheiten, zum einen auf einer inhaltlichen, zum anderen auf einer methodischen Dimension.

Inhaltliche Dimension

- Kleine Kinder sind – besonders, je jünger sie sind – stärker abhängig von den Beziehungen zu ihren Bezugspersonen. Diese müssen ihnen Sicherheit und Halt geben und ihre physiologischen Bedürfnisse, ihre Entwicklungsbedürfnisse, aber eben auch ihre Bindungsbedürfnisse erfüllen (vgl. Rauh 2008; Fröhlich-Gildhoff et al. 2009). Dies bedeutet, dass insbesondere die Bindungsentwicklung der unter Dreijährigen besonders beachtet werden muss (zum Bindungskonzept und dessen Auswirkungen auf die Beziehungsgestaltung vgl. Ahnert 2004, 2007; Becker-Stoll und Textor 2007). Die gezielte Beobachtung der Bindungsmuster des kleinen Kindes ist auch deswegen von besonderer Bedeutung, weil die pädagogische Fachkraft an die vorhandenen Bindungsfähigkeiten des Kindes anknüpfen muss.
- Im Rahmen der frühkindlichen Entwicklung besteht eine enge Verzahnung der unterschiedlichen Funktionsbereiche (z. B. Rauh 2008). Die körperliche, die sensorische, die kognitive und die motorische Entwicklung sind insbesondere in den ersten drei Lebensjahren sehr eng miteinander verbunden. In ihrer Entwicklung setzen Kinder alle Sinne und Körpermöglichkeiten im Sinne des eigenen Fortschritts in ihrem Bestreben, die Welt zu erobern, ein. Dies kann Beobachtung erschweren, weil der gesamtheitliche Aspekt und die Verzahnung der Ausdrucksmöglichkeiten auf mimischer und gestischer Ebene, im Bereich der Artikulation etc. sehr präzise berücksichtigt werden müssen. Wesentliche Handlungen des Kindes werden um ihrer selbst willen vollzogen und sind nicht auf ein spezielles Ziel hin ausgerichtet. Die Ursache für das beobachtete Verhalten und die auslösenden Motive für das kindliche Verhalten zu ergründen, stellen besondere Herausforderungen dar: Von welchen Motiven wird ein Kleinkind geleitet, wenn es konzentriert mit einem Karton spielt? Stellt es sich vor, in einem Fahrzeug zu sitzen? Erkundet es das Volumen des Kartons? Wird das Interesse von der Erkenntnis geleitet, dass sich das Material aufzulösen beginnt, je länger es mit dem Mund befeuchtet wird? Ist es vielleicht das Überwinden von Grenzen beim Hinein- und Hinausklettern oder ist es das Erleben des eigenen Körpers in einem anderen Raum?
- Hinzu kommt, dass oftmals ein recht „hohes Tempo" bei Entwicklungsfortschritten oder -veränderungen zu beobachten ist. Dies hat zur Folge, dass Beobachtungen – und die entsprechenden Dokumentationen – in relativ kurzen Abständen realisiert und vorgegebene Zeitfenster eingehalten werden sollten. Bei standardisierten Beobachtungen mit Altersangaben sollte bspw. die Beobachtung nicht mehr als zwei Wochen vom angegebe-

nen Beobachtungszeitpunkt abweichen (vgl. hierzu Petermann et al. 2008, Kapitel 4.3).
- Gerade in den ersten drei Lebensjahren hat die emotionale Entwicklung eine besondere Bedeutung. Kinder lernen in der Interaktion mit ihren Bezugspersonen einerseits ihre Emotionen zu regulieren, andererseits ihre Gefühle mit Erwachsenen abzustimmen und weiter zu differenzieren (vgl. hierzu Fröhlich-Gildhoff et al. 2009, Kapitel 3.3). Diese Prozesse sind störanfällig, und nicht gelingende Regulation kann später zu Entwicklungsauffälligkeiten führen. Daher müssen Fachkräfte diesem Bereich der Entwicklung besondere Aufmerksamkeit schenken. Für die kindliche Entwicklung ist es wichtig, dass die Reaktionen der Umwelt mit dem Erlebnisgrad des Kindes selbst übereinstimmen.

Methodische Dimension
- Beobachtung muss immer eine Vielzahl von Informationen berücksichtigen. Große Informationsmengen müssen „gemanagt" werden und es muss eine Auswahl getroffen werden. Dies ist bei der – oben beschrieben – schnellen Entwicklung der kleinen Kinder ein spezifisches Problem. Es müssen sehr gezielt Beobachtungssituationen, Zeitraum usw. ausgesucht werden.
- Kleinstkinder haben (noch) keine gesprochene Sprache. Die Interaktion erfolgt direkter und unmittelbarer auf einer Vielzahl von Sinneskanälen – man denke nur an die Vielzahl von Hautkontakten – als bei älteren Kindern. Kleinere Kinder haben auch andere Ausdrucksformen bspw. ihrer Gefühlszustände.

Diese Besonderheiten stellen hohe Anforderungen an die pädagogischen Fachkräfte. Wichtig ist dabei, eine Haltung zu realisieren, die durch „Offenheit gegenüber dem Kind" (Gartinger 2009, 25) gekennzeichnet ist: „Will man ein Kind wirklich kennenlernen, so braucht es die unvoreingenommene, neugierige und einfühlsame Betrachtung" (ebd. 27).

Um die Ausdrucksformen, die mimischen, gestischen und (vor-)sprachlichen Kommunikationsmittel und das Verhalten der Kinder angemessen wahrzunehmen, zu interpretieren und darauf zu reagieren, bedarf es
- eines fundierten Grundwissens der kindlichen Entwicklung,
- eines Wissens um Konzepte, Themen und „Theorien", mit denen sich Kleinstkinder auseinandersetzen, sowie
- einer besonderen Sensitivität der Beobachtenden.

Dies sind drei wesentliche Voraussetzungen, um nicht nur die Motivation und den Weg des Lernens der Kleinstkinder in eben diesen Ausdrucksformen zu verstehen, sondern auch, um mit ihnen in einen kommunikativen Austausch zu treten. Beobachten, Verstehen und Kommunikation sind hier eng miteinander verflochten.

Aufgrund des engen Kontakts und der engen Betreuung, die kleine Kinder brauchen, haben sicherlich – gut dokumentierte – Alltagsbeobachtungen eine große Bedeutung, ebenso ein zeitlich flexibler Einsatz von Instrumenten. Dies spricht nicht gegen den Einsatz standardisierter oder normierter Verfahren. Beide Formen der Beobachtung sollten sich ergänzen! Jedoch wird die offenere Beobachtung einen größeren Rahmen einnehmen. Offene Beobachtung hat die große Herausforderung, dass die eigenen Beobachtungen reflektiert werden und eigene Meinungen und Anteile „herausgefiltert" werden sollten. Gartinger (2009) hat hier den Begriff der „reflektierten Subjektivität" der Beobachterin geprägt (ebd. 48). Ebenso wichtig ist es bei der Dokumentation, die Darstellung des Verhaltens von den eigenen Interpretationen zu trennen und mehrdeutige Begriffe (wie z. B. „sympathischer Junge") ebenso zu vermeiden wie unreflektierte Interpretationen. Hilfreich in dem Dokumentationsprozess sind Videoaufzeichnungen, die dann im Team ausgewertet werden können. Auch wenn dies in der Regel einen hohen Aufwand bedeutet, so resultieren in der Regel daraus gute gemeinsame Lernprozesse. Ob eine Beobachtung entlang der „Bildungsbereiche" bzw. der Vorgaben aus Bildungsplänen wie sprachliche Entwicklung, mathematische und naturwissenschaftliche Entwicklung usw. bei sehr kleinen Kindern sinnvoll ist, ist in der Fachdiskussion umstritten. In jedem Fall sollten Beobachtung und Dokumentation auf dem Hintergrund fundierten entwicklungspsychologischen Wissens erfolgen.

Formen und Methoden der Beobachtung

Grundsätzlich lassen sich die Formen der Beobachtung – und der entsprechenden Dokumentation – nach zwei Dimensionen unterscheiden.

- Standardisierte versus offene Verfahren: Die standardisierten Verfahren sind klar manualisiert. In der Regel haben sie geschlossene Fragen und verfügen über einen Bezug zu einer Normgruppe. Die Formen der offenen Beobachtung sind hingegen nicht durch entsprechende Vorgaben gesteuert. Hierbei lassen sich nochmals geplante und ungeplante Beobachtungen unterscheiden.
- Prozessbezogene Beobachtungen, Aktivitäten oder Tätigkeiten versus Erfassung von spezifischen Kompetenzen oder Aspekten des Entwicklungs-

standes: Die prozessbezogene Beobachtung folgt eher einem ko-konstruktivistischem Verständnis von Lernen (z. B. Leu 2006, 238). Hier geht es darum, bereits die Interessen und Aktivitätsmuster oder die Engagiertheit von Kindern zu erfassen. Demgegenüber ist die Erfassung spezifischer Kompetenzen, wie der sich entwickelnden Sprachfähigkeit oder früher mathematischen Fähigkeiten sehr zielgerichtet und auf diesen Fähigkeitsbereich bezogen (aus Kasüschke; Fröhlich-Gildhoff 2008, 123).

Von diesen Verfahren ist grundsätzlich keines als besser oder schlechter zu beurteilen. Sie sind jeweils dem Kind angepasst, den Zielsetzungen der Beobachtung, der Dokumentation und den situativen Gegebenheiten auszuwählen. Eine Auswahl von Situationen kann „unter verschiedenen Leitaspekten geschehen" (Gartinger 2009, 46), z. B. hinsichtlich der Frage, ob das „Kind selbst im Mittelpunkt" stehen soll oder ob die „Entwicklung des Kindes im Mittelpunkt" stehen soll (ebd. 46). Besonders wichtig ist es, „bei allen Beobachtungen die Rahmenbedingungen, in denen eine Situation geschieht bzw. ein kindliches Verhalten gezeigt wird, in der Beschreibung zu berücksichtigen" (ebd. 47). Vor allem bei Kleinstkindern ist darauf zu achten, dass nicht befriedigte Grundbedürfnisse, wie Hunger, Durst, Müdigkeit, mangelnde Körpernähe oder das überfällige Wickeln, die Beobachtungssituation beeinträchtigen und zu Fehlinterpretationen führen.

Folgende Formen der Beobachtung lassen sich grundsätzlich unterscheiden:

„Freie" Beobachtung

Diese lässt sich nochmals unterscheiden in teilnehmende versus nicht teilnehmende Beobachtung. Die teilnehmende Beobachtung ist sicherlich die „häufigste und praktikabelste Art der Beobachtung im pädagogischen Alltag" (Gartinger 2009, 35), gerade bei Kleinstkindern. Wichtig ist es, die Beobachtungen zu dokumentieren. Hilfreich ist das direkte Aufschreiben aus der Situation heraus und die spätere systematische Auswertung. Dies muss gelernt und entwickelt werden.

Systematische Beobachtungen, die in ein Bildungskonzept eingebettet sind

Diese Verfahren sind in unterschiedlich starkem Maß standardisiert. Sie sind eng am einzelnen Kind und seinem Weltbezug orientiert und stehen im Bezug zu pädagogischen Gesamtkonzepten. Beispiele hierfür sind:

- die Leuvener Engagiertheitsskala von Laevers (1997). Dieses Konzept geht davon aus, dass Handlungen, die Kinder mit hohem Engagement verfolgen, wichtige Anlässe für nachhaltiges Lernen bieten. Anhand von standardisierten Skalen wird beobachtet, wie stark Kinder bei ihren Aktivitäten engagiert, also konzentriert und aktiv sind. Die Aktivität wird als Anzeichen gesehen, dass sich das Kind in einem Lernbereich jenseits von Über- und Unterforderung befindet. So können passende pädagogische Arrangements auf dieser Grundlage gestaltet werden.

- Bildungs- und Lerngeschichten (Leu et al. 2007; Leu; Fläming 2007). Die Bildungs- und Lerngeschichten, ein Projekt des Deutschen Jugendinstituts, übertragen, erproben und evaluieren das Konzept von Carr (2001, 2007) auf deutsche Verhältnisse. Hierbei geht es zunächst darum, die Aktivitäten der Kinder ohne Strukturvorgaben aufzuzeichnen, allerdings ausdrücklich geleitet von dem Interesse, mehr über das Lernen des Kindes zu erfahren. In der systematischen Auswertung der Beobachtungen werden „Lerndispositionen" der Kinder identifiziert, daran ansetzend sollen die Fähigkeiten der Kinder gefördert werden.
- Infans-Bildungskonzept (Laewen; Andres 2007; Andres et al. 2005). Im Infans-Lernkonzept werden, anknüpfend an das Konzept der Engagiertheit (s. oben), systematisch und prozessorientiert Themen des Kindes durch eine sehr detaillierte Form der Beobachtung identifiziert. Es stehen hier Inhalte im Mittelpunkt, mit denen sich Kinder befassen. Aus der Beobachtung und dem Austausch verschiedener Fachkräfte werden insbesondere unterschiedliche Weltzugänge der Kinder und deren individuellen Fähigkeiten und Stärken herausgearbeitet, die dann im pädagogischen Dialog weiterentwickelt werden können. Bezugspunkt dieser Verfahren sind nicht statistische (Alters-)Normen, sondern das individuelle Kind. Durch die Beobachtungen wird pädagogisches Handeln strukturiert. Es liegen keine Untersuchungen zu den klassischen Test-Gütekriterien dieser Verfahren vor.

Verfahren, die die individuellen Entwicklungen abbilden

Bezugspunkt bei diesen Verfahren sind ebenfalls nicht statistische (Alters-) Normen, sondern das Ziel, individuelle Entwicklungen in standardisierter Form zu erfassen und abzubilden. Die Entwicklungstabelle von Beller (www.beller-und-beller.de) ist seit den 1980er Jahren mehrfach aktualisiert worden und für die Zielgruppe Kinder von der Geburt an bis zum 72. Lebensmonat konzipiert. Mittels individueller systematischer Erhebung in einer Beobachtungsphase mit insgesamt 649 Items werden acht Bereiche berücksichtigt: Körperpflege, Umgebungsbewusstsein, sozial-emotionale Entwicklung, Spieltätigkeit, Sprache, Kognition sowie Grob- und Feinmotorik. Es wird empfohlen, die Beobachtungen, die auf einem vorgegebenen Erhebungsprotokoll dokumentiert werden, in halbjährliche Beobachtungszyklen (die jeweils etwa zwei bis vier Wochen umfassen) durchzuführen.

„Grenzsteine der Entwicklung" sind Entwicklungsziele, die von etwa 90 bis 95 % der Kinder einer jeweiligen Altersgruppe erreicht werden. Das Instrument ist entwickelt für Kinder im Alter von sechs Monaten bis etwa sechs Jahren und umfasst sechs Entwicklungsbereiche: emotionale Kompetenz, kognitive Entwicklung, soziale Kompetenz, Körpermotorik, Spracherwerb, Hand-/Fingermotorik. (Weitere Informationen unter www.mbjbrandenburg.de)

Standardisierte, normorientierte Verfahren

Bezugspunkt bei diesen Verfahren ist eine statistische (Alters-)Norm. Das Kind wird mit seinem (Test-)Ergebnis, das den Entwicklungsstand widerspiegeln soll, in Relation zur Altersvergleichsgruppe gesetzt. Es gibt keinen für den deutschsprachigen Raum normierten allgemeinen Entwicklungstest für Kinder < 3 Jahre. Für ältere Kinder wäre dies bspw. der Wiener-Entwicklungs-Test (Kastner-Koller; Deimann 2007). Annäherungsweise erfüllen die Griffiths-Entwicklungsskalen zur Beurteilung der Entwicklung in den ersten beiden Lebensjahren von Brandt und Sticker (Neunormierung 2001) die klassischen Testgütekriterien. Mit den Griffiths-Entwicklungsskalen ist es möglich, den Entwicklungsstand nach fünf Funktionsbereichen festzustellen. A: Motorik, B: Persönlich-sozial, C: Hören und Sprechen, D: Augen- und Hand-Koordination sowie E: Leistungen. Es wird hieraus ein Gesamtentwicklungsquotient sowie ein entsprechender Entwicklungsquotient für jede Unterskala berechnet. Ein Überblick über Testverfahren und deren Kurzbeschreibungen befindet sich auf der Homepage: www.testzentrale.de.

Weitere Konsequenzen für pädagogisches Handeln

Systematische und reflektierte Beobachtung und Dokumentation sind unerlässliche Instrumente im pädagogischen Alltag in der Arbeit mit Kleinstkindern:

- Sie stellen die Grundlage für die kindgerechte Begegnung auf der Beziehungsebene dar, nur auf ihrer Grundlage lassen sich professionell die Bindungsbedürfnisse von Kindern aufgreifen, die im Übrigen auch durch Vorsicht oder Rückzug gekennzeichnet sein können (zugleich sind sie die Grundlage für eine kindgerechte Interaktion und Kommunikation mit dem Kind).
- Sie sind die Grundlage für die pädagogische Begegnung, die für entwicklungs- und interessensstandsgerechte Anreize, Angebote und Antworten auf die Art, wie Kinder der Welt begegnen. Professionelles Handeln zeichnet sich durch Planung auf der Grundlage von systematischer Analyse, also Beobachtung und Dokumentation, aus.

- Die Beobachtung des Entwicklungsstandes, auch im Vergleich zur Altersnorm, ist nötig, um Auffälligkeiten – Stärken oder Entwicklungsrückstände – des Kindes zu erkennen und dann weitergehende, spezifische diagnostische Instrumente einzusetzen. Dies kann sicherlich nur begrenzt in Kindertageseinrichtungen geleistet werden. Zumeist wird ein weiterer Verweis an spezialisierte Institutionen wie Kinderärzte, Psychotherapeut/-innen, Frühförderberatungsstellen oder sozialpädiatrische Zentren nötig und sinnvoll sein.
- Die Beobachtung soll in eine Dokumentation einmünden. Die Dokumentation des Beobachteten soll systematisch erfolgen und aufbewahrt werden. Eine Möglichkeit hierfür stellen Portfolios dar, die allerdings sehr nachvollziehbar und strukturiert zusammengestellt sein sollten, damit sie insbesondere für Kind und Eltern überschaubar sind. Ein unsystematisches Sammeln von Beobachtungsprotokollen, „Produkten" des Kindes usw. ist wenig hilfreich. Die Dokumentationen sind auch für die Kinder selbst von großer Bedeutung, um ihre Lebenszeit und die Individualität der eigenen Entwicklung nachzuvollziehen: Die aufgeschriebenen Beobachtungen sind Erinnerungen, die Kindern mitgegeben werden können und an die sie sich oft symbolisch-sprachlich ansonsten schlecht erinnern können. Dokumentationen können so z. B. aufzeigen, worin die Einmaligkeit der eigenen ersten Schritte lag und auf welche unverwechselbare Weise die Auseinandersetzung mit einem Zweig oder einem Blütenblatt stattgefunden haben.

Dokumentierte Beobachtungen stellen des Weiteren eine wichtige Grundlage für die Zusammenarbeit mit Eltern dar. Neben der Gesprächsgrundlage geben sie Müttern und Vätern Einblick in die Handlungen und Lernaktivitäten ihres Kindes. Sie ermöglichen vor allem den Eltern von Kindern unter drei Jahren wichtige Entwicklungsprozesse der Kleinsten in ihrer Bedeutungsvielfalt wahrzunehmen, die sie nicht unmittelbar miterleben konnten. Schon beim Erstkontakt sollten Eltern über Sinn und Zweck der Beobachtungen, über Beobachtungsformen und Instrumente sowie die gewünschte bzw. erforderliche Mitarbeit der Eltern informiert werden. Regelmäßige schriftliche Aufzeichnungen der Eltern aus ihrem familiären Umfeld erweitern, neben den „Tür-und-Angel-Gesprächen" und den Entwicklungsgesprächen, die mindestens zwei Mal im Jahr mit den Eltern erfolgen sollten, das Bild vom Kind. Hausbesuche bieten ebenfalls eine gute Gelegenheit, Beobachtungen auszutauschen, um das Kind partnerschaftlich in seinen Entwicklungsbestrebungen zu unterstützen.

In der Eingewöhnungszeit ist Dokumentation eine absolute Notwendigkeit, um die Entwicklung des Kindes beim Übergang aus der Familie in die

Kindertageseinrichtung systematisch zu reflektieren und das Kind bei dieser Transition unterstützen zu können. Das Gelingen des Übergangs vom Elternhaus in eine Kita ist u. a. vom Entwicklungsstand des Kindes und seinen bisherigen Bindungserfahrungen abhängig. Beobachtungen des Bindungsverhaltens und des Entwicklungsstandes kommen demnach schon bzw. gerade während der Eingewöhnungszeit eine besondere Bedeutung zu (vgl. auch Carle et al. 2007, 14).

Beobachtungen ermöglichen einen dialogischen Prozess mit dem Kind, der Aufschluss darüber gibt, wie die Umwelt für und die Interaktion mit dem Kind gestaltet sein sollte, um ihm zu den bestmöglichen Entwicklungschancen zu verhelfen. Beobachtung und Dokumentation erfordern Qualifikation sowie einen sensiblen und reflektierten Umgang mit den Bedeutungszuschreibungen der Beobachtungsinterpretationen, aber eben auch Zeit. Hierfür müssen gute und ausreichende Rahmenbedingungen sowie Fort- und Weiterbildungsmöglichkeiten für die Fachkräfte zur Verfügung stehen.

Literatur

Ahnert, L. (2007): Von der Mutter-Kind- zur Erzieherinnen-Kind-Bindung? In: Becker-Stoll, F.; Textor, M.R. (Hrsg.): Die Erzieherin-Kind-Beziehung. Zentrum von Bildung und Erziehung. Berlin, 31–41

Ahnert, L. (2006): Entwicklungs- und Sozialisationsrisiken bei jungen Kindern. In: Fried, L.; Roux, S. (Hrsg.): Pädagogik der frühen Kindheit. Weinheim, 75–84

Andres, B.; Laewen, H.-J.; Pesch, L. (Hrsg.) (2005): Elementare Bildung. Band 2: Handlungskonzept und Instrumente. Weimar

Becker-Stoll, F. (2007): Eltern-Kind-Bindung und kindliche Entwicklung. In: Becker-Stoll, F.; M.R. Textor (Hrsg.): Die Erzieherin-Kind-Beziehung. Zentrum von Bildung und Erziehung. Berlin, 14–31

Becker-Stoll, F.; Textor, M.R. (Hrsg.) (2007): Die Erzieherin-Kind-Beziehung. Zentrum von Bildung und Erziehung. Berlin

Carle, U.; Gabeleu-Szczes, D.; Levermann, S. (Hrsg.) (2007): Sieh mir zu beim Brückenbauen. Kinder in Bildungs- und Übergangsprozessen wahrnehmen, würdigen und fördern. Berlin

Carr, M. (2007): Learning Stories – Ein Bildungs- und Lernkonzept aus Neuseeland. In: Neuß, N. (Hrsg.): Bildungs- und Lerngeschichten im Kindergarten. Konzepte, Methoden, Beispiele. Weimar, 41–54

Carr, M. (2001): Assessment in Early Childhood Settings Learning Stories. London

Dornes, M. (1994): Der kompetente Säugling: Die präverbale Entwicklung des Menschen. Frankfurt

Eliot, L. (2002): Was geht da drinnen vor? Die Gehirnentwicklung in den ersten fünf Lebensjahren. Berlin

Fried, L.; Roux, S. (Hrsg.) (2006): Pädagogik der frühen Kindheit. Weinheim

Fröhlich-Gildhoff, K.; Mischo, C.; Castello, A. (2009): Entwicklungspsychologie für FrühpädagogInnen. Köln

Gartinger, S. (2009): Früheste Beobachtung und Dokumentation. Bildungsarbeit mit Kleinstkindern. Troisdorf

Gerspach, M. (2006): Elementarpädagogik. Eine Einführung. Stuttgart

Kasüschke, D.; Fröhlich-Gildhoff, K. (2008): Frühpädagogik heute, Herausforderungen an Disziplin und Profession. Köln

Kastner-Koller, U.; Deimann, P. (2007): Der Wiener Entwicklungstest. Göttingen

Laevers, F. (Hrsg.) (1997): Die Leuvener Engagiertheitsskala für Kinder (LES-K). Erkelenz

Laewen, H.-J. (2006): Funktion der institutionellen Früherziehung: Bildung, Erziehung, Betreuung, Prävention. In: Fried, L.; Roux, S. (Hrsg.): Pädagogik der frühen Kindheit. Handbuch und Nachschlagewerk. Weinheim, 96–106

Laewen, H.-J.; Andres, B. (2007): Das Infans-Konzept der Frühpädagogik. In: Neuß, N. (Hrsg.): Bildung- und Lerngeschichten im Kindergarten. Konzepte, Methoden, Beispiele. Berlin, 73–100

Laewen, H.-J.; Andres, B. (Hrsg.) (2002): Bildung und Erziehung in der frühen Kindheit. Bausteine zum Bildungsauftrag von Kindertageseinrichtungen. Weinheim

Leu, H. R. (2006): Beobachtung in der Praxis. In: Fried, L.; Roux, S. (Hrsg.): Pädagogik der frühen Kindheit. Handbuch und Nachschlagewerk. Weinheim, 232–243

Leu, H. R.; Fläming, K. (2007): Bildungs- und Lerngeschichten – ein Projekt des Deutschen Jugendinstituts. In: Neuß, N. (Hrsg.): Bildungs- und Lerngeschichten im Kindergarten. Konzepte, Methoden, Beispiele. Berlin, 55–72

Leu, H. R.; Fläming, K.; Frankenstein, Y.; Koch, S.; Pack, I.; Schneider, K.; Schweiger, M. (2007): Bildungs- und Lerngeschichten. Bildungsprozesse in früher Kindheit beobachten, dokumentieren und unterstützen. Weimar

Leu, H. R.; Remsperger, R. (2004): Bildungsarbeit in der Praxis. Beobachtungsverfahren als Ergänzung zu curricularen Vorgaben. In: Wehrmann, I. (Hrsg.): Kindergärten und ihre Zukunft. Weinheim, 167–180

Liegle, L. (2006): Bildung und Erziehung in früher Kindheit. Stuttgart

Oerter, R.; Montada, L. (2008): Entwicklungspsychologie. 6. Aufl., Weinheim

Petermann, U.; Petermann, F.; Koglin, U. (2008): Entwicklungsbeobachtung und -dokumentation. Eine Arbeitshilfe für pädagogische Fachkräfte in Krippen und Kindergärten. Berlin

Rauh, H. (2008): Vorgeburtliche Entwicklung und frühe Kindheit. In: Oerter, R.; Montada, L. (Hrsg.): Entwicklungspsychologie. Weinheim, 149–224

Schäfer, G. E. (2006): Der Bildungsbegriff in der Pädagogik der frühen Kindheit. In: Fried, L.; Roux, S. (Hrsg.): Pädagogik der frühen Kindheit. Handbuch und Nachschlagewerk. Weinheim, 33–44

Schäfer, G. E. (2004): Beobachtung und Dokumentieren. Professionelle Instrumente, um Lern- und Forschungsprozesse des Kindes herauszufordern und mitzugestalten. In: Kita aktuell NW 7/8, 148–152

Stern, D. (1992): Die Lebenserfahrung des Säuglings. Stuttgart

Strätz, R. (2007): Das Kind wahrnehmen, beobachten, verstehen. In: Becker-Stoll, F.; Textor, M. R. (Hrsg.): Die Erzieherin-Kind-Beziehung. Zentrum von Bildung und Erziehung. Berlin, 115–130

Tietze, W. (2006): Frühpädagogische Evaluations- und Erfassungsinstrumente. In: Fried, L.; Roux, S. (Hrsg.): Pädagogik der frühen Kindheit. Weinheim, 243–253

Tröster, H.; Flender, J.; Reineke, D. (2004): Dortmunder Entwicklungsscreening für den Kindergarten (DESK 3–6). Göttingen

Viernickel, S.; Völkel, P. (2006): Beobachten und Dokumentieren im pädagogischen Alltag. Freiburg

Weltzien, D.; Viernickel, S. (2008): Einführung stärker orientierter Beobachtungsverfahren in Kindertageseinrichtungen – Auswirkungen auf die Wahrnehmung kindlicher Interessen, Dialogbereitschaft und Partizipation. In: K. Fröhlich-Gildhoff; I. Nentwig-Gesemann; R. Haderlein (Hrsg.): Forschung in der Frühpädagogik. Freiburg, 203 ff.

Jorina Senger

Erziehungspartnerschaft in Kindertageseinrichtungen

Gesellschaftliche und soziale Prozesse haben in den letzten Jahrzehnten zu einem strukturellen und qualitativen Wandel der Institution Familie geführt. Sinkende Geburtenraten, steigende Scheidungsraten und infolgedessen immer mehr Alleinerziehende, steigende Arbeitslosigkeit und die Vereinbarkeit von Familie und Beruf stellen Familien vor immer größere Herausforderungen. Hinzukommende Unsicherheiten beim Thema Erziehung und das Bedürfnis nach Beratung und Unterstützung stellen Kindertagesstätten als die erste öffentliche Institution, die Familien aufsuchen, vor neue Aufgaben. Dem Begriff der Erziehungspartnerschaft wird vor diesem Hintergrund eine ganz wesentliche Bedeutung beigemessen.

Besonders in Tageseinrichtungen für die Jüngsten hat der Begriff noch einmal eine besonders starke Bedeutung. Im Umgang mit den Kleinsten werden andere Schwerpunkte gelegt. Vor allem pflegerische Aspekte, Ernährungsfragen und intensive Zuwendung spielen hier eine zentrale Rolle. Die Zusammenarbeit erreicht hier eine andere Dimension: Die Tür- und Angelgespräche finden noch intensiver statt und die Eltern möchten besonders genau über die Entwicklung ihrer Kleinsten informiert werden. Das stellt für Erzieher/-innen eine besondere Herausforderung dar und die Gestaltung dieser Zusammenarbeit nimmt viel Raum im Alltag ein.

Der nachfolgende Beitrag teilt sich in drei Teile. Nach einer kurzen historischen Einführung ins Thema beschäftigt sich der erste Teil mit Grundlagen der Erziehungspartnerschaft. Im Anschluss daran werden im zweiten und dritten Teil Gestaltungsmöglichkeiten und Grenzen von Erziehungspartnerschaft beschrieben. Der Beitrag schließt mit einem Ausblick in die Zukunft.

Historie

Schon Anfang des letzten Jahrhunderts sind erstaunlich modern anmutende Formen der Elternarbeit zu entdecken. Elisabeth Rahner nennt bereits 1934 folgende Schwerpunkte für die Zusammenarbeit mit Familien: „Kennenlernen des sozialen Milieus durch den Erzieher – Interessierung und Beteiligung der Eltern an der Erziehungsarbeit der Kindertagesstätte – Beratung und Hilfe für die Arbeit in der Familie“ (Thiersch, 2007). Neben Mütterabenden, an denen gemeinsam gebastelt wurde, gab es Theatervorführungen der Kinder und bei Bedarf Gespräche über das Kind zur besseren Erziehung. Der Kindergarten als Institution wurde von den Regeln der Erzieher/-innen bestimmt und die Beziehung zu den Müttern wird als weitgehend autoritär-hierarchisch beschrieben.

In den 1968er Jahren des letzten Jahrhunderts fand in Westdeutschland eine Veränderung in der Zusammenarbeit der Kindergärten mit den Eltern statt. Aufgrund eines zunehmenden Wissens über Kinderentwicklung und einer zunehmenden Kritik am autoritären System Kindergarten begannen die Eltern, sich einzumischen und Ansprüche an die Gestaltung des Kindergartens zu stellen. Infolgedessen traten sie mit den Erzieher/-innen in intensive Diskussionen über die vermeintlich „richtige“ Erziehung ein. Die Konsequenz waren antiautoritär gestaltete Kinderläden und Elterninitiativen, in den die Eltern selbst mitarbeiteten und den Alltag der Kinder mit gestalteten. In den 1980er Jahren prägten der Situationsansatz und die Reggio-Pädagogik die Elternarbeit in den Kindergärten.

Heute wird in den eingeführten Bildungsplänen aller Länder ein Paradigmenwechsel von der Elternarbeit hin zur Erziehungspartnerschaft propagiert. Durch den Einfluss der Early Excellence Centres und der sich immer weiter verbreitenden Familienzentren wird versucht, diesem Anspruch gerecht zu werden.

Grundlagen von Erziehungspartnerschaft

Rechtliche Grundlagen

Für die Zusammenarbeit zwischen Kindertagesstätte und Eltern gibt es eine rechtliche Regelung, die die Grundlage hierfür darstellt. Laut Artikel 6 Absatz 2 GG sind Pflege und Erziehung der Kinder „das natürliche Recht der Eltern und die zuvörderst ihnen obliegende Pflicht". Tageseinrichtungen für Kinder und Kindertagespflege sollen laut § 22 Abs. 2 SGB VIII die Entwicklung des Kindes zu einer eigenverantwortlichen und gemeinschaftsfähigen Persönlichkeit fördern, die Erziehung und Bildung in der Familie unterstützen und ergänzen sowie den Eltern dabei helfen, Erwerbstätigkeit und Kindererziehung besser miteinander vereinbaren zu können.

Hier wird bereits deutlich, dass eine Zusammenarbeit zwischen der Kindertageseinrichtung und den Eltern angestrebt wird. § 22a SGB VIII bekräftigt diese Pflicht im zweiten Absatz noch einmal: „Die Träger der öffentlichen Jugendhilfe sollen sicherstellen, dass die Fachkräfte in ihren Einrichtungen mit den Erziehungsberechtigten und Tagespflegepersonen zum Wohl der Kinder und zur Sicherung der Kontinuität des Erziehungsprozesses zusammenarbeiten. Die Erziehungsberechtigten sind an den Entscheidungen in wesentlichen Angelegenheiten der Erziehung, Bildung und Betreuung zu beteiligen. Das Angebot soll sich pädagogisch und organisatorisch an den Bedürfnissen der Kinder und ihren Familien orientieren."

Auch rechtlich wird eine Vernetzung der beiden Lebenswelten der Kinder gefordert und eine Kooperation zwischen Erzieher/-innen und Eltern zum Wohle des Kindes als zentral herausgestellt.

Bindung aufbauen

Grundlage einer gelungenen Zeit in der Kindertagesstätte über mehrere Jahre hinweg ist sowohl für Kinder als auch für Eltern eine gute Bindungsstruktur. Damit sich das Kind auch in der Kindertagesstätte sicher und geborgen fühlt, ist eine mehrwöchige sanfte Eingewöhnung notwendig, in der das Kind die Erzieherin kennenlernt und zu ihr Vertrauen fasst.

Die Bindung, die das Kind zur Erzieherin aufbaut, soll und kann die Bindung zur Familie nicht ersetzen. Die Bindungsstrukturen des Kindes sind hierarchisch geordnet. Ganz oben steht die erste Bezugsperson, in der Regel die Mutter. Lieselotte Ahnert bezeichnet die Bindung zur Erzieherin als „bedeutungsvolle Beziehung" (Ahnert, 2007). Diese bedeutungsvolle Beziehung unterscheidet sich aber von der zu anderen Bezugspersonen. Studien aus der Kleinkindforschung zeigen auf, dass hier bindungsähnliche Strukturen zu erkennen sind.

Für das Kind ist es von besonderer Bedeutung und es erleichtert ihm den Übergang, wenn auch die Beziehung zwischen Erzieher/-innen und Eltern von einer wertschätzenden und gegenseitig akzeptierenden Haltung geprägt ist. Kai von Klitzing spricht von einer „triadischen Kompetenz", die die Erzieherin mitbringen muss. Triadische Kompetenz heißt einerseits, dass die Erzieherin eine intensive Beziehung zum Kind aufbaut, andererseits die Beziehung zwischen Eltern und Kind anerkennt und wertschätzt und diese, über die Beziehung zu sich selbst hinaus, als eine wichtige Ressource für das Kind versteht. Der offene und ehrliche Kontakt zu Eltern über ambivalente Gefühle und z. B. Eifersucht ist dabei selbstverständlich (Viernickel, 2009).

Übergänge gestalten

Das Kind bewegt sich mit dem Eintritt in die Kinderkrippe in verschiedenen Lebenswelten und muss in dessen Verlauf immer wieder Übergänge bewältigen. Die Eingewöhnung in der Krippe bildet den Anfang, es folgt der Übergang in den Kindergarten, der Eintritt in die Grundschule usw. Im Laufe seines Lebens ist das Kind immer wieder eingebettet in verschiedene, sich gegenseitig beeinflussende Systeme. Diese Systeme stehen in einem gegenseitigen Austausch und wirken aufeinander ein.

Urie Bronfenbrenner hebt in seinem ökopsychologischen Modell hervor, dass Entwicklung immer in sozialen Zusammenhängen geschieht. Familie und Kindertagesstätte bilden laut seinem Modell ein Mikrosystem, das sich durch bestimmte Rollen, zwischenmenschliche Beziehungen und eigene Muster von Tätigkeiten und Aktivitäten auszeichnet. Das Kind trägt seine Erfahrungen in dieses und jedes andere System hinein und verändert es dadurch mit.

Diese sogenannten Transitionen kann das Kind nicht ausschließlich alleine bewältigen. Sowohl die Familie als auch die Kindertagesstätte als ein Teil des Mikrosystems müssen in diesen Übergang miteinbezogen werden. Für die Zusammenarbeit zwischen Familie und Kita bedeutet dies eine sensible Gestaltung des Übergangs, einen respektvollen Umgang miteinander und eine Anerkennung des jeweils anderen Systems als Teil der Lebenswelt des Kindes.

Erziehungspartnerschaft

Renate Thiersch betont, wie wichtig die Vergegenwärtigung ist, dass sowohl Familien als auch Kindertagesstätten an einem „Gemeinsamen Projekt der Kindererziehung" arbeiten.

Wie bereits angesprochen, sind Familie und Kindertagesstätten zwei Mikrosysteme, die nebeneinander bestehen und sich gegenseitig ergänzen. Aber erst ein Verständnis einer gemeinsamen Verantwortung und das Bewusstsein, dass Eltern und Erzieher/-innen Ko-Konstrukteure im Hinblick auf die kindliche Entwicklung darstellen, kann dafür Sorge tragen, Erziehung und Bildung zu optimieren.

Der Begriff, der passend hierfür scheint, ist der der Erziehungspartnerschaft. Partnerschaft impliziert einen „Dialog auf Augenhöhe" und drückt eine Gleichberechtigung beider Partner aus. Seifert schreibt dazu: „Im Zusammen- und Wechselspiel von Erzieher/-innen und Eltern sind beide Partner als Experten der jeweiligen Lebenswelt des Kindes aufeinander angewiesen. Beide haben einen Gewinn, wenn sie erkennen, dass es nicht darum geht, dass Erzieher/-innen etwas für Eltern, sondern gemeinsam mit Eltern tun" (Seifert, 2007).

Die Funktionen, die der jeweilige Partner erfüllen muss, sind klar – die Familie als Experte für häusliche Erziehung und Experte für das eigene Kind und die Erzieher/-innen als Experten für institutionalisierte Erziehung und Bildung. Das Ziel einer Erziehungspartnerschaft ist Anerkennung des jeweils anderen mit seinen Kompetenzen, die Achtung vor seiner Leistung und die Erfüllung des gemeinsamen Ziels, nämlich die Erziehung des Kindes zu einem glücklichen, gemeinschaftsfähigen und verantwortungsbewussten Menschen.

Gestaltung der Erziehungspartnerschaft

Paradigmenwechsel

Von einem lange Zeit eher negativ geprägten Begriff der Elternarbeit bewegen wir uns heute hin zum Begriff der Erziehungspartnerschaft. Bevor erkannt wurde, dass die Kooperation mit dem Elternhaus dem Wohle des

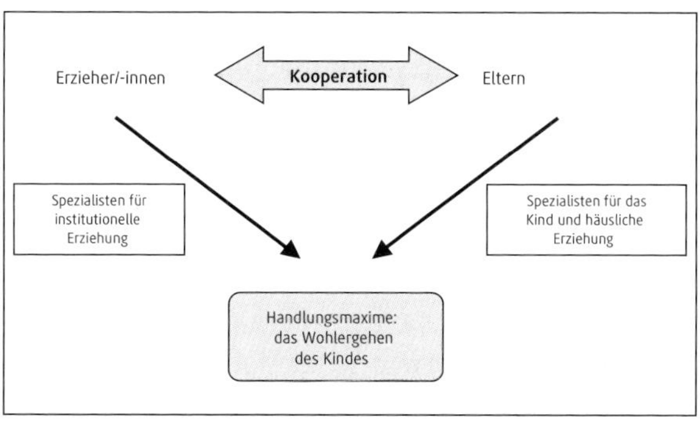

Abb. 1: Funktionen und Ziel einer Erziehungspartnerschaft (Grafik: Senger)

Kindes förderlich ist und die Beziehung zwischen Erzieher/-innen und Eltern verbessert, wurden Eltern im Kindergartenalltag eher als störend empfunden. Bauer und Brunner beschreiben Elternarbeit „als eher ungeliebte und eine als überflüssig betrachtete Zusatzbelastung für die pädagogischen Professionellen" (Bauer; Brunner, 2006).

Der Wechsel hin zu einem partnerschaftlichen Verhältnis erfordert von den Erzieher/-innen eine neue Sicht auf die Dinge. Abbildung 1 visualisiert diesen Paradigmenwechsel.

Von zentraler Bedeutung für die Erreichung des Ziels „von der Elternarbeit zur Erziehungspartnerschaft" ist laut Martin R. Textor eine wechselseitige Öffnung. Es muss Zeit zum Austausch untereinander geben, damit wichtige Informationen über das Kind und über die Familie weitergegeben werden können. Die Arbeit in der Kindertagesstätte soll für die Eltern nachvollziehbar und transparent sein. Gerade im Umgang mit Kleinstkindern ist den Eltern der Austausch untereinander besonders wichtig, da die Kinder noch nicht selber von ihren Erfahrungen und Erlebnissen im Kita-Alltag berichten können. Besonders am Anfang ihrer Elternzeit werden Eltern mit vielfältigen neuen Aufgaben und Entwicklungssprüngen ihrer Kinder konfrontiert. Sie sind daher besonders sensibel und manchmal auch unsicher. Deshalb ist es auch über die Eingewöhnungszeit hinaus besonders wichtig, den Eltern ein Gefühl der Sicherheit und des Vertrauen-Könnens zu vermitteln. Gerade bei erstmaligen Eltern ist ein ehrlicher, offener und freundlicher Umgang sehr wichtig. Darüber hinaus interessieren sich die Eltern in diesem Alter noch besonders stark für das Ess- und Schlafverhalten ihrer Kinder über den Tag verteilt sowie für andere besondere Vorkommnisse im Alltag.

Täglich stattfindende Tür- und Angelgespräche beim Bringen und Abholen des Kindes über dessen Befinden und kurze Infos über den Tagesablauf können eine gelungene Basis schaffen, um die Ängste und Unsicherheiten der Eltern sofort abzufangen oder neue Sorgen gar nicht erst entstehen zu lassen. Darüber hinaus legen regelmäßige offene Gespräche über den Entwicklungsstand des Kindes den Grundstein für eine harmonische und vertrauensvolle Zusammenarbeit während der Zeit in der Kindertagesstätte.

Formen und Funktionen von Erziehungspartnerschaft

Im Laufe der Zeit haben sich zur Erreichung des Ziels einer Erziehungspartnerschaft zwischen Eltern und Erzieher/-innen verschiedene Formen der Zusammenarbeit entwickelt, von denen eine Auswahl hier vorgestellt werden soll. Ein Anspruch auf Vollständigkeit kann hier nicht erhoben werden.

Textor betont, dass als besonders positiv solche Formen zu bewerten sind, „die durch ungezwungene, offene Kommunikation zwischen Eltern sowie zwischen Eltern und Erziehern, durch partnerschaftliche Kooperation, aktive Mitwirkung der Eltern, eine gesellige, gemütliche Atmosphäre und einen unmittelbaren Erlebnisbezug zur Arbeit in der Kindergruppe gekennzeichnet sind" (Textor, 2009).

Laut Renate Thiersch lassen sich die Formen der Zusammenarbeit in sechs Kategorien einteilen:

- Zusammenarbeit mit einzelnen Eltern
- Zusammenarbeit mit Eltern in Gruppen
- Der Elternbeirat
- Eltern unter sich
- Eltern und Kinder
- Sonstiges

Formen der Zusammenarbeit von Kindertagesstätten und Familien

Zusammenarbeit mit einzelnen Eltern
Aufnahmegespräche, Hausbesuche, Tür- und Angelgespräche, Entwicklungsgespräche, Hospitationen, Gespräche über die pädagogische Arbeit, Arbeit an der Bildungsdokumentation des Kindes

Zusammenarbeit mit Eltern in Gruppen
Einführungselternabende, Elternversammlungen, themenspezifische Elternabende, nationale Elternabende, Elterncafés, Gesprächskreise, Elternseminare, Väterangebote, Renovierungen, Bastelnachmittage/-abende für Eltern

Elternbeirat

Eltern unter sich
Aktionen für Eltern (Tanz-, Näh-, Deutschkurs), Elternstammtische

Eltern und Kinder
Schnuppertage, Eingewöhnungsphase, Mitarbeit von Eltern im Kindergarten (z. B. Vorlesen, Backen), Spielnachmittage, Feste und Feiern, Ausflüge, Familienfreizeiten

Sonstiges
Eltern-Informationsheft, Schriftliche Infos, Kindergartenzeitung, Infotafeln für aktuelle Informationen und Hintergrundwissen, Dienste von außen in den Kindergarten vermitteln, muttersprachliche Sprechstunden, Kita-Räume als Treffpunkt für Eltern, Cafeteria für Eltern und Kinder

Abb. 2: Elternbildung und Erziehungspartnerschaft (nach Thiersch 2007)

„Wichtiger als die Formen der Zusammenarbeit", betont Thiersch, „sind die Funktionen, die sie erfüllen, und die Einstellungen und Haltungen, die die Formen mit Leben füllen" (Thiersch, 2007).

Sie hat vier Funktionen als zentral herausgestellt:

- Die Förderung des einzelnen Kindes
- Die Stärkung der Elternkompetenz
- Mitgestaltung
- Mitbestimmung

Im Hinblick auf die Förderung des einzelnen Kindes steht zunächst die sanfte Eingewöhnung des Kindes im Zentrum der gemeinsamen Bemühungen als Basis für alles Weitere. In einem Aufnahmegespräch soll der Grundstein für eine vertrauensvolle Zusammenarbeit gelegt werden. Die jährlich folgenden Entwicklungsgespräche stellen ebenfalls eine Grundlage zur bestmöglichen Förderung des einzelnen Kindes dar. Darüber hinaus ist die gemeinsame Arbeit am Portfolio des Kindes, an der sich auch die Eltern beteiligen können, eine weitere Möglichkeit zur Zusammenarbeit.

Innerhalb dieser Gespräche mit den Eltern über das Kind, über Erziehungsfragen und Handlungsmöglichkeiten ergibt sich fast automatisch eine Stärkung der Elternkompetenz, mit der die anfänglich beschriebene Unsicherheit bewältigt werden kann. Darüber hinaus können sich z. B. Elternabende zu unterschiedlichen Fachthemen oder Elternstammtische, zu denen auch die Erzieher/-innen eingeladen werden, positiv auf die Elternkompetenz auswirken.

Thiersch versteht die Förderung des einzelnen Kindes sowie die Stärkung der Elternkompetenz als eigentliche Ziele einer Erziehungspartnerschaft. Mitgestaltung und Mitbestimmung geben den Eltern die Möglichkeit, an der Arbeit in der Kindertagesstätte teilzuhaben und diese als einen „Lebensraum für Kinder, Erzieher/-innen und Eltern" werden zu lassen (Thiersch, 2007).

Die Entscheidung, inwieweit die Mitgestaltung und Mitbestimmung an allen die Kindertagesstätte betreffenden Themen oder die konzeptionelle Mitarbeit vorgesehen wird, obliegt dabei dem Träger der Einrichtung.

Grenzen der Erziehungspartnerschaft

Bei aller Wichtigkeit von Dialog und Partnerschaft zwischen Eltern und Erzieher/-innen soll der Fokus noch einmal explizit darauf gerichtet werden, dass es sich um Kindertageseinrichtungen handelt und nicht um Elterneinrichtungen. Man mag manchmal den Eindruck gewinnen, dass Kindertageseinrichtungen in erster Linie zur Entlastung der Eltern dienen und die Vereinbarkeit von Beruf und Familie möglich machen sollen, und sicherlich trägt diese Möglichkeit zur außerhäusigen Betreuung maßgeblich zu diesem Eindruck bei. Vor allem aber sind die Einrichtungen dazu gemacht, den Kindern eine liebevolle Betreuung und optimale Möglichkeiten zur Entwicklung ihrer Fähigkeiten sowie die Gelegenheit zu sozialen Kontakten für eine glückliche Kindheit zu geben.

Darüber hinaus ist selbstverständlich auch die Zeit der Eltern begrenzt, und die Bereitschaft derer, die sich in ihrer Freizeit ausschließlich in der Kindertageseinrichtung aufhalten möchten, betrifft sicherlich eine sehr kleine Minderheit. Zum anderen ist auch die Zeit der Erzieher/-innen begrenzt, und der Schwerpunkt ihrer Zeit sollte den Kindern gewidmet werden. Zusätzlich zur allgemein ohnehin eher knapp bemessenen Vorbereitungszeit im Kindergartenalltag sind die Möglichkeiten, ständig Elternveranstaltungen zu organisieren oder Eltern durch den Alltag in der Kindertagesstätte zu begleiten, sehr gering (Textor, 2009).

Die Anerkennung der Kompetenzen des jeweils anderen stellt eine wichtige Grundlage in der Zusammenarbeit dar. Dazu gehört auch die Akzeptanz der Tatsache, dass in einem öffentlichen Rahmen andere Erziehungsmaßstäbe gelten können als zu Hause. In einer Kindertagesstätte mit einer großen Kinderanzahl ist bei allem Anspruch der Eltern auf individualisierte Erziehung der Rahmen, das jeweils eigene Kind ständig in den Mittelpunkt zu stellen, nicht mehr möglich und für die Entwicklung des Kindes auch nicht förderlich.

Die Diskrepanz zwischen dem Experten für das eigene Kind und dem Experten für Bildung und Betreuung in Kindertageseinrichtungen kann zum Stolperstein in der Zusammenarbeit werden. „Eltern haben nicht nur unterschiedliche, sondern oft auch widersprüchliche oder überhöhte Erwartungen, stehen manchmal den Vorstellungen und der Arbeit der Erzieher/-innen zu kritisch gegenüber und wollen gelegentlich in zu hohem Maße mitbestimmen" (Textor, 2009). Hier ist besonders ein offener Umgang wichtig, um Erwartungen im Vorfeld zu besprechen, Grenzen in der Zusammenarbeit abzustecken und zu klären, wo Mitarbeit klar erwünscht ist und wo ein Mitspracherecht nicht möglich ist.

Ausblick

Der Wandel hin zu einem partnerschaftlich orientierten Verhältnis zwischen Eltern und Erziehern ist die Antwort auf eine veränderte gesellschaftliche

Situation und auf einen veränderten Blick in der Pädagogik. Durch die Schaffung von Transparenz in den Kitas, von einer gegenseitigen Wertschätzung und dem Blick auf ein gemeinsames Ziel – nämlich das Wohlergehen des Kindes – kann Erziehungspartnerschaft als Grundlage für eine gute Zusammenarbeit gelingen.

Mit dem politischen Ziel, bis 2013 für jedes dritte Kind einen Krippenplatz zur Verfügung zu stellen, erlangt das Thema eine neue Dimension. Die Erkenntnis, dass dieses Ziel eine gemeinsame Verantwortung im Hinblick auf das Wohlergehen des Kindes beinhalten muss, bekommt besonders mit Blick auf die Empfindsamkeit unter Dreijähriger ein hervorzuhebendes Gewicht. Den beschriebenen spezifischen Bedürfnissen der Kleinsten muss besondere Sorge getragen werden.

Die vor allem in Nordrhein-Westfalen entstandenen Familienzentren und die bundesweit entstehenden Early Excellence Centres versuchen, mit ihrem breit gefächerten und niedrigschwellig orientierten Angebot den Bedürfnissen von Familien gerecht zu werden. Neben den „normalen“ Angeboten, die auch heute schon in den meisten Kindertagesstätten zu finden sind, sollen in diesen sogenannten „multifunktionalen Dienstleistungszentren“ (Colberg-Schrader; Oberhuemer, 2000) weitere Vernetzungen und Kooperationen mit anderen sozialen Einrichtungen, Ärzten, Psychologen und dem sozialen Umfeld rund um die Kindertagesstätte stattfinden.

Für die Erreichung des Ziels einer gelungenen Erziehungspartnerschaft sind vier Dinge von zentraler Bedeutung. Erstens sind ausreichende zeitliche und räumliche Rahmenbedingungen notwenig, um die nötigen Angebote zu realisieren, zweitens müssen Erzieher/-innen ausreichend qualifiziert werden, damit sie sich selber sicher und kompetent präsentieren können, drittens ist eine gegenseitige Akzeptanz der unterschiedlichen Aufgaben und Kompetenzen unumgänglich und viertens muss sowohl von Eltern als auch von Erziehern die grundlegende Bereitschaft vorliegen, im Hinblick auf das Kind wertschätzend und offen zusammenzuarbeiten. Sind diese Bedingungen erfüllt, bietet sich eine gute Basis für eine optimale Betreuung und Entwicklung des Kindes.

Literatur

Ahnert, L. (2007): Von der Mutter-Kind- zur Erzieherinnnen-Kind-Bindung? In: Becker-Stoll, F.; Textor, M. R. (Hrsg.): Die Erzieherin-Kind-Beziehung. Berlin

Bauer, P.; Brunner, E. J. (Hrsg.) (2006): Elternpädagogik – Von der Elternarbeit zur Erziehungspartnerschaft. Freiburg

Bronfenbrenner, U. (1979/1989): Die Ökologie der menschlichen Entwicklung. Frankfurt a. M.

Colber-Schrader, H.; Oberhuemer, P.: Ein Modell für Kindertageseinrichtungen der Zukunft? Ein Besuch im englischen Pen Green. In: Wunderlich, T.; Hugoth, M.; Jansen, F. (Hrsg.) (2000): Themenwechsel. Die Zukunft lernt im Kindergarten. Freiburg, 377–380

Hartmann, S.; Hohl, G.; Renk, P.; Scherer, P. A.; Walker, U. (Hrsg.) (2007): Gemeinsam für das Kind – Erziehungspartnerschaft und Elternbildung im Kindergarten. Weimar

Klitzing, K. von (2008): Frühe Kommunikation und triadische Familienbeziehungen. In: Frühe Kindheit, 6, 30–32

Seifert, T.: Was Familien heute brauchen. In: Hartmann, S.; Hohl, G.; Renk, P.; Scherer, P. A.; Walker, U. (Hrsg.) (2007): Gemeinsam für das Kind – Erziehungspartnerschaft und Elternbildung im Kindergarten. Weimar

Textor, M. R. (Hrsg.) (2006): Erziehungs- und Bildungspartnerschaft mit Eltern. Freiburg

Textor, M. R. (2009): Elternarbeit im Kindergarten – Ziele, Formen, Methoden. Norderstedt

Thiersch, R. (2007): Elternbildung und Erziehungspartnerschaft http://amargo.de/kunden/ipff/download/texte/Elternbildung_und_Erziehungspartnerschaft.pdf

Viernickel, S. (2009): Bindung, Bildung und Lernen in der frühen Kindheit. In: Viernickel, S. (Hrsg.): Beobachtung und Erziehungspartnerschaft. Berlin

Viernickel, S. (2009: Erziehungs- und Bildungspartnerschaft. In: Viernickel, S. (Hrsg.): Beobachtung und Erziehungspartnerschaft. Berlin

Carola Kammerlander

Individuen – Interessen – Interaktion: Impulse als Entwicklungsanreize im Bildungs- und Erziehungsverständnis der element-i-Konzeption für Kinderhäuser

Einleitung

In diesem Beitrag wird die pädagogische Konzeption „element-i" vorgestellt. Diese Konzeption bildet die Grundlage der Arbeit in den von der Konzept-e für Kindertagesstätten gGmbH geführten Kinderhäusern, deren Geschäftsführerinnen die Herausgeberinnen dieses Buches sind.

Entsprechend der Zielsetzung dieses Handbuches wird das Bildungs- und Erziehungsverständnis der Konzeption im Fokus stehen. In der element-i-Konzeption für Kinderhäuser spielen umfassende pädagogische Ansätze und wissenschaftliche Erkenntnisse über Lernen und Entwicklung von Kindern zusammen. Darüber hinaus verfolgen wir die Diskussion in der pädagogischen Landschaft sehr aufmerksam, sodass diese Konzeption einerseits den momentanen Stand der Arbeit beschreibt, gleichzeitig aber offen ist für Weiterentwicklung und Ausdifferenzierung sowie stets Ansatz zur Reflexion bieten soll.

Im Namen des Konzepts klingt das Elementare, Grundlegende der frühen Pädagogik an. Gleichzeitig steht „element-i" für drei zentrale Bausteine unserer Pädagogik: Individuen, Interessen, Interaktion.

Ein zweiter Themenschwerpunkt des Beitrags widmet sich der grundlegenden Auseinandersetzung mit dem Begriff „Impuls" in Abgrenzung zu „Angebot". Auf den ersten Blick erscheint die Unterscheidung vielleicht als Wortklauberei. Was aber bei genauerem Hinsehen dahintersteckt, ist so grundsätzlich für unser Verständnis der Arbeit mit den Kindern, für die Umsetzung der element-i-Konzeption für Kinderhäuser, für unseren Anspruch an die „Bildungseinrichtung Kindertagesstätte", dass uns eine sorgfältige Wortwahl an dieser Stelle so sehr am Herzen liegt, dass wir regelmäßig Fortbildungen für unsere Mitarbeiter zu genau diesem Thema veranstalten. Wir haben uns explizit deshalb für die ausschließliche Verwendung des Begriffs „Impuls" für Lernanregungen im weitesten Sinne entschieden. Dies soll deutlich machen und in der täglichen Arbeit ständig ins Bewusstsein rufen, wie wir uns eine sinnvolle und förderliche Arbeit mit den Kindern vorstellen und dass wir uns über die Umsetzung sehr genaue Gedanken machen und darüber ständig im Austausch stehen.

Das Menschenbild in der element-i-Konzeption für Kinderhäuser: Die Aktivität des lernenden Subjekts

Grundlegend für eine pädagogische Konzeption sind die theoretischen Vorstellungen darüber, wie Kinder sind, wie sie lernen und sich entwickeln und auf welche Ziele dieses Lernen ausgerichtet sein soll, um in der Gesellschaft, in der sie leben, auch bestehen zu können. So wird häufig das „Bild vom Kind" erläutert, wenn es um die Philosophie geht, die das Handeln leiten soll.

Allerdings verweist unter anderen Gerd Schäfer, auf dessen Arbeit und Werk die element-i-Konzeption wesentlich aufbaut, darüber hinaus auf die Rolle der sozialen Umwelt und Bedeutung gegebener Möglichkeiten und individueller Erfahrungen für die Entwicklung der Gehirnstruktur und des Denkens von Kindern. Er betont ein „Bild vom Kind in Beziehungen" (Schäfer, 2005).

Das gesellschaftliche Umfeld, speziell die begleitenden Erwachsenen mit ihren Vorstellungen, Erfahrungen, Deutungen und Beziehungen zur Welt und die Rolle und Rechten, die sie Kindern in einem dialogischen Prozess mit prinzipiell offenem Ausgang zugestehen, hat Einfluss auf die Entwicklung des Kindes. Um das Wissen über diesen Einfluss zu betonen, haben wir uns ganz bewusst für die Wortwahl „Menschenbild" als Bezeichnung der Grundorientierung der konzeptionellen Leitgedanken entschieden.

Dem element-i-Konzept liegt eine Sichtweise auf den Menschen zugrunde, die ihm als frei handelndes Wesen betrachtet. Die Fähigkeit zum Lernen und zur Weiterentwicklung ist im Menschen selbst angelegt. Lernen ist ein eigen-aktiver, forschend-problemlösender, erfahrungs- und ergebnisoffener Vorgang, der die aktive Auseinandersetzung mit Umweltgegebenheiten im Tun mit sich und anderen erfordert.

(Klein-)Kinder sind aktiv Lernende und Forscher. Sie sind neugierig, aufmerksam, interessiert, motiviert und verspüren einen starken Wissensdrang. Sie wollen Sinn in ihrer Umgebung finden und die Begegnung mit der Welt veranlasst jedes Kind, nach der Bedeutung des darin Wahrgenommenen zu suchen. Kindliche Bildungsprozesse setzen verlässliche Beziehungen und Bindungen zu anderen Menschen voraus. Sie vollziehen sich niemals außerhalb sozialer Bezüge, sie sind immer, beruhend auf den zugehörigen Gefühlen und Erfahrungen, emotional gefärbt und laufen niemals ohne die innere Zustimmung des Kindes ab. Wahrnehmen heißt „Für-Wahr-Nehmen", also einem sensorischen Erlebnis die Bedeutung beimessen, die das Motiv dafür ist, sich intensiv forschend und problemlösend damit auseinanderzusetzen.

Bereits im letzten Jahrhundert hat Jean Piaget die grundlegenden Prozesse, in denen sich diese Entwicklung vollzieht, nämlich Assimilation und Akkommodation, beschrieben. Sie stehen in einem wechselseitigen Verhältnis und erfolgen über einen Prozess der Anpassung der als bedeutsam erlebten, mit allen Sinnen gemachten aktuellen äußeren Erfahrungen an die bereits bestehenden Kenntnisse und Verhaltensmuster hin zur Differenzierung und Anpassung der inneren Schemata an die äußere Welt. Zu einem weiteren Fortschritt in dieser Entwicklung kommt es immer dann, wenn das Kind vor einer Fragestellung oder Erfahrung steht, die ihm so bedeutsam und interessant erscheint, dass es sie begreifen und in seine Handlungsschemata integrieren will. Es will der entstehenden Verunsicherung standhalten, die Gegebenheiten verstehen und beherrschen. Diese intensive Auseinandersetzung dient dem persönlichen Sinn, mit der Umwelt wieder einen Gleichgewichtszustand herzustellen. Diesen Vorgang nennt Piaget „Äquilibration". So setzen sich Kinder in immer umfassenderer Weise mit ihrer Umwelt auseinander und entwickeln in ihrem Bewusstsein zunehmend komplexere Vorstellungen (Gerspach, 2006).

Bildung ist also ein selbsttätiger Prozess, der sich allerdings nur in sozialen Verständigungsprozessen vollzieht. Erziehung meint die Unterstützung und

Begleitung, Anregung und Herausforderung der Bildungsprozesse durch sensible Erwachsene, die Kinder stabilisieren, ohne ihre eigenständigen Handlungsspielräume einzuengen, die eine vielfältig anregende Umgebung zur Verfügung stellen, die zum Rätseln, Forschen, Ausprobieren einlädt, ohne zu überfordern.

„Menschen bilden sich ganz individuell in der Auseinandersetzung mit einer für sie interessanten Umgebung und in Interaktion mit anderen" (element-i-Konzeption, 2009).

So verweist schon der Name der element-i-Konzeption wie auch das ihr zugrunde liegende Menschenbild sehr direkt auf das große Zutrauen in die Selbstentwicklungs-Potenziale der Kinder und ebenso auf die Bedingung und Bedeutung der Beteiligung der Umwelt am Wachsen und sich Entfalten der Kinder und damit auf den Anspruch an uns.

Autonomie und Verbundenheit als Fundament für Lernen und gesunde Entwicklung

Darauf aufbauend nimmt das Begriffspaar „Autonomie und Verbundenheit" eine ganz zentrale Stellung in unserer Arbeit ein. Es bildet die Grundlage und Maßgabe für die organisatorische und inhaltliche Gestaltung der Arbeit in den Kinderhäusern. Diese hat stets und in allen Belangen der Tatsache Rechnung zu tragen, dass Kinder sich nur dann gut und gesund entwickeln, wenn beide Faktoren in für jedes Kind ganz individueller Weise ausgeglichen sind. Die Erfahrung von Autonomie, aber auch Verbundenheit liefert das Fundament, auf dem die Kinder im element-i-Kinderhaus eine glückliche Zeit verbringen, und die Grundlage für ein optimistisches und zufriedenes Leben erhalten sollen.

Die Organisationsform der Arbeit in der element-i-Konzeption für Kinderhäuser

Der Leitgedanke, dass Kinder für eine gute und gesunde Entwicklung sowohl Eigenständigkeit als auch Sicherheit und Bindung benötigen, führt uns zu einer Arbeit in Funktionsräumen und ohne vorgegebene Gruppenstruktur. Den Kindern wird Eigenständigkeit durch die Wahlfreiheit und die Mitbestimmungsmöglichkeit bei der Gestaltung des eigenen Tagesablaufs ermöglicht. Unterschiedliche, vielfältig anregende Themenräume ermöglichen es den Kindern, konzentriert und vertieft ihren aktuell bedeutenden Interessen nachzugehen. Verschiedene Erwachsene stehen zur Verfügung und die Kinder können nach individuellen Beweggründen entscheiden, wer sie in welcher Situation oder Tätigkeit begleiten soll. Freundschaften bilden sich unter allen Kindern aller Altersstufen in der Einrichtung. Kleingruppen entstehen aufgrund der freien Entscheidung der Kinder. Die Gruppe, mit der ein Kind Rollenspiele spielt, mag vollkommen anders zusammengesetzt sein als diejenige, mit der dasselbe Kind den Garten erforscht. Aus dieser individualisierter Sicht ist für uns das Lernen und sich Entwickeln ohne Funktionsräume und die freie Wahl der Spielinhalte, -orte und -partner nicht denkbar.

Andererseits können die Kinder diese vielfältigen Möglichkeiten nur in einem Rahmen von Sicherheit und Vertrauen für sich nützen. So hat jedes Kind seinen Bezugserzieher, der die erste Vertrauensperson und sichere Basis während der Zeit einer sorgfältigen Eingewöhnung bildet. Gerade für sehr junge Kinder ist Überschaubarkeit, sowohl personell als auch räumlich, ganz wichtig. So gibt es „Krabblernester“ als geschützten, übersichtlichen Bereich, der den Kindern altersgerechte vielfältige Anregungen bietet, bis sie sich selbst zutrauen, das Nest zu verlassen und um das weitere Haus zu erkunden. Dort ist eine begrenzte Anzahl vertrauter Erzieher für die Kinder verfügbar; sie essen auch mit ihnen, wickeln sie, bringen sie zum Schlafen. Natürlich bieten auch wiederkehrende Abläufe und Rituale im Tagesablauf Halt und Sicherheit.

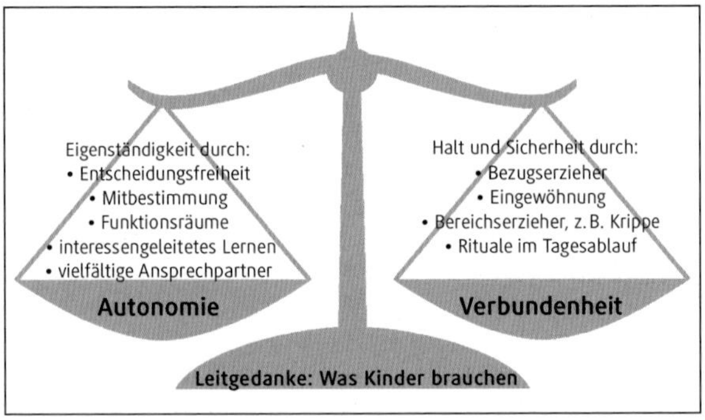

Abb. 1: Autonomie und Verbundenheit als Fundament für Lernen und gesunde Entwicklung (Grafik: Kammerlander)

Leitziele der pädagogischen Arbeit

Autonomie und Verbundenheit zu erfahren, wurde als Grundlage für Entwicklung und Lernen beschrieben. Gleichzeitig stellt die Entwicklung der Kinder hin zu diesen Fähigkeiten, zusammen mit Lernfreude und Resilienz, das oberste Ziel unserer Arbeit dar.

Autonomes Handeln zu entwickeln, erfordert die Möglichkeiten, selbstständiges, selbstverantwortliches und eigeninitiatives Verhalten einzuüben und zu erproben.

Von Anfang an werden die Kinder darin unterstützt, ihre Bedürfnisse wahrzunehmen und zu äußern, mitzudenken, Entscheidungen für sich zu treffen und an Entscheidungen für die Gruppe mitzuwirken, Verantwortung für diese zu übernehmen und sich so der eigenen Fähigkeiten und Möglichkeiten bewusst zu werden. Das Erfahren von Selbstwirksamkeit ist die Grundlage dafür, sich selbst als Akteur des eigenen Lebens zu begreifen und dies auch anderen zugestehen zu können.

Verbundenheit bedeutet, Bindung und Zugehörigkeit zu erfahren sowie Wertschätzung und Verlässlichkeit zu erleben und dies darüber auch anderen geben zu können. Hier kommt, neben dem Sicherheit und Geborgenheit gebendem Rückhalt durch die Erzieher, auch der Kindergruppe selbst eine ganz entscheidende Bedeutung zu.

In der Kindergruppe unterziehen sich Kinder jenen Bildungsprozessen, aus denen eine an Gerechtigkeit, Vertrauen und Solidarität orientierte Identität und humane Handlungskompetenz entsteht, und zwar nicht als von außen auferlegte Maßnahme, sondern aus der inneren Notwendigkeit, sein Leben mit und unter anderen Menschen einzurichten.

Die Kinder gestalten das soziale Zusammenleben mit, bilden Freundschaften, orientieren sich an Älteren und lernen, Rücksicht auf Jüngere zu nehmen und sie zu unterstützen. So entwickeln sie eine Vorstellung davon, welches Verhalten anderen Kindern gegenüber angemessen ist oder von ihnen erwartet wird. Sie lernen in der Gemeinschaft, das Denken, Fühlen und Handeln anderer Menschen zu verstehen, zu respektieren und Verantwortung für ihr Handeln zu übernehmen. Verbundenheit erfahren und zu leben spielt eine herausragende Rolle für die emotionale Gesundheit eines Menschen, für Halt, Orientierung und Zuversicht auf einem oft wechselvollen Lebensweg.

Um sich als selbstwirksam zu erleben und die Welt aktiv mitgestalten zu können, brauchen Kinder Wissen über die Phänomene, Gesetzmäßigkeiten und Zusammenhänge der Welt sowie von kulturellen Gegebenheiten. Freude am Lernen, die engagierte Auseinandersetzung mit der Welt, das Aufrechterhalten der natürlich mitgegebenen Neugier sowie die anhaltende Motivation zur Bewältigung von Herausforderungen sind unverzichtbare Grundlagen für den lebenslangen Lernprozess. Darüber hinaus benötigen Kinder unterschiedliche Möglichkeiten des Rückblicks und der Reflexion, um zu lernen, das eigene Lernen gezielt zu steuern und sich auch hier als verantwortlicher Akteur zu sehen.

Resilienz, also die psychische Widerstandsfähigkeit von Kindern gegenüber Entwicklungsrisiken, ermöglicht es ihnen, sich an akut oder chronisch belastende Lebenssituationen effektiv anzupassen. Resiliente Handlungsmöglichkeiten wie z. B. soziale Kompetenzen, Problemlösungs- und Kommunikationsfähigkeit, das Verfügen über einen Bestand an Bewältigungsstrategien, positive Selbsteinschätzung, Frustrationstoleranz oder die Fähigkeit, sich Hilfe und Unterstützung zu holen, verbessern die Möglichkeiten der Kinder, die auf sie zukommenden Veränderungen und Krisen erfolgreich zu bewältigen und sich somit zu selbstsicheren, gesunden und zuversichtlichen Persönlichkeiten zu entwickeln. Die Resilienzforschung folgt einem kompetenz- bzw. ressourcenorientierten Ansatz, der immer danach fragt, was Kinder stärkt. Unter diesem Fokus verbindet das Leitziel „Resilienz" die Gesamtheit der erläuterten Ziele.

Das pädagogische Handeln

Spielen ist freudiges Lernen.

Zugrunde gelegt ist das Vertrauen in die kindlichen Fähigkeiten und Fertigkeiten, die eigene Bildung voranzutreiben. Kinder sind Forscher und von Natur aus neugierig. Sie sind auf Entwicklung programmiert, wollen die Welt entdecken und suchen Herausforderung. Sie müssen also nicht zum Lernen gezwungen werden. Lernen und Spielen sind für Kinder ein und dasselbe. Im Spiel verwirklichen sich sowohl die oben erläuterten menschlichen Lernmuster als auch die spezifischen Ausprägungen des kindlichen Lernens auf ideale Weise.

Eine vielfältige und anregungsreiche Umgebung fördert den Forscherdrang und die Lernmotivation von Kindern und erhält sie aufrecht. Dies geschieht in den unterschiedlichen Funktionsbereichen, in denen sie selbst entscheiden können, wann sie was, wo und wie lange mit gleich- oder andersaltrigen Spielpartnern spielen. Auch im Umgang mit Materialien wird den Kindern größtmögliche Freiheit bei der Verwendung, Gestaltung und Deutung zugestanden. Die Ideen der Kinder sind wertvoll und verdienen große Beachtung.

In diesem selbst gesteuerten Spiel lernen Kinder effektiv. Es fördert ihre soziale, emotionale, motorische und kognitive Entwicklung. Sie erkunden die Umwelt, experimentieren, erwerben Wissen, praktizieren neu erworbene Fähigkeiten, erproben verschiedene Rollen, entwickeln Kreativität und Vorstellungskraft. Sie lernen neue Aufgaben auszuführen, komplexe Probleme zu lösen, mit anderen Menschen in angemessener Weise zu interagieren, Konflikte zu bewältigen, Gefühle auszudrücken und zu kontrollieren. Spielen macht Kinder also auf vielfältige Weise kompetent, sie entwickeln die Fähigkeiten, die sie benötigen, um ein selbstständiges, selbst verantwortetes Leben zu führen.

Pädagogische Fachkräfte als Wegbereiter und Begleiter kindlicher Bildungsprozesse

Das dem element-i-Kinderhauskonzept zugrundeliegende Menschenbild des kompetenten Kindes, das alles, was es zur eigenen Entwicklung braucht, mitbringt und diese von Geburt an aktiv steuert, führt zu der Aussage, dass Bildung Selbstbildung ist. Selbstbildung meint dabei in keiner Weise pädagogisches Nichthandeln, denn Selbstbildung vollzieht sich niemals außerhalb sozialer Bezüge. Kinder entwickeln sich nicht (sozusagen individuum-zentriert) unter allen Umständen, sondern sie bedürfen anderer Menschen, die mit ihnen in Austausch treten und sie auf ihrem Weg begleiten.

Die Aufgabe der Erzieher ist es, durch einfühlende Beobachtung der Kinder deren Entwicklungsstand zu erschließen und gemeinsam mit ihnen eine Umgebung zu schaffen, die ihnen Anregung und Herausforderung für alle ihre Sinne schafft, für Experimente und Ausprobieren bietet, die die Kinder selbstständig wahrnehmen und entdecken sollen.

Um Kinder in ihren Bildungsprozessen begleiten und bereichern zu können, müssen die Erzieher als sensible Interaktions- und Dialogpartner präsent sein und eine Atmosphäre der Wärme, Geborgenheit, Zuverlässigkeit, Wertschätzung und Anerkennung schaffen, die die Kinder brauchen, um sich in alldem selbst zu wagen, um selbstständig zu werden und sich damit optimal zu entwickeln.

Als Gegenüber und Begleiter in diesem interaktiven Bildungsprozess bedeutsam zu sein, erfordert immer, mit dem eigenen Kopf eines jeden Kindes zu rechnen. Es gibt keine Lern- oder Bildungsprozesse ohne die innere Zustimmung des Kindes, da Wahrnehmen eben „Für-Wahr-Nehmen" heißt. Das Ergebnis lässt sich also durch die Individualisierung von Lernprozessen nicht „herstellen". Lernen bleibt immer ein dialogischer Prozess mit prinzipiell offenem Ausgang.

Dieser eigene Kopf der Kinder, das „Sich-Entwickeln" durch die aktive Auseinandersetzung mit einem als bedeutend erfahrenen Ereignis, zieht konsequenterweise eine „Kind-Orientierung" in der Pädagogik nach sich.

Den klaren Blick für kindliche Bedürfnisse zu entwickeln und diese grundsätzlich zum Ausgangspunkt pädagogischen Bemühens zu machen, ist ein zentrales Erfordernis, da es nicht den objektiven Reiz an sich gibt, sondern nur für die einzelnen Menschen mehr oder weniger Reizvolles. Die pädagogischen Leitfragen lauten also: „Was will das Kind?“ und „Was braucht das Kind?“ (Orientierungsplan Baden-Württemberg) oder auch „Wie kann sinnvoll anregende Hilfe zur Selbstentwicklung gegeben werden?“

Was will das Kind? Was braucht das Kind?

Dieses Kapitel steht unter dem Motto der Krippen und Kindergärten der Reggio Emilia in Italien: „Das Auge schläft, bis der Geist es mit einer Frage weckt.“ Als grundlegendes Element der Pädagogik wird die Sinnestätigkeit gesehen, zu deren Anregung und Weiterentwicklung das Kind aber auf Reize und Informationen (Bildungsgelegenheiten) aus seiner Umwelt angewiesen ist. In diesem Anlage-Umwelt-Wechselspiel ist das Kind durch das unaufhebbare Autonomieprinzip, nach dem es selbst seine Wirklichkeit konstruiert, auf seinen Auswahlspielraum angewiesen, also auf das, was die Umwelt bietet, und das, was es davon als bedeutsam „für-wahr“ nimmt. „In gewisser Weise spiegelt damit das individuelle Gehirn die Möglichkeiten wider, die es im Laufe seiner Geschichte erfahren hat“ (Schäfer, 2005).

Welche Bildungsgelegenheiten schulden wir den Kindern? Wie sollen diese aussehen?

Ausgangspunkt sind für kleine Kinder von Anfang an ihre sinnlichen Erfahrungen über die Fernsinne, ihren Körper, das Erleben von sozialer Zuwendung und Kommunikation. In einem guten Rahmen mit Zeit zum Empfinden, Entdecken, Ausprobieren und Erforschen von Sinneseindrücken über unterschiedlichste Anregungen und Materialien sowie mit angemessenen, sensitiven Reaktionen auf die vorsprachlichen, kommunikativen und Bindung einfordernden Signale der Kinder bietet sich schon eine unerschöpfliche Vielfalt von Bildungsgelegenheiten für die Kleinen. Darüber hinaus zeigen uns die Bildungspläne der Länder in allen Entwicklungsbereichen ein riesiges Spektrum von wünschenswerten Bildungsaufgaben auf. Dabei handelt es sich um Erwartungen, die in unserem gesellschaftlichen und kulturellen Rahmen als sinnvoll angesehen werden.

Die Pädagogen haben die Aufgabe, den Kindern die Bewältigung dieser Erwartungen zu ermöglichen und sie darin zu unterstützen. Das ist grundsätzlich auch legitim, da wir für kindliche Bildungsprozesse natürlich nur das anbieten können, was in unserem kulturellen und gesellschaftlichen Rahmen als sinnvoller Bereich gilt. Allerdings bleibt es nur so lange legitim, wie die Bildungsprozesse danach betrachtet werden, was die kindliche Entwicklung fördert, welche Entwicklungsaufgaben das Kind gerade bewältigt, was seine Themen sind (Elschenbroich, 2001).

Der Mensch will lernen und sich entwickeln. Er ist verhaltensbiologisch betrachtet auf Anstrengung und Leistung angelegt, was bedeutet, dass sein Bewegungs-, Aggressions- oder Neugierverhalten auch sinnvoll abgerufen und gefordert sein will und dass er dies bei richtiger Dosierung sogar als lustvoll empfindet. Um mit Goethe zu sprechen: „Je mehr man von der Welt weiß, umso interessanter wird sie." Das bedeutet, die Kinder brauchen Wegbegleiter, die in ihrem Handeln sehen, was Kinder leisten und können wollen, die ihre Interessen wecken und sie fordern, ohne zu überfordern, die selbst Lebensfreude versprühen, begeistert sind von Themen und gleichzeitig neugierig und offen für neue Ideen oder für Umdeutung der Anregungen durch die Kinder, weil sie wissen, dass Bildung immer etwas Eigenes ist, das nicht „gemacht" werden kann. Wenn wir uns von der Vorstellung lösen, Akteure von Entwicklung zu sein, erfahren wir, wie interessiert Kinder sind, sich auf etwas einzulassen.

Die Grundlegung von Neugier und Interesse geschieht in der frühesten Bildungsphase. Dafür bedarf es konkreter Anregungen, „dem Kind die Welt in eine Form übersetzen, sie ihm vorstellen in einer Vielfalt, die es seine eigenen Möglichkeiten entdecken lässt und die ihm Mut und Neugier macht" (Comenius, 17. Jhdt.).

Aber wie kann man so genau wissen, was die individuelle kindliche Entwicklung zu einem bestimmten Zeitpunkt befördert, welche Entwicklungsaufgaben das Kind gerade bewältigt, was seine Themen sind oder von welchen Themen es bereit ist, sich fesseln zu lassen?

Der einzige Weg dazu ist wohl der der Verständigung zwischen dem Erwachsenen und dem Kind. Verständigung darüber, was das Kind braucht, und darüber, was der Erwachsene meint herausgelesen zu haben, was dem Bedürfnis des Kindes entspräche. Die Verständigung darüber, welchen Themen das Kind solche Bedeutung beimisst, dass es sich aus eigener Motivation forschend-problemlösend damit auseinandersetzen möchte (Schäfer).

„Kinder – Du kannst ihnen deine Liebe geben aber nicht deine Gedanken, denn sie haben ihre eigenen Gedanken" (Khalil Gibran).

Verständigung kann also nur stattfinden, wenn nicht nur das Kind aufmerksam dem folgt, was die Älteren ihm vorgeben oder vorleben, sondern auch die Erwachsenen ihr Wahrnehmen auf das richten, was im Kind vorgeht, z. B. durch die sorgfältige Beobachtung von Alltagssituationen und der Aktivitäten der Kinder.

Schon bei sehr kleinen Kindern sind Merkmale ihrer spezifischen Art der Auseinandersetzung mit der Umwelt und deren Aneignung zu beobachten, sogenannte Lerndispositionen, die als grundlegende Voraussetzung für Lern- und Bildungsprozesse zu verstehen sind:

- Interesse zeigen
- sich Dingen oder Personen aufmerksam zuwenden, sich auseinandersetzen
- sich auf etwas einlassen
- Bereitschaft und Fähigkeit, sich für eine gewisse Zeit einem Thema zu widmen
- Durchhaltevermögen
- bei Schwierigkeiten und Unsicherheiten eine Tätigkeit weiterführen
- Fehler machen, üben, wiederholen
- sich mit anderen austauschen
- Ideen und Gefühle ausdrücken, sich artikulieren und gehört werden
- Übernahme von Verantwortung
- Bedürfnisse anderer erkennen, beraten mithelfen, sich für andere engagieren.

Beobachtung und Dokumentation

Der element-i-Bildungsbogen

Um die intensive gedankliche Auseinandersetzung der Erzieherinnen und Erzieher mit der Bildung und Entwicklung der Kinder systematisch zu erfassen und eine Grundlage für die weitere Arbeit zu schaffen, haben wir den „element-i-Bildungsbogen“ entwickelt. Er veranschaulicht unseren kompetenz- und ressourcenorientierten Blick auf das Kind. Mit ihm werden Stärken der Kinder, ihre bereits erworbenen Kompetenzen sowie die aktuell für sie bedeutsamen Themen erfasst. Die unterschiedlichen Bildungs- und Entwicklungsfelder sind auf die Inhalte der Orientierungs- und Bildungspläne der Länder abgestimmt.

Das regelmäßige Bearbeiten der element-i-Bildungsbögen ermöglicht die Gestaltung einer anregenden Umgebung sowie Impulse, die von den Interessen der Kinder getragen werden. Das Wissen um die Stärken und die bereits erworbenen Kompetenzen eines Kindes ermöglicht sowohl einen Gesamtüberblick über die Entwicklung in den verschiedenen Bildungsbereichen als auch Zugangsmöglichkeiten für eine längerfristig geplante Gestaltung der Umwelt des Kindes sowie der Interaktion mit ihm. So können den Kindern Anregungen gegeben werden, ihre Stärken weiter auszubauen, denn besondere Begabungen sind wichtig und eine wertvolle Bereicherung des Lebens. Ebenso können sie auch als Ressourcen dienen, über die man Kinder in weniger beliebten oder gar ganz vernachlässigten Bildungsbereichen erreichen und herausfordern kann. Sie bieten einen Ansatzpunkt, Kinder in den für wichtig und richtig erachteten Themen anzuregen, ohne auf ihre Zustimmung verzichten zu müssen.

Wird die Aneignung von Welt durch die Interessen der Kinder getragen, bleiben die dabei erworbenen Kompetenzen langfristig erhalten. Entscheidend dabei ist das adäquate Aufgreifen der Antwort des Kindes auf das jeweilige Thema.

Der gesamte element-i-Bildungsbogen wird für jedes Kind alle drei Monate von seinem Bezugserzieher bzw. seiner Bezugserzieherin ausgefüllt. Grundlage für diese Arbeit sind unter anderem Beobachtungsnotizen, Gespräche mit dem Kind oder Informationen von Kolleginnen oder Kollegen aus dem Kita-Alltag. Auch tragen die element-i-Bildungsbögen dazu bei, die eigene Arbeit zu reflektieren und die Bildungsziele im Blick zu behalten, ohne das Kind zu bevormunden und seine Interessen zu übergehen.

Lerngeschichten, Portfolios, Wanddokumentationen

Selbstverständlich finden auch diese Dokumentationsformen regelmäßigen Eingang in die Arbeit. Durch die Beteiligung der Kinder bei der Erstellung sowie durch die ständige Zugänglichkeit leisten sie einen entscheidenden Beitrag zur Reflexion des eigenen Lernprozesses durch die Kinder und damit auf dem Weg des „Lernens lernen".

Interaktion – Angebot versus Impuls

Wie bereits am Anfang erwähnt, haben wir uns sehr bewusst für den Ausdruck „Impuls" entschieden, um herauszustellen, dass wir eine sehr genaue Vorstellung haben, welche Kriterien Interaktionen mit den Kindern zu erfüllen haben, damit sie unserem Anspruch an die Arbeit gerecht werden.

Es wurde bereits ausgeführt, dass das Lernen und Sich-Entwickeln eines Kindes von der wahrgenommenen Bedeutsamkeit eines Themas und von seiner inneren Zustimmung dazu abhängig sind und dass das Kind dazu vielfältiger Umweltanreize und sozialer Beziehungen bedarf.

Der Begriff „Angebot" ist insofern nicht falsch, da damit ja nicht impliziert ist, dass es sich um eine Zwangsmaßnahme handelt. Angebote können selbstverständlich anhand der Nachfrage entstehen und man kann sie schließlich annehmen oder ablehnen.

Allerdings könnte ein Angebot auch völlig unabhängig von den Kindern entstehen –nach Interesse oder Vorliebe des Erziehers oder nach dem, was der Erzieher in Erfüllung der gesellschaftlichen und kulturellen Erwartungen denkt, was ein Kind zu einem bestimmten Zeitpunkt zu lernen hätte. Oder der Erzieher meint, das Bedürfnis des Kindes erkannt zu haben und lässt das entsprechende Angebot in fertig vorbereiteter Form ablaufen, ohne die spontanen Reaktionen, Umdeutungen, Auslegungen oder Fragen der Kinder zu berücksichtigen und in das weitere Vorgehen einfließen zu lassen. Solch ein Angebot würde vollkommen ins Leere laufen.

Ein Impuls dagegen (das Wort kommt aus dem Lateinischen und heißt wörtlich übersetzt „etwas stoßend in Bewegung setzen" oder in der Psychologie „Verhaltensanstoß in Form eines Antriebs oder Auslösers") setzt selbstverständlich am Kind an und ist offen dafür, die Reaktion des Kindes in die weitere Vorgehensweise einzubeziehen. Erfolgreiche Bildungsprozesse sind immer emotional bedeutsam, sinnlich anregend und lustvoll, da ohne die Berührung der Gefühle, ohne innere Zustimmung und eigene Aktivität des Kindes nichts in Bewegung gesetzt werden kann und somit „der Geist nicht geweckt wird".

Die Verwendung des Begriffs „Impuls" verweist also auf den qualitativen Anspruch an die Entwicklungsanregungen der Kinder durch die Erzieher. Der einzige Schutz vor Irrtümern und Versuchen pädagogischer Bevormundung liegt im Bemühen um Interaktionen, die auf Augenhöhe stattfinden – durch Erwachsene, die nicht von oben auf die Kinder schauen und immer genau zu wissen glauben, was wichtig und richtig ist, sondern die das Lernen als Geben und Nehmen verstehen, die selbst neugierig sind und Fragen haben und somit kindliches Wissen und Können jenseits von Rechthaben und Vollständigkeit schätzen; Erwachsene, die offen sind für neue Ideen, die eine Vielfalt von Möglichkeiten zur Problemlösung schaffen, die Umwege als mögliche produktive Lösungen erkennen und die sich durch die stetige Bereitschaft, sich durch das Kind in dem, was man von ihm angenommen hat, korrigieren zu lassen, auszeichnen.

John Holt, 1923 in New York geboren, gilt als Wegbereiter einer Pädagogik, die vom Kind ausgeht: „Ich höre schon im Geiste die ängstlichen Stimmen von Hunderten von Eltern und Lehrern, die mich fragen: ‚Wie stellen Sie denn fest, woher wissen Sie, was Kinder lernen, ja ob sie überhaupt etwas lernen?' Die Antwort ist einfach. Wir wissen es nicht. Es gibt keine Sicherheit. Was ich über Unterricht zu sagen versuche, beruht auf einer Überzeugung, die ich, obwohl vieles für sie spricht, nicht beweisen kann, und die vielleicht

Tab. 1: Impulse im Spiel, Impulse durch Erzieher

Impulse im eigenständigen Spiel durch die Umgebung und andere Kinder	Impulse durch Erzieher
• Für Kleinkinder sind im Besonderen Bindung, Vertrauen und Sicherheit die Grundlage, um auf die ihnen eigene intuitive Art und Weise ihre Entwicklungsaufgaben zu bewältigen und sich grundlegende Kompetenzen anzueignen. Dafür schaffen die Erzieherinnen und Erzieher einen überschaubaren, geschützten, räumlichen und zeitlichen Rahmen. • Krabbler- und Babynester als relativ stabile Bezugsgruppen für die Kleinsten. • Behütete Bereiche mit speziell auf die Bedürfnisse sehr kleiner Kinder ausgerichteten Regeln.	• In der Anzahl begrenztes, festes Erzieherteam, das eine kontinuierliche Betreuung über den Tag hinweg sicherstellt und so die Kinder sehr intensiv und individuell kennen und wahrnehmen kann. • „Sichere Basis sein", aufmerksame und feinfühlige Nähe schaffen, da prompte, angemessene Reaktionen auf die (vorsprachlichen) Äußerungen und Bedürfnisse der Kleinen erfolgen müssen. • Erwachsene sehen, hören, fühlen die Fragen der Kinder (Reggio Emilia in Italien).
• Umgebung, die Aufforderungscharakter hat. • Viele kleinere und größere Spielorte, die Neugier und Fantasie anregen, Handlungen und Bewegung provozieren, zum Ausprobieren, Entdecken, durch aktives Handeln zum Erfahrungenmachen einladen, auch unbeobachtetes Tun zulassen, zum Ausruhen oder ruhiger Tätigkeit verführen, die Kreativität ermöglichen und unterschiedliche Entwicklungsstufen berücksichtigen. • Maria Montessori: „Die Aufgabe der Umgebung ist es nicht, ein Kind zu formen, sondern ihm zu erlauben, sich zu offenbaren."	• Bewusst im Hintergrund halten, „unaufdringliche" Aufmerksamkeit • Anstoß, aufbauende Ermutigung oder weiterführende Hilfe im richtigen Moment, um die Entwicklung zu unterstützen und um notwendige Unterstützung nicht zu verweigern. • Zu entdeckendem Lernen verhelfen. • Initiierung von Forscherdrang durch entwicklungsangepasste Herausforderungen und Aufgaben. • Großes Augenmerk auf die ästhetischen Tätigkeiten der Kinder legen, mit der sie ihre lebenslang bedeutende, sensible, differenzierte Wahrnehmung schulen. • Eröffnen neuer, differenzierter Möglichkeiten für das Freispiel.
• Räume, die sicher sind vor offensichtlichen Gefahren, aber dennoch Herausforderungen bieten, mit denen der Umgang gelernt werden muss.	• Keine Überbehütung und übertriebene Fürsorge. • Herausforderungen, die leicht über dem momentanen Entwicklungsniveau, aber im Bereich des erfolgreich Lösbaren liegen. Diese erfordern und vermitteln Zutrauen.

Impulse im eigenständigen Spiel durch die Umgebung und andere Kinder	Impulse durch Erzieher
• Anbindung des Krabblernests an die anderen Bereiche der Kita und Ermöglichung der eigenständigen Zugänglichkeit für die Kinder.	• Begleiten des Hinauswachsens aus dem Krabblernest, Teilnahme an Impulsen außerhalb anregen und ermöglichen.
• Die Kindergruppe als eigene Sozialisations- und Bildungsinstanz. • Spielpartner und einfache Materialien für gemeinsames Spiel, gegenseitige Anregung, Beispiel geben und „Neuerfindung" der Grundlagen menschlichen Zusammenlebens in der Kindergruppe, ohne dabei Standards der Erwachsenen erfüllen zu müssen.	• Kenntnis über die Entwicklung von Identität, Wille, Trotz, emotionaler Kontrolle, differenzierten Ausdrucksmöglichkeiten, Wahrnehmen der Bedürfnisse von sich und anderen und Einfühlungsvermögen. • Beachtung und spiegelnde Positionierung bei Konflikten und Entwicklung von alternativen, gewaltfreien Konfliktlösestrategien unterstützen.
• Zeit für Irrtümer, Wiederholungen, Üben.	• Geduld, Mut machen, positive Grundstimmung.

nie bewiesen werden kann. Nennen wir sie einen Glauben. Der Glaube besagt, dass der Mensch von Natur aus ein lernendes Tier ist. Vögel fliegen, die Fische schwimmen, der Mensch denkt und lernt. Deshalb brauchen wir Kinder nicht zum Lernen zu überreden, verführen oder drängen. Es ist nicht notwendig, dass wir ständig auf ihren Gedanken herumhacken, um sicher zu gehen, dass sie etwas lernen. Was wir tun müssen, und was ausreicht, ist, dass wir soviel wie möglich von unserer Welt in die Schule und in die Klassenräume hineintragen, dass wir Kindern die Hilfe und Führung geben, die sie benötigen und von uns verlangen und dass wir ihnen mit Achtung zuhören, wenn sie mit uns sprechen wollen, und sie ansonsten in Ruhe lassen. Wir dürfen darauf vertrauen, dass sie das übrige selbst tun" (Holt, 2003).

Wenn Impulse eine Fortsetzung im Spiel finden, dann haben sie im Kind etwas in Bewegung gesetzt. Durch die eigene Erfahrung von Selbstwirksamkeit, Zutrauen, Anerkennung, Erfolg, Stolz, Selbstständigkeit, Autonomie, der Einsicht in größere Zusammenhänge und Techniken zur Informationsgewinnung wird das eigenständige Spiel als „Königsweg des Lernens" immer aktiver und vielfältiger nutzbar. Das Niveau wird immer höher, ausdifferenzierter, facettenreicher und das Ziel, dass Kinder sich zu resilienten, verantwortlich handelnden Persönlichkeiten entwickeln, die neuen, unbekannten Aufgaben selbstsicher gewachsen sind und eigenständige Entscheidungen in sozialer Verantwortung treffen, wird immer mehr zur Wirklichkeit. Wenn

Kinder heute ihr Leben zu bewältigen lernen, dann haben sie eine Grundlage, es auch morgen zu tun.

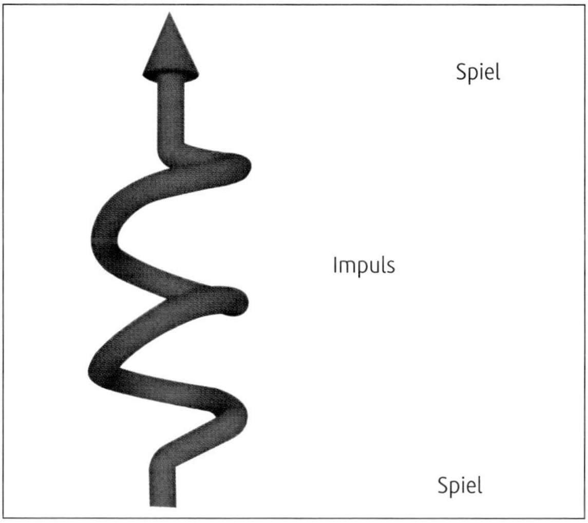

Abb. 2: Impulse finden Fortsetzung im Spiel

„Wenn ich mich mit einem Kind beschäftige, habe ich zwei Empfindungen – Zuneigung für das, was es heute ist, und Achtung vor dem, was es werden kann." (Janusz Korczak)

Literatur

element-i-Konzeption (2009). Stuttgart

Elschenbroich, D. (2001): Weltwissen der Siebenjährigen. München

Gerspach, M. (2006): Elementarpädagogik. Stuttgart

Holt, J. (2003): Wie kleine Kinder schlau werden – Selbständiges Lernen im Alltag. Weinheim, Basel, Berlin

Schäfer, G. (2005): Bildung beginnt mit der Geburt. Weinheim, Basel

Schäfer, G.: Bildung – Selbstbildung – Verständigung. In: klein und groß, 6/02

5

Qualität sichern

Henriette Harms
Stefanie Schwarz

Gut ausgebildet für die Jüngsten? Die Ausbildung von pädagogischen Fachkräften für die Arbeit mit Kindern von null bis drei Jahren

Der Ausbau der Krippenplätze in Deutschland stellt die Träger und Kommunen vor eine Reihe neuer Herausforderungen. Die Diskussionen betreffen vor allem die Finanzierung des Ausbaus und die Frage, wie genügend ausgebildete Fachkräfte gefunden werden können. Neben diesen eher quantitativen Überlegungen steht die Frage der Qualität früher Bildung, Erziehung und Betreuung im Fokus.

Die Qualität pädagogischer Arbeit in Kindertageseinrichtungen wird von unterschiedlichen Parametern beeinflusst, wie z. B. den räumlichen Bedingungen oder der Personalausstattung einer Einrichtung. Der Qualifikation der Fachkräfte kommt dabei eine besonders wichtige Rolle zu, denn sie hat Auswirkungen auf die direkte pädagogische Arbeit mit den Kindern, die Zusammenarbeit mit den Eltern, die Organisation und das Management der

Einrichtung. Auch die professionelle Haltung der Pädagoginnen und Pädagogen wird wesentlich durch ihre Ausbildung geprägt (Viernickel, 2008).

Erzieherinnen und Erzieher werden heute zum großen Teil an Fachschulen und zu einem weitaus geringeren Teil an (Fach-)Hochschulen und Universitäten ausgebildet. Angesichts des zunehmenden Fachkräftebedarfs für die Arbeit mit den Jüngsten stellen sich folgende Fragen:

- Inwieweit bringen die Absolventen/-innen der verschiedenen Studien- und Ausbildungsgänge Kompetenzen für die Arbeit mit Kindern zwischen null und drei Jahren mit?
- In welchem Umfang wird das Thema an den Fachschulen und Hochschulen berücksichtigt und welche Inhalte werden angeboten?
- Über welches Wissen und welche Kompetenzen sollten die Absolventen/-innen idealerweise verfügen, um mit Kindern in den ersten drei Lebensjahren und ihren Familien professionell arbeiten zu können?

Um diesen Fragen nachzugehen, werden wir im Folgenden drei Ebenen betrachten: Zum einen fassen wir die Ergebnisse einer Recherche des Deutschen Jugendinstituts zu den relevanten Ausbildungsinhalten an Fachschulen für Sozialpädagogik zusammen. Zum Zweiten stellen wir die Ergebnisse einer Analyse der Modulhandbücher kindheitspädagogischer Studiengänge vor, die in dem von der Robert Bosch Stiftung geförderten Projekt „Professionalisierung von pädagogischen Fachkräften für die Arbeit mit Null- bis Dreijährigen" durchgeführt wurde. Zum Dritten präsentieren wir als Zwischenergebnis unseres Projektes ein aus wissenschaftlich fundierter, kindheitspädagogischer Sicht wünschenswertes Studiencurriculum für die pädagogische Arbeit mit Kindern zwischen null und drei Jahren. Die beschriebenen curricularen Bausteine können in kindheitspädagogischen Studiengängen eingesetzt werden und verstehen sich gleichzeitig als Anregung für die Diskussion an den Fachschulen.

Aktuelle Ausbildungsgänge für Erzieher/-innen und Kindheitspädagogen/-innen

Während in der ehemaligen DDR die Krippenerzieher/-innen ein speziell auf diese Altersgruppe zugeschnittenes Fachschulstudium absolvierten (vgl. dazu den Artikel von Iris Nentwig-Gesemann in diesem Band), ist in West-Deutschland der Beruf der Krippenerzieherin unbekannt. Stattdessen arbeiten staatlich anerkannte Erzieher/-innen, Kinderpfleger/-innen oder ungelernte Kräfte mit Kindern bis zum dritten Lebensjahr. Im ehemaligen

West-Deutschland und später in Gesamtdeutschland wurden bis zum Jahr 2004 Erzieherinnen und Erzieher ausschließlich an Fachschulen für Sozialpädagogik ausgebildet und erwarben – meist nach einem Anerkennungsjahr in der Praxis – die staatliche Anerkennung. Im Folgenden verwenden wir den Begriff Fachschulen für die verschiedenen Institutionen (Berufsfachschule für Sozialpädagogik, Fachakademie, Berufsakademie), die einen nicht akademischen Abschluss anbieten. Erst im Jahr 2004 wurden die ersten Studiengänge für Kindheitspädagogen/-innen an Fachhochschulen eingerichtet (ASH Berlin, EH Freiburg und FH Emden) (Balluseck, 2008). Mittlerweile gibt es über 50 Bachelorstudiengänge, die einen akademischen Abschluss für die pädagogische Arbeit mit Kindern anbieten. Die einheitlichen Bezeichnungen Kindheitspädagogik/Kindheitspädagogin/Kindheitspädagoge sind von der Bundesarbeitsgemeinschaft Bildung und Erziehung für die akademische Ausbildung für die pädagogische Arbeit mit Kindern zwischen null und zwölf Jahren gewählt worden. Einige Studiengänge bauen direkt auf die Fachschulausbildung auf und setzen diese als Grundlage voraus, die meisten bieten ein grundständiges Studium an. Der Anteil der akademisch ausgebildeten Fachkräfte in den Kindertageseinrichtungen lag am 31.3.2008 bei 3,5 % (Fuchs-Rechlin, 2009). Die Mehrheit der Erzieher/-innen wird nach wie vor an einer der 384 Fachschulen (Thanner, 2009) ausgebildet. Die Fachschulen unterscheiden sich in ihren Zugangsbedingungen und Rahmenstrukturen mehr oder weniger stark voneinander und weisen unterschiedliche Profile auf.

Die beiden Ausbildungswege an Fachschulen und Hochschulen werden im Folgenden getrennt betrachtet, da sie sich in den für die Analyse wichtigen Aspekten unterscheiden. Für die Ausbildung an Fachschulen wurden und werden in den einzelnen Bundesländern Rahmenlehrpläne erstellt, die mehr oder weniger viel Spielraum für die Ausgestaltung der Lehrinhalte an den einzelnen Fachschulen lassen. Für die Studiengänge gibt es solche Vorgaben nicht, sie sind in der Wahl ihrer Titel, Schwerpunkte und inhaltlicher Ausgestaltung völlig frei. Ein Versuch, Standards für frühpädagogische Studiengänge zu etablieren, zeichnet sich in dem Orientierungsrahmen für frühpädagogische Studiengänge des Projektes „Profis in Kitas" der Robert Bosch Stiftung ab (Robert Bosch Stiftung, 2008).

Während die Fachschulen für die pädagogische Arbeit mit Menschen zwischen null und siebenundzwanzig Jahren ausbilden, legen die Studiengänge in der Regel ihren Fokus auf die Arbeit mit Kindern zwischen null und zwölf Jahren und deren Familien. Das abzudeckende Themenspektrum ist also in den Fachschulen deutlich größer.

Ausbildungsinhalte für die Arbeit mit Kindern zwischen null und drei Jahren in den Fachschulen für Sozialpädagogik

Das Deutsche Jugendinstitut hat eine Dokumentenanalyse zu den Ausbildungsinhalten an Fachschulen für Sozialpädagogik für die Arbeit mit Kindern von null bis drei Jahren durchgeführt (Thanner, 2009). Die Erhebung der Daten fand Ende 2007 statt, in einer Zeit, in der die Rahmenlehrpläne der Fachschulen in vielen Bundesländern verändert wurden und viele Fachschulen sich in einer Phase der Neustrukturierung befanden. Möglicherweise weichen also die aktuellen Lehrpläne von den vorliegenden Ergebnissen für das Jahr 2007 ab. Für die Untersuchung wurden einerseits die Rahmenlehrpläne für die Fachschulen für Erzieher/-innen von 14 Bundesländern ausgewertet, andererseits wurden die Fachschulen zu dem Stellenwert des Themas in den Ausbildungsinhalten schriftlich befragt. Von 384 angeschriebenen Fachschulen haben 170 geantwortet, auf die sich die folgenden Ergebnisse beziehen.

In den Rahmenlehrplänen der Bundesländer finden sich nur wenige explizite Hinweise auf spezielle Ausbildungsinhalte für die Arbeit mit Kindern bis zum dritten Lebensjahr (Thanner, 2009). Einzig in Thüringen wird ein Wahlbereich mit 120 Unterrichtsstunden im Rahmenlehrplan beschrieben. Die offenen Formulierungen sowie der feste Bestandteil eines Wahlpflichtbereichs in den Rahmenlehrplänen der meisten Bundesländer ermöglichen jedoch den Fachschulen, ein eigenes Profil zu entwickeln. Es liegt also im Ermessen der Fachschulen, inwieweit das Thema als Ausbildungsinhalt berücksichtigt wird. Die Anforderungen, einerseits für die Arbeit mit Menschen von null bis siebenundzwanzig Jahren auszubilden, andererseits Vertiefungen für spezielle Zielgruppen anzubieten, stehen hier in einem Spannungsverhältnis zueinander.

Die Auswertung der Fragebögen zeigt, dass an vielen Fachschulen die Notwendigkeit des Themas erkannt und dessen Umsetzung diskutiert wird. Von den 170 Fachschulen, die die Fragebögen zurückgeschickt haben, haben 119 spezifische Ausbildungsinhalte nachgewiesen, 12 weitere gaben an, zum Zeitpunkt der Befragung mit der Planung entsprechender Inhalte befasst zu sein. Die konkreten Inhalte der für die Arbeit mit bis zu Dreijährigen relevanten Themenkomplexe sowie deren Umfang unterschieden sich stark voneinander.

Aus der Dokumentenanalyse geht hervor, dass entwicklungspsychologische Themen (102 Fachschulen) und Inhalte zum Bindungs- und Beziehungsverhalten (78 Fachschulen) am häufigsten angeführt werden. Vor allem im Bereich der Entwicklungspsychologie sind die Angaben dabei oft sehr allgemein gehalten: Nur selten stellen die Fachschulen konkrete Bezüge zur Arbeit mit Säuglingen und Kleinstkindern her. So werden Aspekte der Säuglings- und Hirnforschung nur von 23 Fachschulen aufgeführt.

Neben den entwicklungspsychologischen und bindungstheoretischen Themen werden weitere spezifische Ausbildungsinhalte beschrieben. Etwa die Hälfte der Fachschulen greift die pädagogischen Angebote für Kinder bis zu drei Jahren auf (67 Fachschulen) oder beschäftigt sich mit der Rolle der Erzieherin in der Krippe (56 Fachschulen) sowie den Bildungsprozessen im frühen Kindesalter (53 Fachschulen). Themen, die nur von wenigen Fachschulen aufgegriffen werden, betreffen die Pflege und Gesundheit von Kindern bis zu drei Jahren (41 Fachschulen), die spezifische Zusammenarbeit mit den Eltern (34 Fachschulen), den pädagogischen Alltag (31 Fachschulen) sowie die Qualitätsentwicklung in der Krippe (18 Fachschulen). Die Möglichkeit, ein Praktikum in Einrichtungen mit Kindern bis zu drei Jahren durchzuführen, besteht in 41 der 119 Fachschulen.

Die Analyse zeigt, dass die Fachschulen einzelne relevante Ausbildungsinhalte für die Arbeit mit null- bis dreijährigen Kindern berücksichtigen. Insgesamt sind es jedoch nur wenige Fachschulen, die dem Thema einen breiteren Raum widmen und verschiede Aspekte beleuchten. Auch fehlt bisher häufig eine systematische Herangehensweise an das Thema: Oft stehen die einzelnen Aspekte unverbunden nebeneinander. Aufgrund der Ausbildungsstruktur ist die Arbeit mit Kindern bis zum dritten Lebensjahr häufig im Wahlpflichtbereich angesiedelt.

Studieninhalte für die Arbeit mit Kindern zwischen null und drei Jahren in den kindheitspädagogischen Bachelor-Studiengängen

Um die Gewichtung der Arbeit mit Kindern zwischen null und drei Jahren in den neuen kindheitspädagogischen Studiengängen feststellen zu können, haben wir 42 Modulhandbücher der zurzeit 53 Bachelor-Studiengänge analysiert. Die restlichen 11 Modulhandbücher werden teilweise gerade überarbeitet oder sind nicht öffentlich zugänglich.

Bezüge zum Thema finden sich in 41 der 42 ausgewerteten Modulhandbücher. Dabei zeigt sich jedoch ähnlich wie bei den Fachschulen eine sehr große Spannbreite in Bezug auf den Umfang und die beschriebenen Inhalte. Nur in drei der 41 Modulhandbücher (Pädagogische Hochschule Heidelberg, berufsintegrierender Studiengang und Präsenzstudiengang der Alice Salomon Hochschule) wird das Thema umfassend berücksichtigt (Fröhlich-Gildhoff; Viernickel, 2010), in zwei Fällen als ausführliche Querschnittsstruktur, in einem Fall als eigenständiger Schwerpunktbereich. In zwei weiteren Studiengängen werden eigene Module zum Thema angeboten – teilweise als Wahlmodule. In allen anderen Modulhandbüchern finden sich nur in einzelnen Modulen thematische Hinweise auf die Arbeit mit Kindern bis zu drei Jahren.

Die Analyse der konkreten Inhalte zum Thema ergibt ein ähnliches Bild wie bei den Fachschulen. Der Schwerpunkt liegt auf entwicklungspsychologischen Themen (41 Modulhandbücher) und den Bindungstheorien bzw. der Eingewöhnung von Krippenkindern (15 Modulhandbücher). Auch in den Studiengängen beschränkt sich die Entwicklungspsychologie in vielen Modulhandbüchern auf eine allgemeine Einführung, ohne dass ein konkreter Bezug zur Arbeit mit Kindern bis zu drei Jahren beschrieben wird. Säuglings- und Kleinkindforschung spielt nur in 13 Modulhandbüchern eine Rolle. In 22 Modulhandbüchern wird die Sprachentwicklung von Kleinstkindern explizit genannt. Dagegen werden die vorgeburtliche Entwicklung sowie Entwicklungsstörungen und Inklusion nur sehr selten aufgeführt.

Neben den entwicklungspsychologischen und bindungstheoretischen Themen werden in den Modulhandbüchern weitere Aspekte der Begleitung von Kindern bis zu drei Jahren genannt. Vereinzelt stehen die Arbeit mit Krippenkindern in den Bildungsbereichen, didaktische Konzepte und Methoden sowie verschiedene Themen der Alltagspraxis auf dem Programm ebenso wie die spezifische Zusammenarbeit mit den Eltern. Besonders selten vertreten sind die Themen Gesundheit (4 Modulhandbücher), Qualitätsentwicklung (4 Modulhandbücher) und die Pflege von Kindern bis zu drei Jahren (2 Modulhandbücher). Die Möglichkeit eines Praktikums mit Kindern bis zu drei Jahren wird nur in drei Modulhandbüchern erwähnt.

Insgesamt lassen sich die Studiengänge drei verschiedenen Typen zuordnen:

- Erstens Studiengänge, in denen das Thema Arbeit mit Kindern bis zu drei Jahren unberücksichtigt bleibt: Hier finden sich in den Modulhandbüchern entweder keine entsprechenden Themenbezüge oder ausschließlich im Zusammenhang mit entwicklungspsychologischen Modulen. Die Studierenden werden nicht für die Arbeit mit Kindern von null bis drei Jahren ausgebildet (11 Studiengänge).
- Eine zweite Gruppe von Studiengängen bildet für die Arbeit von Kindern zwischen null und zwölf Jahren aus. Hier finden sich in mehreren Modulen thematische Bezüge, in denen die Altersgruppe berücksichtigt wird. Eine grundlegende Thematisierung fehlt jedoch oder wird lediglich in Form eines Wahlmoduls angeboten (28 Studiengänge).
- Eine dritte Gruppe von Studiengängen misst dem Thema Arbeit mit Kindern bis zu drei Jahren ausdrücklich Bedeutung bei und berücksichtigt das

Thema konsequent in den Lehrveranstaltungen bzw. bietet eigens zu dem Thema mehrere Lehrveranstaltungen an. Die Studierenden dieser Studiengänge werden explizit auch für die Arbeit mit den jüngsten Kindern qualifiziert (3 Studiengänge).

Diese Einteilung macht deutlich, dass auch in den neu entwickelten Studiengängen das Thema Arbeit mit Kindern bis zu drei Jahren bisher nur in Einzelfällen systematisch aufgegriffen wird.

Entwurf eines curricularen Models

In vielen Hochschulen und Fachschulen gibt es Ansätze zur Integration des Themas. Eine weitere Vertiefung und Profilierung von Studiengängen und Fachschulen bleibt jedoch notwendig, um dem wachsenden Fachkräftebedarf für die Arbeit mit den Jüngsten entsprechen zu können. Zur Unterstützung dieser Entwicklung wird in dem Projekt „Professionalisierung von pädagogischen Fachkräften für die Arbeit mit Null- bis Dreijährigen" an der ASH Berlin ein Curriculum für die Ergänzung der Modulhandbücher von frühpädagogischen Studiengängen entworfen. Gemeinsam mit verschiedensten Experten/-innen aus der Praxis haben wir den Versuch unternommen, eine systematische Zusammenstellung der wesentlichen Inhalte für die Arbeit mit Kindern bis zu drei Jahren vorzunehmen, deren vorläufige Ergebnisse wir hier präsentieren. Eine abschließende Fassung des curricularen Models ist für Ende 2010 geplant.

Die Tätigkeit von Kindheitspädagogen/-innen beinhaltet weitaus mehr als die Begleitung und Förderung von Kindern und die Organisation des Gruppenalltags innerhalb einer frühpädagogischen Institution. Ebenso wie Kollegen/-innen anderer (früh-)pädagogischer Arbeitsfelder müssen sich die Studienabsolventen/-innen in folgenden Handlungsfeldern auf der Grundlage eines breit angelegten Fachwissens, didaktischer Fähigkeiten, methodischer Kompetenzen sowie eines professionellen Selbstverständnisses sicher und kompetent bewegen können (in Anlehnung an „Frühpädagogik Studieren – ein Orientierungsrahmen für Hochschulen 2008"):

- Handlungsfeld Kind/Gruppe
- Handlungsfeld Familie
- Handlungsfeld Team/Organisation
- Handlungsfeld soziale Netzwerke.

Diese Systematik eröffnet die Möglichkeit, Handlungsfelder nicht als isolierte Studienbereiche oder Module anzubieten, sondern jeden Bildungs- und Wissensbereich auf seine Kompetenzanforderungen für die o.g. Handlungsfelder zu überprüfen und zu definieren.

Für das Handlungsfeld Kind/Gruppe bedeutet dies, dass die Fachkraft in der Lage sein muss, die Entwicklungs-, Lern- und Bildungsprozesse einzelner Kinder und der Kindergruppe in ihrer Besonderheit zu erfassen und zu fördern. Die Fachkraft steht vor der Herausforderung, in der pädagogischen Beziehung den Bindungs- und Bildungsbedürfnissen der Kinder gleichermaßen gerecht zu werden. Für das Handlungsfeld Familie ist vor allem relevant, dass die Fachkraft die Lebenswelten, d.h. die sozialen und kulturellen Hintergründe der Familien wertschätzend, ressourcenorientiert und reflektiert mit einbezieht und in der Lage ist, mit den Eltern über die Entwicklung ihrer Kinder und über pädagogische Fragen zu kommunizieren.

Sich im Handlungsfeld Team/Organisation sicher zu bewegen, bedeutet, sich vor dem Hintergrund der einzelnen Inhalte mit den Strukturen frühpädagogischer Institutionen auseinanderzusetzen und pädagogische Konzepte zu überprüfen und zu entwickeln. Im Team gilt es, sich ressourcenorientiert mit verschiedenen fachlichen Sichtweisen zu beschäftigen und den eigenen fachlichen Hintergrund zu nutzen, um für null- bis dreijährige Kinder bestmögliche Bedingungen zu erarbeiten.

Das Handlungsfeld soziale Netzwerke erhält eine wachsende Bedeutung durch die Stärkung der Sozialraumorientierung, die Chancen einer interdisziplinären Vernetzung und die Entwicklung von Familienzentren.

Die Inhalte und Kompetenzen der von uns vorgeschlagenen curricularen Bausteine orientieren sich an den komplexen Aufgaben, vor welche Kindheitspädagogen/-innen in ihrer Praxis gestellt werden. Im Zentrum steht der Altersbereich der Null- bis Dreijährigen, wobei Wissen und Kompetenzen von Fachkräften in Bezug auf diese Altersgruppe sich selbstverständlich mit den Anforderungen der Arbeit mit älteren Kindern überschneiden. Die curricularen Bausteine beinhalten untereinander zum Teil Schnittmengen und Querverbindungen. Die Aspekte von Integration und Inklusion sind als Querschnittsthema in die anderen Module integriert.

Die im Folgenden beschriebenen Module sollen den Hochschulen als Unterstützung dienen, einzelne Studieninhalte, die sie für ihren Studienbereich nutzen möchten, bausteinartig zu ihrem Curriculum hinzuzufügen. Ebenso ist denkbar, diese Module zu nutzen, um mit ihrer Hilfe einen spezifischen Studiengang der Kleinstkind- oder Krippenpädagogik zu entwickeln.

Selbstreflexion
In diesem Modul stellen die Studierenden zum einen den eigenen biografischen Bezug zu der fokussierten Altersspanne her, zum anderen reflektieren sie ihre persönlichen Erfahrungen und Haltungen im Kontakt mit Null- bis Dreijährigen und deren Familien. Sie haben hier außerdem die Gelegenheit, ihre Haltung zu institutioneller Betreuung von Kindern in diesem Altersbereich zu thematisieren.

Grundlagen der kindlichen Entwicklung
Dieses Modul dient als Grundlagenmodul, um entwicklungspsychologische Theorien sowie Erkenntnisse der modernen Säuglingsforschung aufzuarbeiten und die sich aus ihnen ergebenden Implikationen für die Gestaltung eines pädagogischen Kontextes zu erschließen.

Entwicklungsthemen und Praxistransfer
In diesem Modul werden die Anforderungen, die sich aus den Entwicklungsbereichen und -themen des Kindes ergeben, in die pädagogische Praxis zu übertragen. Die von uns ausgewählten Entwicklungsthemen (Viernickel, 2006) sind: Physiologische Regulationsprozesse, Aufbau sicherer Bindungsbeziehungen, Erlangen von Autonomie und Kontrolle, die Welt um Symbol und Vorstellung erweitern, Eintritt in die Sozialwelt der Kinder, Eroberung der Welt der Phänomene und Dinge. Die von uns gewählte Systematik geht von der Perspektive kindlicher Erlebniswelten und -themen aus und schließt die einzelnen Bildungsbereiche mit ein.

Aspekte kindlicher Entwicklung und Entwicklungsthemen bei besonderen Entwicklungsverläufen
In diesem Modul werden zum einen grundlegende Kenntnisse über besondere Entwicklungsverläufe der Sinnesentwicklung, der geistigen Entwicklung, der körperlichen Entwicklung und der Wahrnehmungsentwicklung bei sogenannten Behinderungsarten vermittelt. Zum anderen werden auch hier die oben genannten Entwicklungsthemen daraufhin befragt, welche Herausforderungen sich aus ihnen für die pädagogische Begleitung und Unterstützung dieser Kinder und ihrer Familien ergeben. Dieses Modul umfasst auch die Bedeutung und die Möglichkeiten und Grenzen von Diagnostik, Therapie und Frühförderung.

Gesundheit und Pflege
Dieses Modul hat zum Inhalt die Voraussetzungen gesunder Entwicklung, Kindeswohl und Kindeswohlgefährdung und Krankheiten im Kleinstkind-

alter. Es beinhaltet auch die (beziehungsvolle) Gestaltung von Pflegesituationen.

Werkzeuge für die Begleitung von Bildungs- und Entwicklungsprozessen
Dieses Modul umfasst die Themenbereiche Raum- und Materialgestaltung, Beobachtung und Dokumentation sowie das Führen von Entwicklungsgesprächen. Diese drei Themenbereiche fokussieren hierbei die besonderen Aspekte für die Arbeit mit Kleinstkindern und ihren Familien.

Geschichte der Kleinkindpädagogik
In diesem Modul werden einerseits nationale und internationale Entwicklungen historisch-vergleichend aufgearbeitet, zum anderen werden die Chancen und Herausforderungen bei der Umsetzung in die Praxis der Gegenwart beleuchtet. In diesem Zusammenhang wird der Begriff der frühkindlichen Bildung für die Altersspanne von null bis drei Jahren thematisiert.

Methodische Konzepte und ihre Relevanz für Kinder von null bis drei Jahren
Dieses Modul vergleicht relevante Aspekte verschiedener Konzepte, z. B. Pikler, Montessori, Fröbel, Reggio, für die Arbeit mit null- bis dreijährigen Kindern. Außerdem werden aktuelle Praxiskonzepte wie Altersmischung, offene Arbeit und bilinguale Erziehung auf ihre Eignung und Anwendungsmöglichkeiten hin untersucht.

Familien mit Kindern von null bis drei Jahren; Begleitung und Unterstützung
Dieses Modul befasst sich zum einen mit dem Themenkomplex Elternschaft, wie der Veränderung und Herausforderung für das familiäre Leben, und zum anderen mit Unterstützungsangeboten für „junge Familien", wie z. B. Präventionsprojekte, Beratungsstellen und Therapien. Auch werden mögliche Unterstützungsangebote innerhalb frühpädagogischer Institutionen erörtert (Familienbildung, Beratung, etc.).

Qualitätsentwicklung für Kinder im Alter von null bis drei Jahren in Kindertagesstätten
Dieses Modul umfasst zum einen eine kritische Auseinandersetzung mit Qualitätskriterien und Qualitätserfassung für den Altersbereich der Null- bis Dreijährigen sowie aktuelle Bildungsprogramme und die in ihnen enthaltenen Anforderungen an die pädagogische Arbeit mit Kindern dieses Alters.

Zum anderen enthält es den Bereich der Konzeptentwicklung, d. h. die Erarbeitung der organisatorisch-strukturellen und pädagogischen Anforderungen an die Arbeit mit Krippenkindern sowie den Aspekt der Fortbildung und Personalentwicklung zur Professionalisierung der Arbeit mit Kindern von null bis drei Jahren. Außerdem werden hier Evaluationsmöglichkeiten der Arbeit unter Einbeziehung der Kinder thematisiert.

Um die Module auf die alltägliche Anwendbarkeit in der pädagogischen Praxis zu fokussieren, empfehlen wir praxisorientierte Lehr- und Lerneinheiten. Neben Praxisbesuchen, Praktika, Hospitationen und Exkursionen können folgende hochschuldidaktische Methoden und Formate angewandt werden: Interviews oder Beobachtungen, systematische Fallanalysen, Lehr-Forschungs-Projekte, Filme, Übungen wie Rollenspiele, Planspiele, Erstellung von Konzepten sowie die individuelle Planung von Praxiseinheiten für konkrete Praxisaufgaben. Uns ist dabei wichtig, dass eine gewinnbringende Zusammenführung von theoretisch erworbenem Wissen mit alltäglichen, konkreten Anforderungen und Gegebenheiten in frühpädagogischen Institutionen gewährleistet wird. Die hochschulische Lehre im Bereich der Frühpädagogik muss dieser Anforderung in besonderer Weise gerecht werden – bezogen auf den Bereich der Kompetenzentwicklung und -erfassung der Studierenden.

Zusammenfassung

Immer mehr Absolventen/-innen der Fachschulen für Sozialpädagogik und der kindheitspädagogischen Studiengänge werden in Zukunft mit Kindern arbeiten, die jünger als drei Jahre sind. Eine flächendeckende Berücksichtigung des Themas findet bisher weder in den Ausbildungsgängen der Fachschulen noch in den kindheitspädagogischen Studiengängen an den Hochschulen statt. Die für diesen besonderen Altersbereich wichtigen Fragen der Pflege und Gesundheit, der Gestaltung des Alltags, der Zusammenarbeit mit Familien, der Inklusion und des Qualitätsmanagements finden bisher nur in sehr wenigen Fällen Berücksichtigung. Entwicklungspsychologische Themenbereiche und Aspekte der Bindungstheorie werden hingegen in vielen Curricula berücksichtigt.

Während sich die frühpädagogischen Hochschulstudiengänge noch im Aufbau befinden und die aktuellen Entwicklungen pädagogischer und politischer Fachdiskussionen direkt aufgreifen können, sehen sich die Fachschulen größeren Umbrüchen gegenübergestellt. Sie müssen auf die neuen Anforderungen wie die Umsetzung der Bildungspläne, die Entwicklung von Familienzentren und die Arbeit mit Kindern zwischen null und drei Jahren reagieren und deren Inhalte in bestehende Lehrpläne und Strukturen integrieren. Aufgrund der Anforderung, für die Altersspanne von null bis siebenundzwanzig auszubilden, erfolgt die fachliche Vertiefung bezogen auf eine eingegrenzte Altersgruppe bisher überwiegend in Wahlpflichtveranstaltungen. Auch Hochschulen wählen und entwickeln unterschiedliche Spezialisierungen und Querschnittsthemen für ihre Curricula.

In diesem Zusammenhang stellt sich die Frage, ob es überhaupt möglich und sinnvoll sein kann, den Bereich der Arbeit mit Kindern von null bis drei Jahren schwerpunktmäßig in allen Ausbildungs- und Studiengängen zu verankern, oder ob eine entsprechende Spezialisierung einzelner Fach- und Hochschulen in jedem Bundesland etabliert werden sollte.

Die hier beschriebene Systematisierung der fachspezifischen Bausteine, eingebettet in pädagogische Handlungsfelder für die Arbeit mit Kindern von null bis drei Jahren und ihren Familien, dienen dazu, Empfehlungen und Anregungen für die Weiterentwicklung kindheitspädagogischer Curricula zu geben. Gleichzeitig soll das beschriebene Modulsystem einen Beitrag zur Diskussion über die Qualität von Krippenpädagogik leisten.

Das Projekt an der Alice Salomon Hochschule wird von Prof. Dr. Iris Nentwig-Gesemann und Prof. Dr. Susanne Viernickel geleitet und von den beiden studentischen Mitarbeiterinnen Sandra Richter und Frauke Gerstenberg unterstützt.

Literatur

Balluseck, H. von (Hrsg.) (2008): Professionalisierung der Frühpädagogik. Opladen

Fröhlich-Gildhoff, K.; Viernickel, S. (2010): Betreuung, Bildung und Erziehung von Kindern unter drei Jahren in der Erzieherinnenausbildung und in den neuen frühpädagogischen Studiengängen. In: Becker-Stoll, F.; Kalicki, B. (Hrsg.): Bildungsqualität für Kinder in den ersten drei Lebensjahren. Berlin Mannheim

Fuchs-Rechlin, K. (2009): Akademisierung in Kindertageseinrichtungen – Schein oder Sein? In: KomDat 12. Jg. 2009, 1. Dortmund, 18–19

Robert Bosch Stiftung (Hrsg.) (2008): Frühpädagogik Studieren – ein Orientierungsrahmen für Hochschulen. Stuttgart

Thanner, V. (2009): Ausbildungsinhalte an Fachschulen für Sozialpädagogik zu Kindern unter drei Jahren. Eine Dokumentenanalyse. München

Viernickel, S. (2006): Entwicklung im zweiten und dritten Lebensjahr. In: Theorie und Praxis der Sozialpädagogik, 2. Weinheim, 14–19

Viernickel, S. (2008): Was ist gute Krippenqualität und wie ist sie zu messen? In: Jörg Maywald, Bernhard Schön (Hrsg.): Krippen. Wie frühe Betreuung gelingt. Fundierter Rat zu einem umstrittenen Thema. Weinheim, 198–207

Jutta Hinke-Ruhnau

Qualitätsentwicklung im Bildungsbereich

In Zeiten von Wirtschaftskrisen, Arbeitslosigkeit und sich stark verändernden Ausbildungsprozessen hat die Diskussion um Bildung wieder einen hohen Stellenwert. Was Bildung im Allgemeinen und speziell in der frühkindlichen Phase von null bis drei Jahren ist, was sie sein sollte und wie gute Qualität für Bildung in der Krippe in einer so schnelllebigen Zeit wie der unseren durch Fachkräfte entwickelt werden kann, wird uns auf den nächsten Seiten beschäftigen. Dabei stellt sich die Frage, ob Bildung und Qualität absolute oder relationale Begriffe sind. Gibt es einen allgemeinen Konsens, was Bildung ist, oder ist Bildung etwas in Relation zu der Person, die den Begriff verwendet? Eine eindeutige Zuordnung des Begriffes „Bildung" gibt es nicht. Die Summe aller Bildungsverständnisse könnte doch Bildung sein und Qualitätsentwicklung in diesem Bereich könnte sich dann mit der Auseinandersetzung und Verständigung über die unterschiedlichen Qualitätsvorstellungen beschäftigen, um sich für gemeinsame und vereinbarte Ziele, Strukturen und Prozesse im frühkindlichen Bildungsbereich einzusetzen. Für den frühkindlichen Bereich sind Kontinuität der Betreuung und eine Resilienz fördernde Bildungsbegleitung wichtige Grundlagen, um den Selbstbildungsprozess und die Lernmotivation zu fördern. Der Geist und die Handlungen einer Person folgen immer ihren tief verwurzelten Vorstellungen von Bildung und Qualität, denen wir nun ein wenig auf die Spur kommen wollen.

Was Bildung ist und was Bildung sein sollte

Bildung ist ein sogenannter „Umbrella-Begriff", unter dem sich viele verschiedene Formen von Bildung finden. Die meisten Ansätze lassen sich sicherlich in den Geisteswissenschaften finden. So haben Pädagogik, Psychologie, Soziologie und Philosophie sehr verschiedene Ansätze des Bildungsverständnisses und ihre jeweils fachbezogenen Ausrichtungen der Bildungsforschung. Die neuesten Erkenntnisse der Neurobiologie und Gehirnforschung erweitern mit ihren bildgebenden Verfahren das Bildungsverständnis um eine naturwissenschaftliche Komponente, die für das Thema Bildung nicht mehr fortzudenken ist.

Die Diskussion und Kontroverse zwischen dem Anglisten Dietrich Schwanitz, der 1999 das Buch „Bildung" veröffentlichte, in dem er zusammenstellte, was ein gebildeter Bürger in Deutschland alles wissen muss, und dem Naturwissenschaftler Ernst Peter Fischer, der „Die andere Bildung" verfasste, zeigt, wie unterschiedlich das Verständnis von Bildung aus geistes- und naturwissenschaftlicher Sicht sein kann. Beide haben für ihre Ansätze triftige Argumente und stehen zudem jeweils in einer historischen Tradition, die ihnen gute Argumente für ihre Sichtweise liefert. Interessanterweise beantworten sehr viele Naturwissenschaftler die Frage nach „Bildung" mit Errungenschaften der Geisteswissenschaft. Letztendlich stellen beide Ansätze lediglich zwei Seiten ein und derselben Medaille dar. Für ein erfolgreiches 21. Jahrhundert müssen beide Seiten ausgewogen und ergänzend erforscht und betrachtet werden.

„Man kann sagen, dass Bildungsforschung als Orientierungsforschung immer dann Konjunktur hat, wenn Symptome sozialer Probleme wahrgenommen werden: Schulmüdigkeit, Leistungsschwäche, resignativer Rückzug aus Organisationen, Motivationsprobleme, politische Unsicherheit, Gesundheitsprobleme u. a. Eine entsprechende Bildungsforschung entsteht also aus einem besonderen Informationsbedürfnis einer interessierten Öffentlichkeit. Bildungsforschung kann in diesem Sinne auch Aufklärung leisten, weil stereotypen Urteilen und Vorurteilen sachliche Information entgegengesetzt werden kann" (Tippelt, 2009).

Was Kinder als Bildung mit auf den Weg bekommen sollen, hängt demnach nicht nur von der wissenschaftlichen Fachrichtung ab, die sich durchsetzen kann, sondern von den sozialen, politischen und ökonomischen Verhältnissen einer Gesellschaft.

Die historische Arbeit der Bildungsforschung hat eine seit dem 18. Jahrhundert andauernde Tradition, die zum Ende des 20. Jahrhunderts ihre Tendenz zu Defizitdiagnosen endgültig aufgeben musste. Es entstand eine theoretische und reflektierte Ausrichtung, die Methoden der Selbstbildung entwickelte, um die Energie der Lernmotivation des Einzelnen zu erhalten und zu fördern.

„Die alte etwas betuliche, zugleich stark praxis- und professionsfixierte Geschichte der Pädagogik hat sich erheblich geändert, sie ist zur historischen Bildungsforschung geworden und innerhalb und außerhalb der Erziehungswissenschaft in ihren Fragestellungen theoretischer und in ihren Methoden reflektierter" (H. E. Tenroth, in: Tippelt, 2009).

In der Bildungspraxis sind sowohl ressourcen- als auch defizitorientierte Ansätze des Lernens zu finden. Spätestens seit den Erkenntnissen der Gehirnforschung im ausgehenden 20. Jahrhundert sollte sich der ressourcenorientierte Ansatz durchgesetzt haben, da Bildung für eine ungewisse Zukunft nur mit ressourcenorientierten Lernmethoden erfolgreich sein wird.

Wenn wir von Bildung reden, kommen wir um die Begriffe „Wissen" und „Lernen" nicht herum.

Wie Hänschen lernt, so lernt Hans immer wieder

Die Art und Weise, wie ein Kleinkind sich in den ersten Lebensjahren Wissen aneignet, entscheidet sehr darüber, wie Lernen in der individuellen Biografie eines Menschen verstanden wird. Konnte ein Kleinkind sich seine Motivation zum Lernen erhalten, kann man durchaus von einer gelungenen frühkindlichen Bildung sprechen. Wichtiger als das „Was" ist das „Wie" des Lernens. Bereits Babys eignen sich ihr Umfeld sehr eigenständig an. Die Forschung spricht hier von dem Selbstbildungsprozess des Menschen „von Anfang an". Das Bild vom Kind hat sich dadurch sehr verändert. Die Bildungspraxis für Kleinstkinder hinkt diesen Erkenntnissen noch sehr hinterher und bedarf der Aufmerksamkeit und Umsetzungsbereitschaft aller an diesem Prozess beteiligten Personen. Das „neue Bild" vom Kind ist allerdings so neu nicht, da bereits Rousseau, Pestalozzi und Fröbel den Selbstbildungsaspekt des Kindes formuliert haben. Keiner hat diesen Aspekt des Lernens jedoch so deutlich herausgearbeitet und für die Praxis umsetzbar gemacht wie Maria Montessori. Ihr sehr bekannt gewordener Satz: „Hilf mir, es selbst zu tun", zeigt bereits ein Verhältnis zwischen Erwachsenen und Kind, welches man als

„Bildungsbegleitung" bezeichnen kann. „Heute sind es weniger einzelne Personen als Forschungseinrichtungen wie die kognitive Entwicklungspsychologie, die Tiefenpsychologie, die Säuglings- und Wahrnehmungsforschung – vor dem Hintergrund eines sich ändernden Wissenschaftsverständnisses: Wissenschaft sagt uns nicht mehr, wie die Welt ist; sie bietet uns lediglich Denkmodelle an, wie wir bestimmte Facetten der Wirklichkeit besser begreifen. Man nimmt Abschied von der Wahrheit und begnügt sich mit Vorstellungen von brauchbaren Annäherungen" (Schäfer, 2007).

Da in unserer Informationsgesellschaft Wissen sehr schnell veraltet, ist für den Bereich der Betreuung, Erziehung und Bildung in den ersten drei Lebensjahren die Lernmethodik wichtiger als die Wissensvermittlung.

Deshalb: Wie Hänschen lernt, entscheidet darüber, wie Hans lernen wird. Die Lernmotivation, die ein Kleinkind mitbringt, kann in den ersten drei Lebensjahren gefördert oder beträchtlich gestört werden.

Kinder sind voller Motivation zum Lernen

„Kinder wollen dazugehören und sie wollen wachsen", wie Gerald Hüther immer wieder betont. Daraus ergibt sich, dass ihr Lernen in den ersten drei Jahren stark durch soziales und exploratives Lernen geprägt ist. An den sie umgebenden Erwachsenen haben Sie Vorbilder für ihr eigenes soziales Verhalten. Eine gute Bindung zwischen dem Kind und seinen Bezugspersonen ist eine der besten sozialen Lerneinheiten, die ein Kind bekommen kann. So wie Erwachsene sich gegenseitig behandeln, so erscheint es dem Kind normal und angemessen. Je besser die soziale Integrität der Erwachsenen, die ein Kind umgeben, ist, desto eher kann ein Kind seine eigenen sozialen Interaktionen positiv entwickeln. Dafür brauchen Kinder: Vertrauen, Begeisterung, Aktivität und Verantwortung" (Hüther; Nitsch, 2008).

Das explorative Lernen geschieht durch die Neugier jedes Kindes. Die Entwicklungsstadien, die Kinder durchlaufen, sind gleich. Wann sie das tun und vor allem wie sie das tun, ist dagegen sehr individuell. Jeder Entwicklungsschritt geschieht zu einem Zeitpunkt, an dem das Kind dazu innerlich bereit und neugierig genug ist. Wann das der Fall ist, zeigt es seinem Umfeld durch sein Verhalten. Diesen Zeitpunkt zu erkennen und durch Aufmerksamkeit zu unterstützen, hilft dem Kind, seiner Neugier und dem Aneignen neuer Fähigkeiten in Ruhe und erfolgreich nachzugehen. Je entspannter Erwachsene das Kind in seinem selbst gewählten Spiel beobachten können, desto deutlicher wird ihnen, welchen Fragen das Kind gerade nachgeht. Bei einem solchen Nachgehen eigener Fragen ist die vollständige Motivation des Kindes aktiv. Diese zu erhalten und zu fördern ist für den Bereich des explorativen Lernens enorm wichtig und sollte unabhängig von einer Betreuungsform für jedes Kleinkind gewährleistet werden können.

Beispiel: Das Untersuchen der Kinderwagenräder kann ganz einer technischen Fragestellung folgen, während das Versorgen der Puppe im Kinderwagen sozialen Bildern folgt, die das Kind in seinem Umfeld erlebt. Im ersten Fall erwirbt sich das Kind Kenntnisse über die Dinge und Gegenstände in seinem Umfeld durch exploratives Lernen; im zweiten Fall erwirbt es soziale Kompetenz durch Nachahmen. Beide Situationen sind in den ersten drei Jahren sehr wichtig. Kinder brauchen dazu Erwachsene, die individuelle Vielfalt zulassen und dem Kind so die Entwicklung seines Potenzials und den Erhalt seiner Motivation gewähren können (Hinke-Ruhnau, 2009).

In diesen ersten Jahren entscheidet sich auch, ob Lernen Spaß macht und Freude bringt. Kinder allein auf punktuelle Ziele hin zu erziehen, wie beispielsweise: „Wann kann es alleine essen?" und „Wann ist es auch nachts sauber?" ist nicht sinnvoll, weil dabei eine ganze Menge Eigenenergie des Kindes abhandenkommt. Kinder werden durch ihr „Dazu-gehören-Wollen" lernen, alleine zu essen und auch selber auf Toilette zu gehen. Sie wollen es meist nur nicht zu einem von außen festgelegten Zeitpunkt. Die Motivation und Freude am Lernen zu erhalten, sollte das vorrangige Ziel der frühkindlichen Bildung sein.

Die Fachkraft in der Krippe wird zum Bildungsbegleiter des Kindes, welches mit seiner Aufmerksamkeit und Neugier ein Thema, welches es aktuell fesselt, erforscht. Die Fachkraft unterstützt das Kind in diesem Prozess, indem sie es ermuntert und bestätigt, beobachtet, unterstützt und passende Angebote macht. Ermüdung und Abwenden des Kindes signalisieren, wann es genug ist und das Kind eine Pause braucht. Diese Signale sind unbedingt ernst zu nehmen, weil gerade bei kleinen Kindern durch eine Reizüberflutung die natürliche Neugier eher gebremst wird und die Motivation zur Selbstbildung abnimmt.

Das Kind wird dadurch zum Bildungsbegleiter des Erwachsenen, der sich auf diese Weise die Sprache der Kinder aneignet und ihre Sicht auf die Welt kennenlernen darf. Bildung ist hier im gegenseitigen Sinne ein Selbstbildungsprozess von Menschen, die sich in ihren individuellen Ausdrucksformen begegnen.

Eine gute Basis für die Zukunft

Deutschland ist ein föderalistischer Staat; damit fällt den einzelnen Bundesländern das Thema Bildung politisch, organisatorisch und fiskalisch zu. Es gibt für die 16 Bundesländer keine einheitlichen Regelungen für den frühkindlichen Bereich von null bis drei Jahren.

Da das Rad aber auch nicht immer wieder neu erfunden werden muss, gibt es in allen Bildungsplänen eine Art gemeinsamer Vorstellung von Bildung. Nicht alle Bundesländer haben ihre Pläne für den Bereich „U3" (unter Dreijährige) ausformuliert.

Von 16 Bildungsplänen beziehen sich 12 auf den Altersbereich von null bis drei Jahren. Das heißt nicht, dass in den anderen vier Ländern keine U3-Förderung stattfindet. Sie ist nur nicht mit in die Bildungspläne aufgenommen worden.

Die Qualität des gesamten Bildungssystems hängt entscheidend von der Qualität der frühkindlichen Entwicklung ab. Der Anteil der Kinder mit Sprachschwierigkeiten, mit Beeinträchtigungen und schlechten Startchancen in der Schule ist erschreckend hoch. Um diesen Zustand zu ändern, ist es nötig, für den frühkindlichen Bereich gute Qualität unter Berücksichtigung der aktuellen wissenschaftlichen Erkenntnisse zu definieren, zu planen, verbindlich zu vereinbaren und umzusetzen.

Qualität

Der Begriff Qualität wird sehr unterschiedlich verstanden, dabei ist er so neutral wie Wasser. Wasser kann heiß, kalt, mineralstoffreich oder verunreinigt sein und noch viele weitere Zustände einnehmen. Je nach Anwendung für das Wasser muss es entsprechende Eigenschaften haben, um als brauchbar angesehen zu werden. Mit der Qualität ist das nicht sehr viel anders. Sie ist nicht automatisch als „gut" einzustufen. Qualität gewinnt erst durch eine Bewertung an Aussagekraft. Qualität ist in diesem Sinne eine Messlatte, auf der bewertende Beschreibungen wie beispielsweise angemessen, gut oder schlecht dargestellt werden können. Um sich verbindlich in Bezug auf die Qualität einer Sache ausdrücken zu können, ist es deshalb erforderlich, Merkmale und Eigenschaften, welche die vorhandene und die zu erzielende Qualität abbilden, in Bezug auf ein Qualitätsziel hin zu beschreiben. Wenn von Qualitätssicherung gesprochen wird, ist das der aktuelle Zustand von Qualität, der gehalten werden soll. Wenn von Qualitätsverbesserung gesprochen wird, ist das der Weg zu einer noch zu erzielenden höheren Qualität.

Drei Aspekte spielen hier eine entscheidende Rolle, um sich auf dem Weg zur besseren Qualität zurechtzufinden:

- Ergebnisqualität
- Strukturqualität und
- Prozessqualität

Die Ergebnisqualität fragt nach den Zielen, die erreicht werden sollen, während die Strukturqualität das Umfeld, in dem die vereinbarten Ziele umgesetzt werden, beschreibt. Die Prozessqualität beschäftigt sich mit den täglichen Abläufen, die das Erreichen vereinbarter Ziele in dem vorhandenen Umfeld unterstützen sollen.

Perspektiven von Qualität

Aus der Sicht des Kindes, der Eltern, der Fachkräfte in einer Krippe und der Gesellschaft können sich die Merkmale und Eigenschaften für gute Qualität der Ergebnisse, Prozesse und Strukturen durchaus sehr unterscheiden. Für Zielvereinbarungen zwischen den beteiligten Personen eines frühkindlichen Bildungsprozesses müssen Ergebnis-, Struktur- und Prozessvorstellungen der jeweiligen Parteien deutlich sein. Einige Ziele sind für alle Beteiligten interessant, andere nur für eine Person oder zwei Beteiligte. Der Wichtigkeit und Dringlichkeit von Zielen müssen dann Prioritäten zugeordnet werden.

Qualität für das Kind

Ergebnisqualität entsteht in der Krippe für das Kind, wenn

- das Kind eine sichere Bindung und eine vertrauensvolle, stabile und sichere Beziehung mit der Erzieherin eingehen kann;
- die Grundbedürfnisse des Kindes nach Versorgung (Sauberkeit, Sättigung und Schlaf), Sicherheit, Geborgenheit, Schutz, Berührung, Wahrhaftigkeit sowie Wärme und Zärtlichkeit gestillt werden;
- das Kind eine kontinuierliche Betreuung erhält;
- das Kind sich in seinem ganz individuellen, persönlichen Zeitfenster entwickeln kann;
- das Kind sich in seinem Umfeld authentisch erleben und dieses zunehmend mit gestalten kann;
- Bildung in einer Mischung aus Angebot und explorativem Lernen möglich ist.

Strukturqualität entsteht in der Krippe für das Kind, wenn

- die Räume kindgemäß gestaltet sind, ohne sie programmatisch zu überfrachten;
- die Räume, in denen sich das Kind aufhält, Möglichkeiten bieten, ungefährdet und eigenständig zu experimentieren;
- der Tagesablauf auf die Bedürfnisse des Kindes abgestimmt ist und doch
- ein ganz natürlicher Rahmen bleibt, in dem nicht alles durchgeplant ist, sondern der auch Freiraum für neue und unerwartete Erlebnisse und Erfahrungen schafft;
- die Erzieherin entspannt und authentisch auf das Kind reagieren kann, einen natürlichen und selbstverständlichen Umgang mit Kindern, Freude an Kindern und den gemeinsamen Bildungsmöglichkeiten hat, zwischen Nähe und Distanz den richtigen Zugang zu dem zu betreuenden Kind findet sowie bindungsfähig und feinfühlig ist.

Prozessqualität entsteht in der Krippe für das Kind, wenn

- der Tagesablauf den Bedürfnissen aller Beteiligten entspricht;
- der Tagesablauf eine Struktur aufweist, die Möglichkeit zur Orientierung bietet;
- die Struktur des Tagesablaufes nicht starr ist und den Bedürfnissen der Beteiligten nicht widerspricht;
- der Gesamtablauf des Betreuungsverhältnisses für alle Beteiligten transparent ist;
- Eingewöhnungsphase, Betreuungsverhältnis und Abschiedsphase deutlich erkennbar und klar sind;
- die Bring- und Abholzeiten für alle Beteiligten verständlich und verbindlich sind;
- die Essens-, Ruhe-, Schlafens- und Pflegezeiten verhältnismäßig klar und regelmäßig sind – Ausnahmen bei Ausflügen und besonderen Anlässen müssen möglich, sollten aber nicht die Regel sein –;
- ein angemessener Wechsel von Spielangeboten und Freispiel während der Betreuungszeit möglich ist;
- Absprachen zwischen Fachkräften und Eltern mit dem gemeinsamen Ziel, für das Kind die jeweils bestmögliche Lösung zu wählen, stattfinden.

Qualität für die Eltern

Ergebnisqualität entsteht in der Krippe für die Eltern, wenn

- das Kind glücklich, gesund und zufrieden ist;

- die Betreuung zuverlässig und kontinuierlich ist;
- die Betreuung als entlastend empfunden wird;
- das Kind gemäß neuen Erkenntnissen in seiner Persönlichkeitsentwicklung unterstützt wird;
- die Aufwendungen für die Betreuung in einem Verhältnis zu dem eigenen Einkommen stehen.

Strukturqualität entsteht in der Krippe für die Eltern, wenn
- ausreichende Betreuungsverhältnisse angeboten werden;
- politische Versprechen und reale Möglichkeiten identisch sind;
- die Elternrechte deutlich, verbindlich und bekannt sind;
- eine gute Fachberatung auf das Betreuungsverhältnis in der Krippe vorbereitet;
- bei auftretenden Problemen eine Fachbegleitung als neutrale Stelle eintritt;
- ausreichend qualifizierte Fachkräfte in der Krippe vorhanden sind;
- das Betreuungsverhältnis klar und transparent ist;
- Sonderfälle leicht zu lösen sind (Überstunden, Urlaubszeiten, Krankheiten, etc.);
- eine transparente Vertretungslösung existiert;
- die Hygiene- und Ernährungsvorstellungen in der Krippe für die Eltern akzeptabel sind und einem allgemeinen Grundverständnis entsprechen;
- Elterngespräche und Elterneinsatz zu günstigen Zeiten geschehen können;
- Die Fachkräfte flexibel auf die individuellen Bedürfnisse und Erfordernisse des Kindes und der Familie reagieren können;
- zwischen Eltern und Fachkräften der Krippe die Vorstellung von Betreuung, Erziehung und Bildung zu einem gemeinsamen Vorgehen für das Kind führt.

Prozessqualität entsteht in der Krippe für die Eltern, wenn
- beim Ablöseprozess zwischen Eltern und Kind die Unterstützung durch die Fachkraft sensibel genug geschieht;
- die Eingewöhnungs- und Abschiedsphase für Kind und Eltern angenehm, natürlich und entspannt gestaltet werden;
- das Betreuungsverhältnis die individuellen Arbeits- oder Abwesenheitszeiten berücksichtigt;
- Elterninitiativen frühzeitig geplant und bekannt gemacht werden;

Qualität für die Fachkraft

Ergebnisqualität entsteht in der Krippe für die Fachkraft, wenn

- die Arbeit angemessen entlohnt wird;
- das Erfahrungswissen aus anderen Erfahrungszusammenhängen der Fachkraft als genauso professionell verstanden wird wie ihr Ausbildungswissen;
- ausreichend Weiterbildungsmaßnahmen bestehen;
- Weiterbildungsmaßnahmen an dem Arbeitsprozess der Fachkraft orientiert sind;
- eine weitere berufliche Perspektive besteht;
- die Kooperation mit den Kollegen, welche die alltägliche Arbeit erleichtert und einen kollegialen Austausch ermöglicht, gut ist.

Strukturqualität entsteht in der Krippe für die Fachkraft, wenn

- das Vertragsverhältnis mit der Einrichtung für beide Seiten gewinnbringend ist;
- ein Vertretungssystem der Fachkraft ein Sicherheitsnetz für Krankheit und Fehlzeiten gibt;
- die Informationsstrukturen im Arbeitsbereich deutlich, verbindlich, klar, gut zugänglich und widerspruchsfrei sind;
- eine funktionsfähige und qualifizierte Fachberatung sie unterstützt und eine zeitgemäße an den aktuellen Erfordernissen orientierte Qualifizierung möglich ist;
- die gesetzlichen Regelungen klar, unmissverständlich und stets aktuell zur Verfügung stehen;
- die kommunale Politik die Arbeit in den Krippen aktiv unterstützt.

Prozessqualität entsteht in der Krippe für die Fachkraft, wenn

- Zielvereinbarungen zwischen Eltern und Krippe im gegenseitigen Einverständnis und unter Einbeziehung der Fachkraft stattfinden;
- Eine hohe Informationstransparenz zwischen Eltern, Krippenleitung und Fachkräften besteht;
- Der Tagesablauf mit den Kollegen abgesprochen werden kann;
- Teamsitzungen die Lösung von Problemen möglich machen;
- eine qualifizierte Fachbegleitung in Problemfällen den Mittler machen kann.

Qualität in der Krippe

Ergebnisqualität entsteht in der Krippe für die Gesellschaft, wenn
- quantitativ ausreichende und qualitativ gute und individuelle Betreuungsplätze existieren;
- Babys und Kleinkinder nicht verwahrt werden, sondern in liebevollen, stabilen und fruchtbaren Bindungen heranwachsen;
- Kinder einen guten Start ins Leben bekommen;
- Kinder, Eltern und Fachkräfte in stabilen und sicheren Verhältnissen miteinander auskommen und liebevoll miteinander umgehen und damit eine gesunde Basis für den sozialen Umgang in der Gesellschaft legen.

Strukturqualität entsteht in der Krippe für die Gesellschaft, wenn
- die unterschiedlichen Bedürfnisse von Familien individuell durch heterogene und flexible Betreuungsformen befriedigt werden;
- die Betreuungsauswahl für Kinder unter drei in allen Bundesländern qualitativ gleich gut ist;
- die Struktur von Fachberatung, -vermittlung, -begleitung und Qualifizierung bundesweit homogen und vergleichbar ist;
- eine wissenschaftliche Anbindung an Forschungsinstitute und Hochschulen eine stets aktuelle Qualitätsentwicklung gewährleistet.

Prozessqualität entsteht in der Krippe für die Gesellschaft, wenn
- die Qualitätsstandards inhaltlicher und nicht rein formeller Natur sind;
- die Abläufe für eine gute Kinderbetreuung in der Krippe allgemein bekannt sind;
- Antragsverfahren für eine Kinderbetreuung in der Krippe einfach, verständlich und transparent sind;
- die Nutzung der Infrastruktur in der Krippe niedrigschwellig angeboten wird;
- die Prozesse in der Krippe verbindlich aber nicht starr sind und sich einem gesellschaftlichen Wandel anpassen lassen.

Qualitätsentwicklung im frühkindlichen Bildungsbereich

Um die Bedürfnisse der einzelnen Personen im Betreuungsbereich zu berücksichtigen, ist eine Qualitätsgesinnung nötig, die der Ergebnisqualität in der Betrachtung von Qualitätsmaßnahmen den Vorrang gibt und Qualitätsentwicklung ermöglicht. Es gilt, aus der Praxis heraus gute Qualität zu definieren und Strukturen und Prozesse für dieses Ergebnis zu gestalten und nicht umgekehrt für eine formale Überschaubarkeit den Strukturen und Prozessen den Vorrang über vereinbarte Ziele zu geben. Für eine individuelle Betreuung von individuellen Menschen bedarf es individueller Betreuungsangebote, deren Rahmenbedingungen Standards folgen sollten, deren Inhalte aber explorativen Freiraum für neues Potenzial lassen. Für heterogene Probleme und Sichtweisen sind heterogene Angebote nötig, die zur Lösung der Probleme beitragen. Kinder in die Hände einer Betreuungsperson zu geben, ist immer eine Vertrauenssache. Die Beziehung und Bindung der Erwachsenen spielt deshalb in mehrfacher Hinsicht eine bedeutende Rolle für die gute Qualität der Betreuung, Erziehung und Bildung von Kindern.

Wie die Bindungsforschung nachweist, ist „Kontinuität" eine wichtige Voraussetzung, um dem Kind eine stabile Bindung und damit eine gute Ausgangsposition für seine Experimente zu geben. Es ist strukturell durchaus möglich, die Kontinuität als ein Qualitätsmerkmal im Bereich der Qualität anzusiedeln. Inhaltlich ist allerdings die Kontinuität die Voraussetzung für Kinder unter zwei Jahren, um überhaupt Qualität in der Bindung und Bildung von Kleinstkindern zu gewährleisten. Da die bestehenden Betreuungssysteme für den Kleinstkindbereich keine Garantie für eine kontinuierliche Betreuungsform geben können, wird unter dem Aspekt der Qualitätsentwicklung des U3-Bereichs die Kontinuität der Betreuungsperson eine der zukünftig wichtigsten Zielvereinbarungen sein.

Qualität fängt immer bei der einzelnen Person an. Qualitätsentwicklung beginnt und endet mit der Ausbildung des Bewusstseins für gute Qualität. Eine Art Doppelmoral bezüglich der Qualität im Bereich der frühkindlichen Bildung besteht immer dann, wenn bei möglichst niedrigem Einsatz und Aufwand die bestmögliche Qualität gefordert wird, man selber allerdings für niedrige Qualität möglichst hoch und gut entgolten werden möchte. Wer beispielsweise einen guten Betreuungsplatz mit wenig Geld bezahlen möchte, müsste demnach damit rechnen, dass seine qualitative Arbeit an seinem Arbeitsplatz ebenfalls nicht leistungsgerecht bezahlt wird. Ein Blick darauf, was für die einzelne Person qualitativ gut ist und wie man für jeden am Prozess Beteiligten eine vorteilhafte Situation schaffen kann, hilft diese widersprüchliche Sichtweise aufzulösen und passgenaue Zielvereinbarungen untereinander zu schließen.

Fälschlicherweise werden Qualitätswerkzeuge immer wieder ausschließlich zur Kontrolle eingesetzt. Kontrollierbar ist jedoch nur etwas Festgeschriebenes, sodass nur die Qualitätssicherung eines bestehenden Zustandes möglich ist. Qualitätsentwicklung aber braucht einzelne Personen, die sensibel genug sind, zu merken, wenn bestehende Strukturen und Prozesse es nicht mehr möglich machen, die definierten Ziele zu erreichen oder wenn Ziele sich überholt haben und neue gesetzt werden müssen.

Qualitätswerkzeuge für den frühkindlichen Bildungsbereich sollten zum Einsatz kommen, um die Zielvereinbarungen leichter umzusetzen, die Selbstreflexion anzuregen (Tietze, 2007) und sowohl die Prozesse als auch die Strukturen immer wieder darauf hin zu durchleuchten, ob sie den Zielvereinbarungen weiterhin dienlich sein können. Wenn Qualitätswerkzeuge diese Anforderungen erfüllen, leisten sie einen nicht unerheblichen Anteil an der Qualitätsentwicklung.

Literatur

Esch, K.; Klaudy, E. K.; Micheel, B.; Stöbe-Blossey, S. (2006): Qualitätskonzepte in der Kindertagesbetreuung. Ein Überblick. Wiesbaden

Fthenakis, E. W.; Oberhuemer, P. (Hrsg.) (2004): Frühpädagogik international. Bildungsqualität im Blickpunkt. Wiesbaden

Fried, L.; Roux, S. (Hrsg.) (2006): Pädagogik der frühen Kindheit. Handbuch und Nachschlagewerk. Weinheim

Hinke-Ruhnau, J. (2009): Bildung unter drei in der Kindertagespflege. Seelze-Velber

Hüther, G.; Nitsch, C. (2008): Wie aus Kindern glückliche Erwachsene werden. München

Opp, G.; Fingerle, M. (Hrsg.) (2007): Was Kinder stärkt. Erziehung zwischen Risiko und Resilienz. München

Rietmann, S.; Hensen, G. (Hrsg.) (2008): Tagesbetreuung im Wandel. Das Familienzentrum als Zukunftsmodell. 2. durchges. Auflage. Wiesbaden

Schäfer, G. E. (2007): Bildung beginnt mit der Geburt. Ein offener Bildungsplan für Kindertageseinrichtungen in Nordrhein-Westfalen. 2. erw. Auflage. Berlin

Schiffer, E. (2001): Wie Gesundheit entsteht. Salutogenese: Schatzsuche statt Fehlerfahndung. Weinheim

Tietze, W. (Hrsg.) (2007): Pädagogische Qualität entwickeln. Praktische Anleitung und Methodenbausteine für die Bildung, Betreuung und Erziehung in Tageseinrichtungen für Kinder von 0–6 Jahren. 2. Auflage. Berlin

Tippelt, R. und Schmidt, B. (Hrsg.) (2009): Handbuch Bildungsforschung. 2. überarb. Auflage. Wiesbaden

Verzeichnis der Autorinnen und Autoren

Marjan Alemzadeh, Diplom-Pädagogin, arbeitet als wissenschaftliche Mitarbeiterin an der Universität zu Köln im Studiengang „Frühe Kindheit und Familie".

Dr. rer. nat. Joachim Bensel, Verhaltensbiologie, ist Mitinhaber der interdisziplinären Forschungsgruppe Verhaltensbiologie des Menschen (FVM, Kandern).

Sibylle Fischer, Frühpädagogin, ist wissenschaftliche Mitarbeiterin an der Evangelischen Hochschule Freiburg im Fachbereich Pädagogik und Supervision.

Dipl.-Ing. Angela Franzen ist Architekin und studiert Frühkindliche Erziehung und Bildung an der Pädagogischen Hochschule Ludwigsburg.

Dr. Klaus Fröhlich-Gildhoff ist Professor für Klinische Psychologie und Entwicklungspsychologie an der Evangelischen Hochschule Freiburg. Begründer des Studiengangs BA Pädagogik der Frühen Kindheit, Leiter des Zentrums für Kinder- und Jugendforschung (ZfKJ).

Hernriette Harms, Diplom-Pädagogin, ist wissenschaftliche Mitarbeiterin der Alice Salomon Hochschule Berlin, Projekt „Professionalisierung von pädagogischen Fachkräften für die Arbeit mit Null- bis Dreijährigen".

Priv. Doz. Dr. rer. nat. Gabriele Haug-Schnabel initiierte und leitet die Forschungsgruppe Verhaltensbiologie des Menschen (FVM, Kandern)

Dr. phil. Éva Hédervári-Heller, Lehrerin, Diplom-Pädagogin, Analytische Kinder- und Jugendlichenpsychotherapeutin, ist Professorin im Fachbereich Sozialwesen, Bachelor Studiengang „Bildung und Erziehung in der Kindheit" an der Fachhochschule Potsdam.

Dr. Karin Jampert, Diplom-Pädagogin und Diplom-Sozialpädagogin, ist wissenschaftliche Mitarbeiterin am Deutschen Jugendinstitut e. V. in der Abteilung Kinder und Kinderbetreuung.

Carola Kammerlander, Diplom-Pädagogin, ist Geschäftführerin der Konzept-e für Kindertagesstätten gGmbH in Stuttgart und verantwortet als Leitung des Gesamtgeschäftsbereich „Pädagogik" die Weiterentwicklung der pädagogischen Arbeit sowie Schulung und Beratung der Erzieherinnen und Erzieher in den Kinderhäusern.

Dr. Dagmar Kasüschke ist Professorin für Pädagogik der Kindheit und Familienbildung einschließlich ihrer Didaktik und Methodik an der Fachhochschule Düsseldorf.

Dr. Anke König ist Juniorprofessorin für Frühpädagogik an der Universität Vechta.

Dr. Iris Nentwig-Gesemann ist Professorin für Bildung im Kindesalter an der Alice Salomon Hochschule Berlin.

Dr. Janna Pahnke ist Leiterin der Akademie vom Haus der Kleinen Forscher, Berlin.

Prof. Dr. Sabina Pauen hat den Lehrstuhl für Entwicklungspsychologie und Biologische Psychologie an der Universität Heidelberg.

Dr. med. Rüdiger Posth ist Arzt für Kinderheilkunde und Jugendmedizin sowie Kinderpsychotherapeut mit eigener Praxis in Bergisch Gladbach.

Dr. Hellgard Rauh ist Professorin für Entwicklungspsychologie an der Universität Potsdam.

Dr. Jutta Hinke-Ruhnau ist Informationswissenschaftlerin und Geschäftsführerin von Total Quality Life, einem Institut für Gesundheit und Bildung.

Dr. Gerd E. Schäfer ist Professor für Allgemeine Erziehungswissenschaft und Pädagogik der frühen Kindheit, Familie und Jugend an der Universität zu Köln.

Julia Schmidt ist Diplom-Sportlehrerin und Bildungsreferentin bei der Bayerischen Sportjugend.

Kornelia Schneider, Erziehungswissenschaftlerin, ausgebildet für das Lehramt an Volks- und Realschulen, Sozialpädagogisches Zusatzstudium, war wissenschaftliche Referentin am deutschen Jugendinstitut.

Stefanie Schwarz, B. A., ist wissenschaftliche Mitarbeiterin der Alice Salomon Hochschule Berlin, Projekt „Professionalisierung von pädagogischen Fachkräften für die Arbeit mit Null- bis Dreijährigen".

Dr. Stefan Sell ist Professor für Volkswirtschaftslehre, Sozialpolitik und Sozialwissenschaften an der Fachhochschule Koblenz, Campus Remagen.

Jorina Senger, Diplom-Pädagogin, ist Mitglied im pädagogischen Leitungskreis zur konzeptionellen Weiterentwicklung sowie Schulung und Beratung von Erzieherinnen und Erziehern in den Kinderhäusern der Konzepte-e für Kindertagesstätten gGmbH.

Andrea Sens, M. A., ist wissenschaftliche Mitarbeiterin am Deutschen Jugendinstitut e.V. in der Abteilung Kinder und Kinderbetreuung und Lehrbeauftragte an der Ludwigs-Maximilians-Universität München.

Professor Dr. Dr. Manfred Spitzer hat den Lehrstuhl für Psychiatrie der Universität Ulm. Er ist ärztlicher Direktor der Psychiatrischen Universitätklinik und Leiter des Transferzentrums für Neurowissenschaften und Lernen (ZNL).

Professor Dr. Ursula Stenger ist Leiterin des Studiengangs Frühkindliche Bildung und Erziehung an der Pädagogischen Hochschule Ludwigsburg.

Waltraud Weegmann, Diplom-Oekonomin, ist geschäftsführende Gesellschafterin der Konzept-e für Kindertagesstätten gGmbH in Stuttgart. Initiatorin des Kita-Träger-Netzwerkes Kind e.V. Dachverband und des Kongresses Invest in Future.

Dr. Wiebke Wüstenberg, Diplom-Pädagogin, ist Professorin (i. R.) am Fachbereich Soziale Arbeit und Gesundheit an der Fachhochschule Frankfurt am Main.

Register